权威·前沿·原创

皮书系列为

"十二五""十三五""十四五"时期国家重点出版物出版专项规划项目

B

BLUE BOOK

智 库 成 果 出 版 与 传 播 平 台

桂林蓝皮书

BLUE BOOK OF GUILIN

桂林经济社会发展报告
（2022~2023）

ANNUAL REPORT ON ECONOMIC AND SOCIAL
DEVELOPMENT OF GUILIN (2022-2023)

打造桂林世界级旅游城市

桂林市发展和改革委员会
桂林旅游股份有限公司　　／研　创
桂林发展研究院

贺祖斌　蒋春华　吴晓罡　申光明　肖富群 等／著

社会科学文献出版社
SOCIAL SCIENCES ACADEMIC PRESS（CHINA）

图书在版编目（CIP）数据

桂林经济社会发展报告．2022~2023：打造桂林世
界级旅游城市 / 贺祖斌等著．-- 北京：社会科学文献
出版社，2024.3
（桂林蓝皮书）
ISBN 978-7-5228-3371-2

Ⅰ.①桂…　Ⅱ.①贺…　Ⅲ.①区域经济发展-研究报
告-桂林-2022-2023　Ⅳ.①F127.673

中国国家版本馆 CIP 数据核字（2024）第 048998 号

桂林蓝皮书

桂林经济社会发展报告（2022~2023）
打造桂林世界级旅游城市

著　　者 / 贺祖斌　蒋春华　吴晓罡　申光明　肖富群 等

出 版 人 / 冀祥德
组稿编辑 / 周　丽
责任编辑 / 王玉山　李艳芳
责任印制 / 王京美

出　　版 / 社会科学文献出版社 · 城市和绿色发展分社（010）59367143
　　　　　 地址：北京市北三环中路甲 29 号院华龙大厦　邮编：100029
　　　　　 网址：www. ssap. com. cn
发　　行 / 社会科学文献出版社（010）59367028
印　　装 / 天津千鹤文化传播有限公司

规　　格 / 开 本：787mm×1092mm　1/16
　　　　　 印 张：26　字 数：388 千字
版　　次 / 2024 年 3 月第 1 版　2024 年 3 月第 1 次印刷
书　　号 / ISBN 978-7-5228-3371-2
定　　价 / 188.00 元

读者服务电话：4008918866

主要著者简介

　　贺祖斌　1965 年生，广西灌阳人，二级教授，教育学博士，博士生导师。广西师范大学党委书记，广西社科联副主席，广西文联副主席，自治区政协委员，桂林发展研究院院长，广西师范大学西部乡村振兴研究院院长，入选国家重大人才工程，中宣部全国文化名家暨"四个一批"理论人才，享受国务院政府特殊津贴专家，广西优秀专家等。厦门大学、华中科技大学兼职教授，中国高等教育学会院校研究分会副理事长等。主持完成国家社科基金项目、全国教育科学规划项目等课题 20 余项；出版《高等教育生态论》《区域高等教育发展论》《高等教育质量论》等论著 20 部，发表学术论文 160 余篇；获国家教学成果奖 2 项、自治区教学成果一等奖 5 项、广西社会科学优秀成果一等奖 3 项。研究方向为高等教育生态与管理、区域经济与高等教育、乡村振兴等。

序　言

2020 年桂林市基本完成国际旅游胜地建设，桂林旅游的国际化程度和世界知名度进一步得到提升。然而，旅游产业是一个脆弱性的产业，容易受到地缘政治、自然灾害、社会环境等因素的影响，桂林是一个以旅游业为主导产业的城市，近三年来，遭受新冠疫情的重创和世界百年未有之大变局加剧演进、经济三期叠加等多重影响，面对东亚、东盟、南非等新兴旅游目的地快速发展以及国内新的旅游目的地蓬勃发展带来的压力，桂林旅游发展，承受了严峻的挑战与巨大的竞争压力。2021 年 4 月 26 日，习近平总书记视察桂林时强调"桂林是一座山水甲天下的旅游名城，要坚持以人民为中心，以文塑旅、以旅彰文，提高服务质量，提升格调品位，努力创造宜业、宜居、宜乐、宜游的良好环境，打造世界级旅游城市"①。习近平总书记高度肯定桂林旅游名城，站在世界的高度提出桂林要打造世界级旅游城市的战略目标，为桂林市经济社会发展及旅游未来发展指明了新方向，赋予了新的战略定位。广西壮族自治区党委、自治区人民政府以及桂林市党委、桂林市人民政府深入贯彻落实习近平总书记对广西重大方略要求及对桂林的重要指示精神，立即行动，抓重点、定目标、制政策、破难题，全面开启打造世界级旅游城市的新征程，确定"打造世界级山水旅游名城、打造世界级文化旅游之都、打造世界级康养休闲胜地、打造世界级旅游消费中心"的"一城一都一地一中心"的世界级旅游城市具体行动方案，两年多来，打造桂林

---

① 张晓松、朱基钗、杜尚泽：《"加油、努力，再长征！"——习近平总书记考察广西纪实》，《人民日报》2021 年 4 月 29 日。

世界级旅游城市取得良好成效。

桂林是世界旅游的晴雨表，世界旅游组织在桂林设有观察点，每年在桂林举办联合国世界旅游组织／亚太旅游协会旅游趋势与展望国际论坛，面向全世界公布和预测旅游发展最新态势；桂林也是中国旅游的风向标，国家从1973年开始根据旅游发展需要，不断给桂林提出新的使命：从最初的正式对外开放的旅游城市到社会主义风景游览城市定位，到国家旅游综合改革试验区，再到桂林国际旅游胜地建设，桂林取得"阳朔地球村""旅游产业用地改革""旅游厕所改革""印象·刘三姐"实景演艺等不同时期旅游新成果，为世界旅游贡献了"桂林模式"和"桂林经验"。但在新的历史发展时期，打造桂林世界级旅游城市也面临着一系列挑战与结构性短板，尤其是面对打造桂林世界级旅游城市有哪些"世界级的资源与条件"？打造世界级旅游城市的指标体系是什么？打造世界级旅游城市面临的深层次问题及阻碍因素是什么？一系列新问题、新挑战，均需要深入而系统地研究。广西师范大学专家团队深耕桂林旅游30多年，对桂林旅游发展有着较深认识。为此，本书依托广西师范大学科研服务地方经济发展优势和科研实力优势，组织资深专家科学评估2022~2023年打造桂林世界级旅游城市所取得的初步成效和做法，提炼打造桂林世界级旅游城市取得的前期成果及基本经验，剖析打造桂林世界级旅游城市存在的问题和现实困境，提出未来打造桂林世界级旅游城市的思路与对策，旨在为桂林市经济社会稳健、持续、安全、高质量发展提供战略性和前瞻性的理论成果支持。

本书是桂林市发展和改革委员会、桂林旅游股份有限公司、桂林发展研究院、广西师范大学西部乡村振兴研究院、广西师范大学珠江—西江经济带发展研究院等组织新型智库专家、高校学者撰写完成。本书的资料收集及实地调研得到广西壮族自治区打造桂林世界级旅游城市工作领导小组办公室以及桂林市委、市人民政府尤其是桂林市打造世界级旅游城市工作领导小组办公室、桂林市发展和改革委员会的大力支持，在此表示衷心感谢！

《桂林经济社会发展报告（2022~2023）：打造桂林世界级旅游城市》的编撰从全面建设中国式现代化的伟大事业全局出发，坚持以习近平新时代中国特色社会主义思想为指导，坚决贯彻中央和自治区各项决策部署，发挥新型智库服务地方经济社会发展的独特功能，从破解时代难题、解决现实困境出发，比较系统地剖析了 2022~2023 年打造桂林世界级旅游城市的热点、焦点和难点问题。本书涵盖桂林市世界遗产旅游、全球旅游创新案例、国际旅游发展等多个领域，分为总报告、分报告、专题报告、案例报告、专家观察、附录六个部分，报告中的案例内容翔实可靠、现实问题剖析深入，具有鲜明的时代性、科学性和前沿性。然而，国内外均没有成熟的世界级旅游城市建设标准，也没有可供借鉴的成熟经验与模式，桂林只有不断探索、总结打造桂林世界级旅游城市取得的经验、模式，不断解决现实中的实践难题，才能谱写出中国式现代化进程中世界级旅游城市新篇章，桂林也必将继续成为人民满意的世界级旅游城市。

《桂林经济社会发展报告（2022~2023）：打造桂林世界级旅游城市》

编辑委员会

2023 年 12 月

摘　要

为全面贯彻落实党的二十大提出的中国式现代化建设的伟大目标，推动桂林市全面高质量发展，发挥旅游统领的关键作用，桂林市在 2020 年基本完成国际旅游胜地建设任务后，自 2021 年开始，深入贯彻落实习近平总书记视察广西 "4·27" 重要讲话精神和对广西工作一系列重要指示要求，坚持世界眼光、国际标准、中国风范、广西特色、桂林经典，加快推进世界级山水旅游名城、世界级文化旅游之都、世界级康养休闲胜地、世界级旅游消费中心建设，努力创造宜业、宜居、宜乐、宜游的良好环境，全力打造桂林世界级旅游城市，并取得实质性建设成果。本书对这些实质性建设成果进行了初步提炼与总结。

《桂林经济社会发展报告（2022～2023）：打造桂林世界级旅游城市》由总报告、分报告、专题报告、案例报告、专家观察、附录六个部分构成。总报告在回顾打造桂林世界级旅游城市基础上，重点对打造桂林世界级旅游城市取得的成效、做法进行阐述和分析；分报告聚焦桂林市 "打造世界级山水旅游名城、打造世界级文化旅游之都、打造世界级康养休闲胜地、打造世界级旅游消费中心" 四个方面的核心工作，分别独立对四个方面的核心工作进行评估；专题报告重点对阳朔国际乡村旅游目的地旅游、龙胜县全球重要农业文化遗产旅游、桂林市漓江世界自然遗产旅游、兴安县灵渠世界灌溉工程遗产旅游四个方面的实践进行专题调查和研究；案例报告则分别对上市公司桂林旅游股份有限公司、旅游演艺印象·刘三姐、桂林国家长征文化公园、桂林中国—东盟旅游展和国际论坛、桂林恭城国际生态康养旅游五个典型案例进行研究；专家观察主要研究世界级旅游城市评价指标体系构建、世界级旅游城市发展经验及其对桂林的启示、桂林世界级旅游资源发展潜力评价、桂林世界级旅游城市建设问题与对策四个方面的重要命题。此外，附录对2022~2023年桂林打造世界级旅游城市的重大事项事件进行回顾与总结。

本书认为，桂林世界级旅游城市建设具有世界级旅游吸引物等优势，它是桂林国际旅游胜地升级的具体路径，是统领桂林经济社会高质量发展和绿色发展的重要模式，也是桂林旅游产业转型的新引擎。桂林世界级旅游城市建设既面临着良好的发展机遇，也需面对国内外的激烈竞争。在两年多的建设中，桂林世界级旅游城市建设的总体目标和总体思路已明晰，也制定了清晰的建设路线蓝图，桂林世界级旅游城市正在进入实质性建设阶段。

本书主要研究总结2022年以来桂林世界级旅游城市建设的初步成效、初步经验及典型案例，既有实践内容，亦有理论探索。本书研究表明，桂林世界级旅游城市建设已取得五个方面的成效：打造"山水城市"形成新格局，打造"旅游名城"获得新突破，打造"文化之都"取得新成果，打造"康养胜地"展现新作为，打造"消费中心"迈出新步伐。在实践经验和做法上也取得五个方面的成就：聚焦党政统筹抓合力，高规格打造世界级旅游城市；聚焦政策保障抓落实，高位推动国际旅游胜地升级；聚焦标本兼治抓治理，全力压实旅游市场秩序维护责任；聚焦创新驱动抓品牌，高质量推动市场化项目建设；聚焦设施配套抓短板，高水平推进现代化设施建设。在旅游国际化建设方面，龙胜龙脊梯田、阳朔印象·刘三姐、兴安灵渠、恭城生态旅游、桂林漓江遗产旅游、桂林旅游股份有限公司上市公司、国家长征文化公园（广西段）、桂林中国—东盟旅游展和国际论坛等具有桂林典型特征、广西特色、中国风范，为桂林打造世界级旅游城市奠定了基础。本书对这些专题案例的经验、做法、存在的问题及未来发展对策进行了较为深入的研究。

本书研究也发现，桂林世界级旅游城市存在世界级旅游城市建设的指标体系缺少、国际化服务水平不够高、国际化消费产品质量有待提高、适合国际消费的旅游新业态较少、现有旅游产品质量不够高、世界级旅游品牌不足等现实问题。为此，本书提出桂林世界级旅游城市建设的对策建议，即：持续创建名城品牌抓升级，推动改革新进展；持续推进文旅融合抓转型，塑造文旅新形象；持续注重康养休闲抓业态，壮大国际新市场；持续实施消费引领抓复苏，增强产融新动能；持续实施生态引领抓突破，开拓经济新篇章；不断提高国际化服务水平，增强国际竞争力；不断完善现代基础设施建设，营造便捷化出游环境；不断强化世界级吸引物建设，打造一批世界级旅游产品。

关键词：　世界级　国际旅游　旅游城市　桂林

目　录 ⤵

Ⅰ　总报告

Ⅱ　分报告

Ⅲ 专题报告

Ⅳ 案例报告

Ⅴ 专家观察

附　录

皮书数据库阅读**使用指南**

总 报 告 ⊏马

B.1

顶层谋划 高位推进 奋力谱写
中国式现代化进程中桂林世界级
旅游城市建设新篇章[*]

摘　要： 打造桂林世界级旅游城市由习近平总书记亲自谋划与定位，由广西壮族自治区组织推进，桂林市具体执行。规格之高、力度之大，是旅游城市当中前所未有的。本报告总结两年多来打造桂林世界级旅游城市的基本做法及成效，并提出未来打造的方向与重点对策。报告认为，打造桂林世界级

* ［基金项目］国家社会科学基金项目："西南山区巩固脱贫成果与乡村振兴深度衔接问题研究"（21XMZ075）阶段性成果。

作者：贺祖斌，博士，广西师范大学党委书记，教授，博士研究生导师，广西社科联副主席，广西文联副主席，自治区政协委员，桂林发展研究院院长，广西师范大学西部乡村振兴研究院院长，研究方向为高等教育生态与管理、区域经济与高等教育、乡村振兴等；梁君，博士，广西职业师范学院副校长，教授，博士研究生导师，研究方向为宏观经济学、产业组织理论、文化产业发展与规划、传媒经济与管理等；陆军，云南大学工商管理与旅游管理学院博士研究生，广西师范大学历史文化与旅游学院教授，硕士研究生导师，广西师范大学西部乡村振兴研究院研究员，研究方向为乡村旅游与乡村振兴。

旅游城市已取得五个方面的成效，即：打造"山水城市"形成新格局，打造"旅游名城"获得新突破，打造"文化之都"取得新成果，打造"康养胜地"展现新作为，打造"消费中心"迈出新步伐。在实践工作中，探索了五个方面的基本做法，即：聚焦党政统筹抓合力，高规格打造世界级旅游城市；聚焦政策保障抓落实，高位推动国际旅游胜地升级；聚焦标本兼治抓治理，全力压实旅游市场秩序维护责任；聚焦创新驱动抓品牌，高质量推动市场化项目建设；聚焦设施配套抓短板，高水平推进现代化设施建设。总报告基于未来发展趋势和发展格局、时代背景等综合因素，提出打造桂林世界级旅游城市的对策建议，即：持续创建名城品牌抓升级，推动改革新进展；持续推进文旅融合抓转型，塑造文旅新形象；持续注重康养休闲新业态，壮大国际新市场；持续实施消费引领抓复苏，增强产融新动能；持续实施生态引领抓突破，开拓经济新篇章。

关键词： 旅游名城　康养旅游　文旅融合　世界级　旅游消费

2021年4月26日习近平总书记视察桂林时提出打造桂林世界级旅游城市，为新时代广西旅游发展指明了新方向，更为桂林旅游发展提出了新定位、新要求。

广西壮族自治区党委、自治区人民政府于2021年5月开始在全区范围内展开"如何建设世界级旅游城市"的大讨论，要求把习近平总书记的指示落实在长远规划和具体工作中。在2021年广西文化旅游发展大会上，广西壮族自治区党委确定将"打造世界级山水旅游名城、打造世界级文化旅游之都、打造世界级康养休闲胜地、打造世界级旅游消费中心"作为打造桂林世界级旅游城市的工作目标。2022年，广西壮族自治区党委、自治区人民政府继续强化推动桂林世界级旅游城市建设，出台《支持打造桂林世界级旅游城市若干政策措施（试行）》。自治区及相关部门领导多次深入桂林调研，指导桂林世界级旅游城市建设；国家相关部委领导也密集调研桂林，指导桂林编制世界级旅游城市发展纲要，推动城市、生态、环保、康养、旅游、消费等多个领域的项目建设，桂林世界级旅游城市进入实质性建设阶段。

桂林是世界旅游的晴雨表，世界旅游组织在桂林设有观察点，每年在桂林举办联合国世界旅游组织/亚太旅游协会旅游趋势与展望国际论坛，面向全世界公布和预测旅游发展最新态势；桂林也是中国旅游的风向标，国家从1973年开始根据旅游发展需要，不断给桂林提出新的使命：从对外开放旅游城市到社会主义风景游览城市到桂林国际旅游胜地建设，桂林在旅游发展中不断探索，创造出"两江四湖"城景交融的山水城市景观、"印象刘三姐"山水实景演出、地中海度假村山水度假、龙脊梯田景区与村民共创农业观光等不同时代的旅游新成果，在中国旅游发展进程中不断做出新贡献，使桂林山水成为中国的重要名片。2022年以来桂林按照"世界眼光、国际标准、中国风范、广西特色、桂林经典"总体要求打造世界级旅游城市，加快顶层设计，推动夜间经济、重大项目、城市扩容、乡村建设等项目建设，取得较好的成效。

根据广西壮族自治区文化和旅游厅核准反馈2022年桂林市接待游客量达到1.06亿人次，旅游总消费达到1277.90亿元，其中入境过夜游客为2.41万人次，国际旅游（外汇）消费为755.31万美元。2023年，桂林市旅游得到快速复苏，依据桂林市文化广电和旅游局初步统计，2023年前三个季度接待游客总数为1.10亿人次，同比增长34.78%；旅游总消费达到1352.20亿元，同比增长38.17%，其中入境过夜游客12.70万人次、同比增长687.23%，国际旅游（外汇）消费3682.43万美元、同比增长614.45%。

一　成效："五个坚持"，打造世界级旅游城市迈上新台阶

（一）坚持全域谋局，打造"山水城市"形成新格局

桂林市成立由市四家班子主要领导担任组长的打造桂林世界级旅游城市

工作领导小组，构建"一办十组"① 专班专抓工作机制，实施"融城带乡"工程，疏解桂林老城区，高起点谋划建设雁山区和临桂新区，将秀峰区、叠彩区、七星区、临桂区、象山区、雁山区和灵川县作为一个超大城市景区进行统一打造，按照旅游要素、功能进行谋篇布局，加快推进出城"畅通缓堵"交通工程，完成金雁路一期建设以及净瓶山大桥重建。实施城市更新宜居环境改造工程，对老城区的老旧小区、小巷、棚户区等进行提升改造，完善水网、电网、路灯、排水管等建设，实现老城区更新，增强老城区传统城市格局和文化展示功能，2022 年荻得全国海绵城市建设示范城市称号和全国城市一刻钟便民生活圈试点。加强城市宜游宜乐宜业功能和智能化精细化管理。对共享电动自行车市政公共资源有偿使用收入进行改革，以更好服务市民和游客出行，持续推进城市环境卫生建设，推进生活垃圾分类和源头减量化改革以及市容市民专项整治工程，持续常态化开展国家卫生城市和全国文明城市创建工作，实现自治区级卫生县城全覆盖，为开展文明旅游和规范、有序开展城市旅游提供坚实的城市环境基础，城市环境优化美化了"山水城市"，更加突显了"山在城中，水在城中，山水相融"的城市旅游格局。推进新型城镇化建设，灵川、阳朔获广西高质量发展先进县，平乐获广西高质量发展进步县；全面建成第六批 11 个新型城镇化示范乡镇，有序推进灵川漓水文化、全州粉业等 7 个自治区特色小镇建设；新入选第六批中国传统村落 33 个、居全区首位，灌阳入选国家级传统村落集中连片保护利用示范县[1]。整合全域文化旅游资源，形成桂林市"四区一带一中心"文化旅游发展新格局。

1. 统筹发展四大文化旅游片区

整合桂林市南部、北部、东部、西部等全域文化旅游资源，发挥各个片区核心优势，立足生态保护，合理利用开发，推动产业集聚整合提升，统筹发展南部山水康养度假旅游区、北部长征文化体验旅游区、东部乡村田园休

---

① "一办十组"："一办"指打造桂林世界级旅游城市工作领导小组办公室；"十组"指争取政策工作组、规划工作组、重大项目工作组、旅游品质提升工作组、生态环境提升工作组、宜居城市建设工作组、医美电竞时尚设计产业发展工作组、宣传推介工作组、专家咨询服务工作组、考评督效工作组等 10 个工作组。

闲旅游区、西部民族文化山地旅游区四大文化旅游片区。

2.升级漓江国际休闲度假产业带

依托漓江世界级的喀斯特自然山水禀赋，加快提升漓江山水观光旅游品质，重点打造大圩、草坪、杨堤、兴坪、阳朔、福利等节点，差异化培育产业集群，提升漓江东岸百里休闲健身步道，培育漓江西岸桂阳公路旅游休闲带，建设完善沿江游船码头和游艇码头，形成以点串线、以线带面、水陆联动的漓江旅游发展格局。积极植入文化创意产业，因地制宜发展写生、摄影、影视基地、作家村、旅居度假村等，精品化开发高端民族演艺和互动活动，打造一批与国际旅游胜地相匹配的优质文化旅游项目，做长做细消费产业链，延长游客逗留时间。

3.建设城市文旅融合发展中心

按照"强文化、育业态、促融合、提消费"的思路，统筹桂林老城和临桂新城文化旅游协调发展，推进老城焕发新活力，新城展现新风貌，大力发展桂林城市旅游，突出桂林城区作为全市文化旅游发展集散中心、服务中心、创新中心等的核心集聚地位和引领带动作用，加快灵川与中心城区文化旅游一体化发展，建设世界级山水文化旅游城市。

在两年多的时间里，初步构建起以桂林市区为核心，以桂阳一级景观道路为纽带，以漓江风景名胜区为龙头，辐射带动其他县区发展的"四宜"旅游城市新格局。

（二）坚持人民至上，打造"旅游名城"获得新突破

桂林是一座甲天下的"旅游名城"，多年来，桂林市秉承人民至上发展理念，在国内较早推行免费旅游巴士、旅游厕所革命，免费开放"两江四湖·象山景区"（国家 AAAAA 级景区），免费开放"阳朔十里画廊"和临桂区"环城水系"（国家 AAAA 级景区），坚持大众旅游的人民性，将城市建设与旅游发展融为一体，推进全域旅游发展，构建城景一体、城乡共荣、主客共享的现代化城市新空间。城市首先是市民的城市，所以首先应使当地老百姓有经济社会发展的获得感，有幸福感满满的高品质生活，异国他乡的

游客看到当地老百姓富足的生活自然也愿意到访,乐于停留,只有这样城市才会成为主客共享的美好生活新空间[2]。2021年4月26日,习近平总书记考察桂林时指出,"老百姓的幸福感来自哪里?就来自良好的生活环境。"[3]两年多来,桂林市始终坚持人民至上的执政理念,建设良好的生活环境,推进桂林—阳朔—兴安旅游一体化建设,加大城市人居环境提升改造、提升旅游景区景点质量,开发桂林历史文化街区西巷,推进桂林漓江东线绿道和骑行道建设,提升桂阳一级旅游景观大道质量、免费开放桂林城市标志性景区象鼻山(国家AAAAA)景区,加快城市旅游公交发展,构建无差别对接的城市旅游交通体系,建设桂花公社、融创文化旅游度假区、遇龙河国家旅游度假区,加快创建国家全域旅游示范区和国家级旅游度假区,打造漓江、遇龙河等一批世界级旅游景区和旅游度假区,推动旅游高端化、绿色化发展,不仅为游客创造了良好的旅游环境,而且极大地改善了市民的生活空间和生活环境,提升了主客的生活质量和生活品质。连续举办中国—东盟博览会旅游展、金砖国家旅游部长会议、桂林艺术节等重量级会展,增强桂林国际旅游的影响力和吸引力,世界级山水旅游名城获得新突破。

1. 最美山水旅游名城格局有新突破

疏解老城区,发展临桂新区,拓展桂阳旅游区的山水旅游名城格局取得实质性突破,2022年以来,融创文化旅游度假区开业运营将桂林城市旅游中心从市区疏散至雁山区,有效缓解了老城区旅游压力。2023年8月,阳朔唐风不夜城开放迎客更是将桂林—阳朔旅游一体化大格局推向新高度。临桂环城水系景区建设、临桂桂林会展中心建设、秀峰区桃花江二期建设、叠彩区宋城不夜城建设等山水名城重点支撑项目建设,使以秀峰区为核心的传统格局向周边象山、七星、临桂、叠彩、雁山、灵川等县区拓展,一座"城在景中、景在城中、城景交融、城郊一体"的世界级山水旅游名城初步形成。

2. 融城带乡,城乡共建共享取得新突破

2022年桂林市大力实施以城融乡、城乡共建共享工程,通过创建旅游品牌,引领和推动乡村振兴等举措,培育雁山、龙胜、灌阳、灵川、恭城、全州 6 个县区创建国家级全域旅游示范区，象山区成功创建广西全域旅游示范区。象山景区获得 2022 年主席质量奖提名奖。推动国家文化和旅游消费试点城市建设，桂林东西巷、雁山融创文化旅游度假区分别获评国家级旅游休闲街区、国家级夜间文化和旅游消费集聚区。培育壮大住宿企业，阳朔高端品牌酒店群正式开业运营，重点推动 27 家住宿企业上限入库，引导 3 家酒店创建五星级或四星级旅游饭店，指导旅游民宿健康、有序发展。红军长征湘江战役红色文化旅游景区创建 AAAAA 级景区工作有序推进。通过融城带乡工程，促进城乡共建共享，取得较好的成效，其中"荔浦砂糖橘""永福罗汉果"等农业旅游商品入选全国农业品牌精品培育计划，新创建农旅融合广西现代农业示范区 15 个、广西休闲农业与乡村旅游示范点 6 个、全国休闲农业重点县 1 个（灵川县）、中国县域旅游综合竞争力百强县 3 个（阳朔县、兴安县、灵川县）、全国红色旅游融合发展试点 1 个（全州县）。

（三）坚持文旅融合，打造"文化之都"取得新成果

桂林在文旅融合方面曾引领全国文旅融合发展，开发实景演艺"印象·刘三姐"、大型情景剧"桂林千古情"、城市文旅融合典范"两江四湖"以及一批旅游演艺、文旅小镇、文旅景区、文旅特色街区等。文化是旅游的源泉，是旅游的灵魂。桂林市对深厚的历史进行挖掘，对桂林抗战红色文化、靖江藩王文化、历史文化、摩崖石刻文化等提炼文化符号与元素，加大对两江四湖、靖江王城、西山公园等景区景点文化植入与开发，按照"一砖一瓦都入景、一街一道均成文"的文化旅游发展理念，打造有故事、更安全，有人气、更便利，充满活力的世界级文化旅游之都。

1. 文化旅游品牌取得新成果

启动以农文旅融合为特色的龙脊梯田景区、以红色文化为主题的湘江战役红色文化旅游景区创建国家 AAAAA 级景区工作，成功申报 2026 年世界运河大会，启动灵渠申报世界文化遗产工作，加快长征国家文化公园（广西段）建设，建成灵渠博物院、桂林抗战博物馆、桂林考古博物馆等一批文旅融合项目，持续举办"两会两节"（联合国世界旅游组织/亚太旅游协

会旅游趋势与展望国际论坛、中国—东盟博览会旅游展、桂林国际山水文化旅游节、桂林艺术节）等重要展会。甑皮岩入选"百年百大考古发现"、桂林米粉制作技艺获得国家级非物质文化遗产代表性项目、恭城瑶族油茶习俗进入人类非物质文化遗产代表作名录。"血战湘江 突破包围"精品线路入选全国"建党百年红色旅游百条旅游精品线路"。创造文艺精品品牌，伍思亭凭借桂剧《马前泼水》摘获第30届中国戏剧梅花奖，张树萍获国家级非遗代表性传承人薪传奖，展现桂林"抗战文化城"风貌的大型桂剧《燕歌行》获得第十一届广西剧展金奖。

2. 文化保护传承和博物馆建设取得新突破

完成桂林申报国家文物保护利用示范区前期工作。完成全国重点文物保护单位——父子岩保护规划编制工作，甑皮岩国家考古遗址公园保护展示项目、靖江王陵一期保护设施工程、桂林考古博物馆建设顺利推进。加强革命文物保护利用，广西省立艺术馆文物维修工作顺利完成，桂林抗战文化名人博物馆筹建工作有序推进，湘江战役相关遗址保护展示等项目建设、各博物馆展陈提升项目加紧推进。靖江王陵管理保护进一步加强，设立6个保护标志碑和50个边界桩，启动《靖江王陵保护管理办法》编制工作，保护区内散葬民坟整治、违建拆除等工作有序开展。完善文物执法巡查机制，积极推进文保单位安防、消防和防雷工程建设，确保文物安全。加强非遗记录、展演展示和传承实践，组织申报国家级、自治区级和市级非遗代表性项目，遴选非遗项目参加"守望精神家园——第八届两岸非物质文化遗产月"暨"广西非遗台湾行"等活动5场，开展非遗进校园传承体验活动30场。

3. 文旅宣传推广取得新成效

象鼻山景区免费开放社会效益显著，桂林市以象鼻山景区作为流量入口带动餐饮、住宿等周边消费共同发展的做法，得到文化和旅游部的肯定，认为象鼻山景区免费的一小步，是桂林建设世界级旅游城市的一大步。与河南卫视携手在"清明奇妙游"节目中推出以桂林山水为背景的舞蹈《陇上踏歌行》引爆网络，成为刷屏社交媒体的现象级推广片，各平台点击量超1亿次。在国内头部旅游OTA平台同程旅行推出桂林旗舰店，在美团上线桂林文旅品牌馆，开展"微度假·桂林，48小时"大型周边游专题线上创意营销；与大型音频分享平台"喜马拉雅"城市文化合作开展"宅家看中国"大型视频直播行动·桂林站，观看人数近20万，点赞3万余人次。制作推出"桂林向您汇报·文旅篇"系列短视频，向市民游客集中展示桂林文化旅游发展成果。制作发布《秀甲天下 世界桂林》文旅宣传片，推出短视频《当〈只此青绿〉遇上桂林山水》，分获全区十佳作品奖、十佳人气奖。"5.19中国旅游日"期间，组织开展面向全球观众的"探索中国喀斯特之美"直播活动。线下营销同步推进，"五一"期间推出系列周边游微度假产品和87项优惠促销活动，进一步激发市场活力。

（四）坚持绿色发展，打造"康养胜地"展现新作为

打造世界级康养休闲胜地，绿色发展是关键。持续巩固生态环境优势，环境治理工作获国务院督查激励。全面改善全域旅游环境质量。加强生态环境分区管控，严格落实环境影响评价制度。以改善生态环境质量为核心，探索实现减污降碳协同增效的实施路径。加强空气质量达标管理，强化PM2.5和臭氧污染协同控制，加快重点行业改造升级，推动旅游设施、园林机械、车辆和船舶达标排放，消除冒烟现象，逐步提高新能源使用比例，推动城市空气质量稳定达标和持续改善。持续提升全域各水系干支流环境质量，推进重点领域污染物减排，强化城乡水污染综合整治。规范企业排污制度，实现污水"零直排"目标。推进土壤污染防治，保障土壤安全利用。强化土壤污染源头防控与分类管理，全面落实安全利用和严格管控措施，推进土壤污染风险管控和修复。加强塑料污染、噪声和扬尘污染、新污染物治理。推进市区环卫一体化建设，全面推进垃圾分类。加快建立废旧物资循环利用体系，提高资源循环利用水平。开展"无废城市"建设。打造"康养胜地"展现新作为。

1. 持续加强桂林生态保护体系建设

完善生态基础设施，打造以漓江为主体的多层级、多节点特色生态廊道网络。建立完善自然保护地体系，推动银竹老山资源冷杉、千家洞、花坪、猫儿山等国家级自然保护区生态保育。推进龙胜龙脊梯田、全州天湖、桂林

会仙、灌阳灌江等国家湿地公园建设，推进桂柳运河生态修复与保护。加强生物多样性保护，开展珍稀濒危物种保育、种群恢复、栖息地保护行动。统筹城市水环境提升和绿地空间建设，推动形成蓝绿交织的优美格局。实施企事业单位环保信用评价制度，依法依规开展分级分类监管和失信惩戒。积极推行生态产品价值转换机制，发展生态旅游、生态康养旅游、中医药健康旅游等，一批旅游景区和旅游企业获得省级和国家级健康旅游示范基地、生态旅游示范区等品牌。会仙湿地入选国际重要湿地名录，灌江、天湖获得国家湿地公园，为推进生态产品价值实现机制奠定基础。

2. 漓江保护探出新路，全力守护最美漓江

漓江是桂林旅游的核心，也是桂林旅游生命力之所在，为保护好漓江山水和生态，桂林市不断探索保护新模式，成立桂林山水保护研究院，加强对漓江保护的研究，并编制实施《桂林漓江流域生态环境保护总体规划（2022—2035）》，以申报联合国"地球卫士奖""李光耀水源荣誉大奖"等工作推进漓江整体保护。加大数字化科技在漓江保护中的应用，建成数字漓江 5G 实时监管平台，设立"漓江保护日"，完善漓江流域生态保护补偿机制，建立"三线一单"生态环境分区管控制度，核心区新建项目全线退距 300 米，保持山水生态的原真性和完整性。在全国率先建立健全公安系统生态环境保护机制，加快推进漓江城市段 10 条支流环境治理，对漓江游览竹筏进行油改电，广西第一艘全部采用新能源的五星级游船投入使用，漓江生态保护执法入选全国法治政府建设示范项目，漓江入选全国首批美丽河湖治理案例。

3. 世界级康养休闲胜地建设取得新成效

持续举办阳朔攀岩节、资源漂流世界锦标赛、马拉松和铁人三项赛等重大赛事，全州天湖滑雪场、灌阳户外冰雪旅游训练基地建成投入使用，引进国际医美公司开发国际医美中心项目，推进国家健康旅游示范基地建设，打造恭城瑶汉养寿城、中华中医街等一批特色旅居康养产业集群；积极开发千家峒温泉康养、桂林医学院附属医院康养等康养项目，加大力度推进桂林各个疗养院、干休所改革，创建一批职工疗养基地。

（五）坚持项目为王，打造"消费中心"迈出新步伐

世界级旅游消费中心的建设需要有项目作为支撑，项目是驱动和引领旅游消费的载体，大项目能够顶天立地，引领桂林旅游消费发展方向；小项目铺天盖地，满足主客多元消费。2022 年重点推进大健康和文旅产业重大项目库，全年 64 个大健康和文旅产业重大项目完成投资 40.36 亿元。其中大健康养老产业项目 4 个，完成投资 3.71 亿元；大健康医疗和管理产业项目 5 个，完成投资 3.92 亿元；大健康食品产业项目 8 个，完成投资 4.47 亿元；大健康文旅产业项目 43 个，完成投资 25.73 亿元；大健康运动产业项目 4 个，完成投资 2.53 亿元。打造世界级"消费中心"迈出新步伐。

1. 旅游基础设施项目有新进展

2022 年，桂林市 35 个公共文化基础设施项目、30 个旅游基础设施建设项目列入广西乡村振兴公共服务能力提升三年行动计划项目库。全州县红军长征湘江战役三大渡口遗址保护传承工程、冠岩景区旅游基础设施建设项目等 14 个文旅项目列入申报中央资金的广西"十四五"时期文化保护传承利用工程项目库，占广西（43 个项目）的 32.6%。文化和旅游部、国家开发银行开放性金融支持文化和旅游领域的重点项目：兴安县长征文化公园（广西兴安段）开工建设。2022 年桂林重大文旅项目集中开竣工仪式上新签约重大项目 5 个，分别是：阳朔体育文化产业园、阳朔石头寨项目、诗画·遇龙河项目、桂台民族文化创意园项目、阳朔之星浮空飞行器观光项目，总投资 47 亿元。

在争取国家资金支持方面，2022 年长征国家文化公园（广西段）建设项目中央已下拨资金 1.96 亿元。

2. 旅游消费项目有新成效

总投资 160 亿元的融创国际旅游度假区建成开业，靖江王陵国家考古遗址公园建成开园。培育打造桂林创意产业园，2022 年已集聚各类文化创意相关企业 149 家，形成以创意设计、软件开发、游戏动漫、科技服务业等为代表的产业集群。新增自治区级文化产业示范基地 2 家。新增桂林市市级文

化产业示范基地 13 家。

两年多来，桂林旅游消费品牌创建工作成效显著，临桂区、全州县、象山区获得"广西全域旅游示范区"品牌。新增广西旅游度假区 2 家，新增 AAAA 级景区 6 家。灵川大圩镇、兴安华江龙塘寨村分别获得全国乡村旅游重点镇（村）。打造一批高端住宿品牌，温德姆、丽诗阿卡迪亚等国际知名酒店集团入驻桂林，墨兰山合成为首批全国甲级旅游民宿。新增自治区级职工疗休养基地（点）7 家，位居广西第一。提档升级乡村旅游品质，新增一批星级乡村旅游区（农家乐）、休闲农业与乡村旅游示范点、广西乡村旅游重点镇（村）。东西巷及西街分别获评国家级旅游休闲街区与国家级夜间文化和旅游消费集聚区。新增 2 家广西旅游休闲街区，举办广西文化旅游消费大夜市等旅游消费活动，广西区域消费中心试点城市建设成效初显。

3. 强力推动消费市场升温

近两年来桂林市出台一揽子刺激旅游消费政策工具，通过打造美食之都，开发桂林米粉、恭城油茶等经典美食品牌，提升各县区美食夜游品质，申办广西餐饮食品博览会，启动申创"世界美食之都"，推动消费升温。通过实施国际消费中心城市培育计划，创建国家跨境电子商务综合试验区，设立口岸进境免税店，加快国际品牌酒店、高端民宿、大型商业综合体、特色旅游街区等消费新场景建设，有序促进夜间文化和旅游融合示范区、集聚区、地摊经济等发展，持续激活市民消费和游客消费，推动消费市场加快升温，让城市更有温度，更有人间烟火，吸引四方来客。

二　做法："五个聚焦"，引领世界级旅游城市高质量发展

（一）聚焦党政统筹抓合力，高规格打造世界级旅游城市

1. 高规格建立长效机制，明确目标定位

2022 年 3 月，广西壮族自治区党委、自治区人民政府成立了自治区打

造桂林世界级旅游城市工作领导小组，随即桂林市也成立了打造桂林世界级旅游城市工作领导小组，高规格建立"自治区—桂林市"两级工作领导小组，构建专班专抓工作机制，全面统筹推进打造世界级旅游城市各项工作；明确围绕"一城一都一地一中心"发展目标，即"打造世界级山水旅游名城、打造世界级文化旅游之都、打造世界级康养休闲胜地、打造世界级旅游消费中心"推动桂林世界级旅游城市实质性建设，统筹和引领桂林经济社会高质量发展。

2. 深入领悟核心要义，抓好贯彻落实

打造世界级旅游城市，核心要义就是要以"世界眼光、国际标准、中国风范、广西特色、桂林经典"为总指导思想，坚持以文塑旅、以旅彰文，提升格调品位，努力创造宜业、宜居、宜乐、宜游的良好环境，从世界格局、全球视野、国际标准、品质内涵、格调品位、主客共享、优质环境等方面打造具有中国风范、广西特色、桂林经典的世界级旅游城市。

在 2022 年广西文化旅游发展大会上，自治区出台一系列打造世界级旅游城市政策工具，建立自治区各部门及桂林市联络员制度，编制一系列规划，梳理项目清单，与国家各部委密切合作，推动项目建设，将打造世界级旅游城市作为统领桂林市经济社会发展的中心，推进各项工作开展并落实一批项目开工建设。2022 年以来，举办了各类国际论坛、国际节事、国际活动，打造了一批具有国际元素、国际水准的旅游新业态和新品牌。

（二）聚焦政策保障抓落实，高位推动国际旅游胜地升级

1. 强化顶层设计，高标准谋划推进世界级旅游城市建设

打造桂林世界级旅游城市已上升到国家战略，从国家到自治区再到桂林市凝聚各方力量高规格谋划和设计打造桂林世界级旅游城市，打造桂林世界级旅游城市，提到了新的高度。陆续发布了国家《"十四五"旅游业发展规划》《广西"十四五"文化和旅游发展规划》《桂林市"十四五"文化和旅游发展规划》，形成了国家、自治区、桂林市三级规划体系。编制国家层面的桂林世界级旅游城市建设发展规划，2023 年国务院已批复实施《桂林世

界级旅游城市建设发展规划》，要求高标准、高水平、高效率、高质量凝聚各方力量高效办成世界级旅游城市这一件事，明确了近中期着力打造"四大名城"目标任务，即：加快建设山水甲天下的旅游名城、人与自然和谐共生的生态名城、世界文明交流互鉴的开放名城和宜业宜居宜乐宜游的品质生活名城。

2. 创新性开展政策研究与落实工作

两年多来由广西壮族自治区文化和旅游厅牵头，创新性研究出台一揽子关于支持桂林打造世界级旅游城市的政策，制定与世界级旅游城市规划发展相匹配的政策体系。包括投融资政策、财政政策、土地政策、税收政策、入境免签政策等。推进国家和自治区出台支持桂林打造世界级旅游城市的若干措施，在重大项目、重点改革试点等方面促进桂林建设世界级旅游城市实现跨越式大发展。截至 2023 年 6 月，先后研究出台《中共广西壮族自治区委员会 广西壮族自治区人民政府 关于加快建设世界旅游目的地推动旅游业高质量发展的意见》（2022 年 12 月 5 日）、广西壮族自治区人民政府办公厅《关于印发支持打造桂林世界级旅游城市若干政策措施（试行）的通知》（桂政办发〔2022〕60 号）。

顶层政策设计持续完善。以国务院批复实施的《桂林世界级旅游城市建设发展规划》为契机，制定出台《桂林市打造世界级山水旅游名城实施方案》《桂林市打造世界级文化旅游之都工作实施方案》《桂林市打造世界级康养休闲胜地实施方案》《桂林市打造世界级旅游消费中心实施方案》等更多支持桂林打造世界级旅游城市的落地政策文件，包括在规划、财政、金融、土地、人才以及深化改革、扩大开放等方面出台一系列支持细化政策。设立桂林建设世界级旅游城市专项补助资金，在生态保护、城市创新发展、产业支撑、综合交通体系、过境免签、免税退税等领域国家给予相应的政策支持。

（三）聚焦标本兼治抓治理，全力压实旅游市场秩序维护责任

1. 建立综合治理监管体系，依法治理

桂林市成立以市文化广电体育和旅游局为行政管理旅游治理主体，构建

包括旅游综合监管联席会议制度和多部门参与的旅游综合监管机制，成立桂林市文化市场综合行政执法支队，专门负责文化和旅游市场监管执法。针对桂林旅游市场存在的突出问题，为有法可依有效治理旅游市场乱象，2022年桂林市启动《桂林市旅游市场管理条例》立法工作，推进旅游投诉调解与仲裁衔接试点工作、文化旅游行业信用承诺试点工作，积极开展文化旅游市场秩序整治、"扫黄打非"专项行动等工作，文旅市场秩序总体健康有序。2022年桂林市入选全国旅游投诉调解与仲裁衔接改革试点城市。面对迅速复苏的旅游市场带来的旅游市场秩序新问题，2023年桂林市持续开展旅游市场秩序综合整治，常态化开展联合执法，依法对461家旅行社开展信用分级分类监管，加大旅游投诉处理力度，精准打击各类扰乱旅游市场行为，规范旅游市场秩序，全面提升桂林旅游服务品质，营造良好的"宜业、宜居、宜乐、宜游"的旅游发展环境。

2. 常态化开展立体式执法，构建多元治理格局

世界级旅游城市必须要有安全、文明、健康、有序、公平、公正的旅游市场秩序，面对打造桂林世界级旅游城市过程中存在的"不合理低价游"、强迫或者变相强迫购物、擅自变更旅游行程、未经许可经营旅行社业务等违法违规行为，桂林市建立网上投诉渠道、线下投诉渠道以及旅游舆情监测渠道、旅游服务网点投诉渠道等常态化立体式执法机制，从旅行社、旅游企业、OTA等源头着重加强对旅行社及服务网点的整治和规范，通过持续高压打击整治行动，有效遏制各类违法违规行为的发生，旅游市场秩序呈现规范、有序、健康向好发展的良好势头，为桂林打造世界级旅游城市构建了安全、可靠、有序、健康的防护网[4]。

（四）聚焦创新驱动抓品牌，高质量推动市场化项目建设

1. 重视高品质品牌建设，提升旅游品质

桂林以打造世界级旅游城市为目标，打造以漓江、印象·刘三姐、龙脊梯田等为核心的世界一流文化旅游品牌，融创文化旅游城、全州大碧头国际旅游度假区、恭城瑶汉养寿城已建成运营，桂林歌剧院成功封顶，桂林国际

会展中心开工建设，会仙湿地度假小镇等一批大项目落地建设；加快建设长征国家文化公园广西段，已完成以"一园两馆"为重点的68项红军长征湘江战役烈士纪念设施建设修缮保护任务，成为全区乃至全国弘扬和传承长征精神的重要载体；推出"桂林千古情"、"桂林有戏"、"三生三世三千漓"等一大批精品演艺活动项目，成功创建一批航空体育飞行基地、体育综合体、山地户外运动营地等，连续成功举办环广西公路自行车世界巡回赛（桂林段）、世界漂流系列赛、阳朔国际攀岩节等重大赛事节会；全面落实入境免签、过境免签等优惠政策，大力营销"桂林有礼"品牌，具有高度市场化的一批旅游品牌为桂林世界级旅游城市建设注入新动能。

2. 创新项目招商建设，高质量推进文旅市场化发展

坚持创新文旅项目招商引资方式，将56个文旅项目纳入"广西文旅产业投融资对接服务平台"开展网上招商引资并全部实现招商目标。与桂林银行合作成立"桂林文化旅游金融服务中心"，为文旅项目提供金融服务支持，截至2023年4月末，桂林辖区文旅类贷款授信总额58.33亿元，贷款余额35.38亿元。2022~2023年，阳朔县、兴安县等县区通过集中签约开建方式，启动一批文旅项目建设。桂林融创文化旅游度假区、桂林新国际会展中心等文旅项目作为打造桂林世界级旅游城市重大项目也建成运营，长征国家文化公园（广西段）、靖江王陵国家考古遗址公园、城市文化旅游服务中心、城市旅游集散中心等一批重大项目加快推进。

（五）聚焦设施配套抓短板，高水平推进现代化设施建设

1. 外联内通，快进漫游，强化基础设施建设

世界级旅游城市需要有世界一流的旅游交通体系作为支撑。桂林市对标世界级旅游城市，建设一体多元的立体化旅游交通，努力建成高效、顺畅的世界一流的旅游交通体系。桂林市充分结合航空、高铁、高速、水路建设完善旅游集散中心和游客服务中心，全方位解决好游客"进得来、出得去、玩得开、游得好"的问题。2022~2023年桂林加快城乡基础设施建设步伐，南衡新高铁、贺州至巴马高速公路、灌阳至平乐、桂林至柳州改扩建工程、

桂林至钟山、全州至桂林改扩建工程等铁路、公路交通基础设施建设加速推进或已建成通车，桂林全市乡镇已达到100%通三级以上公路[5]。

2. 重视智能化服务设施建设

桂林市重视提升旅游公共服务质量，推进文旅大数据中心建设，推动文旅企业接入"一键游广西""一键游桂林"文旅资源池，国家5A、4A级旅游景区接入"一键游广西""一键游桂林"慢直播，"一键游桂林智慧监管平台"升级融入"一键游广西———一键监管"工作。继续推进旅游中英文标识标牌系统、旅游集散中心、汽车旅游营地建设，重新绘制桂林市全域旅游导览图，加强城市文化旅游服务中心规范化管理，推广线上线下文化旅游咨询服务。

培育一批高质量的智慧酒店、智慧景区、数字营销和旅游电商企业，开发数字展馆、虚拟景区等数字化沉浸式体验服务，构建世界级智慧旅游管理系统，建设5G文化旅游示范区，全面对接好"一键游广西"和"一键游桂林"的工作。对标世界一流，引进更多的国际著名酒店品牌，以度假、观光、休闲、康养、运动不同功能为主题，建设融创文化旅游度假区、大碧头温泉度假区等不同区域的高端度假酒店集群。充分发挥桂林山水资源优势，打造一批基于自然山水本底、蕴含特色文化的高品质"山水主题酒店"品牌和特色民宿集群。推动桂林市积极创建国家文化和旅游消费示范城市与国家级旅游休闲街区，打造"世界美食之都"。

三　展望："五个持续"，谱写世界级旅游城市建设新篇章

（一）持续创建名城品牌抓升级，推动改革新进展

1. 提高政治站位，推进桂林国际旅游胜地升级发展

"世界一流的旅游目的地；全国生态文明建设示范区；全国旅游创新发展先行区；区域性文化旅游中心和国际交流的重要平台"是国家给予桂林国际旅游

胜地建设的四大战略定位任务。近年来，桂林大力推进桂林国际旅游胜地建设，各方面工作取得显著成效。扩造桂林世界级旅游城市，是国家战略，是桂林市在新的发展阶段面对世界格局谋划新的发展的现实要求，也是全面提升桂林城市能级和核心竞争力的难得契机，更是一项重大政治任务。要继续提高政治站位，高质量推进桂林国际旅游胜地升级发展，高水平建设桂林世界级旅游城市。

2. 聚焦高点定位，建设世界级旅游城市先行示范区

聚焦打造世界级旅游城市的高点定位，探索建设世界级旅游城市先行示范区。世界级旅游城市的竞争已经不再是传统的自然资源和历史遗产的竞争，甚至也不是景区、主题公园、旅行商等市场主体之间的竞争，而是经济社会发展、自然生态保护、治理体系与治理能力、文化辐射力和全球话语权之间的全面竞争。方方面面的协调，千头万绪的工作，没有更大力度的改革开放和更高能级的释放，很难实现预期的目标。要继续加强与国家各部委的沟通协调，争取各方面支持桂林建设世界级旅游城市先行示范区。

3. 提升格调品位，塑造山水城文交融的世界级旅游城市

（1）完善以中心城区、漓江流域城市为核心的山水文化、非遗文化、摩崖石刻文化、水利文化、农耕文化、红色文化等多元文化挖掘与提炼，强化文旅深度融合，优化提升中心城区、兴安、灵川、阳朔、平乐旅游产品品质，提档升级已有的景区景点，突出中心城区及各县区的特色，继续塑造"山、水、城、文"融为一体的城市格局。

（2）抓住国务院批复实施《桂林世界级旅游城市建设发展规划》的重大机遇，坚持世界眼光、国际标准、中国风范、广西特色、桂林经典，优化"四区一带一中心"城市发展格局，加快建设旅游名城、生态名城、开放名城和品质生活名城，推动形成城景融合、景村融合，城乡"形、实、魂"协调发展的全域旅游大格局。

（二）持续推进文旅融合抓转型，塑造文旅新形象

1. 坚持以文塑旅，塑造全新动能

（1）持续挖掘桂林抗战文化、摩崖石刻文化、灵渠和古桂柳运河水利

文化、桂北长征文化等文化遗产，尤其是龙脊梯田、恭城油茶、桂林米粉等世界级文化遗产、国家级文化遗产，提炼这些文化的精神与价值，植入"吃住行、游购娱"等旅游项目，通过赋能旅游塑造具有灵魂的旅游产品。

（2）重点提炼桂林各民族文化、红色文化所蕴含的精神价值和家国情怀，更多地从精神层面提升旅游品质与格调内涵。桂林拥有丰富的红色旅游文化和资源，加快提升国家长征文化公园等红色旅游项目建设，在世界级旅游城市建设的过程中，向国际游客讲述中华民族的家国情怀和共同价值。

2. 推进以旅彰文，彰显人文精神

文化是旅游的灵魂，旅游是文化的载体。通过建设一批文化旅游新业态，彰显桂林乃至中国独特的人文精神。

（1）持续推进文化底蕴深厚的世界级旅游景区和度假区建设。重点推进灵渠世界文化遗产申报、长征国家文化公园（广西段）、龙脊梯田、漓江国家公园、资源八角寨、临桂会仙湿地公园等打造世界级旅游景区和旅游度假区，新建一批世界级的会展、度假酒店、康养、体育等项目，打造世界级文化旅游品牌。

（2）持续推进文化特色鲜明的旅游休闲城市和街区建设。积极培育世界级旅游城市建设的全新动能。依托桂林城区及各县区优质特色文化资源、乡村文化资源，结合乡村振兴建设和新型城镇建设，率先在全国推进一批文化特色鲜明的旅游休闲城市和旅游休闲街区评建。

3. 促进文旅交融，打造文旅项目

持续打造文旅融合创新示范中心，促进文旅交融。挖掘桂林历史文化名城独特印记，提升文化旅游创意创造能力和科技创新水平，将城区打造成为文旅融合发展的创新示范中心。加强甑皮岩、桂海碑林、靖江王府及王陵、雁山园等文化遗产保护利用，延续城市千年文脉，将历史、建筑、非遗、民俗等文化元素充分融入桂林高科技文化旅游产品研发，大力发展演艺娱乐、文化创意、节庆会展、动漫游戏以及数字文化等产业，打造具有桂林地域文化特色的旅游消费环节，营造可视化文化氛围，将桂林打造成为世界级文化旅游深度融合发展典范。

（三）持续注重康养休闲抓业态，壮大国际新市场

1. 高起点规划，推进项目国际合作

持续以三金药业、莱茵生物、桂林南药、吉福思、大中华养生谷、地中海俱乐部、悦榕庄、民宿、国际品牌酒店等康养休闲度假企业为试点，充分挖掘桂林各类康养资源，高起点规划打造以生态康养、中医药康养、运动康养、民族医药康养、医疗康养等为主的具有国际水准的康养休闲度假旅游新业态。构建策划面向国内外优质旅游企业的康养休闲旅游项目库，出台重点重大项目"一目一策"招商引资政策，优化营商环境，搞好合作的全程跟踪和后续服务，推进康养休闲项目国际合作。

2. 高水平建设，推动质量国际接轨

持续高水平建设漓江流域国际旅游度假带、桂阳公路休闲度假旅游带、漓江东线产业旅游带、阳朔遇龙河—十里画廊国际乡村旅游度假区、临桂新区—苏桥世界旅游城等一批有开发基础、市场前景好、具有全局性带动作用的大型旅游项目，积极向世界著名旅游企业整体推出，借助世界著名旅游企业的国际品牌和强大优势，精心打造，推动项目质量实现与国际接轨。

3. 高质量发展，促进业态国际转型

针对桂林开发的康养休闲业态多为中小企业或个体工商户为经营主体的现状，要持续实施以质量标杆和国际质量标准为抓手，以康养休闲旅游企业为基础，通过联盟、加盟、改组、改制、控股、资产重组等形式，组建专业化的康养休闲经营企业，以实现企业间的市场互补、资源互补和经营互补，提高桂林康养休闲企业的国际竞争力。重点扶持桂林大中华养生谷、中医药健康旅游示范基地、民族康养休闲项目、桂林各民族中医医院、各疗养项目基地康养休闲业态积极向国际消费市场转型。

（四）持续实施消费引领抓复苏，增强产融新动能

1. 高规格服务，衔接国际标准

国际旅游有一套比较成熟的行业服务规范标准，已得到国际游客的认

可，对标国际通行的服务标准是桂林强化国际化的重要体现，可按照国家标准化发展战略规划以及结合桂林实际，持续探索建立既与国际标准、国际惯例接轨，又与国家标准、行业标准衔接，"结构合理、层次分明、重点突出、面向国际"的旅游服务标准体系。通过引入国际知名酒店集团、国际知名旅游服务商、国际知名咨询服务公司参与投资、运营、管理桂林酒店、景区景点、旅行社等项目，衔接国际行业标准，为游客提供符合国际标准和国际惯例的优质服务。

2. 高品质生活，增强国际消费

（1）持续打造宜居宜业宜乐宜游的良好城市环境，不断提升居民与游客的消费体验，以打造文化和旅游消费示范区、示范企业为抓手，积极开展旅游消费大集市、夜间旅游消费场景、旅游特色街区、旅游休闲街区、大型购物消费综合体等实体消费，加快推进实施免税购物、境外游客购物离境退税政策，着力建设世界一流的国际消费中心。

（2）持续配套完善公共服务设施，重点加快智慧旅游、旅游公共服务、消费场所、旅游综合交通体系等方面建立与国际通行规则相衔接的旅游服务设施，构建"无语言障碍国际化旅游城市"体系，营造高品质的国际消费环境。全面提升旅游业国际化、高端化、品质化服务水平，围绕绿色、便捷、特色、和谐、智慧、创新的要求，完善城市生活消费功能。

3. 高精准营销，开拓世界市场

（1）持续开展精准城市营销，尤其是职业化、专业性的海外营销。可以借鉴芝加哥、迪拜、香港、新加坡、三亚等城市旅游推广的经验，组建独立于行政机构之外、非营利法人机构推广桂林。

（2）针对散客化、自由行、智慧旅游的时代，要以科技、艺术、教育、人才、研发创新的新动能，满足消费升级的新需求，持续开展精准的智慧营销，进而为世界级旅游城市开拓世界市场提供基础支撑。

（3）加强精准营销，大力开展国际会展活动，创新营销方式与渠道，持续将桂林旅游推向世界。继续不断强化"桂林山水甲天下"品牌形象的全球推广，着力提升桂林旅游的美誉度，强化世界级旅游城市的吸引力、创造力、影响力。继续策划更多世界级旅游城市的联盟活动和文旅产业总部基地建设，牵头组织和搭建更多的大型国际展会、节事平台和文旅营销机构，开展更多的城市形象宣传推广活动，进一步提升桂林城市品牌影响力，将桂林塑造成中国向全世界展示文旅形象的重要窗口。继续以数字化文旅建设发展为抓手，做强以微博、微信、OTA 平台、移动终端为代表的互联网全球宣传。继续策划一批具有国际影响力的文化旅游节庆活动，提升桂林的国际化城市发展影响力。积极推行国际旅游行业服务标准和国际服务品牌，引入国际高端旅游质量认证管理，推动旅游服务质量与国际通行旅游标准全面接轨。

（五）持续实施生态引领抓突破，开拓经济新篇章

1. 打造"四宜"良好环境，发展城市生态经济

要持续以人民为中心，探索城景融合、主客共享、产城共建的宜业、宜居、宜乐、宜游"四宜"旅游城市新格局。落实最严格的生态保护机制，守护世界最美漓江，优化城旅一体的景观体系，做到景在城中、城在景中、城景交融。以此为基础，积极探索发展低能耗、高科技、低碳绿色城市生活产业；引导和培育城市低碳经济；积极发展以"两江四湖""环城水系"以及城市休闲公园、休闲街区等为依托的城市休闲经济。

2. 引育"创客"休闲城市，发展城市生态产业

继续实施引育"创客"休闲城市工程，通过发展微型会展、文创、微型度假、国学游、亲子、旅游培训等微型旅游新业态，扶持和引导创客发展，引育"创客城市"，盘活和消纳已有的地产资产，丰富城市商业和创业就业内容，让购买房产的外来人群有创业就业和从事商业的机会。依托桂林丰厚的生态资源和中医药资源，借鉴瑞士、荷兰、西安、杭州等国家、城市打造世界级旅游城市经验，引进国际著名的保健品、休闲食品、医养等方面的公司，大力扶持发展生态医药、民族保健品、生态食品、医养等生态工业，通过生态工业推动桂林旅游转型升级，推动城市生态产业发展。

3. 坚持"两山"发展理念，转换生态产品价值

坚持"两山"发展理念，铸造桂林生态优势，大力推进生态产业化。

支持"生态+旅游"发展模式创新，拓展生态农业、园林养生、自然康养等生态产品价值实现渠道，探索建立国际生态旅游合作平台。推进龙胜龙脊梯田、全州天湖、桂林会仙、灌阳灌江等国家湿地公园建设，推进桂柳运河生态修复与保护。加强生物多样性保护，开展珍稀濒危物种保育、种群恢复、栖息地保护行动。统筹城市水环境提升和绿地空间建设，推动形成蓝绿交织的优美格局，实现生态产品价值转换，发展生态旅游经济。

健全生态产品经营开发机制。健全自然资源资产产权制度，加强自然资源确权登记和信息普查。探索绿化增量责任指标交易、清水增量责任指标交易等方式，合法合规开展森林覆盖率等资源权益指标交易，支持建立生态资源经营发展平台。持续巩固提升森林、岩溶等生态系统碳汇能力，积极创新探索碳汇价值实现新路径。推进低碳城镇、低碳园区、低碳社区、低碳农业、低碳交通与低碳旅游协同发展，探索建设零碳景区、零碳旅游线路，逐步打造具有国际影响力的低碳旅游区。深入开展绿色生活创建行动，推进节约型机关、绿色消费等建设，推广绿色低碳的生活方式，实现生态产品价值转换，推动桂林新经济发展。

世界级旅游城市与世界旅游城市是两个不同的概念，建设的指标体系不同、内涵不同、发展任务不同，打造桂林世界级旅游城市，国内外均没有成熟的世界级旅游城市建设标准，可供借鉴的成熟经验与模式不多，但只要坚持以人民为中心，准确把握新发展阶段，全面贯彻新发展理念，以推动高质量发展为主题，以深化供给侧结构性改革为主线，以改革创新为根本动力，不脱离桂林实际，继续将桂林的国际旅游胜地建设、国家可持续发展议程创新示范区等多重目标定位聚焦于世界级旅游城市建设，桂林必将成为人民满意的世界旅游城市，桂林经济社会也将继续全面高质量发展。

参考文献

［1］李楚：《政府工作报告——2023年2月15日在桂林市第六届人民代表大会第四次会议上》，《桂林日报》2023年4月3日。

［2］戴斌：《世界级旅游城市的数据审读、游客视角和进阶方略》，执惠网，2021年6月11日。

［3］张晓松、朱基钗、杜尚泽：《"加油、努力，再长征！"——习近平总书记考察广西纪实》，《人民日报》2021年4月29日。

［4］桂林市文化市场综合行政执法支队：《重拳整治旅游市场乱象全面提升桂林旅游环境》，http：//wlt.gxzf.gov.cn/zwdt/gsyw/t16591054.shtml，2023年6月1日。

［5］李楚：《政府工作报告（摘要）——2022年1月12日在桂林市第六届人民代表大会第二次会议上》，《桂林日报》2022年1月13日。

分 报 告

B.2
打造桂林世界级山水旅游
名城研究报告*

摘　要： 山水城市是通过合理规划自然山水，将人文建筑与自然环境有机融合，实现人与自然和谐共生的城市。这种城市形态体现中国古代"天人合一"的哲学思想，强调人与自然的和谐统一。坐落于漓江两岸的桂林市，山水自然资源丰富，生态环境优美，桂林山水甲天下。桂林市是联合国世界旅游组织首推的中国四大旅游目的地城市之一，山水旅游资源在全国乃至世界首屈一指，拥有世界上最优美壮观的喀斯特地貌自然遗产、世界罕见的丹霞地貌景观和"全球最美河流"之称的漓江。

作为最早对外开放的一批城市，桂林市旅游业在20世纪末得到飞速发展，具备打造世界级山水旅游名城的坚实基础和独特优势。本文通过分析桂林旅游发展的成效，梳理取得成果的做法以寻找桂林打造世界级山水旅游名

---

* 作者：宋杨，博士，广西师范大学历史文化与旅游学院讲师，硕士研究生导师，酒店管理教研室主任，广西师范大学旅游研究所办公室主任，研究方向为旅游者行为、城市休闲空间；赵泽林，广西师范大学历史文化与旅游学院硕士研究生。

城的建设目标及定位；在掌握基本经验及发现存在问题的条件下提出桂林实现山水品牌打造、维持生态平衡、推进城市更新的建议。

关键词： 桂林山水　世界级山水旅游名城　生态平衡　城市更新

2022年9月2日，广西壮族自治区人民政府颁行《支持打造桂林世界级旅游城市若干政策措施（试行）》（下文简称《措施》），提出九个方面的支持政策措施，其中"支持世界级山水旅游名城建设"位列第一，是桂林打造世界级旅游城市"四大定位"（"一城一都一地一中心"）的关键核心工作。实质上，这是坚持"两山论"和"山水林田湖草生命共同体"的生态伦理，以实现旅游产业高质量发展的必然要求；也是满足潜在旅游消费者群体对个性化以及生活多元化追求的客观现实使然。当前山水休闲旅游已经成为旅游消费者的重要选择，这种客观的市场发展趋势要求旅游产业在发展过程中更好地融合山水观光。可见，打造"世界级山水旅游名城"，既是桂林成为"世界级旅游城市"必不可少的重要构成内容之一，也是桂林旅游产业顺应市场发展提升竞争力的必然选择，更是桂林旅游产业本身实现高质量可持续发展的题中应有之义。

《措施》针对"支持世界级山水旅游名城建设"具体提出三点建议：加强漓江生态环境保护、提升桂林山水旅游品质、打造优质生态环境典范。桂林依托得天独厚的山水风光、源远流长的历史文化、古朴宁静的田园生态、丰富多彩的民俗风情等优势，在自治区及桂林市党委、市人民政府的部署下，上述《措施》所提及的建设要求方面已取得一定成绩：打造了一批AAAAA级山水观光景区，建设了一批百里山水画廊观光休闲示范带和山水康养度假旅游目的地。"漓水青山·山水桂林"已经成为桂林旅游的一张金字招牌，提升了桂林作为世界级旅游城市的竞争力、吸引力和影响力。但是，桂林打造世界级山水旅游名城，既要肯定当前所取得的成就，也要洞悉其中存在的不足；相对而言，后者更加值得研究。

一 桂林世界级山水旅游名城建设成就

（一）主要山水旅游产品构成

自国家发布《全国生态旅游发展规划（2016-2025年）》《关于加快建设世界旅游目的地推动旅游业高质量发展的意见》《关于释放旅游消费潜力推动旅游业高质量发展的若干措施》《支持打造桂林世界级旅游城市若干政策措施（试行）》《"十四五"旅游业发展规划》《广西"十四五"文化和旅游发展规划》及《桂林世界级旅游城市建设发展规划》等政策性文件之后，桂林即对此积极回应并付诸实践。随着"桂林打造世界级旅游城市"纳入国家"十四五"旅游业发展规划与自治区措施的出台，桂林为建设"世界级山水旅游名城"持续发力。当前，桂林旅游产业体系日趋完善，漓江以及沿桂黄、桂阳公路两条黄金旅游带已初步形成，改变了原有的单一山水旅游模式，逐渐转变为包含会展商务、生态体验、休闲度假、养生保健等多元复合型旅游模式。山水旅游作为桂林旅游产品体系中的核心部分，以山水作为发展各类旅游的基础，充分发挥桂林山水岩溶地貌的特色，努力打造世界级山水旅游城市品牌。桂林市山水格局特色非常显著，形成了具有区域特色的旅游资源。这些特色包括山水地貌特色、山水城市特色以及山水文化特色。

1. 核心竞争力——桂林世界级山水的独特性

桂林市作为国务院首批公布的国家级历史文化名城，以山水风光著称，漓江景区也是国家重点风景名胜区。桂林山水甲天下，桂林这座城市也在国际上享有极高的知名度，拥有桂林山水、世界灌溉遗产灵渠两大世界遗产。

桂林的山，是世界上最典型的岩溶地貌，多石山，少土山，山峰呈现大面积的星罗棋布状，孤峰、峰林、峰丛景观错落有致，环城周围的山峰拔地而起。山体或独树一帜，矗立城中，如独秀峰，坐落在漓江之畔、桂林市中心的靖江王城内，孤峰突起，陡峭高峻，气势雄伟，素有"南天一柱"

之称。

桂林的水，蜿蜒曲折，明洁如镜。桂林市内共有大小河流100余条，地下暗河13条，为典型的雨源型山区河流。桂林市广泛分布着湖泊池塘，尤其以中部平原最为密集，因此素有"万塘之城"的美誉。桂林市所在的漓江谷地孤峰林立，受岩溶喀斯特地貌的影响，漓江江水随山势分流、汇流，城市水网呈现南北狭长、环环相扣的特色结构。

2. 城市特色——山水景观与城市空间布局相互交融

桂林石山多以挺拔秀丽著称，且呈现有层次的均匀布局。大多数名山沿江而立，呈现山环水绕、内外映衬的景观层次。山体的布局也影响桂林历代城市的构图，街巷布局对景六多以山峰为主，创造了丰富的街道景观和独有的城市风貌。

桂林历史城区内河网纵横、水系发达，榕湖、杉湖、桂湖、木龙湖与漓江市区段、桃花江下游共同构成桂林两江四湖环城水系。城区内的江河湖塘穿梭于建筑群峰间，将孤立的叠彩山、伏波山、象鼻山等名山串联起来，形成"水中有城、城中有水"的景观特色。

"千峰环野立，一水抱城流"，是桂林山水景观的独特魅力。桂林历史城区山环水抱，靖江王府居中的布局凸显以独秀峰为中心的多层次环状山水骨架，游水观山、登高四顾的重要景观视廊的打通与街巷布局对景的设置，进一步引景入城，使山水景观与城市空间紧密结合，体现了山水城相交融的关系特征。

3. 山水文化——依靠独特的山水文化建造城市

桂林市是基于山水环境而选址并发展起来的，它以自然山水为依托，从西南边陲的百越之地，逐渐发展为人文气息浓厚的西南会府，成为世人向往的山水名城、文化名城、旅游名城。桂林的建设是城市与山水环境不断融合、相互适应的共生结果，蕴含中国"天人合一"的哲理，是山水城市形成的典型表现。

自然因素在桂林城市的演变中起到至关重要的作用。在桂林城建的发展历程中，最重要的限定因素就是桂林独特的山水自然环境，它不仅控制城市空间的扩张，也是推动桂林城市演变的重要因素。山水文化在潜移默化中影响着国人的思想，并逐渐从隐性转化为显性，最终塑造了独特的桂林山水文化城市。桂林借助其独特的山水文化，充分发挥自然资源优势，成功打造出一个风景旅游城市。

在此对桂林市区域（市、区、县）现有主要山水旅游产品进行归纳（见表1）。需要说明的是，桂林市现有100家国家A级旅游景区（截至2022年12月31日）和28个星级乡村旅游区（截至2022年6月24日），属于山水旅游产品之列的也包含在内。

表 1　桂林主要山水旅游产品

区域	产品
桂林市区	独秀峰-王城景区、两江四湖·象山景区、桃花湾旅游度假区、西山生态旅游区、罗山湖体育旅游度假区、桂海国际旅游度假区、桂海晴岚景区、七星景区、穿山景区、芦笛景区、冠岩景区、旅苑景区、尧山景区、南溪山景区、佑子湾景区、桂林之花景区、枫和里文化旅游区、桂花公社景区、瓦窑小镇景区、神龙水世界景区、花坪云溪谷乡村旅游区、会仙镇沐宜头玻璃田乡村旅游区、鲁家村桃花湾生态旅游休闲区、雁山区草坪休闲旅游主题小镇、情歌田园·乡谣里、融创漓江后海景区、草坪休闲旅游主题小镇、桂林国家森林公园、经典刘三姐大观园景区、在水一泫景区、红溪景区、世外桃源旅游区、侗情水庄景区、多耶古寨-蛇王李景区、黄沙秘境大峡谷景区、会仙喀斯特国家湿地公园景区、临桂十二滩漂流景区
阳朔	遇龙河国家旅游度假区、西街景区、三千漓中国山水人文度假区、镇骥马村、春风漓水休闲体验度假区、兴坪休闲养生度假区、鸡窝渡乡村旅游区、图腾古道-聚龙潭景区、蝴蝶泉旅游景区、大源林场
龙胜	龙胜温泉旅游度假区（龙胜温泉森林养生国家重点建设基地）、龙胜艺江南中国红玉文化园景区、布尼梯田·加乌瀑布旅游区、黄洛瑶寨、白面瑶寨景区
灵川	大圩古镇景区、桂林磨盘山康体旅游度假区、龙门瀑布景区、灵川县大塘边村乡村旅游区、灵川毛洲岛乡村旅游区、灵川·潞江村、江头景区、漓水人家景区、古东瀑布景区、逍遥湖景区
全州	湘山·湘源历史文化旅游区、桂安和龙井生态旅游区、天湖国际高山生态旅游度假区、大碧头国际旅游度假区、桂林国际茶花谷旅游休闲度假区、炎井温泉、龙井生态休闲观光旅游示范村
兴安	灵渠景区、华江龙塘寨村、猫儿山旅游度假区、老山界龙潭江景区、周家园乡村旅游区、华江瑶族乡养生养老小镇、和苑森林人家、漓源瀑布森林人家
永福	金钟山旅游度假区、凤山景区、罗汉果小镇、金钟山旅游度假区、上寨瀑布、金鸡河
灌阳	千家洞文旅度假区、江口村特色文化旅游区、都庞岭大峡谷景区、文市石林景区、莲溪庐旅游度假区、太子山生态旅游区、大仁村万亩梨园、春润生态旅游景区、洞井古民居景区、神农稻博园、茶博园、桂林（灌阳）户外冰雪旅游训练基地

续表

区域	产品
资源	桂林资江·天门山景区、脚古冲生态旅游区、五排河山地漂流旅游度假区、八角寨景区、资江灯谷景区、宝鼎景区、塘洞景区、金紫山丰绿生态园、李洞乡村旅游区、石山底乡村公社
平乐	仙家温泉景区、榕津千年古榕景区、德定瀑布景区、金字岭景区、沙子镇渡河村、漓江文化村
恭城	红岩村景区、杨溪景区、三庙两馆景区、瑶族文化村景区、北洞源景区、矮寨景区、社山景区、牛路头乡村旅游区、泗安乡村旅游区、黄岭景区、龙虎关景区
荔浦	荔水青山·荔江国家湿地公园、银子岩旅游度假区、丰鱼岩旅游度假区、荔江湾景区、马岭鼓寨民族风情园、天河瀑布景区、杧村景区

资料来源：根据公开资料整理。

（二）世界级山水旅游名城建设主要成就

2021年是桂林发展历程中具有里程碑意义的一年。习近平总书记亲临桂林考察，对打造世界级旅游城市赋予新的使命和要求。2022年，桂林市按照"国际视野，国际水准，中国气派，广西特色，桂林经典"的总体目标，积极推进"一城一都一地一中心"建设。《桂林世界级旅游城市建设发展规划》等配套措施逐步实施。

2023年，桂林市持续推进"一城一都一地一中心"建设，加速建设世界一流的风景区和旅游城市。为推进漓江旅游产品向高端化和绿色化转型，桂林市制定和实施《桂林漓江流域生态环境保护总体规划（2022—2035）》，旨在确保漓江流域的生态环境持续改善、生态系统持续优化，整体功能持续提升。同时，桂林市始终牢记"国之大者"，坚定不移地肩负起保护漓江、桂林山川的责任，把"世界第一桂林"这一金字招牌擦亮。

根据桂林山水旅游发展的局面，并综合山水旅游产品的具体发展现状，将桂林打造世界级山水旅游名城获得的主要成就归纳为以下四个方面。

1. 新理念得到贯彻发展，焕发出山水新活力

贯彻新发展理念，以建设世界旅游目的地和文化旅游强区为总蓝图，桂林市积极配合国家编制《桂林世界级旅游城市建设发展规划》，以"世界眼

光、国际标准、中国风范、广西特色、桂林经典"为目标,为加快旅游业高质量发展提供澎湃动力。从 2019 年开始,自治区党委、自治区人民政府建立每年竞争性举办广西文化旅游发展大会机制,达到"一地举办、辐射周边、带动全区"的效果,实现"举办一届大会,提升一座城市"的初衷,成为加快建设世界旅游目的地的强大引擎。

2021 年 4 月,习近平总书记到广西并到桂林视察,特别指出,桂林是一座山水甲天下的旅游名城。2022 年 10 月,习近平总书记在参加党的二十大广西代表团讨论时,就漓江、桂林风景再作重要指示。桂林市加快"一城一都一地一中心"的建设步伐,在文旅融合的探索道路上不断深入实践,加速文旅繁荣的发展,推动打造世界级旅游城市进入快车道。象山景区的免费开放,也生动地体现了城市旅游发展转型的趋势。桂林市作为国内旅游支柱型城市,其高质量发展为其他旅游城市提供了制度创新的样本。而"桂林旅游号"的首航,则是划时代地刷新了漓江游览体验。以船为纽带,将漓江沿岸一系列旅游产品串联起来,在创新多层次业态游览方式的同时能够与人工智能、休闲度假等融合发展。

2. 漓江生态环境优化,擦亮桂林山水金字招牌

桂林市坚持"绿水青山就是金山银山"发展思想,不断巩固生态环境优势,环保工作受到国务院表彰奖励。漓江的保护已经走上一条新道路。漓江保护日是我国首个建立和完善的公安机关生态环保工作机制和漓江流域生态补偿制度的重要举措。与此同时,漓江景区核心区建设工程全部后撤 300 米,加快漓江城区段 10 条支流的整治,漓江阳朔段"桂桂渔"渔船全部拆除,广西第一艘五星级新能源游艇也正式投入使用,并加速漓江旅游排筏的纯电力改造。此外,漓江风景名胜区综合执法支队获得全国"人民满意的公务员集体""行政执法先进集体"荣誉称号,漓江生态保护执法也被纳入全国法治政府建设示范项目。

漓江被选为首批全国美丽河湖治理案例,显示出其不断提高的生态环境水平。随着大气污染治理工作的不断深化,城市大气环境质量明显好转,桂林市 2022 年 PM2.5 同比下降 3.8%,可吸入颗粒物同比下降 11.1%。在城镇生活污水的收集与处理上,桂林市成绩突出,全市总收集率为 81.22%,

居自治区之首,而且废水的处理质量达到 100%。另外,国家地表水水质评价断面水质居国内前列,并成功入选国家"无废城市"名录,土壤环境质量基本稳定,锰渣无害化烧制砖瓦工艺已在全区全面普及。桂林市也在积极落实中央环保督察反馈意见,按时完成自然保护区内违法建设的小水电项目清理工作。会仙湿地已被列入"世界重点湿地"名单,"灌江""天湖"两个国家级湿地公园也通过创建工作验收。在"双碳"工作上,桂林市稳步推进,在自治区范围内开展"生态产品价值实现机制"试点,制定碳达峰行动计划,创建 4 家自治区级"绿色工厂",7 家企业荣获自治区"绿色发展"示范工程企业。

3. 立足于山水资源,山水品牌打造闪耀纷呈

品牌打造闪耀。立足世界级山水旅游资源,加快打造中高端品牌,构建高品质山水旅游品牌体系,打造出一批国际知名山水旅游品牌。截至 2023 年,桂林市拥有中国国家地质公园 1 个,国家级名胜风景区 1 个,国家湿地公园 5 个,国家 AAAAA 级旅游景区 4 家,国家级旅游度假区 1 家,全国文化和旅游标准化示范典型 1 个(见表 2)。

表 2 桂林世界级山水品牌

中国国家地质公园	广西资源国家地质公园
国家级名胜风景区	桂林漓江风景名胜区
国家湿地公园	广西桂林会仙喀斯特国家湿地公园
	广西荔浦荔江国家湿地公园
	广西龙胜龙脊梯田国家湿地公园
	广西全州天湖国家湿地公园
	广西灌阳灌江国家湿地公园
国家 AAAAA 级旅游景区	桂林漓江景区
	桂林两江四湖·象山景区
	桂林独秀峰-王城景区
	桂林乐满地度假世界
国家级旅游度假区	桂林阳朔遇龙河旅游度假区
全国文化和旅游标准化示范典型	桂林阳朔县

资料来源:根据公开资料整理。

4. 旅游产业体系日渐完善，产业融合全面深化

紧紧围绕"吃、住、行、游、购、娱"六大要素，不断完善旅游产业体系，"广西美味"、"广西有礼"等品牌知名度不断提升。截至2022年，广西拥有国家文化和旅游消费试点城市5个，其中桂林市于2020年12月入选首批国家文化和旅游试点城市名单，这是广西唯一入选第六届全国文明城市名单的地级市。截至2024年1月，广西有15个"国家级夜间文化和旅游消费集聚区"，其中桂林拥有3个，分别为桂林市东西巷、桂林市融创旅游度假区以及桂林市阳朔益田西街文化体验街区，桂林市阳朔西街同时也是国际级旅游休闲街区。桂林市拥有五星级旅游饭店5家，四星级旅游饭店13家，符合或接近旅游民宿的约有220多家，客房数量超过3000多间，位列广西第一。国家AAAA级以上旅游景区实现高等级公路全覆盖。

深入实施"旅游+""+旅游"战略，推进"健康+旅游"等跨界融合发展，延伸产业链条，催生新产品、新业态、新品牌，增强经济发展新动能。截至2022年，桂林市拥有国家生态旅游示范区3家、广西生态旅游示范区86家、森林康养基地34个、广西中医药健康旅游示范基地26家。

5. 营销模式不断创新，宣传推广应势拓展

通过全媒体、多渠道整合营销，持续出台优惠政策和奖励措施，深入开展"壮族三月三·相约游广西""诗在壮乡·何必远方——广西人游广西""山水暖你·壮乡等你——冬游广西"等系列品牌营销活动，积极拓展客源市场，广西旅游知名度、美誉度全面提升，"秀甲天下·壮美广西"享誉海内外。

近年来，广西壮族自治区文化和旅游厅通过邀请知名影视演员、社会名人等担任广西文化旅游形象大使和推广大使，将名人效应转化为文化旅游推广"能量"，让广西文化旅游品牌形象更加深入人心。邀请广西文化旅游形象大使王鸥拍摄《遇见"心"的广西》宣传片，宣传片充分展现了广西秀甲天下的山水风光，同时也将蕴含在山水风光之下的人文风情进行了完美呈现。

2022 年 9 月 20 日，由桂林市人民政府主办、桂林市文化广电和旅游局承办的 2022 年桂林打造世界级旅游城市文化旅游推介会，对旅游产品进行重新包装，常态化推介桂林新景点、新玩法。2023 年桂林市精准施策，大力推动文旅复苏。通过开展各类优惠促销活动和主题节庆活动，积极培育文旅消费新业态、新模式，有效激活本地及周边旅游市场。特别值得一提的是，"冬游桂林"和"舌尖上的桂林年味"专题推广活动以及 2023 年桂林新春文旅大集市等特色文旅惠民项目和优惠政策，吸引国内外游客纷至沓来。这些举措不仅彰显了桂林市对旅游业的重视，也为推动本地旅游业的发展注入了新的动力。

二　桂林打造世界级山水旅游名城存在的问题

根据当前桂林市打造世界级山水旅游名城进展的客观状况，对其山水旅游发展有待提升之处归纳为以下四个方面。

（一）山水资源的保护和修复尚待完善

以漓江为中心，以漓江两岸壮观的喀斯特峰林平原和峰丛河谷为背景，其呈现的不仅是一条历史悠久的游览与欣赏路径，同时也是这片风景的核心构成要素。在桂林的历史城区中，环城风景游憩带串联桂林的名山秀景，但山水景观塑造与人文景观保护仍多局限于单体，整体统筹不足，未能最大限度地发挥资源联动优势。木龙湖、象山等景区画地为牢，游船驳岸圈锁步道，山体游径难成体系。

生态环境保护任务重，生态平衡遭破坏。生态环境的恶化除了对桂林的旅游形象造成严重破坏，漓江水域的水生生物生态平衡也在逐渐失衡，这将对周边生态环境产生一系列的负面影响。不仅漓江生态中的生物多样性正在逐渐消失，那些以鱼类为食的生物也将逐渐灭绝，整个漓江流域及其周边地区的生物多样性面临严峻的考验。

（二）世界级山水品牌打造有待加强

桂林的漓江和灵渠是具有世界级定位、价值与知名度的遗产地。漓江作为世界自然遗产，展现了壮丽的水景；灵渠则是世界灌溉遗产工程，展示了人文水利工程的魅力。桂林以漓江和灵渠作为"水"文化的基础，与打造世界级山水旅游名城的定位相契合。桂林山水的旅游品牌，很好地突出了漓江的山水自然风光，使桂林漓江成为世界级的一流旅游目的地。漓江的自然景观享誉世界，但包含深厚文化底蕴的灵渠旅游资源则发展缓慢，导致一定程度上桂林世界级山水品牌打造缓慢，桂林的山水景观经济效益和社会效应发展不平衡。

《关于以世界一流为发展目标打造桂林国际旅游胜地的实施意见》指出，打造世界一流的旅游目的地，主要包括建设一流的精品景区、提供一流的旅游服务、培育一流的旅游品牌、建成一流的国际消费中心、形成一流的文旅体验、建设一流的康养基地等。目前，桂林通往全国的现代交通网还没有形成，区域内旅游优质资源不平衡，桂林世界级山水品牌推广到全世界任重道远。

（三）城市更新建设速度有待提升

桂林的城市经济水平、城市职能结构体系以及国际通达条件等，相较于北京、上海、广州和深圳等一线旅游城市，仍存在较大的差距。桂林人均地区生产总值低于全国平均水平，城镇化水平偏低，中心城市规模较小，辐射带动能力不足。同时，科教文卫等公共服务和基础设施建设滞后。

旅游产业整体效益较低，产业间的联系不够紧密，企业竞争力也较弱。旅游企业规模偏小，产业链短，集聚度低。旅游高端人才短缺，旅游基础设施及相关的配套服务设施不足。中心城市到各县及周边地区的对外交通亟待改善，部分重要景区的交通条件较差。同时，为建设国际旅游胜地，还需进一步完善旅游管理体制机制。

（四）城市智慧管理制度有待健全

以历史城区为主体的桂林市水路、运河、古道文化线路本体遗存问题，造成了桂林整体的山水文化景观呈现局部交通拥挤、城景密集分布的现状。同时，传统游水观山的景观视廊视线被遮挡，导致游客和居民对"山—水—城"空间关系的感知减弱。游客与居民对景区、交通、商业、休闲等空间的需求存在一定的交叉和重叠。在国家治理体系和治理能力现代化的大背景下，根据"国土空间开发保护现状评估"和"城市体检评估"，影响桂林宜居宜游的主要因素有：旅游资源与城市空间高度耦合，游客时空分布与居民生活高度重叠，服务设施配置不足且分布不均等。

三 桂林打造世界级山水旅游名城主要目标

2022年5月桂林市文化广电和旅游局为贯彻落实习近平总书记在桂林考察时的重要讲话精神和中央、自治区有关决策部署，全力推进打造世界级旅游城市，根据市委、市政府统筹安排部署制定了桂林打造世界级山水旅游名城的目标，主要有以下几点。

（一）提升世界级山水旅游名城的综合实力

到2025年，桂林在世界级山水旅游名城打造方面将取得突破性进展，全面提升综合实力，构建具有全球吸引力的旅游产业体系，显著增强旅游国际影响力，成为国际游客首选的山水人文旅游目的地之一。

（二）基本建成世界级山水旅游名城

到2030年，桂林将基本建成世界级山水旅游名城，更加彰显城市的国际化特征，初步形成绿色高端现代产业体系，提升旅游核心竞争力，进入国际同类旅游城市第一方阵，成为国际高端休闲旅游的首选目的地之一。

（三）全面建成世界级山水旅游名城

到 2035 年，桂林世界级山水旅游名城全面建成。树立高质量发展的新理念、新模式和新业态，提升城市的核心竞争力，走在国际同类城市的前列，引领世界文旅发展新趋势，成为宜居、宜业、宜乐、宜游的世界级山水旅游名城。

四 桂林打造世界级山水旅游名城主要对策

（一）既有政策文件提出的发展对策

对于上述提及的世界级山水旅游名城建设存在的不足，《广西"十四五"文化和旅游发展规划》《支持打造桂林世界级旅游城市若干政策措施（试行）》《桂林世界级旅游城市建设发展规划》《打造桂林世界级旅游城市文化旅游行动方案》等相关政策性文件中多有提出解决方案，尤其是对"漓江生态环境破坏""山水旅游品质下降"等不足之处均制订有具体解决方案。这里主要以《支持打造桂林世界级旅游城市若干政策措施（试行）》相关内容为例予以简要阐释。桂林市人民政府制定的《支持打造桂林世界级旅游城市若干政策措施（试行）》，其中包括以下三大方面的内容：

1. 加强漓江生态环境保护

统筹各方力量，加大对漓江流域生态环境保护投入力度，实施漓江上游青狮潭、小溶江、川江、斧子口水库除险加固和补水提升工程，加强猫儿山水源地保护，构建数字漓江 5G（第五代移动通信）融合生态保护利用综合平台，推进漓江流域生态环境保护修复治理。

2. 提升桂林山水旅游品质

加强中国南方喀斯特世界自然遗产二期（广西桂林）保护，合理开发绿色高端山水旅游产品。加快漓江世界级旅游景区、遇龙河世界级旅游度假区建设，打造漓东百里山水画廊休闲观光示范带，发挥世界级山水城市生态优势，构建城旅一体的大公园、大景区体系，促进景观资源可持续利用。支持桂林市完善国有重点景区门票价格形成机制。

3.打造优质生态环境典范

支持桂林市创建国家环境保护模范城市，推进"无废城市"建设，实施"零碳旅游"行动，探索开展零碳景区、零碳旅游线路等试点示范，鼓励引导企业参与可再生能源绿色电力证书交易。推动桂林市建设绿色共享交通体系，打造绿色低碳世界级旅游城市。

坚持世界眼光、国际标准、中国风范、广西特色、桂林经典，加快建设"一城一都一地一中心"，努力创造宜业、宜居、宜乐、宜游的良好环境，全力打造桂林世界级旅游城市。着力建设世界级山水旅游名城，守护地球最美漓江，打造漓东百里山水画廊休闲观光示范带，发挥世界级山水城市生态优势，构建城旅一体的大公园、大景区体系。

（二）对既有对策的补充建议

当前桂林打造世界级山水旅游名城所存在的问题，需要一个发展过程方可得到解决，尽管桂林市人民政府或相关部门的一些政策文件早就提出科学发展方案，但依然还存在不足之处。因此，本研究报告在既有政策文件内容的基础上，针对发展过程中出现的新问题，提出一些发展建议或者对既有发展对策做一些补充或拓展。

1.加强山水资源的保护和修复，建设人地和谐的生态名城

建设人与自然和谐共生的生态名城。深怀对自然的敬畏之心，当好保护桂林山水的"二郎神"，上下齐心，齐抓共管，守护好世界最美漓江，实现在高品质保护中的高质量发展，不断增强和提高桂林山水的吸引力和美誉度，让绿水青山的"颜值"和"价值"持续增加，探索建立人与自然和谐共生的现代化城市，打造生态保护和可持续发展的桂林样板。

（1）优化"旅游+生态"空间格局。始终将生态保护置于首位，保持桂林山水的真实性和完整性，推动景观资源的可持续利用，打造人与自然和谐共生的典范。实施"一轴两环"的水系格局和"两地多点"的"旅游+生

态"空间布局。"一轴"指漓江，"两环"是灵渠和桂柳运河。桂林会仙湿地和荔江国家湿地公园是生物多样性的重要载体，各县城作为次要节点，以湖泊、森林、田地等为补充，构建层次丰富的生态空间格局。大力推进生态产业化，支持"旅游+生态"发展模式创新，拓展生态农业、园林养生、自然康养等生态产品价值实现渠道，探索建立国际生态旅游合作平台。鼓励打造桂林特色生态产品区域公用品牌。支持建设桂林市城市生态系统观测网络体系。

健全漓江全流域生态保护补偿机制，支持广西壮族自治区加大对桂林市重点生态功能区转移支付力度。结合国土空间规划编制，研究将全州县、兴安县纳入长江流域重点生态功能区。建立健全跨省（自治区）上下游横向生态保护补偿机制，探索建立湘桂长江支流流域上下游横向生态补偿机制。完善生态基础设施，打造以漓江为主体的多层级、多节点特色生态廊道网络。建立完善自然保护地体系，推动银竹老山资源冷杉、千家洞、花坪、猫儿山等国家级自然保护区生态保育。推进桂柳运河生态修复与保护，加强生物多样性保护，开展珍稀濒危物种保育、种群恢复、栖息地保护行动。

（2）加强立法制度保障，持续深化漓江管理改革。加快修订《广西壮族自治区漓江流域生态环境保护条例》，制定《漓江流域生态环境保护专项规划》，出台漓江流域生态环境保护准入负面清单。持续打好"治乱、治山、治水、治本"组合拳，严厉整治滥采乱挖等破坏漓江生态环境行为。深化拓展漓江"统一管理、统一经营、统筹各方利益"改革成果，加快高端特色游船建造和旅游集散中心建设。规划并逐步实施漓江风景名胜区核心景区村庄的调控、疏解或生态搬迁方案。

健全完善漓江流域管理体制机制。加强漓江管理机构能力建设，强化流域统一规划、统一治理、统一调度、统一管理，坚持漓江流域及沿岸乡镇、村屯的发展与漓江生态环境保护一体规划、一体推进，统一履行流域范围内生态保护、自然资源资产管理、特许经营管理、资源环境综合执法等职责。建立健全最严格的漓江保护机制，完善漓江生态监控预警机制。加强漓江及其支流保护和管理，划定河湖管理范围，明确河湖水域岸线空间管控边界，因地制宜安排管理保护控制带，加强河湖周边"贴线"开发管控，并逐步解决现有驳岸硬化问题。

（3）加强生态环境保护和合理利用，打造山水生态样板。积极推动桂林漓江生态保护与修复提升工程、漓江流域山水林田湖草沙一体化保护与修复工程的实施。建立健全漓江流域生态补偿机制，推动景观资源可持续利用，将漓江打造成为国内江河综合治理典范和世界级生态环境保护样板。统筹各方力量，加大对漓江流域生态环境保护投入力度。实施漓江上游青狮潭、小溶江、川江、斧子口水库除险加固和补水提升工程，加强猫儿山水源地保护，构建数字漓江 5G（第五代移动通信）融合生态保护利用综合平台，推进漓江流域生态环境保护修复治理。

加强漓江流域水土保持　有效防治人为水土流失，加强公益林管护建设、天然林保护修复，开展岩溶石漠化综合治理，增强上游水源涵养能力。推进漓江流域矿山整治和生态修复，加强绿色矿山建设。

全面加强漓江两岸景观保护提升。维护和提高河湖岸线自然保有率，保护沿岸自然景观，严格控制两岸建筑高度和风貌。加强漓江城市段生态环境综合整治提升，合理利用岸线资源，对沿岸亲水平台、园林雕塑等生态景观进行修复开发和串联，推动漓江沿岸绿道系统综合改造。做好景区内居民社会调控规划，优化符合景区生态保护要求的生产生活空间布局，有序推动漓江干流江心洲岛居民搬迁。

2. 打造世界级山水旅游品牌，建设山水甲天下的旅游名城

打造山水甲天下的旅游名城。深度探索桂林山水的美学价值，持续彰显世界自然遗产的人文魅力，培育一批世界级旅游吸引物，建设世界级旅游景区和度假区，塑造山水人城文为一体的城市格局，扩大桂林山水文化的国际影响力，建设自然山水和历史文化交相辉映的世界级山水旅游名城。

（1）建设世界级山水旅游景区。提升以漓江、遇龙河为代表的旅游产品品质，将漓江景区等建设成为世界级旅游景区，将遇龙河等建设成为世界级旅游度假区。开发更多绿色高端山水旅游产品，持续扩大桂林山水国际影响力。强化漓江国际休闲度假产业带辐射带动功能，在推动漓江生态文化价

值保护、构建漓江文化聚落区的基础上，统筹发展桂林市城区至阳朔县的水路带和公路带，高标准改造提升旅游配套设施，拓展沿岸公共文化服务、艺术、休闲等功能，打造享誉世界的休闲度假产业带，更好发挥漓江国际休闲度假产业带对沿岸及上下游地区的辐射带动作用。

丰富漓江旅游发展业态。推动漓江旅游业态延伸发展，创新培育漓江旅游新业态集群，加快漓江旅游由山水观光旅游向休闲度假旅游转变，实现水上游、陆地游、低空游等旅游业态立体化联动发展，形成多元组合、层次丰富的业态供给。推进漓江分段、分景旅游的时空延伸，增强漓江品牌影响力，主动融入珠江—西江经济带建设，打造国际化旅游黄金水道。

（2）提升高品质山水旅游产品。加强中国南方喀斯特世界自然遗产二期（广西桂林）保护，合理开发绿色高端山水旅游产品。加快漓江世界级旅游景区、遇龙河世界级旅游度假区建设，打造漓东百里山水画廊休闲观光示范带，发挥世界级山水城市生态优势，构建城旅一体的大公园、大景区体系，促进景观资源可持续利用。支持桂林市完善国有重点景区门票价格形成机制。突出优势产品品牌化战略，通过整合资源、完善设施、丰富内涵、提升品质，打造世界级山水旅游产品。依托漓江山水资源，以各类景观为主体，在有效保护生态环境的前提下，深度开发山水观光旅游，打造独具桂林特色的山水观光产品体系。

积极创建国家全域旅游示范市，推动雁山、龙胜创建国家全域旅游示范区，平乐创建广西全域旅游示范区。推动桂林雁山相思江、秀峰桃花湾、全州大碧头等景区创建国家级旅游度假区。推进红军长征湘江战役红色旅游景区、龙胜龙脊梯田等创建国家5A级旅游景区，推动阳朔西街等创建国家级旅游休闲街区。积极引进国内外知名五星级酒店管理品牌，发展多业态精品酒店、文化主题酒店、山水主题酒店，建成一批精品民宿集聚区。实施田园综合体建设工程，在阳朔、龙胜等地打造一批高品质的乡村旅游目的地。开发一批体育休闲旅游产品，打造一批体育旅游精品线路。推动一批百亿元级别的重大项目和引领性重大工程的实施，建设一批主题乐园和大型特色演艺项目，加快打造一批千万流量级的景区。

（3）打造世界级会展节事活动。继续提升联合国世界旅游组织/亚太旅游协会旅游趋势与展望国际论坛、桂林国际山水文化旅游节和中国—东盟博览会旅游展的影响力。积极争取和引进国际、国内重大会议、会展、体育赛事等活动到桂林举办。持续扩大马拉松、山地越野、漂流、攀岩、汽车短道拉力等国际体育赛事影响力。打造世界文明交流互鉴平台。依托国际重大活动与赛事讲好桂林故事，将桂林市建设成为世界文明交流互鉴的重要窗口。

充分发挥联合国世界旅游组织/亚太旅游协会旅游趋势与展望国际论坛、中国—东盟博览会旅游展等品牌效应，持续扩大资源世界漂流锦标赛、环广西公路自行车世界巡回赛（桂林站）、桂林马拉松赛等国际赛事影响力。将桂林市列入部分外国元首、政府首脑考察访问行程和国家重大外事活动举办地。支持桂林市创办国际性旅游学刊，支持设立桂林（国际）旅游发展研究中心。加强国际旅游品牌推广。完善多语种桂林旅游官网建设。借助境外大型国际展会、节庆赛事等平台宣传旅游城市形象。利用具有国际影响力的境外媒体宣传桂林城市品牌，全方位开展新媒体、新技术营销。在重点客源国大型城市开设旅游体验店，拓展与客源国旅行社、海外运营商的合作渠道。

3. 加快城市更新建设，打造山水空间新格局

（1）打造主客共享绿色城市。推动公园类国有景区有序免费开放，扶持无门票景区建设，打造一批老百姓喜爱的不收费旅游产品。创新城市水岸空间利用，结合两江四湖、新区环城水系等城市公共空间，推出"桂林文化画舫"，打造桂林环城世界级文化艺术休闲水岸，丰富滨水旅游产品供给。发展传统美食小店、非遗小店、文创小店、研学小馆等"特色小店经济"，丰富城市特色体验空间，打造宜居宜业宜乐宜游的主客共享城市。支持桂林市创建国家环境保护模范城市，推进"无废城市"建设，实施"零碳旅游"行动，探索开展零碳景区、零碳旅游线路等试点示范，鼓励引导企业参与可再生能源绿色电力证书交易。推动桂林市建设绿色共享交通体系，打造绿色低碳世界级旅游城市。

打造山水都市区。以桂林市城区、阳朔县、灵川县、永福县为主体，高质量培育和发展山水都市区，逐步形成分工合理、高效有序的多中心网络化都市区。结合区域资源环境禀赋，优化产业布局，促进产业园区高质量发展。加快新型城镇化进程，推动城乡融合发展。促进跨行政区协调发展，实现城镇空间整体功能优化。统筹重大基础设施布局，重点建设高效一体的综合交通运输网络。

（2）打造快进慢游休闲城市。落实好《桂林市旅游公路发展规划纲要（2021-2035）》，推进航空、高速铁路、城市轨道交通、高等级公路等"快进"交通方式无缝直达景区、度假区、酒店等目的地。建设满足旅游体验的"慢游"交通网络，完善布局旅游集散中心，开通文旅专线、美食专线等。统筹抓好停车场、公共厕所、医疗救护站、旅游咨询点、标识标牌等旅游配套设施建设，提升桂林城市旅游服务中心品牌。根据当地条件，打造具备通行、休闲、体验、运动、健身、文化、教育等多种功能的复合型休闲区，并根据需求增加自行车道、步道等慢行设施。持续优化城市花堤步道、滨水栈道、健身绿道等慢行系统，创造市民游客品味居游共享惬意生活环境。

推动新老城区协同发展。激发桂林市老城区活力，有序疏解非核心功能，强化历史文化名城保护，突出旅游集散、公共服务、产业创新等功能，打造历史文化与时尚潮流先导之城。推动临桂新城区展现新风貌，优化城市公共服务设施，促进产业与城市发展的融合，培育文化和旅游新的热点，高标准建设现代化的城市休闲设施，打造全国一流的产城融合典范和具有国际影响力的旅游消费商圈。优化新老城区接合部规划布局，构建新老城区快速交通运输体系，加强沿线景观改造，推动城市功能融合协同发展。

（3）打造城旅一体公园城市。坚持显山露水、视廊通透的原则，提升城在景中、景在城中、城景交融的城市景观。突出大休闲、慢生活，发展大公园、大景区。制定打造世界级旅游城市宜居城市管理办法。打造宜业环境，构筑45分钟通勤圈。开展城市风貌特色研究，构建疏密有度、错落有致、显山露水的空间格局。加强近山滨水景观设计和建筑风貌控制，形成良好的城市天际线，让好山、好水、好风光融入城市，体现桂北特色。力争做到"一砖一瓦都入景、一街一道均成文"，打造有故事、更安全，有人气、更便利，充满活力的山水旅游名城。

推动城市与旅游全面融合发展，强化桂林市城区核心地位，更好发挥阳朔县先导引领作用。升级打造漓江国际休闲度假产业带，推动山水都市区、长征文化体验区、乡村田园休闲区、民族文化旅游区四大片区协同发展，建设世界级文化和旅游综合服务中心。围绕"山水城市"建设，融合城市与旅游功能，强化"城在景中、景在城中、城景交融"的城市特质，构建"一带四区"发展空间新格局。深化文旅融合，以桂林市深厚悠久的历史文化为载体，强化文物和文化遗产保护利用，统筹推进历史文化名城保护和城市更新，打造文化和旅游核心区。让更多文物和文化遗产活起来，擦亮国家历史文化名城"金字招牌"。

4. 加强城市智慧管理，建设世界文明交流的开放名城

世界文明交流互鉴的开放名城。发挥国家对外交往窗口的独特优势，保护传承弘扬优秀传统文化，推动中外文化多元共存与和谐共生，搭建传播文明、增进友谊的桥梁，打造新时代对外交流合作的"国家名片"，成为高水平融入中国—东盟自由贸易区、对接RCEP、衔接西部陆海新通道、促进西南中南开放发展的国家战略支点和重要门户。

（1）打造智慧城市。整合全市大数据资源，打造一体化城市智慧化管理平台，重点实施"新网络""新设施""新平台""新终端"建设，实现城市人工智能精准管理，打造"智慧生命体城市"。利用互联网、大数据等科技手段，推进城市管理智慧化。完善城市数字化管理平台和智能感知系统，推进城市运行管理服务平台建设，健全城市运行管理"一网统管"体制机制。深化政务服务"一网通办"，探索以社会保障卡为载体建立居民服务"一卡通"，推进社保、民政、市场监管、税务、证照证明等服务智慧化应用，推进政务服务标准化、规范化、便利化。

技术赋能文旅深度融合，推动"文旅+科技"融合应用场景化发展，引入VR/AR、全息投影、裸眼3D、光影艺术、虚拟人、数字文化产品等形

式，构建桂林数字景区、数字酒店、数字文化场馆建设新场景，创造极致体验新空间。加快智慧文旅"新基建"建设，推动公共文化服务数字化，优化数字文化资源供给。加快建设一批智慧景区、智慧乡村旅游区、智慧酒店民宿、智慧旅行社等，引导旅游企业实现智慧管理、智慧服务与智慧营销。加快建设智慧旅游城市，推动城市涉旅大数据整合共享，完善城市旅游智能化管理与服务功能。

（2）构建智慧旅游体系。构建智慧旅游监管体系，建设文化和旅游市场信用经济发展试点地区、旅游投诉调解与仲裁衔接试点城市，升级"一键游桂林"智慧旅游项目，建成智慧监管平台、预警中心和大数据中心。打造智慧旅游服务体系，培育一批智慧酒店、智慧景区、数字营销和旅游电商企业，开发数字展馆、虚拟景区等数字化沉浸式体验服务，全面推行电子行程单和电子导游服务。

强化智慧旅游平台建设。建立和完善智慧旅游"云服务"平台，利用"一键游广西"平台，推动桂林市智慧旅游服务体系升级发展。构建文化和旅游元宇宙及虚拟旅游体系，以重点旅游景区建设为试点，逐步构建以桂林市为代表的"一键游广西"文化旅游高科技生态平台，服务打造桂林世界级旅游城市。推动智慧交通、智慧城市与智慧旅游统筹建设，强化旅游与公安、交通运输、市场监管、统计等部门数据采集设施共建共享、数据资源共享共用。全面实施重点涉旅场所旅游信息互动终端和旅游信息发布系统建设，提升旅游信息自助服务便捷度。

实施城市体检评估。把城市作为有机生命体，全面实施城市体检评估，完善项目生成机制，编制城市更新规划和实施办法，精准治理"城市病"，推动城市内涵提升式发展。建立自治区内主要旅游城市之间的无障碍旅游标准体系和旅游投诉处理联动机制，以共同营造安全、文明、健康、和谐的旅游环境。加强旅游人才联合培养。培育和招引国际化经营主体。支持桂林市深度参与国际旅游规则制定，研究制定世界级旅游城市标准体系和山水旅游国际标准。

五　结语

本报告主要根据桂林建设世界级山水旅游城市过程中，所取得的主要成绩进行总结，并根据其发展现状及其市场调研，归纳其发展过程中尚存的不足之处。同时，在既有政策的基础上，提出相关发展建议。需要说明的是，由于桂林诸多关于"打造世界级旅游城市"的政策文件，对"打造世界级山水旅游名城"的基础与环境条件、时代机遇及挑战等均有充分的解读，发展思路与目标等均有科学的分析与定位；对"打造世界级山水旅游名城"系统地全方位地提出了具体发展对策；同时对其发展的顶层设计以及实施的保障措施等都有详细的方案。因此，本报告主要是在总结其成绩和经验的基础上，分析出现的新问题并提出解决对策，希望在桂林山水旅游产业正迈入提质增效和升级发展的关键阶段，为其"打造世界级山水旅游名城"尽绵薄之力。

经过多年的持续打造，"漓水青山·山水桂林"一幅"山水+"旅游、文化、康养、民俗等产业深度融合的美丽蓝图，正在"山水甲天下"的桂林徐徐展开。同时，也必须客观认识到当下的桂林离世界级山水旅游名城的目标还有不小距离。但是，更应该坚信只要坚持不懈、努力向前、开拓创新、笃行实干，世界级的"漓水青山·山水桂林"山水旅游名城必将在桂林成为现实，让世界共享。

参考文献

［1］赵临龙、粟红蕾：《创建桂林一流国际旅游胜地的实证分析与策略》，《社会科学家》2021年第3期。

［2］田梦瑶、吴曼妮、郑文俊：《城水关系视角下桂林环城水系演变与当代风景实践》，《桂林理工大学学报》2021年第4期。

［3］龙良初：《山水优先理念下的桂林城市特色建构》，《社会科学家》2018年

第 12 期。

［4］黄奇波、覃小群、程瑞瑞、李腾芳、吴华英：《加强漓江水资源保护，维护"桂林山水"世界遗产》，《中国矿业》2020 年第 29（S1）期。

［5］高见、陈小杰、张兴辉、潘亮：《从城市体检评估分析桂林宜居宜游》，《城市建筑空间》2022 年第 29 卷第 10 期。

B.3
打造桂林世界级文化旅游之都研究报告[*]

摘　要： 以文塑旅，以旅彰文，推动桂林形成高质量发展的新理念、新模式和新业态。近年来，桂林城市核心竞争力走在国际同类城市第一方阵前列，成为极具世界眼光、国际标准、中国风范、广西特色、桂林经典的世界级文化旅游之都。本文分析了桂林打造世界级文化旅游之都的资源禀赋、发展现状及困境、建设进展及成效，并在此基础上挖掘桂林文化旅游元素和整合提升文旅竞争力、深化文旅融合创新发展新优势，探索桂林世界级文化旅游之都以文塑旅新模式，以旅彰文新路径。

关键词： 文旅融合　世界级　文化旅游之都　桂林

　　打造桂林世界级旅游城市，是习近平总书记赋予广西的一项重大政治任务。广西壮族自治区党委、自治区人民政府高度重视并提出"世界眼光、国际标准、中国风范、广西特色、桂林经典"总体要求和"一城一都一地一中心"四大定位，为桂林打造世界级文化旅游之都提出根本遵循。

　　世界级旅游城市是在承载和展现人类共同价值、形成和保持高水平商业环境、激发和创造美好生活等方面走在世界前列，形成具备世界范围影响力和吸引力的美好旅居生活新空间的新型城市。世界级旅游城市所构建的文化

---

　　* 作者：张燕，博士，广西师范大学历史文化与旅游学院旅游与酒店管理系主任，副教授，硕士研究生导师，广西师范大学 MTA 中心主任，中国旅游研究院访问学者，研究方向为文旅融合、旅游经济模拟；谭智雄，广西师范大学党委组织部部长，副研究员，硕士研究生导师，广西师范大学西部乡村振兴研究院研究员，研究方向为乡村建设与治理。

空间、贮存的文化资源、承载的文化记忆、蕴含的文化精神，是承载人类共同价值的世界文化载体。习近平总书记在视察桂林时提出要"以文塑旅、以旅彰文，提升格调品位"，就是在强调文旅深度融合在世界级旅游城市建设中的重要作用。

2022年9月2日，广西壮族自治区人民政府颁行《支持打造桂林世界级旅游城市若干政策措施（试行）》（下文简称《措施》），提出九个方面的支持政策措施，其中关于"支持世界级文化旅游之都建设"有针对性地提出四点政策措施：打造世界级旅游吸引物、加强历史文化名城保护利用、打造红色文化传承高地、促进文化旅游提升发展。文化是旅游的灵魂，旅游是文化的载体，文化需求是旅游的重要动因，旅游过程实际上是文化的体验和享受过程，具有丰富文化内涵的旅游产品，才具有持久的生命力、吸引力和感召力。随着旅游业的不断发展，旅游目的地之间的竞争日益激烈，竞争压力与创新发展要求旅游目的地必须注重文化与旅游的融合，形成明显特色，以获得更大发展。因此，在新时代高质量发展和文旅深度融合趋势下，特色鲜明又兼容并蓄的文化丰度是世界级旅游城市建设的新内涵。桂林打造世界级文化旅游之都，亟须挖掘桂林文化旅游元素和整合提升文旅竞争力，深化文旅融合创新发展，探索世界级文化旅游之都以文塑旅新模式，以旅彰文新路径。

一　桂林打造世界级文化旅游之都的资源基础

桂林在打造世界级旅游城市中，注重发挥得天独厚的自然山水风光和历史文化资源优势，聚焦"寻找桂林文化的力量，挖掘桂林文化的价值"，积极推动旅游产业与文化产业结合，着力打造特色鲜明的文化旅游产品，加快推进文化资源向旅游产品转化，实现旅游业转型升级，加速世界级旅游城市建设步伐，为打造世界级文化旅游之都奠定基础。

桂林历史文化底蕴深厚，迄今已有2100多年建城史。中原文化与岭南文化交汇融合，以甑皮岩为代表的史前文化、以灵渠为代表的古代水利文化、以桂海碑林为代表的摩崖石刻和山水诗文文化、以靖江王府及王陵为代表的藩王文化、以红军长征湘江战役为代表的红色文化、以西南剧展为代表的抗战文化、以瑶族侗族苗族为代表的少数民族民俗文化异彩纷呈（见表1）。

表1　桂林文化资源

文化资源	文化内容	代表产品
历史文化	洞穴文化	以甑皮岩遗址、宝积岩遗址、庙岩遗址、大岩遗址、磨盘山遗址等远古文化遗迹资源为代表
	古城文明	以宋代湘南楼、唐代逍遥楼等为代表
	秦汉文化	以秦城水徒、舜帝庙等遗址为代表
	融合文化	秦汉唐宋时期，百越文化与中原文化、儒家文化、湘楚文化、岭南文化融合
民族文化	桂北少数民族文化	30个少数民族杂居并保留劳动生产、婚丧嫁娶、生活娱乐等活动中产生的渔歌、山歌、龙船歌、贺郎歌、跳神歌曲、回族歌曲等特色民俗节庆和习俗
艺术文化	曲艺文化	以桂剧、彩调剧、文场、零零落、龙船歌等为代表，其中"刘三姐"是桂林山水文化、民族文化、山歌文化、节日节庆、铜鼓文化等的文化综合体
	诗词画文化	以王鹏运、况周颐的"临桂词派"为代表，从齐白石、徐悲鸿、丰子恺等到漓江画派阳太阳、黄格胜等，桂林是艺术家们的天堂
	石刻文化	现存唐代至清代石刻近2000件，以桂海碑林的摩崖石刻为典型代表
革命文化	抗战文化	桂林是抗战时期大后方文化城
	红色文化	以长征国家文化公园（广西段）为代表
	名人文化	以李宗仁官邸及故居、徐悲鸿故居、孙中山足迹等名人文化遗迹为代表
宗教文化	儒释道文化	桂林宗教派别多样，儒释道全面发展，桂林市内先后建有120余座寺庙，摩崖石刻及造像达2000余件
	民族宗教	宗教文化与桂林特有的民族宗教信仰及民族艺术相结合，以"傩艺"艺术、壮族僧人"曾道""花僧"为特色代表
水利文化		秦代灵渠，是世界古代水利建筑明珠、"中国古代三大水利工程"之一；唐代相思埭，又称古桂柳运河，开凿于唐代长寿元年（692年），为广西古代的三大运河之一；宋代灵陂一朝宗渠、宋代桂林护城河等；会仙湿地，中国最大的岩溶湿地，被誉为"漓江之肾"，是漓江流域最大的喀斯特地貌原生态湿地
状元文化		中国科举制度有1300多年，广西有10个状元，其中8个在桂林；全国13个"三元及第"，其中1个在桂林
藩王文化		靖江王府，经历了南北朝读书文化、唐代府学文化、明代藩王文化和清代贡院文化；靖江王陵"岭南第一陵"，出土明代各类梅瓶300多件，是后人研究当时社会政治、经济、文化和典章制度的重要文物资料

资料来源：根据公开资料整理。

二 桂林打造世界级文化旅游之都的成效

近年来，桂林立足城市特色、人文资源、产业基础，努力把文旅产业特色做优、品牌做响、融合做深，积极探索文旅产业深度融合新模式，开创文化和旅游融合发展的新局面。

（一）文旅产业规模取得新突破

文化产业整体实力不断增强。桂林大力实施重大项目带动、产业园区提升、营商环境优化等工程，文化创意产业稳步发展，初步构建了以动漫游戏、网络创意文化、工艺美术品经营等为主的现代文化产业体系，全市文化产业增加值从 2016 年的 63.39 亿元增长至 2019 年的 1874.25 亿元。截至 2022 年，全市现有国家级文化产业示范基地 4 家，占全区的 1/2；自治区级文化产业示范基地 26 家、自治区级文化产业示范园区 5 家、自治区级文化创意产品开发示范基地 3 家、国家认定的动漫企业 2 家，另有秀峰区动漫产业园、希宇文化创意产业园等一批文化产业园，文化产业园区、企业数量和文化产业增加值占 GDP 的比重位居自治区前列。

旅游经济效益持续增长。"十三五"期间，桂林已经成为国际一流的旅游目的地城市。桂林旅游接待总人数从 2016 年的 5385.87 万人次增长至 2020 年的 10241.20 万人次，年均增长 17.43%；旅游总收入从 2016 年的 637.3 亿元增长至 1233.54 亿元，年均增长 17.95%。2020 年，受新冠疫情影响，旅游接待总人数和总收入均呈下降趋势，其中入境旅游市场受疫情影响较大，入境过夜游客数量和国际旅游消费大幅度缩减。为应对疫情影响，桂林市出台《桂林市关于加强疫情防控促进文化旅游业振兴发展的若干奖励措施》（"文旅九条"）、"月月奖"等帮扶政策，积极组织开展"桂林人游桂林""广西人游桂林""冬游广西（桂林）"等主题宣传推广和促销活动，文化旅游市场复苏成效明显，2020 年全市接待游客总人数和旅游总收入同比恢复至 74.03%和 65.81%。① 2020 年桂林被列入首批国家文化和旅游消费试点城市。

旅游品牌创建扎实推进。桂林 A 级景区及其他旅游品牌数量居全自治区前列（见表 2）。"十三五"期间，桂林市创建国家 A 级旅游景区 54 家，占全区现有 A 级旅游景区（共 91 家）的 59%，其中 AAAAA 级景区新增 1 家，4A 级景区新增 20 家；创建广西星级乡村旅游区、星级农家乐 87 家，占现有广西星级乡村旅游区、星级农家乐（共 151 家）的 58%。遇龙河度假区成功创建为广西首个国家级旅游度假区，实现国家级旅游度假区零的突破。新创建自治区级旅游度假区 3 家、广西生态旅游示范区 9 家，旅游度假区、A 级景区数量在各设区市中位列第一。

表 2　"十三五"期间桂林新增文化旅游品牌

国家级旅游度假区(1 家):阳朔遇龙河
自治区级旅游度假区(3 家):桂林桃花湾旅游度假区、大碧头国际旅游度假区、猫儿山旅游度假区
5A 级景区(1 家):桂林两江四湖·象山景区
4A 级景区(20 家):三千漓中国山水人文度假区、千家峒文旅度假区、桂林旅苑景区、猫儿山景区、阳朔西街、红溪景区、资江·天门山景区、八角寨景区、资江灯谷景区、恭城三庙两馆景区、恭城红岩村景区、桂林在水一汸景区、桂林新区环城水系景区、红军长征湘江战役纪念园景区、红军长征突破湘江烈士纪念碑园景区、湘江战役新圩狙击战酒海井红军纪念园、灵川县大圩古镇景区、灵川县漓水人家景区、大碧头国际旅游度假区景区、全州县湘山·湘源历史文化旅游区
广西生态旅游示范区(9 家):漓江逍遥湖景区、荔浦市荔江国家湿地公园、资源县八角寨生态旅游示范区、阳朔县十里画廊遇龙河景区、资源县脚古冲生态旅游区、西山生态旅游区、龙胜温泉森林旅游度假区、桂林全州安和龙井生态旅游区、灌阳灌江国家湿地公园
自治区级文化产业示范基地(7 家):桂林湘山酿酒生态园、东漓古村文化产业基地、独秀书房、东方时代网络传媒股份有限公司、桂林两江四湖旅游有限责任公司、桂林市大银工坊文化传播有限公司、阳朔县千漓缘旅游文化有限公司
自治区级文化产业示范园区(4 家):桂林国际文化创意产业园、桂林智慧谷文创产业园、桂林东西巷历史文化街区产业园、桂林象山文化产业园

---

① 桂林市人民政府:《桂林市人民政府关于印发桂林市"十四五"文化和旅游发展规划的通知》，https://www.guilin.gov.cn/zfxxgk/fdzdgknr/jcxxgk/zcwj/202305/t20230526_2498221.shtml，2023 年 4 月 4 日。

自治区级文化创意产品开发示范基地(3家):桂林喀斯特服饰有限公司、桂林力港网络科技股份有限公司、桂林集扇斋文化创意有限公司
国家舞台艺术精品工程剧目(1项):彩调剧《新刘三姐》
中国民间文化艺术之乡(3家):永福县、灌阳县、临桂区

资料来源:《桂林市"十四五"文化和旅游发展规划》,2023年4月4日。

(二)文旅融合发展开创新局面

推进一批文旅融合重大项目建设。重建逍遥楼,建成正阳东西巷、王城历史文化休闲旅游街区、"一院两馆"等文旅融合标志性项目。建成万象城、万达广场等高端文旅休闲综合体,这些特色鲜明的文化旅游休闲景区、街区,为桂林国家历史文化名城增添了新魅力。

"大健康+旅游"不断融合,培育中医药养生、康体养生等多元产品。以示范基地建设为抓手,桂林加快大健康与文旅融合,探索推出"中医药特色服务+文旅""康复疗养+文旅""民族医药+文旅"等融合新模式,推动健康旅游产业不断集聚发展,打响"滴水青山 养生桂林"城市形象。坚持"红绿相融",红色旅游实现新开发。深入挖掘红色文化、长征文化,建设八路军驻桂林办事处旧址等4家全国红色旅游经典景区,长征国家文化公园广西段建设取得实效,开发以"发扬长征精神,重走红军道路"为主题的灌阳—全州—资源—兴安—龙胜红色文化旅游线路,并纳入2017年发布的全国"重走长征路"精品线路。同时桂林旅游还与交通、教育等融合发展,开发阳朔低空飞行基地、滑翔伞飞行基地、研学旅游基地等新产品,形成一批文旅融合新业态、新模式,为文化旅游产业转型升级增添了新动力。

(三)文物保护利用取得新进展

加快推进长征国家文化公园(广西段)建设。桂林市全力推进长征国家文化公园(广西段)建设,编制完成《长征国家文化公园广西段建设保护规划》,全面完成红军长征过桂北文物、遗址遗迹、档案资料的普查工作和湘江战役红军遗骸的收殓工作。争取国家专项资金9000多万元，支持全州、兴安、灌阳三县湘江战役旧址文物保护修缮工程和纪念馆陈列馆布展工程。2019年9月，以"一园两馆"（即全州红军长征湘江战役纪念园、兴安红军长征突破湘江纪念馆、灌阳新圩阻击战史实陈列馆）为重点的68项红军长征湘江战役烈士纪念设施建设修缮项目建成，并对外开放。目前，红军长征湘江战役纪念园、红军长征突破湘江烈士纪念碑园、湘江战役新圩阻击战酒海井红军纪念园等场馆已成为弘扬和传承长征精神的重要载体。

大力推动文物保护单位的评定与保护工作。桂林市大力开展文物、石刻等的保护工作，2017年出台《桂林市石刻保护条例》。加快推进文物保护单位评定工作，截至2020年10月，全市共有不可移动文物1876处，已评定各级文物保护单位429处，其中全国重点文物保护单位20处、自治区文物保护单位113处，全国重点文物保护单位、自治区文物保护单位均已划定保护范围和建设控制地带，文物保护力度得到强化。依托丰富的文物资源，桂林市积极创建国家文物保护利用示范区，2020年制定《桂林市创建国家文物保护利用示范区工作方案》，加快推进甑皮岩国家考古遗址公园、靖江王城及王陵国家考古遗址公园的创建和提升工作，文物保护利用水平进一步得到提升。

（四）文化遗产保护传承利用绽放新光彩

桂林市高度重视和加强世界文化遗产保护和申遗工作，2017年龙脊梯田成为全球重要农业文化遗产，2018年灵渠入选世界灌溉工程遗产名录，灵渠申报世界文化遗产工作正加速推进。全市非物质文化遗产得到有效保护，广西文场等6项非遗项目列入国家级非遗代表性项目保护名录，黄昌典毛笔制作技艺等99项非遗项目列入自治区级非遗代表性项目保护名录。传承人保护机制不断健全，全市现有国家级项目代表性传承人7名、自治区级项目代表性传承人69名。非物质文化得到系统性整理，出版《桂林市非物质文化遗产概览》《广西文场·桂林山水情》《桂林民俗文化》等系列丛书。建成43个自治区级非遗传承传习基地、生产性示范基地、展示中心、扶贫工坊等，16 个市级非遗保护工作平台，以平台为基础开展非物质文化的生产研发、创意设计、人才培养、展示展演、交流合作等，实现非物质文化保护与开发的良性互动。

（五）文化艺术创作成果丰硕

打造一系列贴近群众生活、深受群众喜爱的文艺作品。其中大型桂剧《破阵曲》获 2019 年广西第 15 届精神文明建设"五个一"工程优秀作品奖；彩调剧《一品油茶七品官》、苗族尼呐哩《偷秋》、方言话剧《龙隐居》、大型桂剧《破阵曲》获评广西文艺创作铜鼓奖；民族歌剧《刘三姐》先后在北京、深圳、浙江、澳大利亚等国内外城市和地区巡演 10 余场。文化精品项目《桂林有戏》集桂剧、彩调剧、广西文场、大鼓、弹词等多种地方戏曲精华于一体，已向社会各界公演 200 多场。

（六）特色演艺精品化发展

桂林市大力推动舞台表演与文化和旅游融合，对演艺精品进行创新设计，打造《印象·刘三姐》《桂林千古情》等大型精品演艺。《印象·刘三姐》山水实景演出开创国内旅游演艺的全新模式，《桂林千古情》自 2018 年演出以来持续火爆，成为演艺新亮点。

（七）文化艺术活动丰富多彩

2017 年，成功举办央视春晚桂林分会场全程直播活动，在四个春晚分会场中收视率位列第一。文化惠民品牌得到显著提升，《桂林百姓大舞台》《漓江之声》荣获"全国群星奖"。永福县、灌阳县、临桂区先后获评为"中国民间文化艺术之乡"。持续开展"文化列车"等文化下乡、传统戏曲进校园和农村电影公映活动，极大丰富了基层群众文化生活。

（八）公共文化服务设施日益完善

新建成桂林博物馆、图书馆、非遗体验馆等一批公共文化场馆，漓江歌剧院等公共文化场馆正在加快建设。目前，全市共有公共博物馆 14 个、公共图书馆 14 个、文化馆（群众艺术馆）18 个、公共美术馆 2 个、乡镇（街道）综合文化站 141 个、村级公共服务中心 1681 个、农家书屋 1718 个。建成文化信息资源共享工程自治区级分中心 1 个，县级支中心 17 个，乡镇（街道）服务点 141 个，村级基层服务点 1600 多个，县区支中心、乡镇服务点覆盖率达到 100%，初步形成市、县（市、区）、乡镇、村四级公共文化设施网络。加快推进"壮美广西·智慧广电"工程，广播电视网络设施得到进一步完善，全市广播、电视节目综合人口覆盖率分别达到 98.6%、99.1%。

（九）文化和旅游智慧化水平逐步提升

建成"一键游桂林"旅游综合服务平台、综合监管平台和文化旅游大数据中心，智慧旅游监管中心建成投入使用，成为全区推广智慧旅游的典范。桂林文化旅游综合数据中心已实现与自治区文化和旅游厅"广西旅游直通车平台""桂林市社会治理与应急指挥平台"的对接，具备行业监管、数据共享和数据统计功能。

（十）文化和旅游改革创新取得新成效

深入推进文化和旅游领域在机构队伍、综合执法、保障体系等方面的改革创新，完成市、县等各级文化和旅游机构合并，创新建立"1+3+N"旅游管理体制，推进文化和旅游综合执法改革。继续深化旅游用地改革，并在国内首次构建旅游用地分类体系和基准地价体系，探索一系列符合区域特点和旅游项目特征的土地使用与管理政策应用，有效保障融创文化旅游城、芦笛桃花湾农业生态休闲旅游园等一批重大文旅项目的用地。导游管理体制改革走在全国前列，推进电子导游证换发工作，启用导游公共服务监管平台，导游服务趋于规范化、标准化。

（十一）文化和旅游交流合作日益深入

世界旅游组织在阳朔设立第一个中国旅游观测点，连续举办联合国世界旅游组织/亚太旅游协会旅游趋势与展望国际论坛、中国—东盟博览会旅游展、桂林国际山水文化旅游节等国际论坛和展会，2020年还举办了第15届中国—东盟文化论坛（首届中国—东盟文化艺术周）、中国非物质文化遗产整体性保护论坛、文化与自然遗产日主场城市活动，通过开展一系列展会、论坛，扩大了桂林与国内城市及东盟国家的文化和旅游交流合作，显著提升了桂林文化和旅游的国际影响力。2019年，与吉安、赣州、韶关、永州、遵义六市共同发布"西部红色旅游城市区域合作桂林宣言"，有效提升了桂林红色旅游品牌影响力。打造"'大美桂林'桂林画院美术书法精品巡回展"文化交流品牌活动，成为宣传桂林的一张文化名片。

三　桂林打造世界级文化旅游之都存在的问题

通过对政府管理部门、旅游企业、旅游者和社区居民进行访谈与问卷调查并总结分析，对桂林打造世界级文化旅游之都尚待提升和完善之处归纳为以下三个方面。

（一）产品层面：文化旅游产品供给结构不均衡尚无法满足人民美好生活需求

世界级文化旅游之都需要世界级品质的文旅产品和业态作为支撑。桂林旅游产品以山水自然景观资源为主，以观光游为主，尽管有丰富的历史人文底蕴，但是对优秀历史文化资源的开发尚停留在表层，文化与旅游融合产品的整体创新能力较弱，文化创意、高科技元素在融合中的应用较少。旅游产品、工艺品、艺术作品表演等转化为文化产品的能力有限，缺乏具有竞争力及市场影响力的精品产品，满足多元消费群体的高品质文旅产品新供给明显不足，现象级的文旅产品不多，优质文旅产品供需空间布局不均。"商、学、养、闲、情、文、耕"等现代旅游要素不齐全，文化与旅游融合的特色线路和产品较少，游客停留时间短，回头客较少，人均消费水平较低。

（二）产业层面：文旅行业间融合不深致使产业链条向纵深延伸拓展有限

世界级文化旅游之都需要引育世界级的文旅企业。一方面，桂林在打造世界级文化旅游之都过程中，要加大龙头文旅企业的引领带动，强化大资本、大项目的支撑，引进上市企业、具有国际影响力的跨国文旅企业。另一方面，桂林"门票经济"仍占主流，文旅产业链条向纵深延伸拓展不足，产业链的前端聚焦、中间协同、后端转化不畅。当前桂林旅游要素配置结构失衡，多数旅游开发项目仍停留在游客"引进来"阶段，未真正解决让游客"留下来"的问题，人均停留时间较短。桂林文旅产业附加值低，产业链主要集中于初级文旅产品的运用，而在跨产业的延伸上则相对不足，还没有建立起一个能够有效地连接全产业链条的文旅产品体系，缺少"政产学研用"协同创新机制和关键共性技术的联合攻关机制。

（三）体制层面：文旅融合政策体系不够完善致使体制机制保障不足

尽管桂林市人民政府印发了《桂林市"十四五"文化和旅游发展规划》，但仅为宏观要求，未实现制度的创新和体制机制的突破，缺乏清晰明确的目标及任务。文化与旅游资源元素未能实现双向互动与转化，两者之间融合交流模式仍以"传统文化搭台、旅游唱戏"为主要模式。政府跨部门和跨行业的统筹协调力度不够，跨部门的文化和旅游融合发展常态化的厅际联席会议协调机制尚不完善，部门之间的共建共享机制还没有建立起来，行政壁垒尚存在、协调体制不顺畅，无法有效发挥行政合力。

四　桂林打造世界级文化旅游之都的路径与对策

（一）桂林打造世界级文化旅游之都的路径

1.深挖桂林文旅元素，打造文旅融合创新示范中心

挖掘桂林历史文化名城独特印记，提升文化和旅游创意创造能力和科技

创新水平，将城区打造成为文旅融合发展的创新示范中心。梳理桂林市史前—古代—近现代的历史发展脉络，挖掘重要史实，加强甄皮岩、桂海碑林、靖江王府及王陵、雁山园等文化遗产保护利用，彰显桂林万年智慧，延续城市千年文脉。将历史、建筑、非遗、民俗等文化元素充分融入高科技文化旅游产品研发，大力发展演艺娱乐、文化创意、节庆会展、动漫游戏以及数字文化、文化房产等产业，营造可视化文化氛围，将桂林打造成为文化和旅游深度融合发展的典范。

2. 弘扬优秀文化，创作具有国际水准的文化艺术精品

以中华民族优秀传统文化和桂林地方特色文化为底蕴，创作一批对本地居民和国内外游客具有吸引力和感召力的舞台艺术和影视作品，提升桂林文化艺术精品国际影响力。进一步挖掘历史文化、红色文化、民族文化等优质文化资源，重点打造一批体现桂林文化特色、形式创新、内容丰富的影视、歌曲、戏剧等文艺精品，推动文艺创作的多元化发展。积极扩大国际艺术交流，推动赴国内外城市举办或参与文化艺术展览，打响"漓江画派""画说桂林"等文化品牌。加大对桂剧、渔鼓、彩调剧、广西文场及少数民族剧种扶持力度，建设桂派戏曲曲艺艺术文化（桂林）生态保护实验区。对桂林各地的戏曲剧种进行整合，构建戏曲资料库和信息共享的网络平台，加强重点戏曲院团建设及剧种的传承、创作、演出及人才培养，加强理论研究和传播推广，鼓励地方民族戏曲流派及风格样式创新。加快建设桂剧、渔鼓、彩调剧传承基地，传承和发扬民族艺术。传承发展刘三姐文化，大力开发以刘三姐文化为主题的艺术创作、影视动漫制作等艺术精品。实施桂林民间歌舞乐艺术扶持工程，挖掘并整合傩舞、瑶族舞、侗族歌等桂林民族音乐舞蹈资源，推出一批民族音乐舞蹈作品，打造具有鲜明桂林风格和特色的传统艺术品牌。创新艺术传播渠道，加大对桂林优秀文艺作品的传播与推广，扩大国际影响力。

3. 强化文化遗产保护，提高文化遗产传承利用水平

坚持把保护放在首位，推进文化遗产资源的系统性调查研究、专业性保护和创新性利用，在保护中发展，在发展中保护，增强桂林文化遗产保护动力、传承活力和利用能力，打造文化遗产保护开发的"桂林样板"。加大对

文化遗产有关文字、图片、音频、视频和实物资料的搜集、整理和数字化处理，建设全市文物资源总目录、长征革命文物专题数据库、非物质文化遗产数据库。整体梳理桂林历史文脉，提炼桂林独特的、具有全国乃至世界意义的文化遗产价值，构建桂林打造世界级文化旅游之都的文化制高点。加强文物考古调查发掘工作，对潇贺古道、湘桂走廊开展流域调查和考古发掘，找寻先秦时期中原文化对桂林本土文化的冲击、融合、发展过程及传播路径，探讨中华文明多元一体格局的形成过程，开展对甑皮岩遗址、靖江王府及王陵、资源晓锦遗址、大岩遗址、父子岩遗址等的保护工作。强化考古研究成果的挖掘、整理、阐释和传播工作，深入阐释文物蕴含的中华文化和时代价值，并促进研究成果的转化。加大力度对世界遗产实施保护与利用，重点强化对中国南方喀斯特世界遗产中的桂林喀斯特地貌进行生态资源和环境的保护，保持山水生态、历史人文的完整性和延续性。加强兴安灵渠文化挖掘和价值提炼，强化文物的保护与修缮，对灵渠周边的生态环境进行整治，推动灵渠的提质升级，推动兴安灵渠申报世界文化遗产。加大对全球重要农业文化遗产龙脊梯田的保护力度，对景区周边村屯风貌进行改造提升，完善旅游基础设施和服务设施。建立健全世界遗产的监测预警和巡查监管制度，加大巡查力度，严格审批建设活动，促进世界遗产有序开发利用。

4. 加强非物质文化遗产保护，推进非物质文化遗产创新利用

强化对桂林团扇制作工艺、瑶族油茶习俗等重要非物质文化遗产系统性保护，扎实做好国家级非物质文化遗产名录项目推荐申报工作，进一步扩充桂林市国家级非物质文化遗产名录数量。鼓励各县（市）建立和健全非物质文化遗产保护中心和传承基地，并对其进行培训、展示和交流，建立一个活态传承平台。以龙胜、兴安、恭城等地为重点，建设一批以非遗展览展示、制作表演、收藏培训、体验传习等为主要功能的综合性非物质文化遗产展示馆，提升展示馆的展陈水平。推动各乡镇、村屯等基层非遗演艺舞台、广场的建设，鼓励举办广西文场、桂林渔鼓、桂剧、彩调剧、音乐、舞蹈、曲艺等非物质文化遗产专题性展示展览活动以及群众演艺活动等。推动全市主流媒体加强非物质文化遗产的传播，充分发挥新媒体作用，扩大非物质文

化遗产传播渠道，促进全社会参与非物质文化遗产传播。推进非物质文化遗产与文化产业和旅游产业的深度融合，以龙胜、资源和灌阳为重点，打造一批具有鲜明特色的非物质文化遗产主题旅游线路及研学旅游产品。推进"非遗+文旅"，对传统的瑶绣、木雕等技艺进行保护和提升，开发一批非遗文创旅游产品，如工艺美术、民俗艺术、生活创意、饮食饮品、服饰饰品等。

5. 建好长征国家文化公园，推进红色文化保护利用

结合红军长征过广西线路及文化资源空间分布，构建长征国家文化公园（广西段）"一路三园多点"的发展格局。以红军长征过广西行进线路为依托，围绕红军长征进入广西、三大阻击战、抢渡湘江、绝命后卫师、翻越老山界、践行民族政策等重大历史事件，突出湘江战役主题，加快红军长征湘江战役纪念园、红军长征突破湘江烈士纪念碑园和湘江战役新圩阻击战酒海井红军纪念园三大核心展示园建设，统筹管控保护、主题展示、文旅融合、传统利用四类主体功能区建设，实施保护传承、研究发掘、环境配套等专项工程，促进区域协调和全面开发。大力发展以长征文化体验为主题的红色研学旅行，提升建设红色旅游经典景区，打造红色精品旅游线路，完善长征驿站、长征宿营地等旅游服务设施。开展桂林抗战文化等革命文物和文化遗存的挖掘与保护工作，公开征集抗战等时期的文物、书籍、文献、史料、出版物等相关资料，保护好、管理好、运用好革命文物。加大革命遗址遗迹保护和修缮力度，实施民国广西省政府旧址、抗战时期的桂林市政府旧址及侯山坳战场遗址等历史文物保护工程，制定抗战烈士墓、纪念碑、陵园、散葬点等桂林抗战文化的旅游资源保护措施。依托革命旧址、纪念馆、博物馆、展览馆和各类纪念设施，就近就便开展体验教学、主题党日等活动，把旧址变成"党史教室"，把文物和历史材料变成"党史教材"，把烈士模范变成"党史教师"。

6. 构建现代文旅产业体系，增强文旅产业国际竞争力

实施原创动漫精品培育计划，发展以数字化生产、网络化传播为主要特征的网络动漫、手机动漫等产业，培育打造一批具有时代特征、体现桂林历史文化内涵、具有较强竞争力和影响力的动漫品牌。推动动漫产业与文学、游戏、影视、音乐等产业的深度融合，开展动漫品牌的授权与形象推广，实

现动漫产业链与价值链的延伸。促进数字艺术与公共空间、公共设施、公共艺术的融合，以数字化技术为基础，以光学、电子等新兴媒体为主要表达方式，发展与大众生活及市场需要相适应的数字艺术展示产业。鼓励应用5G、虚拟现实、增强现实、云计算、人工智能、多媒体等数字技术加强文博单位馆藏资源的智能化改造，提高文博场馆数字化展陈水平，打造一批数字博物馆、数字图书馆、数字文化馆等展示项目。充分运用数字产业形态推动桂林彩调剧、渔鼓、桂剧等传统艺术文化创造性转化、创新性发展，开发"数字文物""数字桂林"等一批特色鲜明的"在线文旅"展示产品，打造具有国际影响力的数字文化品牌。重点培育凸显桂林历史文化特色的网络电影、网络音乐、网络演出、网络文学、网络教育等网络文化新业态。实施网络内容建设工程，围绕桂林红军长征文化、历史文化、少数民族文化等，建设一批以弘扬社会主义核心价值观、传播红色基因为主题的网络文化作品，形成一批彰显桂林文化特色、品位高雅的网络文化业态。

7. 培育世界级文化旅游体系，增强文旅产业国际竞争力

建设和完善世界级、国家级文化旅游体系。聚焦品质提升，推动桂林漓江景区打造世界级旅游景区，推动灵渠建设成为世界文化遗产旅游景区，加强靖江王府及王陵历史文化研究挖掘，将独秀峰·王城打造成世界知名的历史文化旅游景区，加快构建桂林市世界级著名旅游吸引物体系。持续提升两江四湖·象山、乐满地等国家AAAAA级旅游景区水平，推动龙脊梯田等景区创建国家AAAAA级旅游景区，强化创意设计、丰富产品体验，打造桂林市高等级旅游景区品牌矩阵，增强核心竞争力。加快推动桂林传统旅游景区由门票经济向产业经济、由小众旅游向大众旅游转型升级，注重将桂林地域文化植入景区的餐饮、住宿、演艺、购物、娱乐等消费链、产业链环节，提升文化品位、增加科技含量，提高附加值。

8. 讲好"桂林故事"，塑造世界级文化旅游之都形象新名片

依托国际重大活动与赛事讲好中国故事，将桂林建设成为世界文明交流互鉴的重要窗口。充分发挥联合国世界旅游组织/亚太旅游协会旅游趋势与展望国际论坛、中国—东盟博览会旅游展等品牌效应，持续扩大资源世界漂

流锦标赛、环广西公路自行车世界巡回赛（桂林站）、桂林马拉松赛等国际赛事影响力。利用具有国际影响力的境外媒体宣传桂林城市品牌，全方位开展新媒体、新技术营销。在重点客源国大型城市开设旅游体验店，拓展与客源国旅行社、海外运营商的合作渠道。

（二）桂林打造世界级文化旅游之都的对策建议

1. 以市场需求为导向，优化世界级文化旅游之都的产品体系

近年来，我国旅游产业系统的供给越来越健全，质量越来越高，人们对旅游的要求也随之发生变化，从单一到多样，从物质到精神，从低级到高级。当旅游逐渐成为一种习惯之后，游客对优质旅游体验的追求，对文化需要和精神消费的追求也就变得越来越重要。这也促使桂林在打造世界级文化旅游之都过程中，要强化需求侧管理，掌握市场动态发展过程，改变传统旅游开发模式中"重山水"而"轻文化"、"重游览"而"轻体验"。紧紧抓住疫情防控转段后旅游新趋势、新需求，激发文旅融合的内在动力，利用"互联网+"、大数据、人工智能、区块链、5G等新技术，对内容表现形式和展示方式进行创新，对具有知识性、差异性、延伸性、参与性和补偿性等特点的新型旅游产品进行再加工，以适应旅游者对旅游产品的个性化、体验化、情感化、休闲化的需要。

2. 整合资源要素，拓展世界级文化旅游之都的新业态

网红经济、夜间经济、创意经济和体验经济是新的经济形态，其具有自身的流量属性，当它们自身的内在价值和旅游领域进行交叉融合，极易产生"破圈效应"。新经济具有极强的集聚和辐射作用，它可以汇聚区域内的资金、知识、信息、技术、人才等资源，实现供应链、产业链和价值链的有机结合，推动产业体系的提升，也是推动新发展模式下文旅融合的一种有益的探索。首先，要实施"文旅+"战略，找准产业结合点，推进"文化+旅游+新型生活方式"，推动文旅融合新业态的发展。其次，借鉴"全域旅游"理念，在文化、旅游等资源丰富的地区，率先进行文化与旅游的融合发展试验，建设文化与旅游融合发展的示范区。在创新地域文化表现形式的基础上，建立一种全时空、全链条、常态化的融合观光、情景体验、休闲娱乐和

商业活动的文化旅游空间，使之成为区域资源有机整合、产业融合发展、社会共建共享的新型全域文旅发展模式。最后，加速推进整个文旅行业的数字化思维，将数字化技术与文旅产品、服务、实景演出、动画影视、动画设计等相结合。通过数字技术，在"视""听""闻""味""触"上下功夫，为游客提供高互动性和高趣味性的沉浸式体验。

3. 优化市场环境，引育世界级文化旅游之都的市场主体

充分发挥市场在资源配置中的决定性作用，重塑文化和旅游市场主体，加强文化和旅游市场要素建设，发挥文化和旅游资源优势，引入竞争机制，减少流通环节，拓展文化和旅游市场传播渠道。鼓励和引导文化（旅游）企业广泛应用大数据、5G、人工智能、云计算等高科技，不断推动文化和旅游市场主体的数字化转型升级。培育民营骨干文化和旅游企业，加大对中小文化和旅游企业、文化和旅游工作室的扶持。培育发展新型市场主体，加强对新业态、新模式的引导、管理和服务，培育新型文化市场主体。逐步建立以大型国有骨干文化和旅游企业为引领、大量中小文化和旅游企业为基础的统一开放竞争有序的现代文化和旅游市场格局。

4. 改善基础设施，提升世界级文化旅游之都的服务水平

桂林打造世界级文化旅游之都过程中，城市文化基础设施和旅游配套服务是硬件，亟须从城市服务设施抓起，打造世界各地旅游者宜居、宜业、宜乐、宜游的高标准服务体系，以服务质量为核心竞争力，培育主客共享美好生活的新空间，营造更加安全舒适的旅游环境，建立健全旅游服务质量提升政策体系，强化系统集成、效果集成。建立旅游市场服务质量评估体系，形成科学有效的监测机制。适应游客出行方式的变化，加大面向散客的旅游公共服务力度。加强数字化应用，实现旅游产品展示、旅游预订、智能导览、营销推广等消费流程智能化变革。推进旅游景区智慧化建设和旅游标准化建设，健全旅游标准化运行机制和协调机制，合理制定并严格执行最大承载量制度，加强标准宣传贯彻实施和绩效评估。加强大数据分析应用，以问题投诉为契机倒逼相关企业和单位提升旅游服务质量。进一步提升12301旅游服务热线的公益服务属性。加大旅游市场联合执法监督力度，严厉打击欺诈、宰

客、不合理低价游、强制消费等不良市场行为，不断优化旅游消费环境。

5. 深化体制改革，完善世界级文化旅游之都的政策保障

世界级旅游城市建设中，文旅深度融合是一项牵涉面广、关联性高、辐射力强的系统工程，文旅融合的实施路径离不开政府的重视和支持。要建立一个具有清晰职责的政府治理系统，同时还要对政府组织架构进行持续的优化，将文化和旅游产业调节、市场监管、公共服务、文化遗产保护等进一步改进，进一步推进政府机构之间的权责协调，使行政管理资源得到更好的整合。加强对文化旅游市场的管理，进一步深化行政审批制度改革，提高部门的综合监督能力。根据世界级文化旅游之都的建设需要，制订并健全促进文旅融合发展的产业政策，加大对文旅项目的投融资支持力度，加大对旅游用地用林的支持，加大高层次人才支持力度，为推进世界级文化旅游之都建设提供政策制度保障。

参考文献

[1] 孙敏：《以文塑旅 以旅彰文 打造世界级文化旅游之都》，《桂林日报》2021 年 11 月 23 日。

[2] 李思静等：《桂林：按下打造世界级旅游城市"快进键"》，《桂林日报》2023 年 7 月 27 日。

[3] 王红梅：《广西建设世界旅游目的地的实践与优化》，《沿海企业与科技》2023 年第 1 期。

[4] 桂林市委改革办：《深化文旅综合改革 推动文化旅游高质量发展》，《桂林日报》2023 年 2 月 20 日。

[5] 《广西壮族自治区人民政府办公厅关于印发支持打造桂林世界级旅游城市若干政策措施（试行）的通知》，《广西壮族自治区人民政府公报》2023 年第 1 期。

[6] 《广西壮族自治区人民政府办公厅关于印发广西"十四五"文化和旅游发展规划的通知》，《广西壮族自治区人民政府公报》2022 年第 10 期。

[7] 刘倩：《深挖世界级旅游资源 提升桂林旅游发展格局和服务品质》，《桂林日报》2022 年 3 月 23 日。

[8] 孙敏：《把遗产资源转化为旅游产品 推动世界级旅游城市打造》，《桂林日报》2022 年 2 月 23 日。

B.4
打造桂林世界级康养休闲胜地研究报告[*]

摘　要：　桂林打造"世界级康养休闲胜地"，是其建设"世界级旅游城市"必不可少的重要构成内容之一。本研究报告旨在为桂林康养休闲产业提质增效和升级发展提供参考建议。通过实地调查，总结分析桂林既有主要康养休闲产品构成；同时，从产业角度归纳其既有建设成就，从市场视角分析其存在的不足之处；进而在既有政策文件已提出的对策基础上，针对桂林康养休闲产业发展过程中出现的新问题，有针对性地提出具体发展建议：培养高素质康养休闲旅游专业人才、强化康养休闲旅游宣传营销、优化森林康养休闲旅游、发展县域医养旅居综合体等

关键词：　世界级　康养休闲胜地　康养旅游　休闲旅游

　　2022年9月2日，广西壮族自治区人民政府颁行《支持打造桂林世界级旅游城市若干政策措施（试行）》（下文简称《措施》），提出九个方面的支持政策措施，其中"支持世界级康养休闲胜地建设"位列第三，是桂林打造世界级旅游城市"四大定位"（"一城一都一地一中心"）的关键核心工作。实质上，这是坚持"两山论"和"山水林田湖草生命共同体"的生态伦理，实现旅游产业高质量发展的必然要求；也是满足潜在旅游消费者

---

　　*　作者：吴晓山，博士，广西师范大学历史文化与旅游学院副院长，教授，硕士研究生导师，主要研究方向为文化旅游；肖富群，博士，广西师范大学政治与公共管理学院教授，博士研究生导师，广西师范大学社会科学研究处处长，广西人文社会科学发展研究中心常务副主任，研究方向为社会治理。

群体对个性化以及生活多元化追求的客观现实使然，因为当前康养休闲旅游已经成为旅游消费者的重要选择，故而这种客观的市场发展趋势要求旅游产业在发展过程中要更好地融合康养休闲。可见，打造"世界级康养休闲胜地"，既是桂林成为"世界级旅游城市"必不可少的重要构成内容之一，也是桂林旅游产业顺应市场发展提升竞争力的必然选择，更是桂林旅游产业本身实现高质量可持续发展的题中应有之义。

《措施》针对"支持世界级康养休闲胜地建设"具体提出三点建议：打造国家健康旅游示范基地、促进体育休闲旅游融合发展、建设健康休闲农业基地。桂林依托得天独厚的山水风光、源远流长的历史文化、丰富多彩的民俗风情、古朴宁静的乡村风光等优势旅游资源，经由自治区及桂林市党委、市人民政府的统筹规划与推动，上述《措施》所提及的建设要求方面已取得一定成绩；形成了一批特色旅居康养产业集群，建设了一批山水康养度假旅游目的地、体育休闲旅游示范基地、智慧健康养老示范基地等。康养旅游产业链也逐渐完善并体现出"医、康、养、健、智、学"六位一体的鲜明特征。"漓水青山 养生桂林"正在成为桂林旅游的一块崭新招牌，为桂林成为世界级旅游城市提升吸引力，拓展在国际旅游市场竞争中的影响力。但是，桂林打造世界级康养休闲胜地，既要肯定当前所取得的成就，也要洞悉其中存在的不足；相对而言，后者更加值得研究。

一 桂林康养休闲产品构成及康养休闲胜地建设成就

（一）主要康养休闲产品构成

自国家 2017 年发布《"健康中国 2030"规划纲要》《国家康养旅游示范基地标准》及《关于促进健康旅游发展的指导意见》等政策性文件之后，桂林即对此积极回应并付诸实践。而随着"桂林打造世界级旅游城市"纳入国家《"十四五"旅游业发展规划》与自治区《措施》的出台，桂林则为建设"世界级康养休闲胜地"持续发力。正如前述，目前桂林的康养旅游产业链正逐渐完善，"医、康、养、健、智、学"六位一体的特征日益凸显，已经形成一系列康养度假、康养旅居、健康运动、健康养老、健康养生、健康医疗、健康研学等康养休闲产品，体现出桂林"康养休闲+"旅游、文化、中医药、体育、食品等产业融合新兴业态正在日益发展。在此对桂林市区域（市、区、县）现有主要康养休闲产品进行归纳（见表1）。需要说明的是，桂林市现有100家国家A级旅游景区（截至2022年12月31日）以及28个星级乡村旅游区（截至2022年6月24日），其中属于康养休闲产品之列的也包含在内。

表1　桂林主要康养休闲产品

区域	产品
桂林市区	独秀峰-王城景区、两江四湖·象山景区、东西巷国家级旅游休闲街区、桃花湾旅游度假区、西山生态旅游区、广西信和信桂林国际智慧健康旅游产业园国家中医药健康旅游示范基地、罗山湖体育旅游度假区、桂林市体育中心、桂海国际旅游度假区、象山生命健康产业集群示范基地、桂海晴岚景区、七星景区、穿山景区、芦笛景区、冠岩景区、旅苑景区、尧山景区、南溪山景区、抱璞文化展示中心、佰子湾景区、桂林之花景区、枫和里文化旅游区、桂花公社景区、万福广场·休闲旅游城、瓦窑小镇景区、神龙水世界景区、崇华中医街、花坪云溪谷乡村旅游区、会仙镇沐宠头玻璃田乡村旅游区、鲁家村桃花湾生态旅游休闲区、桂林和记农庄、雁山区草坪休闲旅游主题小镇、情歌田园·乡谣里、桂林夕阳红养老中心、陶然居老年护理院、桂林魅力花园（桂林交控）国际养老公寓、孝慈轩养老院、龙光桂林国际养生谷、愚自乐园艺术园、融创漓江后海景区、草坪休闲旅游主题小镇、桂林国家森林公园、经典刘三姐大观园景区、在水一汸景区、红溪景区、世外桃源旅游区、侗情水庄景区、多耶古寨-蛇王李景区、黄沙秘境大峡谷景区、会仙喀斯特国家湿地公园景区、临桂十二滩漂流景区
阳朔	遇龙河国家旅游度假区、西街景区、三千漓中国山水人文度假区、燕莎航空运动基地、镇骥马村、春风漓水休闲体验度假区、兴坪休闲养生度假区、鸡窝渡乡村旅游区、图腾古道-聚龙潭景区、蝴蝶泉旅游景区、大源林场
龙胜	龙胜温泉旅游度假区（龙胜温泉森林养生国家重点建设基地）、龙胜艺江南中国红玉文化园景区、布尼梯田·加鸟瀑布旅游区、黄洛瑶寨、白面瑶寨景区
灵川	大圩古镇景区、桂林景秀航空体育飞行基地、桂林磨盘山康体旅游度假区、龙门瀑布景区、灵川县大塘边村乡村旅游区、灵川毛洲岛乡村旅游区、灵川·潞江村、桂林希宇·欢乐城景区、江头景区、滴水人家景区、古幸瀑布景区、逍遥湖景区
全州	湘山·湘源历史文化旅游区、桂林湘山酿酒生态园景区、桂安和龙井生态旅游区、天湖国际高山生态旅游度假区、大碧头国际旅游度假区、桂林国际茶花谷旅游休闲度假区、炎井温泉、龙井生态休闲观光旅游示范村
兴安	灵渠景区、乐满地休闲世界、华江龙塘寨村、猫儿山旅游度假区、红军长征突破湘江烈士纪念碑园景区、老山界龙潭江景区、周家园乡村旅游区、华江瑶族乡养生养老小镇、和苑森林人家、漓源瀑布森林人家

区域	产品
永福	金钟山旅游度假区、凤山景区、罗锦崇山古民寿城百寿养生文化旅游主题小镇、罗汉果小镇、金钟山旅游度假区、上寨瀑布、金鸡河
灌阳	千家洞文旅度假区、江口村特色文化旅游区、都庞岭大峡谷景区、文市石林景区、莲溪庐旅游度假区、太子山生态旅游区、大仁村万亩梨园、春润生态旅游景区、洞井古民居景区、神农稻博园、茶博园、桂林（灌阳）户外冰雪旅游训练基地
资源	桂林资江·天门山景区、脚古冲生态旅游区、五排河山地漂流旅游度假区、八角寨景区、资江灯谷景区、宝鼎景区、塘洞景区、金紫山丰绿生态园、李洞乡村旅游区、石山底乡村公社
平乐	印山文化旅游区、仙家温泉景区、榕津千年古榕景区、德定瀑布景区、金字岭景区、沙子镇渡河村、漓江文化村
恭城	红岩村景区、瑶汉养寿城、杨溪景区、三庙两馆景区、瑶族文化村景区、北洞源景区、矮寨景区、社山景区、牛路头乡村旅游区、泗安乡村旅游区、黄竹景区、龙虎关景区
荔浦	荔水青山·荔江国家湿地公园、银子岩旅游度假区、丰鱼岩旅游度假区、荔江湾景区、马岭鼓寨民族风情园、天河瀑布景区、柘村景区、桂林锦龙国际赛车场

（二）康养休闲胜地建设主要成就

根据桂林康养休闲产业建设现状，并综合康养休闲产品的具体发展状况，将桂林当前打造世界级康养休闲胜地取得的主要成就归纳为以下四个方面。

其一，以"健康旅游"为核心，推动"康养休闲"产业快速发展。2017年，桂林获批国家健康旅游示范基地（首批13个基地之一），标志着桂林以健康旅游为核心的康养休闲产业驶上发展快车道。2018年，桂林市依据5个类别："中医药特色医疗、康复疗养、休闲养生养老、健康运动休闲、智慧健康旅游"，对规划建设项目进行筛选，并从中选择15个重点项目予以优先推进。2019年，桂林市将优先推进重点项目扩展为34个，总投资达到755.5亿元。2020~2021年，尽管受到疫情影响，但桂林市委、市人民政府仍然积极推进康养产业发展，其中17个国家健康旅游重点示范项目的建设取得明显成效。尤其值得的肯定是其推进方式：以完善"医、康、养、健、智、学"六位一体的健康旅游产业链为目标，依据项目推进程度，创建各县（市、区）联系帮扶机制，推行"保姆式"服务，即设置专职人员实时跟进项目进展。2021 年，桂林有 12 个项目纳入第一批自治区大健康旅游产业重大项目清单。2022 年，桂林实施 72 项大健康和文旅产业重大项目，全年实际完成投资额 1125074.5 万元，同比增长 67.04%，项目数量和完成投资额居广西首位。同时，桂林各县（市、区）上报大健康和文旅产业项目 74 个，年度投资达到 67.11 亿元。其中信和信·桂林国际智慧健康旅游产业园（桂林大中华养生谷），获评全国中医药健康旅游示范基地；同时，一系列国家健康旅游示范基地重点推进项目投产运营并取得良好成效，如中国中药（桂林）产业园（"央企入桂"项目）、中国健康好乡村旅游康养项目、桂林象山区翠竹孝慈轩养老服务中心、桂林仙源健康产业园、瑶汉养寿城·恭城瑶医医院、龙光国际养生谷、恭城平安康养特色小镇、全州大碧头健康旅游示范园区等。另外，一批市级服务业集聚区也正处于按部就班的积极有序推进阶段，如桂林大中华养生谷（二期）、桂林漓东健康养生旅游综合区、漓江东岸百里生态示范带、龙胜生态旅游核心示范区、阳朔·兴坪休闲养生度假区等。无疑，既有成就为桂林打造世界级康养休闲胜地奠定了坚实的基础。

其二，"康养旅游+"产业加速融合，"康养休闲"新业态效益不断凸显。这是以"打造国家健康旅游示范基地"为核心任务，从而实现"促进体育休闲旅游融合发展、建设健康休闲农业基地"的必然途径。"医养"+"康养"+"文旅"+"N"等多种产业持续深度融合，如"康养旅游+体育""康复疗养+旅游""中医药文化体验+旅游""医疗医药+健康饮食"等。"康养旅游+体育"方面，2021 年，遇龙河休闲体育旅游度假区，被国家体育总局、文化和旅游部认定为国家体育旅游示范基地（广西两个入选示范基地之一），成为桂林市第一个获此殊荣的休闲体育旅游度假区。同时，还举办了一系列重大体育赛事，如桂林国际马拉松赛、资源漂流世界杯及"环广西"世巡赛（桂林赛段）等，吸引了一大批国际体育运动爱好者前来参赛，这不仅推动了体育旅游的发展，也极大地拓展了康养休闲消费市场。"康复疗养+旅游"方面，桂林夕阳红养老中心、广西铁路康养有限公司桂林康养中心，这两家养老机构不仅在全国范围内已颇具品牌效应，而且在国际市场尤其是东南亚国家中具有很强的吸引力。前者探索推出"医养游"融合养老模式，后者创新推出"医养游"一体医疗休养模式，均获得消费市场的认可，每年床位使用率超95%。"中医药文化体验+旅游"方面，崇华中医街所属的桂林大中华养生谷以及恭城瑶汉养寿城，成为广西首批中医药健康旅游示范基地。桂林夕阳红养老中心，把中医药融入养老，并结合旅游项目建立异地联盟，创建"候鸟"养生养老模式。"医疗医药+健康饮食"方面，三金牌三金片、西瓜霜，天和牌骨通贴膏以及桂林南药青蒿琥酯片等知名品牌产品畅销全国，远销欧美；吉福思罗汉果甜味剂、中族山绿茶降压片等健康产品品牌不断发展壮大；桂林米粉、豆腐乳、辣椒酱、禾花鱼、漓江鱼、荔浦芋等旅游休闲食品广受消费者欢迎。同时，葛根系列粉丝、富硒大米等特色食品不断做大做强；绿色食品产业带已具有相当规模。

其三，"康养休闲"品牌逐渐形成，有力支撑打造世界级康养休闲胜地。综上所述，桂林乘着打造世界级旅游城市的东风，一批批康养旅游品牌得以加快打造。根据有关部门统计分析，当前桂林已拥有10个"世界级"影响力的国际高端"康养休闲"品牌：地中海俱乐部、桂海晴岚·苍崖之野国际露营基地、中国·阳朔MaXi-Race国际山地越野赛、环广西公路自行车世界巡回赛（桂林站）、阳朔铁人三项赛（国际级）、资源漂流世界杯及国际漂流精英挑战赛、中国田协金牌赛事—国际田联铜标赛事—桂林马拉松、桂林国际山水文化旅游节、中国—东盟博览会旅游展、联合国世界旅游组织/亚太旅游协会旅游趋势与展望国际论坛。2020年6月，桂林市出台《桂林市打造一流康养旅游品牌工作方案》，提出重点发展四类康养旅游（共计九个重点品牌）：第一类，医养结合类，其中以象山区桂林夕阳红养老中心、七星区陶然居老年护理院为重点打造项目；第二类，康养旅游类，选择桂林崇华中医街、恭城平安康养特色小镇的瑶汉养寿城、全州大碧头康养旅游度假区为重点发展品牌；第三类，养老机构类，主要打造象山区孝慈轩养老院、桂林魅力花园国际养老公寓；第四类，养生养老类，其中主要发展龙胜龙脊镇养生养老小镇、兴安华江瑶族乡养生养老小镇。经过数年时间的持续重点发展，这四类康养旅游九个重点品牌成效显著。如以 AAAA 级旅游景区标准大力推进象山区桂林夕阳红养老中心子项目中医药康养产业园建设，推出"健康旅游"养老套餐，提供"养老+游玩"一条龙服务；又如全州大碧头康养旅游度假区，与红军长征湘江战役纪念园及天湖滑雪场等，打造"桂林高山冰雪温泉体育旅游线路"，被评为全国 2022 年春节体育旅游精品线路。另外，充分挖掘康养优势资源，同一类型康养旅游实施差异化发展。例如：龙光国际养生谷专注于打造养生康养综合体：集"康养中心、疗养中心、体检中心、养生酒店、养生社区、配套教育设施"于一体；中国健康好乡村旅游康养项目，重点发展瑶族药浴、食疗养生等传统医药文化体验项目；而桂林优利特医疗健康诊断项目，主要针对老年人康养旅游产品进行开发。

其四，康养休闲产业发展"一盘棋"，合理布局文旅体产业链和产业集群。2017 年，桂林获评成为国家健康旅游示范基地后，由市政府及相关部门制定出台一系列文件：《桂林市健康旅游产业发展规划（2017—2025年）》《桂林国家健康旅游示范基地建设实施方案》《桂林市"十四五"文化和旅游发展规划》《桂林市打造一流康养旅游品牌工作方案》《桂林市大健康产业发展"十四五"规划》等等，均明确提出：以"一核两线、多点辐射"的空间布局和"医、康、养、健、智、学"六大方向建设健康旅游产业规划体系。"一核"即以主城区为核心，重点打造健康旅游集聚区；"两线"即西线沿山布局，以临桂、永福、龙胜 3 县区为主体，重点开发中医养生、温泉养生、森林养生、福寿文化养生等特色健康产品；南线沿漓江布局，以兴安、灵川、阳朔、平乐、恭城 5 县为主体，重点打造休闲养生产业带；"多点辐射"则是布局建设特色鲜明的健康主题小镇和集聚区。推动形成全市大健康和文旅产业发展"一盘棋"新格局。发挥龙头企业示范引领作用，以项目推进、企业培育、平台建设为抓手，聚焦"医、养、管、食、游、动、造""吃、住、行、游、购、娱"重点方向精准发力，传承发展中医药壮瑶民族医药健康服务，坚持医药科技创新引领支撑，整合要素资源，促进业态创新、产业融合、企业集聚，引进一批文旅、医疗康养、医美产业项目，组织打造一批具有浓厚民族中医药文化特色，将养生、长寿、养老、医疗、康复、旅游融为一体的医养结合养生、旅游示范基地，形成特色鲜明、布局合理的文旅体产业链和产业集群，推动打造世界级康养休闲胜地建设。

二 桂林康养休闲旅游市场调研及康养休闲发展存在的问题

（一）康养休闲旅游市场分析

为掌握桂林康养休闲旅游发展状况的第一手资料，课题组进行了市场调研，主要采用访谈与问卷调查的方式收集资料。于2022年11月至2023年1月对桂林市区以及兴安、灵川、阳朔、平乐、恭城等地的康养休闲景区旅游消费者进行随机访谈，累计发放和回收问卷2000份，去掉数据残缺的问卷，有效样本1876份，有效率为93.8%，具备良好的代表性。调查样本基本特征见表2。从旅游者个体特征来看，男性旅游者909人（占48.45%），女性旅游者967人（占51.55%），调查受众的平均年龄为46.81岁；受教育水平集中在专科与本科这一层次（占31.16%），就家庭特征而言，家庭人口均值为3.83人/户，同时780个旅游者家里有"三高"人员（占41.58%）；2021年家庭收入15万~20万元的组别样本数最多为798人（占42.54%）。从客源地进行分析，桂林市本地、广西其他区域、国内其他省区市及境外游客分别占比：11.4%、26.7%、54.5%、9.3%。

需要说明的是，因为本报告旨在从整体上把握桂林市康养休闲胜地建设状况，故而，尽管问卷调查内容除了旅游者个人情况外，还包括旅游者的消费动因与行为、对康养休闲市场信息的关注程度、旅游外出方式、对桂林康养休闲产品消费感知等；但本报告仅在掌握旅游者基本特征的基础上，就其产品感知情况进行阐释（见表3）。

表2 调查样本的基本特征

项目	赋值	均值	标准差	最小值	最大值
性别	1＝男、0＝女	0.358	0.479	0	1
年龄	受访者实际年龄	46.81	8.741	20	76
是否已婚	0＝未婚、1＝已婚	0.703	0.449	0	1
受教育程度	0＝初中及以下、1＝高中及中专、3＝大专、4＝大学(本科)、5＝硕士、6＝博士	3.511	1.424	0	6
工作单位性质	1＝政府或国有企事业单位、0＝其他	0.314	0.462	0	1
是否关注健康	0~6的离散值:0＝完全不关注、6＝极其关注;数值越大,关注程度越高	3.297	1.533	0	6
是否坚持健康作息	0＝差、1＝中、2＝良、3＝优、4＝特优	2.883	0.874	0	4
自我评价健康状况	0＝十分差、1＝比较差、2＝一般、3＝比较好、4＝十分好	2.878	0.803	0	4
家庭有无"三高"人员	0＝否、1＝是	0.415	0.481	0	1
客源地	1＝桂林市、2＝广西区域内、3＝国内其他省区市、4＝境外	1.884	0.762	1	4

表3 桂林市康养休闲旅游者感知分析

项目	均值	标准差	最小值	最大值
疗养需求	4.3	0.80	2	5
保健需求	4.0	0.85	2	5
养生需求	3.9	0.96	1	5
美容美体需求	3.3	0.79	1	5
人文景观丰富厚重	3.9	0.91	1	5
自然景观丰富多彩	4.2	0.89	2	5
娱乐休闲丰富多样	3.3	0.79	1	5
旅游地交通便利	2.6	0.72	1	5
科技信息便捷	3.8	1.01	1	5
旅游服务个性化	4.3	0.67	2	5
基础设施配套齐备	2.9	0.70	1	5
医疗保健设备齐全	2.8	0.82	1	5
健康保健品质量高	3.3	0.79	1	5
消费价格合理	4.1	0.77	2	5
水质好	4.2	0.89	2	5

项目	均值	标准差	最小值	最大值
空气质量好	4.0	0.85	2	5
户外运动环境好	3.5	0.93	1	5
温度适宜康养休闲	3.8	1.10	1	5
气候适宜康养休闲	3.3	0.97	1	5
历史文化底蕴浓厚	4.2	0.75	2	5
民族特色浓郁	3.8	1.10	1	5
乡土风情淳朴	3.7	0.98	1	5
生活习惯相近	3.7	0.96	1	5
饮食习惯相近	3.7	0.86	1	5
康养休闲氛围浓厚	4.2	0.68	2	5
康养活动充实	3.5	0.93	1	5
养生讲座专业度高	2.8	0.82	1	5

通过表3可知，桂林市康养休闲旅游者对桂林的"疗养需求、保健需求、自然景观丰富多彩、旅游服务个性化、消费价格合理、水质好、空气质量好、历史文化底蕴浓厚、康养休闲氛围浓厚"等的满意度最高；对"养生需求、美容美体需求、娱乐休闲丰富多样、人文景观丰富厚重、科技信息便捷、健康保健品质量高、户外运动环境好、温度适宜康养休闲、气候适宜康养休闲、民族特色浓郁、乡土风情淳朴、生活习惯相近、饮食习惯相近、康养活动充实"等的满意度较高；对"旅游地交通便利、基础设施配套齐备、医疗保健设备齐全、养生讲座专业度高"等项的认可度一般。

（二）康养休闲发展存在的不足

根据桂林打造世界级康养休闲胜地进展现状，并结合上述市场调研情况，对其康养休闲发展尚待提升之处归纳为以下五个方面。

其一，康养休闲配套设施尚待完善。这主要体现在"旅游地交通""基础设施配套""医疗保健设备"等方面。例如最为知名的全国旅游强县阳朔，其新能源汽车公共充电站不仅缺乏日常管理维护制度，而且布局分散、数量不足；目前公共充电站只有 9 个，酒店停车场都没有配备充电桩。显然，在新能源汽车日益普及的情况下，这必然导致旅游者出行方面满意度的降低。因此，交通便利度也就成为影响其决策的重要因素之一。桂林交通线路开发规划需要与时俱进完善，尤其是目前一些景区以及景区之间的交通方式还较为单一，这也使得康养休闲项目的线路开发受到限制。同时，因为地理客观因素所致，不少通往景区的交通道路崎岖且路面较窄，这导致不熟悉交通环境的外来旅游者的体验感不佳。道路基础设施建设不足，接待能力不足，为后续的康养休闲旅游项目规划无疑增加不小的困难。通过实地调查，尽管许多景区的餐饮住宿等服务，一般为农家乐提供，其饮食原材料生态健康，且具有明显地方风味，居住环境宁静且硬件有品质保障；可是，旅游者对于可进入性（路况和交通）表示不满意。

其二，康养休闲模式有待丰富。这主要体现在休闲以及休闲与康养融合的程度上有待提升。桂林作为传统的世界著名的风景游览城市，一定程度上由于路径依赖的影响，以观光为主的模式制约了当前康养休闲模式的丰富。同时，在当前"打造世界级康养休闲胜地"的进程中，又存在强调"康养"而忽视"休闲"或两者的融合有所忽视的问题。在调查中，旅游者对"娱乐项目多样化"等的感知即可印证。这里以桂林夜间休闲旅游为例进行简略阐释。截至 2023 年底，桂林市区的夜间旅游休闲产品主要是以传统的夜景观光、灯光秀、游船、购物、夜市街区、餐饮为主，而夜间学习体验休闲、体育运动类夜游、夜间主题公园等类型的夜游产品仍然比较缺乏，发展较为滞后，夜游产品类型相对单一，无法满足不同层次、不同类型的旅游者需求。另外，桂林依然缺乏精品的夜间旅游休闲线路，未形成自己的夜间旅游休闲品牌。桂林县市区域也存在同样的问题，如临桂新区的环城水系、临桂博物馆、图书馆、万福广场、乌石街等地的夜间旅游则发展状况不佳、人流量不足、规模偏小，其夜间旅游价值无法得到充分发挥。

其三，森林康养休闲发展有待提升。从康养休闲产品类型来看，森林康养休闲是其中重要的甚至是缺乏的类型。通过森林康养旅游，旅游者能减轻压力与恢复精力，能改善焦虑而心情愉悦。根据桂林森林康养休闲发展现状，全市的森林覆盖率为71.97%，草原综合植被覆盖率86.21%，截至2023年底拥有50多个森林旅游景区，如桂林国家森林公园、龙胜温泉森林养生国家重点建设基地、阳朔县大源林场、兴安县和苑森林人家和漓源瀑布森林人家等。这些景区秀丽奇特，也完全获得旅游者的认同。但是其中的旅游体验产品是"休闲"居多，"康养"奇缺，仍然以观光为主，而忽视养生资源的开发利用。旅游者对于这类景区的体验满意度较低，认为其体验如同一般的爬山行为，让人感到疲惫且无聊。可见，就旨在打造"世界级康养休闲胜地"的桂林而言，发展森林康养旅游产品成为一项重要任务。而且，现有森林康养休闲产品未能充分体现传统医药养生文化内容，其中涉及的森林康养机构和主体，多处于"无品牌、无医、无养"状态，属于规模较小且不具有权威性的民间机构，这自然也就难有高品质的保障。

其四，康养休闲旅游市场营销系统有待健全。桂林一直以来都以开发风景名胜、人文资源为主，作为新兴业态的康养休闲产品的营销还未受到足够重视。因此，桂林当前的旅游市场营销也主要集中于自然与人文旅游方面，对康养休闲旅游还没有专门的营销系统。这从桂林市政府及相关部门"打造世界级康养休闲胜地"的相关政策文件中也有所体现，未将康养休闲旅游市场营销工作列入建设重点。而若要具有世界级的影响力，显然是离不开市场营销的。因此，其康养休闲旅游的人气却不尽如人意；尤其对国际游客的影响效应远小于国内游客。分销网络涉及分销过程中相互关联、相互支持的组织和个人，只有形成系统的分销网络，才能更好地将商品转移至消费者手中。塑造形成桂林"世界级康养休闲胜地"品牌，必须有赖于企业、政府等利益相关者的大力开发与推广。另外，尽管桂林在市场营销方面一直在努力，但是在宣传媒介日益多元的时代背景下，仍缺乏整合营销理念，未能融合多种媒介的宣传营销活动，这也必然导致宣传范围不广、影响深度不够。尽管近年来桂林旅游相关主体也积极探索智慧营销发展之道，但投入力度小，智慧营销手段尚不成熟，成效甚微。

其五，康养休闲旅游专业人才建设有待加强。康养休闲产业领域专业人才的缺乏，于我国而言是一个普遍的现象。尽管我国康养产业蓬勃兴起，但是其发展是实践先于理论，人才培养滞后于发展需要。另外，由于康养产业人才培养体系尚不健全，高素质专业人才的缺口难题将会在较长时间内影响康养产业的发展。对于桂林打造世界康养休闲胜地而言也是如此，在调查中发现旅游者对"养生讲座专业度高"等项的认可度一般，这也印证了此点。在桂林打造世界级国际旅游牲地的背景下，发展中高端文旅融合新业态成为必然要求；可见，中高端人才队伍建设已经成为桂林打造世界级国际旅游胜地的关键性任务。以其森林康养旅游发展为例，由于其产业仍处于初级发展阶段，尚未对复合型人才引起足够重视，人才的培养体系及引进机制都有待建立健全。森林康养旅游作为一种"+旅游"的新兴业态，对人才的需求具有复合型的特点，不仅要求其拥有旅游管理领域的专业知识，而且要求其具备相关健康医药等领域的专业常识。然而，就我国当前的知识结构设置而言，"旅游管理"与"健康医药"是两个相对独立的学科领域，以至于人才市场中比较稀缺两者兼备的复合型专业人才，如此也就无法为森林康养旅游发展提供必要的人才保障。

三 桂林打造世界级康养休闲胜地的发展对策

（一）既有政策文件提出的发展对策

对于上述提及的桂林市康养休闲胜地建设存在的不足，《桂林市健康旅游产业发展规划（2017-2025 年）》《桂林市大健康产业发展"十四五"规划》《桂林市打造世界级康养休闲胜地实施方案》《桂林市打造一流康养旅游品牌工作方案》《打造桂林世界级康养休闲胜地 2022 年工作要点》等相关政策性文件中多有提出解决方案，尤其是对"康养休闲配套设施不全""康养休闲模式有待丰富"等不足之处方面均制订了具体解决方案。这里主要以《桂林市健康旅游产业发展规划（2017-2025 年）》与《桂林市打造世界级康养休闲胜地实施方案》相关内容为例予以简要阐释。

其一，桂林市人民政府制订的《桂林市健康旅游产业发展规划（2017-

2025 年）》（2018 年 3 月 12 日），其中包括五大方面的内容：发展基础与环境；发展思路与目标；空间布局和发展重点；重点任务；保障措施。其中"发展重点"提出六个方面的要求：以"医"为依托，积极发展高端特色医疗及第三方服务；以"康"为重点，大力培育疗休养及康复护理业；以"养"为核心，加快发展休闲养生和健康养老产业；以"健"为特色，培育发展休闲体育和健康管理服务；以"智"为支撑，创新发展智慧健康旅游产业；以"学"为纽带，打造健康旅游国际学术交流中心。其中"重点任务"包括十一个方面的工作：大力推进示范基地建设和试点示范工作；聚焦重点领域和关键环节；打造一批集聚平台；加快推进一批重大项目建设；引进和培育壮大一批企业（机构）；开发健康旅游产品及精品线路；完善产业服务规范和标准体系；大力发展生态健康食品和地方风味美食；加快健康旅游基础设施建设；积极发展多层面的产业联盟；切实加强生态环境保护。其中"保障措施"包括六个方面的举措：加强组织领导；争取政策支持；夯实人才基础；加强服务监管；加强规划实施评估监督和考核；加大宣传推广。

其二，桂林市卫生健康委员会制订《桂林市打造世界级康养休闲胜地实施方案》（2022 年 5 月 11 日），其中在"重点任务及分工"部分提出十三项举措：建立打造世界级康养休闲胜地领导小组，完善工作机制；大力推进康养学科建设及专业人才培养；加快推进桂林国家健康旅游示范基地建设；持续打造一流康养旅游品牌，做好知名康养休闲品牌招商工作；推进公共医疗健康资源扩容升级；提升中医药健康服务质量；推进特色医药康养产业培育工程；坚持创新驱动发展；大力发展医药产业；着力发展健康食品产业；发展体育休闲旅游产业；积极推进康养休闲特色小镇、田园综合体和乡村建设工程；整合线上线下康养休闲旅游资源。

（二）对既有对策的补充建议

当前桂林打造世界级康养休闲胜地所存在的问题，是需要一个发展过程方可得到解决的，这也是尽管桂林市人民政府或相关部门的一些政策文件早就提出科学发展方案，却依然存在不足之处的原因。故而，应坚持既有政策文件提出的发展方案,一些问题必然会逐渐解决。因此,本报告在既有政策文件内容的基础上,针对发展过程中出现的新问题,提出一些发展建议或者对既有发展对策做出一些补充或拓展。

第一,着力培养高素质康养休闲旅游专业人才。再科学的规划,再美好的蓝图,没有人才的支撑,没有人才去落实,也只能是形同虚设,犹如镜花水月。桂林作为我国第一批对外开放的旅游之城,曾在不同建设阶段提出如"国家旅游综合改革试验区"等不同发展目标,而今提出"打造世界级旅游城市"目标,并且规划细分任务:"世界级山水旅游名城、世界级文化旅游之都、世界级康养休闲胜地和世界级旅游消费中心"。显然,没有人力资源作为后盾和支撑,是不可能实现这一目标的。另外,高素质专业人才的缺乏,正是当前桂林打造世界级旅游城市所面临的最大困难。当然,桂林历次旅游发展规划中,都将人才队伍建设列为重点内容,但是,应该将所制定的人才政策落实到位才是重点,这样才能留住、引进、培养真正的高素质专业人才,而非过于注重学历、职称、头衔等而导致"人财两空",更甚者留下"废弃工程"。就当前桂林打造世界级康养休闲胜地而言,建立健全人才培养机制,是解决人才需求难题的关键所在,而人才培养机制的完善,又必然是一个动态的过程,即随着市场发展与行业实践的要求进行适时调整,进而根据人才需求的实际情况来不断优化培养机制。应该加强康复、医护、运动医学、中医、生态食品、营养等重点支撑学科建设,与高等院校、科研院所、中职学校等合作,加快专业人才培养,加大专业人才引进力度,开展温泉、森林、气候、食品等关联方面的研究,为康养休闲产业发展提供技术支持。同时,应该充分利用既有的政府人才政策,来推动相关行业的人才层次梯队等方面的建设。具体可以从高校旅游管理专业教育教学改革入手,实施定点专项人才培养计划,从而保证旅游新业态中急需的专业人才。高校在进行旅游管理专业改革的过程中,还必须寻求政府政策及资金等方面的支持。此外,还应该整合各类媒体立体化宣传桂林康养休闲胜地形象,从而建立政策支持、媒体造势、经费保障、高校合作等全方位的人才培养机制。于此可见,康养旅游专业培养机制还处于建设阶段,需要解决的问题还有许多,具体诸如人才培养方案、专业理论课程开发、专业实践实训实习、师资队伍建设等问题。培养机制的健全，需要根据行业的发展以及在教育教学实践中不断探索，进而积累经验不断优化；正如前述，康养旅游专业人才培养机制建设是一个动态的过程。以桂林旅游学院为例，其康养旅游专业建设，起步于高职高专，进而发展到应用本科层次；在此期间，不断根据行业人才需求的客观情况，对专业培养方案等进行优化。目前，该校又依据桂林积极推进"国家健康旅游示范基地"建设的客观现实，结合自身的专业教育特色，开始向康养旅游专业理论与应用实践能力综合培养的方向进行改革。总体而言，在打造世界级康养休闲胜地的背景下，一方面必须鼓励地方高校加强相关专业教育改革，为行业发展提供合格的专业人才；另一方面必须推进校企合作，实现企业发展与高校专业教育深度结合，从而为行业发展培养真正对口需求的人才。另外，不应忽视康养休闲产业发展智库的作用，应该组建康养休闲产业专家决策组，邀请产业专家、龙头企业代表及高校、科研院所专家等作为咨询委员，指导和评估康养产业专项的立项、实施与监督。

第二，强化康养休闲旅游宣传营销。再好的旅游产品，也离不开宣传营销；最好的旅游品牌，一般都有着最好的宣传营销。要让世界聚焦桂林，桂林成为世界级旅游名城，显然是离不开宣传营销的。"宣传"与"营销"，是两个存在本质区别的概念；两者对于旅游发展而言，都是十分重要的。从桂林旅游发展历程来看，总是注重宣传，而忽视营销。从二十余年以来的桂林相关旅游政策性文件内容来看，都是提及"宣传"而未见"营销"。如《桂林市健康旅游产业发展规划（2017-2025年）》中的"加大宣传推广"（第六节最后部分内容）提出："充分利用报刊、网络、电视、电台等媒体平台，广泛宣传基地建设先进经验和成功典型，提高健康旅游产业和骨干企业的社会影响。充分借助桂林丰富的会展平台和大型国际国内赛事活动，宣传推广健康旅游产品，打造健康服务品牌，增强健康旅游产业的竞争力和辐射力。"从中可发现仍强调传统媒体的利用，而对诸多新媒体只字未提。同时，从桂林所有相关旅游宣传作品来看，主要是强调"山水文化"或"刘三姐文化"，仍看不到紧跟时代变化的"娱乐"元素，总是采用"叙事"的方式表达。因此可以明确一点，即强化、创新康养休闲旅游宣传营销，是打造桂林康养旅游休闲胜地品牌的关键；就此提出四点看法。首先，组建高素质的旅游营销队伍，此点已在上述人才建设方面有所论述，不再赘述。其次，制订康养休闲旅游营销方案，塑造世界级的康养休闲旅游品牌形象。根据目前的康养休闲市场竞争趋势，应主要聚焦于企业文化、市场理念、品牌内容以及顾客忠诚度四个方面。可见，必须要科学处理好长期规划与短期效应之间的关系，既要注重长元，树立起以旅游者为核心的市场竞争理念，又要强调利用现有营销模式，有效实施营销组合策略来实现短期的发展目标。总体而言，要全力优化现有营销模式，融入更多的现代市场理念，进而塑造世界级的康养休闲旅游品牌形象。再次，创新优化市场营销组合策略，尤其是要充分发挥网络营销的积极效应；网络营销是信息时代发展的必然选择。桂林打造世界级康养休闲品牌，就必须创新营销方式，保持与新时代发展需求的高度一致。结合桂林康养休闲旅游产品的相关特性，结合直播、短视频、公众号、电视剧等艺术形式对"桂林康养休闲旅游"进行概念式的宣传；将桂林推广至国际舞台，让世界旅游者不仅仅被桂林山水所吸引，更被桂林的康养休闲旅游特色等所吸引。充分发挥网络营销快捷的特点，开设线上旅游专营店，凸显"互联网+"的综合效应，如"互联网+文创产品""互联网+生态农业""互联网+研学旅行"等，从而使网络营销成为一种有效的康养休闲产业经营发展模式，推进桂林康养休闲产业链的完善。最后，从政府及相关职能部门的层面来说，桂林市应该成立康养休闲旅游市场营销专业团队班子，发挥政府职能部门主观能动性，针对国内外主要客源地旅游市场的不同需求进行综合性提升建设，保证桂林康养休闲旅游综合实力提升及口碑形象的带动。

第三，优化森林康养休闲旅游。桂林市拥有良好的自然生态环境，森林康养休闲资源丰厚，具备旅游开发所必需的原生性、参与性、体验性和享受性等特点。但就目前桂林"打造世界级旅游城市"的相关规划以及发展现状而言，森林康养休闲旅游并没有得到应有的重视。其实，因为森林康养休闲在解决人们心理、生理和体质方面的突出地位和作用，森林康养休闲已经成为人们提高生活质量的重要选择。根据当下桂林森林康养旅游的发展情况提出以下几点建议。首先，全力推进森林康养旅游专业人才的培养。如前所述，要充分发挥地方高校旅游专业优势，在此基础上整合生态学、医药学以及体育运动等相关专业，培养复合型的高素质专业人才，以满足日益发展的森林康养旅游人才需求。其次，实现差异化定位，桂林市必须更深入的践行"绿水青山就是金山银山"理念，制订全市森林康养旅游发展规划，其中要充分挖掘与整合森林康养资源优势，实施差异化发展战略，开发出一批各具特色的高品质森林康养休闲旅游项目，形成布局科学、满足不同市场需求的森林康养休闲集群区。如以阳朔大源林场为核心，打造森林保健旅游集群区；将龙胜温泉森林景区作为核心，打造森林疗养旅游集群区；以资源八角寨景区为核心，打造森林体育旅游集群区，从而使桂林森林康养旅游能够满足不同类型、不同层次的消费群体，让桂林成为森林康养旅游消费者的优选地。再次，要提升森林康养旅游产品供给。在实施差异化定位的基础上，将森林康养与区域文化深度融合，形成高质量的森林康养旅游休闲产业链。桂林市人民政府应该充分挖掘与利用特色区域文化、少数民族民俗、特色养殖业以及温泉等资源，综合自然、生态、人文等旅游资源优势，着力推进森林康养旅游产品发展，因地制宜打造各具特色的森林康养项目，聚焦保健、养老、疗养、康复、运动、休闲等森林康养旅游产品，优化森林康养服务水平，构建多层次、多种类的产品体系，形成一批森林康养基地，创建森林旅游系列品牌。其中尤其是要在保护药用野生动植物资源的前提下，充分发挥中医药文化资源优势，积极推进森林食疗、药疗等产品的发展。同时，要加强森林康养食材的种植培育、生产研发、加工销售全流程一体化建设，打造完整的产业链。此外，不仅要利用资源优势实施差异化策略，同时也要根据消费市场的多元化、个性化、特色化等发展趋势，开发具有针对特定市场需求的专项森林康养旅游产品，以适应旅游市场不同的客源需求。最后，优化森林康养产业的基础设施以及提升森林康养服务水平。政府应该成立专门工作小组，科学指导相关企业加大医疗康复、养生保健、休闲运动等设施的建设，打造"宜业、宜居、宜养、宜娱、宜游"的优良环境，确保满足旅游消费者康养休闲的身心需求。

第四，发展县域医养旅居综合体。桂林旅游产业经过数十年的发展，取得的成就有目共睹，但是市、县以及县域之间的旅游发展水平不均衡是一个不容忽视的客观现实，尽管每个阶段的旅游产业发展规划，都对如何合理布局有明确的规划。因此，在打造世界级康养休闲胜地过程中，如何避免区域之间的不均衡尤其值得重视。其中原因在于桂林医疗康养资源本身就存在不均衡。从文旅资源的分布来看，桂林市区的资源较为集中；从康养资源的分布来看，县城或者城郊结合地区较为集中。以医疗资源为例，三甲医院大部分分布在桂林市区，县级医院不仅数量较少，而且规模也较小、级别也较低，甚至一些医院的医疗服务水平还低于县级医院的标准。有鉴于此，本报告提出发展县域医养旅居综合体的建议。所谓医养旅居综合体，即为一个集居住照料、康复治疗、健康养生、休闲旅游四项基本功能于一体，又配备有文化、商业、娱乐等设施，涵盖综合治疗区、康复治疗区、休闲居住区、综合商业区、文化娱乐体验区等特色区块的建筑集群。医养旅居综合体旨在为消费者提供集"旅居、医疗、康复、康养、养老、休闲、旅游"等于一体的"一站式"服务。其中各大功能要素耦合共生，如综合治疗区，一般设置有中医综合治疗、慢性病护理等特色板块；文化娱乐体验区，一般设置有中心公园、休闲运动中心以及图书馆等；综合商业区，一般设置有银行以及超市等。通过发展县域医养旅居综合体，达到整合县域康养休闲旅游资源，以及各区域之间的资源相互利用补充，规避各自之间的资源差别或不均衡发展的目的。当然，桂林发展县域医养旅居综合体，是一项复杂工程需要进行详细的规划，在此无法展开论述，仅提出几点粗浅的建议。首先，应该拓宽市场，加强基础设施建设，为发展县域医养旅居综合体奠定物质基础条件。实施市场化运作机制，形成科学的市场准入制度，合理利用社会力量，全力打造县域医养旅居综合体。其次，县域应该从提升康养服务的软实力入手，为县域医养旅居综合体创造必要条件。我国的"十四五"规划提出"以县级医院为重点，完善城乡医疗服务网络"的要求；国家卫健委印发的《"千县工程"县医院综合能力提升工作方案（2021-2025年）》，提出县医院综合能力的要求，以及如何强化综合能力的总体方案。桂林市共有三地县级人民医院入选"千县工程"名单：荔浦市人民医院、龙胜各族自治县人民医院以及兴安县人民医院。桂林市人民政府应该借助国家大力支持县级医院发展的良机，充分利用国家相关政策，全力强化县域康养服务的软实力。再次，积极促进康复医疗、康养休闲、区域文化等资源的优化组合。兴安、龙胜两县的旅游业发展基础较好，同时康养资源也比较集中，因此，桂林可以将这两县作为试点突破，推动优质医疗资源下沉，优化县域医疗卫生服务供给，这不仅为发展县域医养旅居综合体创造必要的条件与奠定坚实的基础，而且也有利于优质医疗资源扩容及均衡布局，造福于当地民众使其享受优质便捷的卫生健康服务。最后，完善管理规范制度，培养技术人才。县域医养旅居综合体作为一种融合型的新兴产业形式，政府部门必须制定专门的管理规范制度，加强医疗卫生、康养休闲等方面的综合监管，建立严格的监督评估、监测评价等制度。同时，卫生部门应联合地方高校，定向培养医养结合服务专业人才，这是打造以及发展县域医养旅居综合体的关键。

四　结语

　　本报告主要对近年来桂林打造世界级康养休闲胜地所取得的成绩进行总结，并根据其发展现状及其市场调研，归纳其发展过程中尚存的不足之处。同时，在既有政策的基础上，提出相关发展建议。需要说明的是，由于桂林诸多关于"打造世界级旅游城市"的政策文件，对"打造世界级康养休闲胜地"的基础与环境条件、时代机遇及挑战等均有充分解读，发展思路与目标等均有科学分析与定位；对打造世界级康养休闲胜地系统地全方位地提出了具体发展对策，同时对其发展的顶层设计以及实施保障措施等都有详细的方案，因此，本报告主要是在总结其成绩的基础上，分析出现的新问题并提出解决对策，希望在桂林康养休闲产业正迈入提质增效和升级发展的关键阶段，为其打造世界级康养休闲胜地出谋划策尽绵薄之力。

　　经过多年的持续打造，"漓水青山 养生桂林"一幅"康养休闲+"旅游、文化、中医药、体育、食品等产业深度融合的美丽蓝图，正在"山水甲天下"的桂林徐徐展开。同时，也必须客观认识到当下的桂林离世界级康养休闲胜地的目标还有不小距离；但是，更应该坚信只要坚持不懈、努力向前、开拓创新、笃行实干，世界级的"漓水青山 养生桂林"康养休闲胜地必然在桂林成为现实，让世界共享。

参考文献

［1］樊亚明、田丽莹、陈昭宇：《城市生态游憩空间可达性评价及规划响应——以桂林市为例》，《规划师》2023年第2期。

［2］王莎莎、林珍铭：《桂林市旅游资源与旅游经济空间错位研究》，《干旱区资源与环境》2023年第5期。

［3］龙良初、秦志博、莫昕悦：《旅游城市休闲旅游空间特征及影响因素——以桂林市为例》，《社会科学家》2022年第5期。

［4］熊素玲：《广西大健康与旅游产业的融合发展》，《社会科学家》2022年第9期。

［5］周文俊：《打造"漓水青山 养生桂林"世界级康养休闲胜地》，《桂林日报》2022年4月10日。

B.5
打造桂林世界级旅游消费中心研究报告*

摘　要： 本报告对桂林旅游消费现状进行整理，为桂林打造世界级旅游消费中心和旅游高质量发展提出优化方案，为桂林打造世界级旅游城市提供理论支撑。本报告结合桂林市的旅游消费现状及存在的问题，为桂林打造世界级旅游消费中心提出合理化建议：进一步提高优化旅游消费环境，完善基础设施建设；打造优质生态环境，提高旅游消费舒适性；规范、优化服务体系，提升服务能力；打造和传播桂林的特色文化，提高文娱消费水平；创新产品体系，准确市场定位；制定对外开放措施，加快对外开放交流步伐；报告强调桂林打造世界级旅游消费中心应该通过旅游业与其他产业的深度融合，提高桂林当地的农业产品、工业产品和文化产品的质量及服务水平，提高品牌影响力，实现高质量、可持续发展。

关键词： 世界级旅游城市　世界级旅游消费中心　桂林

2022 年 9 月，广西壮族自治区政府颁行的《支持打造桂林世界级旅游城市若干政策措施（试行）》（以下简称《措施》）针对建设桂林世界级旅游城市的目标提出四条建议，明确提出要"支持世界级旅游消费中心建设"。广

---

   * 作者：李秀白，博士，广西师范大学副教授、硕士研究生导师，历史文化与旅游学院酒店管理专业负责人；韩国国际侍酒师协会（Korea International Sommelier Association）副会长、茶学会会长；国际旅游研究期刊（International Journal of Tourism Research, SSCI, JCR Q2）编辑委员会委员；桂林旅游学会常务理事、副秘书长；韩国融合旅游内容学会（The Convergence Tourism Contents Society）理事。张纪豪，广西师范大学历史文化与旅游学院硕士研究生。袁媛，广西师范大学历史文化与旅游学院硕士研究生。

西壮族自治区党委书记刘宁提出"世界眼光、国际标准、中国风范、广西特色、桂林经典"的总体要求①，明确"一城一都一地一中心"发展定位，要求桂林在广西建设世界级旅游目的地中打头阵、当先锋，发挥龙头带动作用，其中"一城一都一地一中心"中的"中心"便是建设世界级旅游消费中心。关于消费中心的建设，海南地区在全面深化改革背景下率先建立国际旅游消费中心，为桂林建设世界级旅游消费中心提供了借鉴。桂林建设世界级旅游消费中心不仅是响应国家战略通过"三驾马车"来推动 GDP 的增长，发挥消费的拉动作用，也是推进经济高质量发展的题中应有之义。

该《措施》为建设世界级旅游消费中心提出的四条建议，分别是优化升级消费平台、完善提升消费品质、大力发展新兴消费和促进文化旅游贸易。上述四条建议的逻辑是创建优质消费平台，扩大桂林消费市场的辐射面和影响力；提高产品质量，打造特色产品，增强桂林的吸引力和提高游客的满意度；以创新为发展动力和源泉，以旅游资源为基础，以产业融合发展为方式，迎合市场需求，不断创新产品特色，引领消费潮流；以文化为核心，通过文化的交流和融合，开拓国际消费市场，提升世界旅游城市的品牌效应，形成国内国际双循环的发展格局。自提出要建设世界级旅游消费中心以来，桂林已经取得一定成绩，主要是借助桂林特色自然资源、历史文化和民族特色形成生态旅游消费、红色旅游消费、研学旅游消费、民族旅游消费、观光旅游消费等多种形式的消费模式，但是距离高质量发展还存在一定差距，仍需要进一步创新体制机制，优化发展环境，推动旅游消费提质升级，加快世界级旅游消费中心建设的步伐。

一　理论部分

（一）旅游消费的概念和特点

市场经济学将旅游消费定义为："游客在旅游过程中进行的所有物质、

---

① 《广西加快建设世界旅游目的地　把潜在优势转化为发展优势》，《中国文化报》2023 年 1 月 3 日，第七版，https://baijiahao.baidu.com/s? id=1753985051858581840&wfr=spider&for=pc。

精神资料消费的总和。"与一般生活消费相比，旅游消费属较高层次消费，具有较大的弹性和伸缩性。而消费经济学则认为旅游消费是："旅行游览过程中，游客为了满足自身的发展、享受所进行的所有物质和精神资料消费的总和。"旅游消费属于个人消费需要的范畴，它包括人们在旅游过程中得到的物质享受、精神享受和旅游服务享受。其中物质享受，包括对地方土特产品、民间工艺品、文物仿制品等纪念品的消费和旅游用品的消费等；精神享受包括风土人情、文物古迹、山水风景的观光游览；旅游服务享受是指饮食住宿、交通导游等方面提供的服务消费。统计学认为旅游消费是："旅行游览过程中，消费者为满足自身的发展、享受需要，而进行的所有物质、精神消费的总和。"旅游消费主要表现在以下几个方面：保健性旅游消费、文化性旅游消费、享乐性旅游消费、基础性旅游消费、纪念性旅游消费、购物性旅游消费。不同的旅游者，不同的旅游活动类型，不同的旅游目的地，甚至不同的旅游季节，均会产生不同的消费结构。关于旅游消费，中国旅游大词典从广义和狭义两个角度给出定义，其中，广义的旅游消费是指消费者在旅游的过程中购买、享用所有旅游产品的全过程。而狭义的旅游消费则指游客对核心旅游产品的消费，也可指主要以购买景区门票的方式来消耗积蓄的过程。结合以上统计学、经济学和旅游学的定义，旅游消费的概念是指旅游者在进行旅游活动时，能使其感到身心愉悦（高兴）的所有活动消费的总额，包括前期准备、中期旅游服务、后期旅游体验差异所产生的费用总和。

旅游消费具有以下特点：

1. 旅游消费主要是一种心理体验过程

从这个角度上可以理解为旅游消费是旅游者的旅游体验过程，也可以从情感角度进行解释。积极的情感体验可以创造愉快的、难以忘怀的经历过程，能够更加刺激游客增加旅游消费行为；而消极的情感体验则会创造不愉快的体验，减少游客的消费行为。

2. 旅游消费是一种交换行为，消费者通过货币支付获得某一旅游产品的限时性观赏或使用权

旅游产品具有不可储存性和不可转移性的特点决定了在一般情况下，游

客只是购买其在某一约定时间内的观赏或使用的权利，而不像其他商品的消费，通过交换直接所有。因此，旅游活动结束后，游客就不再具有对该旅游产品的使用权，如需再次享受该旅游产品，就需要重新购买。

3. 旅游消费过程具有较强的自主参与性

一般消费不同于旅游消费，一般消费多指消费者在进行购买决策过程之后，消费行为就已经结束，购买决策是其终点。而旅游消费是因为受到外在和内在多种因素的影响产生消费动机，然后进行消费决策，但是消费动机的产生只是前提，还需要考虑空闲时间以及金钱的问题。只有上述问题解决了才能进行消费决策，从这里看消费决策是旅游消费的起点而不是终点。消费者决定进行某一旅游消费决策之后，还要进行更具体的旅游目的地决策、入住酒店决策和体验特色美食的决策等多种决策行为。从其决策过程来看，旅游消费就是游客在经过一系列的筛选、评价、分析之后进行的决策，具有很强的自主性。为确保旅游消费决策的准确性、降低旅游消费的风险，游客在做出决策之前会有一个信息收集和学习的行为过程，该过程对游客做出一系列消费决策具有决定性的作用。因此通过推动传播大量旅游信息，扩大旅游目的地正面信息的传播范围，可以影响消费者的旅游消费决策，其对旅游目的地的经济发展具有有效的拉动作用。

4. 旅游消费具有空间固定性，决定旅游消费具有暂时性、异地性和与生产的共时性等特点

一般物质产品的生产过程和消费过程是可分离的。这种分离性表现为时间上是可以有差异的，而空间并不影响其消费行为。而旅游消费产品生产的特点则是生产和消费常常发生在同一时空背景下，生产和消费密不可分。旅游产品的生产者和消费者直接发生关系，共同参与到旅游活动中，消费者才能最终消费到旅游产品。因此，旅游场景和氛围就显得更为重要，要求生产者能够创造同时刺激消费者视觉、听觉、嗅觉、味觉和触觉的旅游产品，提供能够使消费者沉浸式体验的生产和消费环境。

5. 旅游消费的效果存在极大的个体差异

旅游消费效果的个体差异会受到个体的社会背景、休闲时间、资金储

蓄、学历、年龄等多种因素的影响，旅游者是否选择消费活动、什么时候消费、消费什么旅游产品都取决于个体的差异因素。因此，旅游消费生产者应该深入调查和细分消费市场，确定目标市场，认真总结目标市场消费群体的消费特点，根据消费需求制定旅游产品开发计划和营销计划。

6. 旅游消费具有公益性特点

一般情况下，旅游消费者之间不存在排斥性，即所有游客可以同时对同一旅游产品进行参观消费。旅游消费的这一特点与一般消费品的消费过程是不同的。旅游消费对象的公益性常常指消费地点，即某一个景区不是单独为某一个人开放，而是在合理旅游容量内的所有游客都可以同时进行的。因此，对旅游产品的生产者来讲，旅游产品开发的固定成本较大，只有在有限的时间内吸引较多的旅游消费者进行购买销售才会创造较大的收益。但是同一时间内消费者数量的增加也会提高旅游消费产品的管理和运营成本，如果在旅游消费过程中，生产者无法提供足够的人力服务供给，服务质量的下降将直接影响旅游消费者的满意度。因此旅游消费生产者应该做到准确掌握消费需求和自身的承载能力，努力使之达到最佳平衡点。

7. 旅游消费受时间影响大，不同的时间呈现不同的弹性

旅游产品具有很强的季节性特征，分为旺季与淡季。在旺季的时候一般也是游客闲暇时间最多的时候，一般集中在周末及节假日，这时候游客数量较多，旅游消费行为发生较为频繁；在淡季的时候，游客数量较少，发生消费活动也会相对较少。从淡旺季来看，也是从时间的角度来看，旅游消费的弹性差异会比较大。然而，旅游淡旺季是以观光为主的旅游目的地所存在的普遍现象。即，旅游消费的时间影响主要出现于旅游消费产品单一的情况。因此，旅游产品的丰富程度是影响旅游消费的重要因素。

（二）旅游消费行为形成的机制和原因

用需求动机理论来进行分析，简单来说便是游客在受到社会、文化、经济和个体因素的影响后产生旅游需要，进而产生旅游消费动机再进而做出相

应的旅游决策，最终导致旅游消费行为的产生。旅游消费行为形成的机制如图 1 所示。

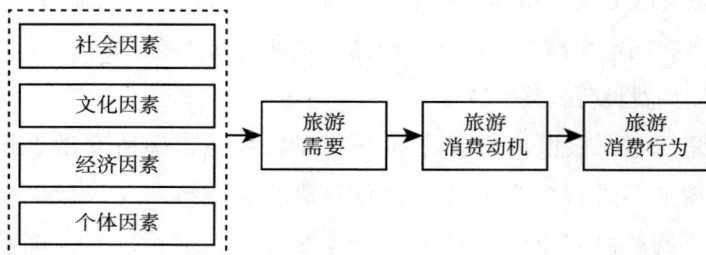

图 1　旅游消费行为需求动机理论形成的机制

由图 1 可以看出，旅游消费行为形成的机制是因为前期在社会、文化、经济和个人因素的影响下，刺激旅游需要的产生，进而有希望进行旅游消费的冲动，在经过一系列考察、评价和分析之后最终导致旅游消费行为的产生。

1. 社会因素

社会因素主要分为社会阶层（社会地位）、相关群体、家庭等多个社会关系网络。游客在社会中所处的社会地位不同，会形成不同的价值观、消费观，进而导致消费习惯的差异；相关群体是指游客在进行旅游活动中陪伴其一起参与旅游活动的群体，这些群体又可以分为初步认识关系一般的群体、朋友或家人等组成的关系密切的群体、追随偶像而形成的崇拜群体等多个群体。每个群体因其独特性和社会网络紧密性等多种因素影响，最终也会影响游客在不同群体中产生不同的消费行为和习惯；家庭影响主要是指家庭成员的影响，例如：丈夫主导、妻子主导和孩子主导，不同的家庭角色和地位都会对旅游决策产生不同的影响。

2. 文化因素

文化因素是指某一国家、地区所特有的民族特征、特别的文化传统、不同的价值观、独有的宗教信仰、具有特色的社会结构以及在生活中形成的各种风俗习惯等。文化是聚集在一起的社会成员在实践过程中形成的为大众所认可的生活习惯、伦理道德等多种行为习惯。文化因其时间和空间的差异而有所不同。正是因为文化差异性影响消费者旅游需求的产生，导致不同时空背景下游客消费行为的差异。

3. 经济因素

经济因素涉及到多个层面，是一个复杂且多元的体系，包括消费者个人经济状况，比如收入水平、消费观念以及消费者自身年龄和职业等；旅游产品与服务的价格很大程度上会影响消费者旅游消费的决策，如果价格过高，消费者可能会选择其他更经济的方式或改变旅游计划；旅游目的地的经济发展状况、政策环境、基础设施等都会影响消费者的旅游消费决策；还有宏观层面的国家经济政策等，以及鼓励旅游业发展或提供旅游优惠政策等，例如消费券的发放。以上这些因素相互作用，共同影响着消费者的旅游消费决策和行为。

4. 个体因素

在个体因素中有很多影响因素，如性别、年龄、学历、工作性质、身体健康情况、性格等多种因素。但是最主要的还是闲暇时间和经济状况，只有个人闲暇时间充足、经济富裕才会推动消费动机产生和刺激旅游决策，最终促使旅游消费行为的产生，正如《我想去桂林》歌词中所说。个体因素是决定旅游消费形态的重要因素，不同性别、不同年龄、不同身体情况和不同性格等个体因素决定了旅游产品的类型和特点。

二　实践部分

（一）桂林旅游消费现状

广西桂林市文化广电和旅游局官网发布的数据显示，桂林市 2022 年全年接待游客 10695.55 万人次，其中国内游客 10693.14 万人次，入境过夜游客 2.41 万人次，实现旅游总消费 1277.90 亿元。其中，国内游客消费 1277.39 亿元、国际旅游消费为 755.31 万美元。2023 年桂林市全年接待游客 13927.57 万人次，同比增长 30.23%，旅游总消费 1721.73 亿元，同比增长 54.38%。其中国内游客 13898.64 万人次，同比增长 55.13%，国内游客消费 1713.44 亿元，同比增长 53.71%，入境过夜游客 28.93 万人次，同比增长 1101.44%，创汇 11563.11 万美元，同比增长 1430.91%。

将 2022 年全年桂林旅游市场情况与 2023 年进行对比发现，桂林旅游在疫情后恢复迅速，境外游客增长速度明显高于国内游客，从趋势来看桂林旅游市场呈现持续恢复和不断繁荣的景象。但与疫情前的 2019 年相比，情况并不乐观。2023 年桂林接待游客总数和国内游客总数虽然都超过了疫情前（2019 年旅游总人数 13833.66 万人次，国内游客 13519.07 万人次），但旅游总收入和国内游客消费却略低于疫情前（2019 年旅游总收入 1874.25 亿元，国内旅游消费 1731.75 亿元），说明桂林旅游对国内消费者的吸引力仍然存在，但在旅游过程中的消费却有所减少。2023 年入境过夜游客数不到疫情前的 9.2%（2019 年入境过夜游客数为 314.59 万人次），国际外汇消费也仅为疫情前的 5.6%（2019 年国际外汇消费 206235.83 万美元），因此可知桂林旅游境外市场受诸多因素影响仍然没有恢复，需要政府相关部门、旅游企业和专家认真分析，找出问题所在，尽快解决影响国际游客入境的问题。

（二）桂林旅游产业发展现状

2023 年《桂林日报》与桂林市文化广电和旅游局官网数据显示，在旅游旺季（春节、暑假、国庆）桂林游客主要集中在桂林漓江景区、两江四湖·象山景区、靖江王府、乐满地休闲世界等，其中阳朔景区更是成为热门景点。2023 年桂林市龙头企业桂林旅游股份有限公司营业收入年度报告中，该公司业务范围涵盖了桂林旅游业务的各个方面，其主要经营业务为酒店、景区、公路客运、游船、出租车等。在各项业务中，旅游服务业营业收入 1.94 亿元，占主要营业收入的 98.78%，其他则占据 1.22%。在分产品经营中，景区旅游营业收入为 1.06 亿元，占产品经营收入的 54.28%；漓江大瀑布饭店收入为 3062 万元，占产品经营收入的 15.63%；漓江游船客运收入为 4189 万元，占产品经营收入的 21.38%；其他旅游产品收入为 1705 万元，占产品经营收入的 8.70%。从桂林旅游股份有限公司来看，桂林游客的消费结构主要是在旅游服务上；在旅游产品中，以景区旅游消费为最高，餐饮和住宿排名第二。

综上分析桂林旅游市场情况可知，桂林旅游主要是以国内市场为主体，兼顾了国外市场，形成国内国外双循环的发展格局，国内市场恢复速度较快，国外市场也在不断恢复。而通过桂林旅游的消费结构可知，主要消费还是以旅游服务为主，表现出享受旅游服务的特点；而旅游产品则以景区旅游消费为主体，餐饮和住宿次之，旅游交通也占据了一定的比例。

三 世界级旅游消费中心建设现状

（一）桂林建设世界级旅游消费中心相关政策支持

2022 年 9 月，广西壮族自治区印发了《支持打造桂林世界级旅游城市的若干政策措施（试行）》的通知，提出桂林打造世界级旅游消费中心的建议；2022 年 4 月桂林市政府发布《桂林世界级旅游城市建设发展规划》，具体指出支持桂林打造世界知名消费载体、拓宽高品质消费空间、提升旅游消费服务、营造国际一流消费环境四条路线，强化保障消费者权益；2022 年 5 月桂林市商务局发布《桂林市打造世界级旅游消费中心实施方案》，为打造世界级旅游消费中心明确推动旅游消费升级、完善消费设施网络、融合消费业态、引育优秀市场主体、深化对外交流合作等五条重点任务。

广西壮族自治区为贯彻落实习近平总书记在桂林考察时的重要讲话精神，全力推进桂林打造世界级旅游城市，特制定《贯彻落实习近平总书记赋予桂林打造世界级旅游城市重要指示精神文化旅游行动方案》（以下简称《方案》）。该《方案》在打造世界级旅游城市方面提出要以打造世界级核心旅游吸引物、提升餐饮住宿品质、开发特色文化旅游商品、丰富文旅娱乐业态、完善基础设施服务、深化产业融合创新发展、发展智慧化旅游等多种方式来提升桂林旅游消费的配套设施和旅游产品质量。

2023 年桂林市人民政府印发《桂林国际消费中心城市培育建设规划（2023-2030）的通知》（以下简称《通知》）。该《通知》在打造桂林国际消费中心方面提出要以构建消费空间体系、打造标志性商业载体、培育多元化消费品牌、完善旅游体系和康养体系、激活服务消费业态、健全交通物流系统等多种方法来打造桂林国际消费中心。

综合上述文件的政策支持来看，桂林市政府对于打造桂林世界级旅游消费中心大都是从四个方面进行政策支持的。第一，打造国际性的旅游消费中心平台，形成桂林市地标性商圈；第二，提高旅游服务质量，以国际标准、国际服务水平，加快旅游服务质量管理体系建设，主要角度便是从酒店和民俗住宿的质量、特色美食的独特风味、交通基础设施的完善程度、智慧化旅游的普及程度进行支持；第三，创新旅游消费主体，主要是借助数字化技术、发展智慧化旅游新模式、推动产业融合创新产业新业态等进行支持；第四，对外开放以及对外交流与合作，主要是加强与东盟国家的交流与合作，实行免税和免签政策；同时支持举办国际性体育赛事和学术会议论坛等来加强桂林的世界影响力；对内便是以"一带一路"为核心，加强与西南地区及珠三角、长三角等地区城市的旅游合作交流。

2023 年 11 月，为服务高质量发展和高水平对外开放，我国单方面提出对德国、法国、荷兰、意大利、西班牙和马来西亚等国家持普通护照的公民实行免签政策。该政策的实施将吸引更多国际游客到桂林旅游、消费，为桂林世界级旅游消费中心建设提供重要契机。

（二）桂林建设世界级旅游消费中心取得的成就

1.消费平台升级打造取得新成绩

为打造桂林世界级旅游消费中心，桂林市人民政府将其作为工作重要专项之一，截至 2023 年已经出台的扶持政策多达 31 项，投资 4500 亿元推动 55 个示范项目和 113 个重要项目建设。其中，广西段长征国家文化公园、新国际会展中心和古宋城历史文化街区等一批重大文旅项目得以推进；成立灵渠博物院；靖江王府和靖江王陵通过国家考古遗址公园的批复，使桂林成为华南地区唯一拥有两个国家考古遗址公园的城市；东西巷和融创旅游度假区入选国家级夜间文化和旅游消费集聚区，阳朔西街被评为国家级旅游休闲街区，遇龙河被评为国家体育旅游示范基地，桃花江文化旅游风景区更是成为海峡两岸的交流基地；龙胜大寨村成功入选联合国世界旅游组织"最佳旅游乡村"；第六批中国传统村落里，桂林市占了33个，居广西壮族自治区首位；灌阳也成功入选国家级传统村落集中连片保护示范县。

截至2022年，桂林市共创建了9个广西生态旅游示范区、16个国家级生态乡镇、12个自治区级生态县、121个自治区级生态乡镇、183个自治区级生态村、140个市级生态村。2022年以"一、二、三产业融合"发展的经开区罗汉果小镇项目入选国家第二批EOD试点项目，首笔贷款7.3亿元落地签约，成为全广西第一笔获得贷款的国家EOD试点项目；全州县"红色湘江"农文旅开发EOD项目进入国家库。2022年，灵川县大圩镇、雁山区草坪乡2个乡镇及全州才湾镇南一村、秀峰区鲁家村等8个村获得第一批"百镇千村"生态特色文化旅游示范镇村称号。

2.消费品质得到提升

在生态环境治理和修复方面，漓江成功入选全国第一批美丽河湖治理案例。随着治理力度的不断加大，桂林生态环境质量得以持续改善，市区空气质量持续保持优良状态，PM2.5、PM10平均浓度持续下降；漓江流域山—水—林—田—湖—草—沙一体化保护和修复工程、桂林新区相思江防洪排涝提升工程、国家区域医疗中心等重大项目获国家补助资金50亿元以上，国家政策性投资10.3亿元，新增政府发行债券61.79亿元，确保了项目开发资金。

近年来，桂林市投资196亿元用于铁路、公路和水路等交通网络基础设施建设。贺州—巴马高速公路（蒙山至象州段）顺利建成通车，灌阳—平乐和桂林—柳州的改扩建工程以及桂林—钟山等高速公路建设加速推进，全州—桂林等4条高速公路开工建设顺利进行。一系列举措使全市所有的乡镇全部通三级以上公路。大力投资能源基础设施建设，近年来共计投入40.28

亿元，确保了新疆—桂林煤气运输项目的建设。另外，在新能源基础设施建设方面加大投资力度，新建 2764 个 5G 基站、2856 个电车充电桩。

3. 文旅市场消费强势恢复

旅游促销激发文旅市场活力。为提振文旅消费市场，广西壮族自治区成功举办广西文化旅游消费大夜市等系列活动，南宁、桂林、北海、玉林、贵港 5 个城市入选国家文化和旅游消费试点城市。自开展"冬游广西"优惠活动以来，2022 年实施门票、住宿五折优惠活动，促进文旅市场恢复，2022 年至 2023 年实施暑期游玩优惠活动，不断推出特色旅游线路精品。

文旅艺术精品创造不断取得佳绩。自 2018 年以来，桂林创新文旅融合模式，打造多个文旅艺术精品话剧，其中《破阵曲》《燕歌行》获得广西戏剧桂花金奖、广西铜鼓奖、王个一工程奖。非遗文化精品品牌《桂林有戏》《桂林有礼》2019 年曾在北京国家大剧院进行演出；同时为进一步创作文旅艺术精品，桂林市文化广电和旅游局与河南卫视、宁波卫视等多个平台合作创作多个主题作品。

新媒体媒介扩大文旅市场影响力。桂林市文化广电和旅游局借助新媒体媒介举办一系列适合直播、符合年轻人审美、吸引年轻人参加的特色活动。如 2022 年 4 月底与喜马拉雅平台合作在桂林漓江景区精华段开展桂林旅游直播，直播期间吸引 16 万多观众观看，获得点赞次数 3.2 万多。2022 年 5 月 16 日至 23 日期间，开展 6 场"万名导游带您云旅游"之桂林站直播活动，通过抖音、微信小视频平台直播桂林市具有代表性的旅游景点和新业态（漓江、象鼻山、独秀峰·王城、灵渠、画山云舍、桂林米粉、恭城油茶），带领全国观众共同感受桂林的山水、文化、美食等。直播活动得到较好的反响，吸引近 10 万观众观看，直播间点赞数近 30 万次。2022 年中秋节期间，举办"泂游山月"一帐露营会，通过直播互动、话题分享、互动参与等线上各类方式，获得传播总曝光量 1 亿+；2023 年桂林市文化广电和旅游局联合同程旅行举办"Happy'兔'桂林奢野玩不停"2023 年桂林旅行达人验客推广活动，吸引了来自全国各地的 6 位百万"粉丝达人"深入桂林开启旅游体验和直播，通过达人体验、新媒体互动、KOL 直播等多渠道、多形式传播，深度推广桂林冬季旅游、春节旅游的独特魅力，拉动疫情后旅游消费潜力，实现了 2023 年桂林旅游开门红。

跟随市场消费潮流举办文化艺术节。2023 年草莓音乐节，通过大麦网、摩天轮票务网、抖音、微信公众号、视频号、微博、小红书、快手、墨迹天气等几乎所有主流互联网平台进行活动宣传，活动前期曝光量达 3 亿+，为桂林整个城市品牌宣传获得极大的曝光量。2023 年全年预计将开展 10 余项各类特色活动，如桂林艺术节、电竞音乐嘉年华、动漫 cosplay、啤酒节、稻田音乐会丰收节等，以此树立年轻、时尚的桂林新形象，为桂林旅游开辟新的消费群体。

开展体育旅游消费活动。2023 年以来桂林举办多项大型体育项目，如桂林段"环广西"世巡赛、桂林马拉松赛、资源漂流世界杯、灌阳全国山地户外运动锦标赛、阳朔铁人三项赛等。吸引许多国内外运动人士赴桂参赛旅游，带动了桂林体验康养休闲项目的蓬勃发展。例如，2023 年 3 月 26 日举办的 2023 桂林马拉松赛，打响了桂林文旅的金字招牌。

4. 国际影响力逐渐扩大

根据中国会展经济研究会提供的数据，2020 年桂林市举办了 190 场各类展览，在数量和规模方面都位列全国第一；其中，中国—东盟博览会的国际影响力最大，该博览会自 2015 年创办以来至今已举办 9 届，2023 届规模乃历届之最。

为增加海外游客的入境旅游便利性，桂林积极出台各种政策措施，如 2014 年，桂林作为地级市全国首次面向韩国、美国、英国等 51 个国家的公民实施 72 小时过境免签政策；2015 年又出台政策对东盟 10 国公民实施 6 天入境免签政策，以上举措使桂林成为当时全国唯一获批此两项便利政策的城市，这些政策和措施的实施为吸引游客起到了较大的作用，使桂林国外游客呈现逐年增加的趋势，桂林虽然在新冠疫情期间暂时停止了该项政策措施的实施，但在疫情结束全面开放后，于 2023 年 3 月 14 日及时恢复了该项政策措施的实施，相信免签政策将再次吸引国外游客的到来。

四 桂林打造世界级旅游消费中心
旅游消费满意度调查问卷分析

（一）桂林市旅游消费满意度调查问卷分析

为掌握桂林旅游消费情况第一手资料，笔者于桂林各大旅游景区进行了调研。调研方式主要采用问卷调查，调研地点为桂林市区各个景区。本次调研发放调查样本 500 份，剔除残缺问卷，回收有效问卷 394 份，有效问卷回收率为 78.8%。调查样本数据如表 1 所示。调查问卷中男性为 146 人，占总人数的 37.1%，女性为 248 人，占总人数的 62.9%。游客年龄分布，游客年龄多集中在 18～30 岁，共计 284 人，占总人数的比例为 72.1%。18 岁以下的游客只有 4 人；31～40 岁的有 71 人占总人数的 18.0%；40 岁以上的游客共计 35 人，占总人数的 8.9%，从游客年龄分布可以看到本次所调查的对象呈年轻化。所调查游客的受教育程度集中在本科、研究生及以上受过高等教育的群体，共计 258 人占总人数的 65.5%，其余受过初中、大专、高中等教育的群体占总人数的 34.6%。游客的职业分布，多集中在学生和其他行业，共 333 人，占总人数的 84.5%，其次便是机关、事业单位人员、企业基层职工、个体户、教师共计 52 人，占总人数的比例为 13.2%；其余像企业管理人员、农民、离退休人员所占比例为 2.3%。游客收入方面，游客收入多集中在 10 万元以下，共计 280 人，占总人数的比例为 71.1%；年收入在 10 万～20 万元的有 72 人占总人数的比例 18.3%；年收入在 20 万～30 万元的有 25 人占总人数的比例为 6.3%；年收入在 30 万~50 万元的有 11 人占总人数的比例为 2.8%；年收入在 50 万元以上的有 6 人，占总人数的比例为 1.5%。从总体看，游客年收入多集中在 10 万元以下和 10 万~20 万元。

表1   问卷调查样本特征

	数量	占比（%）		数量	占比（%）
性别			职业		
男	146	37.1	机关、事业单位人员	15	3.8
女	248	62.9	企业基层职工	11	2.8
年龄			企业管理人员	4	1.0
18岁以下	4	1.0	农民	2	0.5
18~25岁	203	51.5	个体户	12	3.0
26~30岁	81	20.6	离退休人员	3	0.8
31~40岁	71	18.0	教师	14	3.6
41~50岁	25	6.3	学生	212	53.8
51~60岁	5	1.3	其他	121	30.7
60岁以上	5	1.3	收入		
学历			50万元以上	6	1.5
初中	9	2.3	30万~50万元	11	2.8
高中、中专及职高	46	11.7	20万~30万元	25	6.3
大专	81	20.6	10万~20万元	72	18.3
本科	147	37.3	10万元以下	280	71.1
研究生及以上	111	28.2			

通过对调查数据的处理，表2是桂林市游客对桂林旅游的感知满意度情况。"1"代表非常不满意、"2"代表不满意、"3"代表满意、"4"代表较为满意、"5"代表非常满意。

表2   桂林市游客感知桂林旅游满意度情况

项目	各项均值	最小值	最大值
旅游场地桌椅等休憩设施数量充足	3.55	1	5
停车场大小、位置、数量合适	3.37	1	5
垃圾桶、公共卫生间数量足够、布局合理	3.46	1	5
娱乐设施布局合理,数量多	3.58	1	5
商场、便利店位置容易找到	3.78	1	5
景区标识牌清楚、双语标识	3.77	1	5
夜间灯光充足	3.54	1	5

项目	各项均值	最小值	最大值
没有迷路和危险的"死空间"	3.56	1	5
旅游目的地环境整洁	3.80	1	5
植被覆盖率高	4.13	3	5
空气质量好	3.97	2	5
水质好	3.85	2	5
公共交通便利	3.68	1	5
高铁、铁路、飞机能够直达,花费时间少	3.46	1	5
桂林旅游出入口较多,位置合理	3.72	1	5
智慧旅游管理系统使用频次多	3.76	1	5
工作人员能够及时提供服务	3.67	1	5
工作人员服务态度热情、有礼貌	3.77	2	5
植物种类丰富	4.08	3	5
旅游地景观变化多样	3.94	1	5
人文景观较多	4.08	3	5
自然风光优美	4.10	3	5
旅游项目种类多,适合不同人群	3.72	2	5
旅游项目趣味性强	3.48	1	5
旅游项目价格适宜	3.46	1	5
有独特的公共艺术(戏曲、节目)	3.71	2	5
独特的建筑物,观赏性强	3.72	2	5
经常举办主题特色丰富的艺术节日活动	3.70	2	5

从表2可以看出,桂林市调研游客满意度处于满意和较为满意之间,而人文景观、植被覆盖率、自然风光满意度处于较为满意、满意和非常满意之间。最低的游客感知满意度因素为停车场大小、位置、数量,其次便是垃圾桶和公共卫生间位置数量,与之相近的是旅游项目的趣味性和旅游项目的价格;游客感知满意度最高的是植被覆盖率,与之相近的是自然风光和人文景观。从上述调研情况可知,桂林旅游的游客对于桂林旅游情况感知满意度多处于满意和较为满意之间,也即处于一般水平之上,这也说明桂林旅游还有许多不足之处需要完善和提高。

（二）桂林打造世界级旅游消费中心存在的问题

1. 旅游产品单一，基础设施有待完善

受桂林经济总量影响，桂林市在旅游投资方面略显不足，从而造成与其他地区相比旅游产品老化单一，旅游基础设施和配套设施比较薄弱。首先，桂林现有的高级旅游中心、高档酒店等设施仍然较少，现有的住宿设施和游船等旅游设施仍然比较落后，直接影响桂林市旅游产业的高质量发展。其次，桂林的旅游产品开发仍需努力，旅游消费需求发生较大变化；但桂林旅游模式仍然停留在传统观光旅游层面上。特别是体育、会展、商务、保健康复以及生态等方面的旅游产品开发不足、数量不多质量不高，限制了桂林旅游的差异化发展，从而也限制了部分游客群体的关注，造成桂林旅游淡季和旺季明显的现象。交通设施建设一直都是限制旅游发展的重要影响因素，交通设施代表一个城市的形象，特别是衔接湖南、广东等地与广西的高速公路质量差，道路窄、路面崎岖不平，甚至不如国道，高速公路服务区设施水平差，在全国各地高速公路服务区星级化的当前形成了鲜明对比。最后，道路安全也是桂林旅游的一大痛点，桂林的大多数景区位于山区，许多景区道路曲折、狭窄，大巴车和自家车回车都有困难，给旅游安全带来相当大的安全隐患。另外，桂林市区的便利设施需要进一步完善，城市卫生间的数量和质量有待提高，卫生间的增设和管理在一定程度上难度较大，但是韩国的厕所革命经验值得借鉴，开放所有建筑物 1 楼的卫生间，政府提供装修并提供一定数量的物资和资金补助。卫生间异味大的问题仍然是一个普遍问题，游客远远就可以通过嗅觉找到卫生间。桂林旅游发展多年，但道路通行设计和道路标识存在不合理因素，警告标识不明显，为外地车辆行驶带来诸多不便，同时容易产生不必要的违法违章，影响城市形象。桂林城市街道的石板路是一大特色，为桂林旅游增添了一道亮丽的风景线，但桂林是个潮湿多雨的城市，石板路未做防滑处理的地方和使用久了松动破裂不能及时维修的地方较多。景区附近的停车场数量不足，对自驾游游客的考虑有待完善。城市街道垃圾桶的数量不足，市民乱扔垃圾的现象仍然随处可见，严重影响了桂林的

城市卫生环境。

2.生态环境保护意识需要进一步强化

桂林拥有得天独厚的山水地貌，桂林也因此而得名成为全国乃至世界著名的旅游城市，很多游客慕名而来推动了桂林市旅游经济的发展。同时旅游业的发展也给桂林市的生态环境带来巨大压力。山水是桂林旅游的主体，而坐船看山观水又是桂林旅游的主要方式，因此，好山好水的景区都离不开水上游船项目，游船项目为桂林旅游业做出了重大贡献，但也造成了一定程度的污染，比如燃油泄漏、游客垃圾的随意丢弃、船只运行时造成波浪冲刷河床、河堤在大量冲刷后会容易出现坍塌等。每逢节假日都会有大批的游客慕名而来，过量的游客一方面会对景区环境承载力造成巨大的压力，同时游客所产生的生活垃圾等也会破坏生态环境。

3.旅游服务质量良莠不齐

桂林是一座著名的旅游城市，旅游带动桂林城市经济发展，对桂林城市运营发展起到重要推动作用，旅游对桂林的影响之大不言而喻。因此，桂林对旅游的重视程度也直接上升至国家层面，但旅游产品与一般商品的不同之处在于对服务的依赖程度上，桂林除了注重基础设施等硬件的打造以外，还应更加关注如何提高旅游服务质量，应该把提高游客的满意度作为桂林旅游高质量发展的终极目标来抓。桂林旅游服务方面出现的问题有下列几个方面：第一，乱收费现象频出。主要体现在景区门票价格高，收费景区过多上。另外便是旅行社、农民们、导游价不一样，信息不对称出现乱收费现象，例如阳朔竹筏旅游、河段漂流价格不一样，景区对于本地和外地游客收费不一样；导游乱收费、不诚信、强制购物等现象时有发生。第二，旅游服务标准化程度较低。高级酒店服务员文化素养、技术能力有待提高；饮食行业食材体现不出当地特色，景区、车站、机场等游客聚集的场所餐饮质量差无法体现桂林美食的特点，严重影响桂林旅游形象，误导消费者对桂林美食的认知，并且游客聚集地的餐饮价格虚高，容易使消费者产生桂林宰客的印象；景区服务更是简单化、随意化感受不到热情；遇龙河竹筏等有当地居民参与的旅游项目管理粗放，时有不礼貌的言语与过激行为发生，运送竹筏的车辆未与游客较多的道路分离，为旅游安全带来巨大隐患；节假日等旅游旺季，热门景点停车费大幅涨价；外语导游人员较少，不能做到真正的专业化服务。第三，智能化、数字化服务较少，智能化服务基础设施较少，距离达到便捷化、舒适化的程度有些距离。第四，景区外语（英语、韩国语）标识内容错误，相当部分景区的外语标识都是通过线上翻译器翻译，没有通过专业人士确认，存在诸多错误，严重影响桂林的对外形象，成为桂林世界级旅游城市建设工作中最应首先解决的问题之一。

4. 文化特色不够明显

文化的稀缺性、价值性和无可替代性是旅游产业发展的核心。桂林作为中国的首批历史文化名城，历史悠久，文化底蕴丰厚，但是在旅游开发中，文化元素并没有得到充分挖掘和利用。游客在桂林旅游时，很难感受到真正的桂林文化氛围。例如，在桂林市的旅游宣传和导览服务中，更多地强调其美丽的自然景观，但对于桂林特有的历史文化并没有足够的突出，如蜚声中外的漓江竹筏、独特的民俗风情等传统地域文化在旅游开发中缺乏深入挖掘和传承。在挖掘文化与旅游的内在和外在联系的同时，对文旅融合的发展模式和路径还需加以重视。

5. 旅游产品同质化现象严重

旅游业是桂林市的支柱产业，而近年来出现大量相似的旅游产品，缺乏创新和差异化。游客难以从众多的选择中找到独特而有吸引力的体验，旅游市场逐渐陷入同质化竞争的困境。一方面，许多旅游企业往往以船游漓江、观光阳朔为核心，提供的桂林旅游线路大多是相似的，游客的旅行计划和景点选择都相对固定，缺乏多样性和创新性。另一方面，各个景区推出的体验项目均大同小异，如象鼻山景区和两江四湖景区均有试穿民族服饰和乘坐游船项目，一定程度上给游客带来体验疲劳。此外，许多纪念品店出售的产品大同小异，无论是 T 恤、冰箱贴还是小摆件，缺乏创意和个性化的设计，没有体现出地域特色、民族文化和民俗民风特色。

桂林旅游产品的开发仍然局限在食住行游购娱传统范畴上，旅游产品开发创新的力度不足，一二三产业融合的程度低、融合质量差，缺乏足够的保障措施和可持续发展措施。

6. 对外开放程度不够

对外开放是旅游业发展的重要驱动力，但桂林市在与国际市场的合作和交流方面仍存在欠缺。相比其他国际知名旅游城市，桂林市的国际影响力和吸引力还有待提升。首先，桂林机场尽管有国际航班，但国际航线和频次相对较少，桂林市的国际航班网络有待进一步扩展。其次，桂林市文化交流活动相对有限，与国际上的文化艺术演出、讲座、展览等形式的合作还需要加强。另外，桂林市在多语言服务方面还有待提高。虽然桂林市的旅游业受欢迎，但英语和其他外语的翻译和导游服务明显不足。

自 2014 年 7 月 28 日起，桂林正式对 51 个国家的公民实施 72 小时过境免签政策，该政策曾在疫情期间一度暂停，自 2023 年 3 月 15 日重新恢复执行。该政策对桂林国际旅游起到一定的推动作用，但该政策在适用对象范围和时间方面存在一定的局限性。

五　桂林打造世界级旅游消费中心的对策

（一）优化旅游消费环境，完善基础设施建设

1. 完善交通设施建设，提高交通通达性

基础设施是衡量一个地区经济发展的指标之一，也是提升城市竞争力的重要手段。基础设施的建设包含多个方面的内容，其中最为关键的便是交通设施的建设。第一，要强化陆路交通的高质量建设。紧密结合自治区政策，提高桂林交通质量，加快建设西部陆海新通道与粤港澳大湾区高速公路的对接，建成环广西国家旅游风景道路，串联滇桂粤边海风景道；加快实现机场、高铁站、旅游港口的公路连接。目前自治区级以上的旅游资源已实现双车道公路的基本覆盖和 2A 级景区公路全覆盖；开通一批直飞"一带一路"沿线国家和地区的国际航线；桂林在自治区政府的政策支持下，积极推进两江国际机场—桂林城区和桂林市至阳朔县的旅游专线轨道交通建设；桂林在

交通硬件设施建设的同时，推进多元化出行服务，通过推动休闲绿岛、历史文化步道、旅游铁路、游艇、通用航空的建设，增加游客的便利和体验，今后还应该在建设旅游驿站、飞行营地、房车营地方面发挥桂林优势，同时还要充分发挥汽车客运站等传统设施的旅游集散功能，全方位提升来桂游客的出行体验。第二，加大水运的建设力度。桂林应依托现有的水运网络体系，融合桂林山水自然景观、城市水系及人文旅游景观，因地制宜建设精品旅游航道；支持建设桂林平乐港区（水运）综合枢纽、综合货运码头，打造桂林北水路货运重要节点和自治区区域性重要港口。

2. 完善景区基础设施建设，创造适宜旅游环境

建设和完善以景区服务为核心的基础设施建设，创造游客满意的景区环境。国务院发布的《关于促进旅游业改革发展的若干意见》对旅游景区的景区道路、停车场、卫生间、消防措施、安全措施等基础设施建设等提出了具体要求。景区基础设施的建设和布局，要遵循科学、合理、适宜、安全性原则进行建设。第一，景区基本设施方面，如：卫生间、停车场、旅游咨询中心、售票处等基本设施方面的建设以合理性、适宜性为前提。停车场、旅游咨询中心的布局要合理，停车场、旅游咨询中心一般位于景区售票处附近并有专业人士进行管理，做好各种标识牌的外文标注。特别需要注意的是，桂林市的各大主要景区的外文标识牌都存在一定的错误现象，急需治理。卫生间的布局要呈现分散性布置，并要进行定期打扫，保障卫生环境，卫生间应提供免费手纸、洗手液、纸巾等物品，从根本上消除卫生间特有的腥臭味；指示牌要采用荧光材质，布局在醒目位置，采用国际双语语言进行说明。第二，娱乐设施方面。要遵循国家发布的关于特种设备的法律法规，按照国家标准对娱乐设施进行建设、安装、保养、定期检修，确保娱乐设施使用过程中的安全性、流畅性。第三，对于景区服务人员的要求。按照相关服务标准，对服务人员进行专业培训，保证基本的外语沟通能力，从而能为景区游客提供专业化的服务，不断提高整个服务团队的服务态度，杜绝对游客恶语相向，强化微笑服务，避免把个人生活中的不满情绪带到工作岗位上。另外，针对国外游客要进行定制化、专门化服务，增加其满意度。

3. 出台政策刺激消费，打造桂林国际消费中心

第一，支持桂林按照国际标准创建国际消费中心城市、国家文化和旅游消费示范城市。鼓励申报国家级步行街、国家级夜间文化和旅游集散区等多个消费中心，打造具有现代特色和桂林文化的消费中心示范基地，并争取获得国际认证。第二，打造具有高消费品质的餐饮、酒店。打造高品质酒店、餐饮需要桂林市引进外资企业、打造品牌效应，打造形成一批品牌化、连锁化、特色化的酒店和餐饮企业，最终形成品牌聚集地。第三，发展新兴消费，创新旅游产品。结合疫情后旅游消费新趋势，消费中心要实现数字化、智能化改造。借助以互联网为核心的电子商务，发展 B2C、B2B、C2C 等新兴消费模式，销售旅游产品。对于旅游产品要结合文创产品、电子竞技产品、时尚设计产品、民族文化产品等进行创新和升级，不断迎合市场需求，吸引游客进行消费。第四，推动一二三产业深度融合，形成桂林米粉、桂林油茶、桂花茶、龙脊红茶、猫儿山红茶、荔浦芋等特色农业的全产业链高质量发展，制定相关标准，通过游客体验打造桂林特产的品牌形象，为桂林旅游业的健康、可持续发展提供保障。

（二）打造优质生态环境，提高旅游消费舒适性

1. 保护旅游生态环境，打造宜居宜业宜游幸福城市

习近平总书记指出："桂林是一座山水甲天下的旅游名城。这是大自然赐予中华民族的一块宝地，一定要呵护好。"对于桂林生态环境要坚持可持续发展的理念，以保护为主，用开发来进行保护。第一，首先要加强对漓江生态环境的保护。统筹社会各界力量，实施漓江上游青狮潭、小榕江、川江、斧子口水库加固提升工程，加强猫儿山水源地保护；其次要加大对漓江流域生态环境保护投入力度，构建数字漓江融合生态保护利用综合平台，推进漓江流域生态环境保护修复治理。第二，要提升桂林山水旅游品质，合理开发绿色高端山水旅游产品。加快漓江世界级旅游景区、遇龙河世界级旅游度假区建设，打造漓东百里山水画廊休闲观光示范带，发挥世界级城市生态优势。

2. 推动生态旅游资源融合发展，打造旅游新业态

充分贯彻绿水青山就是金山银山理念，有机结合生态文明实验区建设与桂林国际级旅游消费中心建设，以生态资源为核心，大力推动资源融合、产业融合。第一，推进生态资源与旅游业态融合发展。积极开展以生态资源为核心的医药康养产业，引进和培育先进医疗信息技术，培育发展医疗服务、健康保险、健康管理等新业态。推动建设一批有民族特色的生态医药产业，加强民族医药与生态产业的深度融合发展。第二，建设以国际健康旅游示范基地、中国—东盟友好疗养基地、恭城瑶汉养寿城等为代表的健康旅游示范基地。开发以"医疗+修养+养生+康复+旅游"为发展模式的新型旅游发展模式。创新以医疗+生态融合发展的新型旅游产品，加快与世界旅游消费潮流、热点接轨的步伐。

3. 打造世界旅游吸引物，提高消费知名度

建设世界级旅游消费中心，离不开世界级旅游吸引物的打造。打造桂林世界旅游吸引物可以与桂林世界级旅游城市的建设相结合。第一，打造世界级山水旅游名城，首先要保护好以漓江为核心的生态环境，通过统筹社会各界力量、现代科技加强对漓江及两岸旅游资源的保护；其次便是在保护的基础上进行合理开发和建设，提升桂林山水旅游品质。以生态旅游为发展模式，打造世界级漓江旅游景区、遇龙河世界级度假区，加快漓东百里山水画廊世界级观光风景区建设。第二，支持世界级文化旅游城市的打造。以自然文化、历史文化为出发点进行打造。加快以龙脊梯田为代表的世界自然文化遗产建设，构建以灵渠为代表的世界灌溉遗产世界级研学旅游发展体系，提升以漓江为代表的喀斯特世界自然遗产的格调品味。

（三）优化优质服务体系，提升旅游服务能力

1. 发展智慧旅游，提高旅游消费便利性

当今世界已进入互联网时代，以互联网为代表的信息时代带动了旅行服务创新。大数据、云计算、移动通信和智能终端在旅游业的加速应用，改变了旅游服务的供给形式。2023 年工业和信息化部、文化和旅游部发布《关

于加强 5G+智慧旅游协同创新发展的通知》，提出加强重点旅游区域 5G 网络覆盖、创新 5G+智慧旅游服务新体验、探索 5G+智慧旅游管理能力、加强 5G+智慧旅游产品供给等重点任务，这对于桂林智慧旅游发展也能起到借鉴和引导作用。

（1）要加大基础设施的建设力度。推动千兆宽带、5G、卫星互联网等高速网络建设，优化覆盖区域 5G 网络服务质量，利用区块链、物联网、人工智能、虚拟现实等先进技术改造和优化景区旅游服务管理能力，提高世界旅游城市的公共服务和公共管理能力。

（2）要努力提高旅游服务新体验。推动世界级文化旅游城市数字化转型，发挥数字技术的关键作用。随着旅游市场的恢复，自驾汽车游、乡村旅游、户外露营旅游等反映消费需求的新旅游产品不断增加，数字化技术的应用将进一步推动产品质量的提高和完善，智慧旅游服务成为旅游发展的新趋势。桂林旅游应该强化智慧旅游创新旅游产品供给，积极推动人工智能（AI）、虚拟技术（VR）、高清视频技术在文化和旅游场景的广泛应用。加快实现一站式服务的线上线下建设，如推动"一键游广西"项目，搭建完善"一云一池三平台"。智慧旅游的发展对无线网络的建设提出新的要求，桂林应该尽快推进 AA 级以上的景区实现信号全覆盖，为游客提供智能导航、导购、导览、导游等服务；推动旅游停车场、旅游集散与咨询中心，旅游专用道路及景区内部引导标识系统等旅游公共服务设施数字化改造升级。

2.打造专业化服务，增加旅游消费可能性

旅游业作为一种综合类行业，其发展离不开各方面的支持，更离不开完善的现代服务体系。桂林要建设世界级旅游城市，按照世界标准要求自己，不断提升旅游服务能力。

（1）要提升现代服务能力。世界级旅游消费中心应积极构建以现代交通体系为枢纽，集商业购物、文化娱乐、餐饮住宿为一体，多城市联合的综合性服务网络，使旅游服务覆盖客源地与目的地，对照国际标准推进旅游服务标准化建设，建立以游客满意为中心的桂林旅游服务质量评价体系，不断推广标准化服务评价体系及其应用。

（2）提升专业化服务品质。在疫情防控常态化时期，人们的消费理念和观念正在悄然发生着变化，旅游服务的供给，应根据游客的个性化需求不断做出调整。例如不断调整宾馆、饭店、体育、娱乐场所的公共空间，持续不断引入自动化终端服务，减少接触提高服务效率；推广预约定制化服务，分散旅游活动带来的人员聚集，适应低密度旅游服务方式。对于旅行社、旅游餐饮、酒店等，鼓励旅行社进行转型升级，提供个性化、定制化服务；旅游餐厅从桂林特色菜品文化出发，打造一批桂林品牌菜连锁店、特色小吃品牌店，推出经典桂菜、名小吃、名饮品店，打造"桂林"美味菜品品牌。

（3）要完善信息服务平台。世界级旅游城市和旅游企业之间应建立双边或多边信息交流和对接机制，即分享旅游目的地旅游信息，建立旅游安全数据库，构建集数据收集、分析、研判等功能于一体的旅游安全数据中心，迅速有效地传递透明、准确、权威的旅游信息，提升信息发布的权威性和及时性。

3. 重视人才战略，提升旅游消费专业性

术业有专攻，不同的岗位需要不同的人才来任职。在知识经济时代，人才的战略地位越发突出。桂林要建设世界级旅游消费中心，推动世界级旅游城市的建设，急需一批高素质、专业化的人才进行努力和推动。第一，政府制定人才引进政策，引进和吸引更多高端人才来桂林安家发展，扩大人才来源面。第二，要以广西高校和旅游企业联动为核心，推进高校人才培养计划和旅游企业的实践计划，将理论与现实进行联系，加速人才的成长成才。第三，鼓励和支持人才成长。举行相关策划、设计、创新、导游等相关活动和比赛，提升人才竞争力和学习能力，完善专业知识，最终构建形成加快引进人才、培育人才、重视人才的局面。

4. 加强市场监管，提高旅游服务质量

市场经济中有两只手，坚持发挥市场在市场经济中的基础性作用。在旅游市场经济中，应根据游客需求提供旅游产品和旅游服务。市场本身具有调节作用，调节自身存在的一些问题，但是因为市场调节作用具有滞后性，市场中出现的一些问题不能立刻解决，在旅游市场中会出现旅游产品质量参差不齐、导游强制游客买旅游产品、忽悠游客进行过多消费、旅游交通行至半途突然加价等旅游市场秩序混乱的经营现象。若只靠市场自我进行调节，很难去解决这些问题。这就需要政府部门加强监管、制定法律法规，严惩和制止旅游市场秩序混乱的经营现象，从而使旅游市场有序、稳定、健康发展，提升旅游供给质量。

（四）传播桂林文化打造文化特色，提高文娱消费水平

1.传播桂林文化，提升文化软实力

文化是一个城市一个地区的灵魂，更是一个地区传承的载体。第一，发展主流文化和群众文化。世界旅游城市要深挖文化潜力，做到兼容并蓄，提升整体文化多样性，既要重视歌剧、交响乐、文学等主流文化形式，也要重视群众所喜闻乐见的文化形式，比如：街舞、电子竞技、脱口秀、相声等群众文化。第二，打造城市文化。世界级旅游城市的建设，也要注重城市文化的建设。第三，注重民族文化和农业文化。以灵渠、龙脊梯田等为核心，大力开发民族村寨旅游、民族风情体验、民族文化演艺、传统节庆节事等特色旅游文化活动；同时以阳朔山水情文化"刘三姐实景演出"、壮族"三月三"为特色活动品牌，打造具有民族特色的旅游胜地。第四，注重历史文化和红色文化底蕴传播。加快以正阳北路、靖江王府、八角塘历史文化街区、古南门历史文化街等为代表的历史建筑文化的传播和保护；同时支持以八路军桂林办事处旧址、桂林抗战文化名人故居、救亡日报社旧址等抗战文化为题材的红色旅游的发展。

2.讲好桂林故事，打造文旅新名片

做强民族歌剧《刘三姐》、大型桂剧《破阵曲》，地方品牌《桂林有戏》《大儒还乡》《瑶妃传奇》等国家级精品剧目，桂林千古情、梦幻漓江等演出文化特色品牌，提升桂林文化消费的吸引力和影响力。全力打造影视、文学、戏剧、书画、音乐创作、工艺美术基地，建设创意设计、文艺创作、采风、展示文化休闲工作室。鼓励开发主题类和定制类文化演艺项目，逐渐培育一批具有国际影响力、反映当地生活的节目，并进一步推动动漫游

戏、电子竞技、数字文博、创客空间等新业态发展壮大，培育网络消费、智能消费、体验消费。

（五）创新产品体系，准确市场定位

1.坚持创新驱动，优化迭代旅游产品

以旅游业态创新为核心，不断提供符合时代潮流的高端化、定制化等多种多样的旅游消费产品和服务。以桂林市旅游资源为核心，可以借助桂林的山水旅游资源优势，发展游艇旅游、低空旅游、竹筏旅游、自驾旅游、露营旅游、乡村旅游等多种模式相结合的旅游形式，满足国内外不同消费的旅游需求；借助桂林市文化资源，进行文创产品的设计和打造，但切不可粗制滥造并注意产品同质化现象。最后借助现代科学技术，例如：虚拟现实 VR、人工智能 AI 等技术，发展以阳朔"印象刘三姐"的实景演出为代表的夜间旅游消费模式。

2.瞄准市场定位，丰富旅游消费者结构

根据中国旅游研究院发布的 2022～2023 年度报告，2021 年国内旅游 25~44 岁年龄占据全部旅游人数的 41.69%，接近游客群体的一半，可知年轻游客群体一直是旅游消费的主力军；同时根据 2021 年游客年龄调查发现，45 岁以上的中老年人游客群体出游 11.95 亿人次，占据国内旅游客源市场的 36.81%，与 14 岁以下的少年游客遥相呼应成为近几年增长最快的游客群体。从中国旅游研究院发布的年龄结构数据来看，不仅仅要注意青年游客群体市场，也要注意老年人旅游消费和少年旅游消费，着力发展老年旅游、康养旅游、研学旅游市场。

（六）制订对外开放措施，加快对外开放交流脚步

1.聚焦"一带一路"，拓宽对外开放门户

首先，以"一带一路"为核心衔接国际交流中心，深入开展国际城市友好交流合作，加强与国际消费城市互动交流。鼓励桂林市与东盟地区企业共同融入"一带一路"建设，推进东盟地区在旅游、影视、文化等产业方

面进行对接，打造"一带一路"服务供应链。增强与国外国家的交流合作。其次，以国际赛事承办为核心，吸引更多国家。申请以斯洛克、水上漂流、自行车马拉松、赛龙舟为代表的国际赛事，吸引更多国家游客到桂林观看赛事；支持以广西大学、广西师范大学、广西民族大学等为代表的高校开展和举办国际性学术交流会议，提升桂林知名度。

2.创新政策制度，实现高水平开放

桂林市以政府为主体，建设世界级旅游消费中心城市，制定境外旅游优惠政策，从政策和法规上保护境外游客旅游消费权益，尽可能为其提供优越的旅游环境。进一步加快对外交流开放的步伐，恢复并繁荣境外旅游市场。2021年桂林市政府印发《桂林市国民经济和社会发展第十四个五年规划和2035年远景目标纲要》，提出桂林市要积极实施境外旅客购物离境退税政策，推动满免购物政策落地。同时以桂林中心城区、阳朔西街为重点，布局建设具有国际影响力的高品质步行街和大型消费商圈，培育和壮大中高端消费市场。为进一步落实境内旅游签证简化、购物免税政策，2022年6月28日，桂林市人民政府办公室印发《关于桂林市国家可持续发展议程创新示范区建设方案（2021—2025年）的通知》（市政办〔2022〕15号），该通知为吸引境外游客进行消费。以两江国际机场为中心开展签证短时期144小时内免签措施并将免签区域扩大到整个广西区域；支持示范区设立特色综合保税区、免税购物中心，新增或者加密国际国内航线，推动临空经济区快速融入广西北部湾经济区和粤港澳大湾区建设，共建"无水港"。

参考文献

［1］张毓利、徐彤、石培华：《"双循环"背景下我国国际旅游消费中心的发展模式与路径》，《企业经济》2022年第2期。

［2］刘社建：《"双循环"背景下上海构建国际消费城市路径探析》，《企业经济》2021年第1期。

［3］汪婧：《国际消费中心城市：内涵和形成机制》，《经济论坛》2019年第5期。

［4］高峻、翁苏桐：《打造优质服务体系－奠定海南国际旅游消费中心地位》，《南海学刊》2018 年第 2 期。

［5］舒伯阳、张洪昌：《国际旅游消费中心建设中政府与市场的行为逻辑及协同路径》，《南海学刊》2018 年第 2 期。

［6］杨英、王晶：《小空间尺度区域视角的澳门世界旅游休闲中心发展研究》，《产经评论》2017 年第 2 期。

［7］何建民：《中国经济 60 年道路、模式与发展》，上海市社会科学界第七届学术年会文集（2009 年度）经济、管理学科卷，上海人民出版社，2009。

［8］范士陈、邓颖颖：《海南国际旅游消费中心建设探析》，《南海学刊》2018 年第 2 期。

［9］陈耀：《深刻认识和创新发展海南国际旅游消费中心》，《南海学刊》2018 年第 2 期。

专题报告

B.6
阳朔国际乡村旅游目的地旅游发展报告[*]

摘　要： 依托保存相对完好的自然风光、民族风情和生态环境，阳朔县在推进国际乡村旅游目的地建设中取得卓然成效。其主要经验做法包括：打造国际乡村旅游核心吸引物、推动国际乡村旅游目的地建设、构建国际乡村旅游住宿品牌体系、优化升级国际旅游消费中心和消费环境、塑造国际乡村旅游目的地形象、多方参与助推新业态新模式不断涌现。但阳朔国际乡村旅游目的地依然存在国际化乡村旅游保障体系有待完善、缺少国际化乡村旅游产品、乡村旅游服务国际化程度低等问题。本报告据此提出建立健全国际化旅游保障体系，打造多元化的国际旅游产品体系，不断完善国际化旅游服务机制，构建精准化、多样化、多渠道国际旅游营销模式等发展建议。

关键词： 国际旅游目的地　乡村旅游目的地　阳朔

---

[*] 作者：林玲，博士，广西师范大学历史文化与旅游学院讲师，硕士研究生导师，主要研究方向为人文地理、区域可持续发展。

"你们在这里工作，最重要的是要呵护好这里的美丽山水，这是大自然赐予中华民族的一块宝地，一定要保护好，这是第一位的。"中共中央总书记、国家主席、中央军委主席习近平 2021 年 4 月 25 日在广西壮族自治区漓江阳朔段考察时反复叮嘱当地负责同志。习近平总书记站在实现中华民族永续发展的战略高度，做出"绿水青山就是金山银山"的科学论断。阳朔县坚持"绿水青山就是金山银山"的发展理念，立足打造世界级旅游城市先导区，将乡村旅游产业打造成突破乡村振兴发展瓶颈的突破口。基于此，阳朔开展"美丽阳朔·生态乡村"建设活动，充分利用乡村良好的生态环境、人文历史、民俗风情等条件，让田园变公园，农家变旅馆，实现"处处是景、村村旅游"，将全县打造成国际乡村旅游目的地。

一　阳朔国际乡村旅游发展基本经验

随着全国经济发展水平的提升，居民对乡村旅游产品的需求日益增加，迫切需要推动乡村旅游规模扩大，促使乡村旅游发展成为带动性强、发展潜力最大、受益面广、发展速度最快的第三产业。阳朔县依托优越的旅游资源，通过多年的培育发展，乡村旅游产品日益成熟，许多乡村旅游景点和线路备受游客青睐。同时，阳朔县积极创建国家全域旅游示范区，主动融入桂林世界级旅游城市建设，旅游业态再创新，在国际乡村旅游目的地建设工作中取得显著成效。

（一）打造国际乡村旅游核心吸引物

1. 实施国际乡村旅游景区建设工程，着力提升阳朔旅游品牌影响力

阳朔旅游发展的核心是：将文化融入旅游，以文化促旅游发展。田园生态村、民族特色村寨、城郊休闲村、历史文化名村等成为阳朔县乡村旅游的核心吸引物。据调查，阳朔县已开发的各类项目和文旅景点达到 30 余个，其中达到星级标准的有 8 个。国际乡村旅游景区建设项目包括：广西首个国家级旅游度假区、全国乡村旅游重点村、国家全域旅游示范区、阳朔县十里

画廊遇龙河景区。重点旅游项目包括：阳朔宋城演艺项目二期、阳朔印象刘三姐国际演艺小镇。重大项目包括：阳朔漓江山水情建设项目、阳朔碧桂园·漓江月项目、梦幻阳朔大型光影沉浸式文旅项目等9个。以此形成漓江国际乡村旅游产业带，力图将阳朔打造成为国际休闲水岸。

舞台表演与文化旅游融合是阳朔旅游的新工程。通过对演艺节目进行创新设计，打造《印象·刘三姐》、《桂林千古情》等大型精品演艺节目。《印象·刘三姐》山水实景演出开创了国内旅游演艺的全新模式，2022年累计演出158场，接待观众21万人次；2023年度小长假接待12.11万人次。《桂林千古情》演艺节目自2018年推出以来，持续受到旅游者青睐，其月均接待旅游者达到35万人次，成为阳朔旅游发展的新亮点。县乡村各级力量通力合作，致力于打造乡村旅游示范点，讲好乡村故事，持续提升阳朔乡村旅游品牌形象。

2.打造世界级旅游城市先导区

阳朔县通过全面提升乡村旅游国际化水平，加快漓江、遇龙河沿岸景观改造升级，完善城市功能，率先构建与国际标准接轨的旅游公共服务体系。创新驱动旅游产业升级，进一步丰富业态模式，不断激发市场活力。

阳朔县聚焦打造世界级旅游城市先导区目标，充分利用得天独厚的区位优势，以大视野谋划大格局，大力推行"旅游+"战略，积极探索"旅游+农业""旅游+文化"等"1-N"旅游规划体系。同时，以县城为中心，推出西街—千古情—遇龙河—十里画廊等6条精品旅游路线，充分发挥县域旅游中心商业圈辐射带动作用，构建"点状辐射、带状串联、网状协同"的全域旅游新格局。据调查，阳朔乡村旅游精品线路共带动茶艺、摄影等从业人员10余万人。

3.丰富乡村旅游产品，提升国际影响力

阳朔乡村旅游业态多元，服务质量提升，逐步迈向高质量发展的新征程。阳朔坚持典型引路、示范带动的方针，及时总结成功经验、发布典型案例，引导乡村旅游适应大众多元需求，突出资源、区位、产业基础等差异，走特色化、品牌化发展道路。乡村旅游经营形式多样，涵盖观光、休闲、民俗等诸多产品体系，带动生态养殖、民俗展演、直播带货、特色种植等新业态的发展。为进一步满足多样化的市场需求，阳朔从供给端精准发力，整合文旅资源，突出乡土特色，提升服务质量，全面优化供给侧改革，使游客对乡村旅游满意度不断提升。

（1）通过世外桃源等全国标准化旅游示范点创建培育主题景区休闲游，发展百里新村产业、十里花卉苗木生态观光游，让游客在不同季节、不同地域体验阳朔不同特色风采，感受阳朔发展之美。

（2）充分挖掘阳朔乡村自然和人文旅游资源，开发"自然、原始、真实"的旅游产业，重点培育兴坪、白沙、杨堤等一批乡村特色旅游小镇，推动国际乡村旅游目的地建设。

（3）弘扬红色文化。在瀑布塘村—高洲村—杨梅坪村—月亮洲村沿线的众多村庄通过连点成线打造红色旅游路线，途中建设红色旅游驿站，进一步推动了乡村旅游发展，加强了农旅融合。

（二）推动国际乡村旅游目的地建设

2020~2023年，阳朔国际乡村旅游目的地建设全面推进，城镇旅游环境和服务功能进一步提升。全国旅游创新发展先行区建设卓有成效，入境游市场规模持续位居全国乡村旅游目的地前列。

1. 旅游客源市场

旅游产业竞争力和旅游市场认知度进一步提升，特色经济支撑作用得到发挥，接待入境游客数继续保持全国领先。截至2023年，阳朔共接待各国国家元首150多位，到阳朔旅游观光的游客逐年递增。2022年全县乡村旅游接待游客1421万人次，实现乡村旅游总收入189亿元，乡村旅游累计带动3300人增收脱贫，占全县脱贫人口的20.9%，全县乡村旅游呈现"特、优、全"的良好格局。2023年上半年，全县共接待国内外游客超1000万人次，同比增长152.94%；旅游总消费142.71亿元，同比增长156.52%，全县旅游市场呈现持续向好的发展势头，均超疫情前2019年同期水平。其中，桂林千古情景区接待游客59.13万人次，同比增长843.64%；遇龙河景区竹筏漂游项目接待游客 78.7 万人次，营业额达 5891 万元，同比分别增长 251% 和 251%。疫情防控常态化阶段，乡村旅游市场回暖，遇龙河、漓江沿岸的民宿入住率达到 100%，乡村旅游产业推动乡村振兴效果明显。可见，乡村旅游已成为"桂林人游桂林""本地人游本地"的重要组成部分，在推动旅游市场复苏中发挥了显著作用。总体来看，阳朔县乡村旅游市场规模逐年扩大。

2. 美丽乡村建设

乡村旅游承载着经济、社会、文化、生态等多重功能，是推动美丽乡村建设的重要力量。近年来，阳朔县乡村旅游多元价值不断凸显，在兼顾经济效益的基础上，全面推进农村人居环境整治，突出阳朔乡土特色和地域特点，重点在漓江沿线建设具有世界水准的美丽乡村带，传承传统"山水田园居"一体的村庄整体格局。阳朔县围绕"在中国最美丽的县最美的山水间打造最美的乡村"的总体目标，加快建设宜居宜业和美乡村，科学编制乡村建设规划和实用性村庄规划，突出"一村一景一文化一特色"传统村落韵味，有序助推"四宜"城乡建设，持续增强"画里山水·栖居阳朔"品牌吸引力和国际影响力。此外，完善一大批新农村硬件建设，如在鸡窝渡村、燕村、朝阳村等实行硬化、绿化、美化、亮化等工程，各种微田园、微菜园、微庭院和景观景点随处可见，引客如流，实现城乡各业态互通共融，逐渐实现农旅深度融合，为阳朔县打造世界级旅游城市先导示范区做出贡献。

现如今，阳朔县对乡村环境进行升级改造，以此推动乡村旅游目的地建设，打造独具地方风格的乡村旅游点。"落后村"摇身一变成远近闻名的"网红村"，如阳朔镇鸡窝渡村、骥马村。村庄巨大的发展变迁，正是该县内外兼修、建设美丽乡村、全面推进国际乡村旅游目的地建设的生动写照。

3. 旅游服务体系

在丰富产品与业态的同时，阳朔县加强基础设施建设，提高旅游服务质量。桂阳文化旅游大道、景点景区旅游公路、休闲步道等交通项目的实施，将干线公路与旅游景区（点）紧密相连，加快构建"快旅慢游"交通体系，为游客带来更便捷的出游体验。

（三）构建国际乡村旅游品牌体系

1.加强乡村旅游品牌建设

随着乡村旅游的发展，阳朔县形成一批具有休闲、民俗、历史文化、生态文化特点的乡村旅游品牌。同时，阳朔县不断强化乡村旅游品牌意识，由点到面，从地区级到国家级，构建了相对健全的乡村旅游品牌体系，在全国位居前列。

（1）国家级品牌。遇龙河度假区成功创建为广西首个国家级旅游度假区，实现国家级旅游度假区零的突破；全国乡村旅游重点村：阳朔镇骥马村、阳朔镇鸡窝渡村；国家全域旅游示范区：阳朔县。

（2）省级品牌。广西生态旅游示范区：阳朔县十里画廊遇龙河景区；自治区级文化产业示范基地：阳朔县千漓缘旅游文化有限公司；广西体育综合体：阳朔·戏楼；广西航空体育飞行基地：桂林阳朔燕莎航空运动基地；广西特色旅游名县：阳朔县。

（3）旅游产品品牌。《印象·刘三姐》、《桂林千古情》等大型精品演艺，开创了国内旅游演艺的全新模式，成为演艺新亮点。

2.构建高品质旅游住宿体系

按照国际一流标准，以遇龙河、桃花湾等旅游度假区为重点区域，引进国际著名酒店品牌，打造阳朔高端度假酒店集群。悦榕庄、希尔顿、画山云舍、潼乡等国际品牌酒店，为游客带来舒适惬意的休息环境。据调查，阳朔县域内的宾馆酒店达到400余家，其床位数更是突破25000余张。阳朔县的住宿体系不仅在数量上占优，同时在住宿等级上也进行升级。其中五星级酒店1家、四星级和三星级酒店各3家。阳朔发挥山水资源优势，推动打造一批基于自然山水本底、蕴含特色的高品质旅游住宿体系。

3.发展特色民宿经济

阳朔县民宿产业迅猛发展，因融入少数民族特色和自然生态而别具一格、与众不同，成为各地游客争相打卡体验的胜地，2023年民宿数量已扩展至2000余家。格格树、月墅、秘密花园等数百家高端精品民宿纷纷落户阳朔。以鸡窝渡村为例，其以乡村旅游为切入点，鼓励有条件的原住民积极参与旅游开发，塑造"传承文明、桂风壮韵、生态宜居、和谐美丽"的魅力新村。村里的霁云上院、竹窗溪语、外泊家等一批精品民宿形成了独具特色的"民宿文化"，推动了国际乡村旅游目的地建设。

（四）优化升级国际旅游消费中心和消费环境

1.优化升级消费平台

阳朔大力实施"旅游+"发展战略，通过"旅游+商业、文化、项目、城镇化、农业、体育"，打造出一批个性化、多样化的产业集群和旅游功能区，丰富了文旅产品和培育新业态，满足了不同客群的消费需求。西街、戏楼、乌布小镇等特色商业街区，为游客提供吃、住、行、游、购、娱一站式服务。

2.完善提升消费品质

培育精品促消费，将旅游效益加速转化成经济效益。结合地方文化开发画扇、竹（木）雕、阳朔啤酒鱼、兴坪松花糖、百里桔乡、九龙藤蜂蜜等具有特色的旅游纪念品、土特产品，其中，阳朔鸿仁经典食品阳朔八宝荣获"广西旅游必购商品"。发展夜经济，丰富阳朔西街夜间消费业态，在街区内引进国内外知名连锁餐饮品牌、旅游伴手礼选购处、影院、亲子乐园、民宿酒店等多种品牌商铺，为游客提供多样化的文旅消费体验。2021年，阳朔西街获得"国家级夜间文化和旅游消费集聚区"荣誉称号，阳朔旅游全年接待总人数超800万人次，旅游总消费超100亿元。

3.强化消费者权益保障

加强协调联动，严厉打击扰乱旅游市场秩序、侵害消费者权益的违法违规行为。建立健全重要商品质量追溯体系，探索建立特色旅游商品无理由退货制度。持续推进12345政府服务热线旅游专席建设，实现投诉全处理、全回访。优化入境游客消费维权机制，开通入境游客维权绿色通道。

（五）塑造国际乡村旅游目的地形象

阳朔县以机制创新宣传阳朔乡村旅游目的地形象，用好社会力量打造乡村旅游产业市场，推动乡村风光、民俗文化名片辐射世界各地。

1. 打造世界文明交流互鉴平台

依托节庆演艺活动和赛事活动将阳朔建设成为乡村旅游的重要体验基地。充分发挥遇龙河竹筏漂游节、《印象·刘三姐》、《桂林千古情》、《三生三世三千漓》等精品旅游演艺节目品牌效应，持续扩大诗画遇龙梦幻之夜音乐会、2022 首届漓江杯"邂逅漓江"文创和短视频新媒体创作大赛以及遇龙河"巨龙巡游"等系列活动赛事影响力，将阳朔县列入部分外国元首、政府首脑考察访问行程的目的地。

2. 加强国际旅游品牌推广，深入推进对外交流合作

（1）借助境外大型国际展会、节庆赛事等平台宣传旅游城市形象。成功举办阳朔县第一届、第二届遇龙河竹筏漂游节等节庆活动，并得到央视等各大媒体的报道，吸引了国内外众多游客聚焦打卡。

（2）利用具有国际影响力的境外媒体宣传阳朔乡村旅游品牌，全方位开展新媒体新技术营销。例如，推进世界旅游组织在阳朔设立第一个中国旅游观测点；2020 年在阳朔县开展"三姐带你游广西"直播等系列线上线下宣传促销活动，以网络直播形式提升平台创设氛围，增强宣传教育的感染力和实效性。

（3）宣传推广和交流合作迸发新活力，营销推广方式不断创新。2018～2020 年，连续举办"壮族三月三·相约游广西""冬游广西——山水暖你壮乡等你"等系列活动，先后到哈尔滨、北京等城市进行主题宣传推介，扩大阳朔乡村旅游的影响力，湖南、广东等外省游客人数有较快增长。

（六）多方参与，助推新业态、新模式不断涌现

阳朔县持续推进多方参与模式，助推新业态、新模式不断涌现。阳朔县通过协调多利益主体参与机制，以促进中西文化与古建筑的结合为目标，积极推进中国传统古村落和乡村旅游示范村的建设，助推本土文艺创作繁荣发展，彰显地方特色旅游资源，突出阳朔独特旅游优势，进一步提升国际乡村旅游目的地建设水平。

1. 多方参与模式提升乡村旅游内生动力

阳朔乡村旅游快速发展得益于政府、企业、金融机构、当地居民等各方的共同参与，不同利益相关者在乡村旅游发展过程中不断协调完善机制，逐渐形成政府主导型、社区主导型和多利益主体参与型模式。围绕"打造精品乡村游，建设最美打卡地"的思路，按照"政府主导、群众主体、社会参与"的模式，逐渐形成"旅游景区+脱贫村""旅游合作社+农户""旅游双创+就业"等多种发展模式。2022年，位于遇龙河沿岸的44个自然村通过资源入股的参与形式，利用当地旅游资源发展乡村旅游，由农民转变为股民，实现资源向资产的转变，获得资金778万元，人均增收1000余元。

2. 乡村旅游亮点突出，新业态、新模式不断涌现

随着乡村旅游市场规模的扩大，阳朔乡村旅游不断推陈出新，新业态和新模式不断涌现。例如，积极推进"乡村旅游+产业集聚"新方略，采取"乡村旅游+农旅融合""乡村旅游+文旅联姻"新模式，助推实现乡村振兴和旅游富农。同时，山乡文化、农耕文化、乡村特色民宿体验、乡村户外露营也成为阳朔乡村旅游的开发方向，并为之努力。

二 阳朔国际乡村旅游目的地发展存在的问题

（一）国际化乡村旅游保障体系有待完善

基础设施的功能性仍需进一步提高，以体现其人性化、个性化和智能化。阳朔乡村旅游发展至今，配套基础设施体系的构建已经相对完善，能够满足游客的基本需要，保障乡村旅游的正常运营，然而在全球范围内，阳朔与国际著名的乡村旅游目的地相比，仍然存在一定差距，如：在贴近游客需求方面缺乏人性化细节；个性化设计不够引人注目；智能化体验尚未达到"一部手机游阳朔"的水平。

在阳朔国际乡村旅游目的地建设过程中，乡村旅游设施尚未达到国际化标准。主要体现在：服务和管理方面存在规范不足问题，例如缺乏专职的外

语讲解员；餐饮住宿等设施乡村特色不明显；建筑布局混乱无序；供水、供电、排水、环卫以及通信设施相对滞后；酒店、娱乐和大型购物场所等配套设施尚不完善，较少能达到国际化标准的设施。据调查，2000 年初期，在阳朔常能见到欧美背包客，但是 20 多年过去了，如今的阳朔，基本很难见到欧美人。究其原因在于基础设施达不到国际化标准，且商业氛围过于浓重，欧美人喜欢原始的山山水水，对于激增的阳朔客流，他们有些接受不了。同时国际元素弱化，如原来的地球村荣誉逐渐消失，造成阳朔吸引力下降，国际游客越来越少。因此，国际化的乡村旅游保障体系是吸引国外旅游者的关键，而旅游商业化造成了阳朔乡村旅游国际化程度的弱化。

（二）缺少国际化乡村旅游产品

1. 产品供给相对单一，全龄化、高端化业态亟待丰富

阳朔乡村旅游目前主要提供观光休闲服务，市场消费局限于中低端层面，包括租售避暑房、民宿农家乐、售卖土特产和景区门票等。尽管目前旅游产品能满足广大中老年度假群体的需求，但尚缺少能够吸引青少年和青年群体的旅游产品，尤其是对少年儿童来说，乡村旅游参与性还不够。为实现全龄化和高端化发展，在乡村旅游业态方面还需要考虑在医疗服务、康养旅游、艺术品加工及地方特色商品、体育及户外探险运动、大型游乐设施以及专业研学教育等项目方面提供产品供给。

2. 旅游产品开发国际化程度较低

在阳朔推进全球乡村旅游目的地建设和构建国际重要的乡村旅游休闲中心的过程中，必须开发出具有国际化特质的旅游产品。然而，在主要旅游吸引物国际化发展方面，还略显不足。目前从阳朔实际情况来看，虽然其存在多个潜力较高的旅游吸引物，但除西街—千古情—遇龙河—十里画廊等 6 条精品旅游路线之外，其他开发的旅游产品吸引物在国际化程度上普遍缺乏认知度，导致阳朔当前国际化旅游产品品牌单调，同时在吸引国际游客方面表现不足。

3. 旅游产品特色不足

阳朔主打的旅游业务是乡村旅游，但其在观光和休闲游方面的特色并不显著，对其他旅游行业的发展现状关注度不够，产品结构上仍有不足之处，还没有被欧美游客广泛接受的旅游产品。另外，阳朔的乡村旅游产品文化内涵不够，其文娱项目的全球影响力相对较低。旅游产品的观光游览作用，不能很好地满足游客的互动体验，并且趣味性不足。在接待要素上协同性较低，适销对路产品匮乏，导致主流的欧美旅行者对阳朔乡村旅游产品购买意愿较低，销售渠道状况不够畅通，从而难以满足欧美客源市场需求，也难以形成有影响力的旅游业态氛围。

（三）乡村旅游服务国际化程度低

1. 国际化服务程度不高

尽管阳朔受惠于桂林国际影响力，但目前在国际推广方面还需要改进。尽管有些星级酒店、宾馆有其独特个性，但整体服务体系尚不完善，主要表现在区域分布不均衡、档次结构不合理以及适应欧美等国际客人需求的差异化特色服务尚未形成体系。阳朔综合服务功能离高度现代化标准还存在一定差距：首先是基础设施无法满足国际旅游者的需求，城镇居民总体素质较低，并且缺乏跨文化交流意识和能力，擅长外语交流的人员数量也相对较少；其次，"自由行"城镇智慧系统开发不完善，城镇和景区系统识别不能充足提供，并且在全域范围内使用英语等国际语言作为标识还未实现全覆盖。

2. 专业化和"国际范"服务稀缺

阳朔乡村旅游目的地服务人员的服务态度热情周到，但在专业化和"国际范"的高水平服务方面还相对不足。成熟的全球化乡村旅游目的地应该在服务上同时兼顾亲民的"农家乐式大众服务"，并且能够提供标准、精细又专业的"五星级酒店式高端服务"，甚至将二者杂糅融合以取得更好效果。无论是星级酒店、民宿还是农家乐，目前在阳朔及其各大景区，"亲民""热情"的特点已经很突出，但标准化、精细化和专业化仍然有待提升。例如，现阶段阳朔及其各大景区在服务方面需要用普通话交流，进而改善外来游客及外国旅游者的体验感受。

3. 高端人才尚显不足，大营销专业化队伍急需建立

近年来乡村旅游产业涨势迅猛，阳朔旅游人才储备不足的问题越来越明显。在这个迅猛增长的行业中，高端人才尤其稀有，他们需要经过专业培训、具备国际视野，并且能够完成高端文旅策划的研发和执行。对目前的旅游人才队伍应提供一整套完整、常态化且系统化的学习培训体系，支撑人才开阔视野、提升自身，这也有助于阳朔实现建设国际化旅游的使命。

三 阳朔国际乡村旅游目的地发展建议

（一）建立健全国际化旅游保障体系

国际乡村旅游目的地建设的实现要立足于其健全的国际化旅游保障体系。为此，阳朔可以借鉴已有的国际乡村旅游目的地建设的成功经验，建立与之相适应的组织体系，推动其乡村旅游目的地建设的国际化进程。例如：阳朔县基于国际化乡村旅游目的地建设目的，应联合相关部门，组建阳朔县国际乡村旅游目的地建设领导工作小组，共同制定乡村旅游国际化发展战略，将国际化乡村旅游建设工作具体落实到各个部门。同时，建立乡村旅游国际化建设成果考核体系，实行目标责任制，以保证乡村旅游目的地建设工作能够落实到具体的责任人。

1. 定量化评价确保精准化建设

阳朔乡村旅游目的地建设涉及多个部门，同时周期长、任务重。为保障乡村旅游目的地建设工作执行的高效性、精准度，需要设定清晰的工作目标，并为此创建相对应的考核激励机制以确定发展方向。针对阳朔县，应将干部考核视为工作着手点，联合各主管部门和企业构建适用于全阳朔的考核评估体系。为完成打造国际化乡村旅游目的地的目标，必须将工作职责划分至各个部门和单位，明确并量化任务目标，并特别关注资源保护与开发、招商引资、产业建设、项目运营、宣传推广、商业环境、产品研发等关键节点

的进度考核。同时，也应建立以主管部门为核心、社会各界联合参与、各相关行业深度融入的工作体系，以保证各项工作的顺利进行和目标的达成。

2. 个性化扶持培育本土化平台

（1）建立科学合理的招商引资工作标准，严格把控乡村旅游国际化的准入门槛，旨在挑选出社会责任感强、专业务实、真正具有发展潜力、商业模式先进的优质企业和项目。通过严格筛选，规避对表面光鲜、实则不具备实质性发展价值的企业进行招商引资，减少因金融和稳定等方面造成的系统性风险。

（2）协助区域内所有部门做好政策扶持，针对阳朔乡村旅游国际化建设的特定需求提供全程帮扶，推动当地民营文化旅游企业健康成长，形成"优化营商、以商招商"的良性发展局面，充分挖掘民营企业的灵活性、适应力。

（3）组建阳朔文化旅游企业上市种子梯队，筛选一批本地优质的文旅企业和优良项目，通过定点帮扶、优惠政策倾斜等方式，采用"一企一策"和着重培养方针，旨在孵化一到两家上市公司作为阳朔乡村旅游国际化建设的突破口和中坚力量。

（4）设立本地文旅产业发展基金，以有限的财政资金和相关优惠政策吸引国内外资本参与阳朔乡村旅游目的地建设。建立阳朔旅游发展基金，主要支持阳朔旅游行业重点项目和重要企业走向国际市场。

（5）在管理体系上进行大胆创新，吸收其他国际乡村旅游目的地建设在管理上的优点，同时结合现在乡村旅游的发展动向，设计出更能满足我国经济发展需求的乡村旅游管理方式。通过推进国际化标准的建设，加快国内乡村旅游经济的国际化步伐。

（二）打造多元化的国际旅游产品体系

资源禀赋是吸引国际游客的重要基础。为更好地吸引国际游客，需要对阳朔现有的旅游吸引物进行全面的梳理和研究。同时，还需要面向主要国际客源市场进行消费需求调查，以了解其需求和期望。在此基础上，可以建立旅游吸引物国际化潜力与旅游吸引物开发国际化程度比照清单，以充分挖掘资源潜力。按照国际化标准，逐步推进乡村旅游产品的国际化建设，打造多元、互补的国际乡村旅游产品体系。

1. 打造具有阳朔味道的国际化旅游产品

党的十九大报告提出"两创"方针，即要"推动中华优秀传统文化创造性转化、创新性发展"，旨在推进我国深入挖掘、研究、开发国家文化传统。深度挖掘中华优秀传统文化的思想、精神和伦理价值，将其与本时代的需求相结合，对其进行创新和发扬，展现出中华文化魅力。阳朔不仅具备优美的乡村风光，还承载着独特的乡村文化，这些是其最为丰富和深邃的文化力量，且具备一定的国际影响力。置身于文旅融合发展的背景下，阳朔的乡村旅游在国际化进程中更应利用其文化优势，秉持创新与创造的策略，打造出独具阳朔特色的全球化乡村旅游产品。

由此，阳朔在打造国际化乡村旅游目的地过程中，必须对"文化"这一关键资源进行更深入的挖掘、运用和转换，借此与全国各地的资源布局连接，通过全域旅游的创新方式持续将本地的人文艺术资源转为文化旅游产业的发展动力。让自身的乡村产品和服务能够"走出去"，同时也能吸引国际游客"走进来"，在全球文化旅游市场上铸造出阳朔独有的乡村旅游品牌。

2. 做好规划，明确发展目标是乡村旅游国际化发展的基础

乡村旅游国际化发展，向国际展示中国乡村文化的魅力，推动乡村旅游大众化的国际传播，这样既能满足国外旅游者的需要，也是增进各国人民感情，构建人类命运共同体，为世界贡献中国智慧、中国方案、中国力量的客观要求。因此，在新的乡村旅游发展规划中，应明确乡村旅游国际化发展的目标定位、具体任务，把乡村旅游作为国际交流的重要平台，实施乡村旅游的区域融合、业态融合、技术融合、主体融合等创新，例如实施乡村旅游基础建设国际化工程、乡村旅游产品和商品国际化工程、乡村旅游宣传推广国际化工程等，使乡村旅游发展与国际化标准接轨，从而全面推进乡村旅游国际化发展。

3. 创新乡村旅游业态融合，构建乡村旅游国际化产品体系

阳朔需要创新乡村旅游品牌，形成丰富的产品体系，并通过各种渠道、手段让国外旅游者了解这些产品，刺激他们的乡村旅游需求。通过实施"乡村旅游+全域旅游""乡村旅游+康体旅游""乡村旅游+休闲旅游""乡村旅游+探险旅游""乡村旅游+扶贫攻坚""乡村旅游+文化教育"等，形成乡村旅游新业态。例如在乡村观光产品基础上，做好特色餐饮、特色民宿、乡村文创、乡村文化演艺、乡村文化研学等旅游产品的创意开发；开发以乡村旅游为主题的研学旅游、自驾车旅游、户外拓展旅游，不断丰富乡村旅游活动；创建高品质乡村旅游示范乡村、小镇和全域乡村旅游示范点。开发一系列的乡村旅游产品体系，可以给国外旅游者带来更大的吸引力，刺激他们的乡村旅游需求；同时，也为国外旅游者了解中国乡村文化提供平台，有效促进中国传统文化的传播。

（三）不断完善国际化旅游服务机制

良好的国际化旅游服务体系是旅游国际化建设的保障。优越高质量的旅游服务是确保乡村旅游国际化建设的关键路径。一座城市的精神象征和文化氛围构成一个地区的形象，一个地区的基础设施建设是维护游客旅游感受的重要元素。

1. 精细化服务提振高端化品质

（1）加大服务体系的建设力度，提高服务的标准化、个性化和人性化水准。以国际乡村旅游目的地标准化指标为准则，构建一个覆盖整个行业的服务能力提升体系。对服务人员的语言、动作、态度、景区的标识指示牌以及旅游产品质量等评价指标进行科学评估，并通过教育和激励等方式进行引导和约束，以推动度假区服务品质持续向着标准化、专业化以及高端化的方向发展，甚至赶超全球先进水平。

（2）加强基础设施的国际化建设。要将阳朔打造成为国际乡村旅游目的地，就要不遗余力地增加对基础设备的资金投入，完善基础设施。通过多种渠道筹集投资资金，专注于综合交通网络的建设，提高旅游目的地出入便捷性，尽可能缩短游客在交通上的耗时，使游客能够有更多时间欣赏和感受乡村旅游的人文魅力和多姿多彩的风光。

（3）加强智能化服务平台建设。随着互联网技术的不断发展，区域旅游发展的方向为智慧城市和智慧旅游。通过推动智慧城市和智慧旅游的发展，所有旅游信息将被整合到信息服务网络中，实现网络信息化管理，使游客可以通过网络直接或间接获取相对应的路线服务和旅游指南。免费网络的普及打破游客的网络壁垒，实现区域内网络服务的畅通无阻，并构建起自助旅游服务系统。具体措施包括：强化游客在线服务及智能旅游度假体验的建设，尽早让游客实现"一部手机游阳朔"的便捷服务和基于智能技术的全感官沉浸式旅游体验，以前沿科技提升阳朔乡村旅游的国际竞争力。

2. 专业化人才助力全民化参与

通过优化薪酬激励机制，加强旅游从业人员全球化培训，以提高旅游从业人员的服务水平，进而培养高素质的旅游专业人才。

（1）人才引进要"有的放矢"。由阳朔县级层面带头，以"人岗相适""人尽其才"为准则，搭建文旅人才链，集中引进国际化乡村旅游目的地所急需的人才，重点招募一批熟悉本地情况、具有乡土情感的本土人才以及一批有学历、有能力的专家型人才，从人才方面建设既有本土特色又与国际接轨的国际化乡村旅游度假区，并以此带动全民参与，形成面向全球的本土乡村旅游度假产业集群。

（2）人才培养要"稳中有升"。由相关部门带头设计并建立乡村旅游人才队伍培养体系，并由相关文旅企业具体执行。一方面，通过优化薪酬激励机制，加强旅游从业人员全球化培训，以提高旅游从业人员的服务水平，进而培养高素质的旅游专业人才；另一方面，构建注重能力、多元培训的培训机制，持续提升乡村旅游人才的能力。确保乡村旅游人才稳步实现能力提升，以此打造一支与国际接轨、技能出众的优秀旅游度假人才队伍。

（3）政府应发挥宏观调控作用，以建立综合旅游诚信体系为目的，整合政府监管、游客评价、社会监督和企业内部监控等要素。此外，语言沟通问题也不容忽视，建议在关键旅游信息方面采用双语标注，并设置公共场所的外语人工服务，确保国外游客在旅行过程中顺畅无阻。

（四）构建精准化、多样化、多渠道国际旅游营销模式

1.实施精准化的国际营销战略

确保营销策略与国际发展潮流相契合，是打造国际乡村旅游目的地的关键。阳朔需充分挖掘自身特色和优势，并在此基础上采取与时代和国际接轨的方式阐释自身特色与优势，打造新时代乡村旅游形象。一方面，阳朔可以选择符合文化特质和内涵的内容，有针对性地制作简洁有力、脍炙人口的宣传口号，通过当下热门的短视频平台进行大众化宣传，提升曝光度；另一方面，阳朔可以进行专业化和个性化分析，精准分析市场，细分游客需求，找准目标客户，有针对性地实施差异化营销。同时，可运用高科技手段营销，例如请专业公司制作阳朔相关 VR 体验项目并投放至相关平台，使游客能够通过 VR 设备沉浸式体验阳朔风景，提升游客的关注度与兴趣。此外，还可借助互联网销售平台的直播，邀请知名"网红"来阳朔进行"直播带货"，既可带动阳朔本地旅游产品销售，也可更真实地展示阳朔的风景。另外，通过举办具有影响力的旅游宣传活动，如会展旅游和商务旅游等，提升阳朔的整体吸引力。

2.开辟多样化的国际宣传路径

实施"走出去、请进来"策略创新国际营销，加强宣传。

（1）要"走出去"宣传。一方面，阳朔应建立一支国际化专业营销团队，以各种国际展览会为重要宣传窗口，团队在采取宣传手段之前应深入了解目标国家和群体的旅游习惯和需求，根据其特色，有的放矢地在国际旅游展览会上进行宣传。另一方面，国际化宣传应利用 Facebook、YouTube 等国际网络平台，邀请国外旅游博主来阳朔并进行宣传，在平台上以更具参与性、更有阳朔特色的方式展示阳朔旅游景点。

（2）要"请进来"宣传。探索周边地区联合旅游策略，加强与跨国旅游商的合作，引进国际人才和资金，构建全球运营网络，进行系统、精确的

营销策略布局，实现合作共赢。一方面，与国际知名旅游机构进行洽谈，并于阳朔设立分支机构；另一方面，邀请俄罗斯、瑞典、芬兰等处于寒冷地区国家的旅游部门实地考察乡村旅游发展条件，设置跨国康养旅游项目。同时阳朔也可利用政府、企业、高校或研究机构的各种会议、活动和学术交流等方式提升国际关注度。阳朔可积极争取举办国际会议和活动，吸引国际目光，也可申请参加国内外举办的各个国际会议，从会议主题出发全面介绍宣传阳朔特色。

四　结语

阳朔国际乡村旅游目的地建设不仅需要对原有产业进行升级和优化，而且需要建立长效激励机制。随着国与国之间国际交流便捷性的提高，出境旅游成为越来越多旅游者的选择。在"走出去"和"请进来"的过程中，如何依托本国独特的旅游资源和旅游产品吸引国外旅游者，成为政府部门现阶段要解决的关键问题之一。在此背景下，阳朔要总结自身发展经验，剖析自身在国际乡村旅游目的地建设过程中面临的问题，提出相关解决对策，这样不仅能够增强其旅游接待能力和完善基础设施，而且能够提升其国际竞争力。因此，今后要以可持续发展为理念，以地方特色为核心，坚持"绿水青山就是金山银山"的理念，推动阳朔乡村旅游朝着国际化的方向发展。

参考文献

[1] 王金伟、吴志才：《乡村旅游绿皮书：中国乡村旅游发展报告（2022）》，社会科学文献出版社，2023。
[2] 世界旅游城市联合会：《世界旅游城市未来发展议程（2021-2030）》，2021。
[3] 广西壮族自治区人民政府：《桂林国际旅游胜地建设发展规划纲要（2012-2020年）》，2012。
[4] 《2021年阳朔县国民经济和社会发展统计公报》，2021。

［5］《2022 年阳朔县国民经济和社会发展统计公报》，2022。

［6］崔朝晖、唐晞哲：《攀枝花康养旅游目的地国际化对策研究》，《攀枝花学院学报》2022 年第 1 期。

［7］高静等：《社区居民对杭州城市旅游国际化的感知研究》，《北方经贸》2021 年第 1 期。

［8］陈博洲：《打造世界级度假胜地——新时代机遇下重庆武隆仙女山旅游度假区国际化发展路径探析》，《中外企业文化》2022 年第 3 期。

B.7
龙胜县全球重要农业文化
遗产旅游发展报告[*]

摘　要： 全球重要农业文化遗产是农村与其所处环境长期协同进化和动态适应下所形成的独特的土地利用系统和农业景观。龙胜各族自治县以龙脊梯田全球重要农业文化遗产推进桂林世界级旅游城市建设，积极融入世界级旅游城市建设之中，致力于打造世界级旅游城市的生态排头兵。但也存在着形象不够突出，大旅游的全局意识尚未形成，产业基础依然比较薄弱；缺少对标世界、示范引领的旅游产品；文化遗产旅游开发过度商业化；基础设施短板明显，公共服务水平有待提高等问题。针对现存的问题，本报告提出一系列建议，包括：组织引领，做好遗产的保护提升；形成鲜明的定位，打造世界级旅游景区；深化推进三个振兴，产业振兴赋能高质量发展；提高设施和服务国际化水平，全面提档升级；创新推进文旅融合，培育旅游新型业态；创新民族文化活动平台，注重传承民族文化。

关键词： 全球重要农业文化遗产　遗产旅游　世界级旅游城市

　　全球重要农业文化遗产在概念上等同于世界文化遗产，联合国粮食及农业组织（FAO）将其定义为："农村与其所处环境长期协同进化和动态适应

---

[*] 作者：王林，博士，南宁师范大学旅游与文化学院教授，硕士研究生导师，主要研究方向为遗产旅游、区域旅游规划；钟学思，博士，广西师范大学经济管理学院教授，博士研究生导师，广西师范大学社会科学研究处副处长，广西人文社会科学发展研究中心副主任，广西师范大学珠江—西江经济带发展研究院副院长，研究方向为城市化与区域经济可持续发展。

下所形成的独特的土地利用系统和农业景观，这种系统与景观具有丰富的生物多样性，而且可以满足当地社会经济与文化发展的需要，有利于促进区域可持续发展。"2018 年，中国南方稻作梯田（包括广西龙胜龙脊梯田、福建尤溪联合梯田、江西崇义客家梯田、湖南新化紫鹊界梯田）入选全球重要农业文化遗产。截止 2023 年 11 月，中国拥有 22 项全球重要农业文化遗产，在数量和覆盖类型方面均居世界首位。

龙胜各族自治县深入贯彻党的二十大精神，认真贯彻落实习近平总书记视察广西及桂林时的重要讲话精神，立足全县自然生态条件、特色产业资源禀赋、发展基础和市场需求，坚持"生态立县、绿色发展"的理念和"生态、旅游、健康"的思路，全面贯彻落实高质量发展要求，以龙脊梯田全球重要农业文化遗产推进桂林世界级旅游城市建设，积极融入桂林世界级旅游城市建设之中，致力于打造世界级旅游城市的生态排头兵。

一　龙脊梯田全球重要农业文化遗产的价值

龙脊梯田全球重要农业文化遗产积淀龙脊地区民众长期以来的生态管理理念和农业生产智慧，是传承至今宝贵的农业文化遗产。

（一）悠久的农业文化遗产

研究多认为龙脊梯田开造于元代，"从元末至晚清的 600 多年间"[①]。龙脊梯田依山而建，山顶处的森林茂密；村民在缓坡开垦梯田，修筑水渠，种植水稻，形成集森林、梯田、村庄、茶园、果园以及溪流为一体的农业垂直景观，共同展现先民们适应大自然的人文智慧。

历代以来，村民对梯田有很深的感情，龙脊的乡规民约中有诸多规定："一禁地方至春忙栽种之际，各户不许放牛、羊、鸡、鸭踩食田禾，如有走

[①]　黄钟警、吴金敏主编《精彩龙脊》，书海出版社，2005。

失等情，各将田苊赔苗，如有不遵，任凭送究。"① 村民意识到，山林保护
要"遵节爱养之，则存乎人"，否则"春生夏长，造弗竭其藏，朝盗夕偷，
人情争于菲薄"②，为此村民"立会"以约束不法之徒，制定严格的乡规民
约来保护山地自然生态景观。乡规民约对于维护农业生产发展，维持生活和
社会秩序都是有一定积极意义的，在一定范围内发挥了不小的作用。

悠久的农业耕作历史，使龙脊梯田呈现出"天人合一"的自然与和谐，
梯田整齐有序，线条丰富多彩；沿山势修建的龙脊梯田，像宝塔、七星伴月
一样，增强了田园造型之美。金坑梯田比较有层次感，有音乐般的美感，它
体现出梯田的节奏与韵律感。

（二）独特的农业劳作方式和管理制度

依托龙脊独特的山地地质地貌，民众创造和发展梯田空间格局，培育多
种特色稻种，形成一套完整的开山垦田、养田护田、山林守护、水源分配、
农业耕作制度。

龙脊地处桂北高寒地区，热量欠足，只能种单季稻。龙脊地区农业生产因
梯田面积狭窄，地势陡，多采用锄耕、耦耕法，2/3 的耕地都使用人力推拖犁
耙。稻田大都经过一犁二耙，施基肥割田坎草并糊田基。为适应本地区山高石
头多的特点，割草用的镰刀刀尖打制得较为上翘、尖、细而锋利，小田锄、禾
剪是龙脊地区独具特色的农具。《岭表纪蛮》③ 中描述广西各少数民族的耕作
方式，其中对梯田种植技术描述如下："邻黔诸蛮，间亦采用'偶耕'方式，
即以二人负犁平行，代牛而耕，一人执犁以随其后，其艰苦尤不可言！"

龙脊民众有一整套较为完整的灌溉用水方法，如"在一条主渠或支渠
有许多处地方使用这条渠水，便在分水地方安下一块用平整的木块或石块做

---

① 广西壮族自治区编辑组、《中国少数民族社会历史调查资料丛刊》修订编辑委员会：《广西
少数民族地区碑文契约资料》，民族出版社，2009。
② 广西壮族自治区编辑组、《中国少数民族社会历史调查资料丛刊》修订编辑委员会：《广西
少数民族地区碑文契约资料》，民族出版社，2009。
③ 刘锡蕃：《岭表纪蛮》，商务印书馆，1934，第 122 页。

成的，上面凿下一个有两个缺口或三个缺口作'凹、凹凹凹……'状的'水平'"①，按照灌溉的田地来设置分水缺口的大小和多少，因为有这种较为合理的分水方法，所以村民很少因为分田水而产生矛盾和冲突。因此，每年于农历四、六月需修理水渠水槽一次，共同使用一条水渠的每家都会派一人或两人参加，每户出工人数视自家田地的多少而定。

（三）丰富多样的民族风情

龙胜各族自治县是我国中南地区最早成立的少数民族自治县，现有人口17万，有苗、瑶、侗、壮、汉5个主体民族，其中少数民族人口占总人口的80%。该县保存着完好的壮瑶苗侗等少数民族原生态文化，有"无山不瑶，无林不苗，无峒不侗，无水不壮"一说。龙脊一带主要以壮族、瑶族为主，不同民族与特殊的自然条件结合，形成了多元的民族风情。

比如龙脊壮歌包括：古壮歌、酒歌、伦喃、幽默歌、情歌、祭祀歌等，以山歌和弯歌闻名。劳动歌起源于农业生产劳动；酒歌为喜庆酒席上唱，表示祝贺、颂赞、欢迎、感谢，也有歌颂祖先功德、民族历史的，有时还会介绍龙脊地区的习俗族规和农业生产知识；伦喃只念不唱，犹如汉族的快板，易于流传。

龙脊的舞蹈有扁担舞、师公舞、葫芦舞、五彩裙。扁担舞，俗称"打扁担"，又叫"打虏列"，是从唐代"春堂"演变而来的，表演者手持扁担，围绕木槽周围，上下左右边唱边打，配以竹筒、鼓、锣、小镲组合打击乐伴奏，模拟农事活动中耙田、插秧、戽水、收割、织布、舂米等动作，轻重、缓急、强弱、高低错落有致，朴实自然，节奏感强，场面欢快、热烈。

各民族遵循四季季节农时规律安排生产生活，在生产环节中孕育出各种节庆活动，正所谓"不违农时，谷不可胜食也"。龙胜有跳香节、晒衣节、长发节等近90个传统民族节庆。

---

① 广西壮族自治区编辑组：《中国少数民族社会历史调查资料丛刊：广西壮族社会历史调查》（第一册），广西民族出版社，1984。

表1　龙脊部分特色民族节庆

名称	时间（农历）	活动内容
春社节	春社日	同姓宗族杀猪杀羊，共同祭祀社王，祈祷人寿年丰。寨老宣讲乡规民约，安排生产和唱古歌传播生产经验，集众会餐
牛王节	四月初八	相传为牛生日，各户备草料拌以米糠、鸡蛋、黑糯饭喂牛，让牛休息一天。蒸五色糯饭赠送亲友，举行歌会
药王节	五月初五	为药王诞生日，各户备糯米粽把供奉，当天入山采药，喝雄黄酒，以防蛇伤虫咬
莫一大王节	六月初二	壮族以民族神敬奉祀。凡逢子午年，集众杀猪举行盛大祭祀，祈祷人畜平安
中元节	七月十三、十四	杀鸡杀鸭祭祀祖先，村寨青年男女集会对歌
晒衣节	六月初六	红瑶把自家红瑶花衣、饰衣、花裙挂出户外晾晒，载歌载舞，梳洗长发，欢庆节日

（四）良好的生态资源

龙胜各族自治县平均海拔700~800米，年平均气温18.1℃，全年无霜期317天，年均降水量1544mm。龙脊梯田沿等高线开垦和修建，分布于海拔300~1100m，梯田垂直分布高差500~800m，坡度大多在26~35度之间，在龙胜最高峰福平包（海拔1916m）及海拔1500m以上分布着大片的原始森林。龙脊梯田景区所在区域，全部为高山深谷地形地貌，森林覆盖率为78.1%；境内沟谷瀑布河流纵横交错，水景资源非常丰富。森林将雨水固定后再通过泉眼的形式输送水分，为此龙脊民众创造了山地的水利渠网，构筑出无数条干渠水沟，实现了水资源的集约高效利用与管理，形成了一个互利共生的生态良性循环系统。高山、坡地、溪水、森林、梯田、聚落依次分布组合形成和谐的景观。

因此，区域内生态环境优良，孕育了大量的动植物；海拔300~800m，分布有杉木、马尾松、油菜、油桐、毛竹及众多阔叶林；海拔800~1300m，以阔叶树为主，松杉等经济林为辅；有红腹角雉、长尾雉等国家一级保护动物以及竹鼠、田猪等国家三级保护动物。

二　龙脊梯田遗产旅游发展现状

龙胜各族自治县坚持"生态立县、绿色发展"的发展理念和"生态、旅游、健康"的发展思路，全面贯彻落实高质量发展要求，以龙脊梯田全球重要农业文化遗产为龙头景区，取得较大的成效。

（一）梯田遗产旅游已经形成规模

龙胜各族自治县坚持"以文塑旅、以旅彰文，推进文化和旅游深度融合发展"战略部署，积极创建国家全域旅游示范区，主动融入桂林世界级旅游城市建设，旅游业态不断创新，各项工作取得显著成效。

据相关部门统计，2022 年，龙胜各族自治县接待游客总数 704.68 万人次，同比下降 12.3%。其中，国内游客 703.87 万人次，下降 12.3%；入境游客 0.81 万人次，增长 22.9%；实现旅游总消费 85.25 亿元，同比下降 16.8%。国内旅游消费 85.06 亿元，下降 16.8%；国际外汇消费 275.94 万美元，增长 14.7%。2023 年上半年，全县服务业增加值同比增长 5.5%，呈持续恢复态势；全县接待游客 446.16 万人次，同比增长 69.7%；实现旅游总消费 51.46 亿元，同比增长 60.4%。在文旅市场强劲复苏拉动下，交通运输、仓储和邮政业，住宿和餐饮业，营利性服务业增速明显回升，增加值同比分别增长 17.3%、11.8%、19.5%。

其中，龙脊梯田景区游客量占全县总游客量的 30%，涉旅游收入长期占全县 GDP 的 65% 左右，龙脊梯田景区旅游接待人次和旅游接待收入除了疫情年份外普遍呈现增长态势。经过多年开发，龙脊梯田景区旅游业发展已经处于上升的通道中，无论是旅游基础设施还是服务设施都相对成熟，开拓稳定的旅游客源市场，成为桂北地区旅游中较为突出的范例。

（二）强化战略引领，扎实推进国家全域旅游示范区建设

以桂林世界级旅游城市建设为契机，龙胜各族自治县持续促进旅游业高

质量发展，正在逐步实现旅游业全域共建、全域共融、全域共享的发展模式，推进国家全域旅游示范区的创建工作。2016 年，龙胜各族自治县入选"国家全域旅游示范区"创建名单；2022 年，龙胜各族自治县入选国家全域旅游示范区初审验收达标名单。龙胜各族自治县以"世界梯田原乡、多民族生态博物馆、中国红玉之乡、康寿养生胜地、有机产业大园区"为目标，以重大旅游项目为突破口，按照"全县大景区"战略引领进行"一核两重四镇五区+旅游大环线"布局建设，其中："一核"即以县城为核心，力争把县城打造成 AAAA 级景区，将国家全域旅游示范区创建工作作为推动龙胜经济社会发展的重要抓手；重点建设红军践行民族政策博物馆、特色街区、红色旅游小镇，把龙胜县城打造成为桂湘黔名优特产集散地，策划大型实景演艺，整合当前各种旅游要素资源，统筹推进"产、城、景"融合发展。"两重"即重点建设龙脊梯田景区和南山景区，积极推进龙脊梯田景区创 AAAAA 进程，构建大龙脊景区格局；南山景区结合红军长征过龙胜以及独特的民族文化、高山草原等资源，打造多种旅游体验项目。"四镇"规划在龙胜旅游大环线上建设泗水瑶族小镇、伟江苗族油茶小镇、平等红色侗族小镇、瓢里壮族渔歌小镇四个民族特色小镇。"五区"则包括规划建设龙胜温泉森林小镇养生景区、西江坪森林人家养生景区、彭祖坪天人养生景区、花坪国家级自然保护区、大坪塘高山竹海养生景区 5 个度假区，并辐射景区周边村寨。

通过国家全域旅游示范区的创建，依托龙脊梯田全球重要农业文化遗产旅游发展，推动龙胜旅游产业由传统观光型向深度体验型转变，实现旅游产业从分散式景区旅游向全域一体化方向发展，进一步提升龙胜景区的文化内涵，丰富景区的游览内容。

（三）实施旅游品牌工程，提升国际影响力

龙胜各族自治县以"生态旅游区"为长远的发展目标，重点打造"世界梯田原乡、多民族生态博物馆、康寿养生胜地"等旅游品牌，发展生态观光游、民族文化游、休闲度假游等旅游产品。龙胜各族自治县以"休闲

乐土、度假天堂、养生福地"为旅游产业发展主题，2022年龙胜龙脊国际旅游度假区获得自治区级旅游度假区称号。当前，龙胜各族自治县正在积极推动创建一批文旅精品，推进观光旅游、度假旅游和以乡村旅游、红色旅游、康养旅游等为重点的旅游产品开发，把旅游业发展成为龙胜国民经济的重要支柱产业；实施旅游精品战略，做足"农耕、民族、红色、康养"四大品牌文章，构建旅游多元产品体系。推动龙脊梯田景区创建AAAAA级旅游景区，推动龙胜华美创建四星级旅游饭店。龙脊镇大寨村入选2022年联合国世界旅游组织"最佳旅游乡村"，成为广西首个成功入选联合国世界旅游组织"最佳旅游乡村"的村寨。

培育"民族百节之县"特色品牌。为有效推进龙脊各项农耕文化节事，从2012年开始至今，龙胜各族自治县举办"龙脊梯田文化节"活动。为提高"梯田文化节"旅游知名度，举行有千人长发展、民族团圆舞、"民族交响诗"实景演出，还有百家宴、龙舟赛、湘桂原生态民族文化旅游发展研讨会、湘桂原生态风情旅游推介会等活动。2023年，为推进龙胜旅游持续发展，策划举办龙脊梯田国际文化旅游节、马海梯田音乐节、"三月三"长发节暨吉尼斯世界纪录申报活动、"红色之旅"跑山赛暨"四月初八"牛王节等丰富多彩的民俗节庆活动。

培育打造"宜居龙胜""养生龙胜""龙胜有礼""龙胜有戏"等一批魅力品牌。加大旅游品牌培育和营销力度，推出"冬游广西""壮族三月三，相约游广西""广西人游广西"、广西文化旅游消费大夜市等主题宣传推广和文旅促消费活动；在广西综艺旅游频道播出《书记县长当导游》龙胜篇，进一步提升龙胜旅游形象和美誉度，提升龙胜旅游国际影响力和产品附加值。

（四）推进乡村振兴，加快农业农村现代化建设

将旅游业打造成为龙胜各族自治县经济社会发展的重要支撑产业、生态绿色产业、富民惠民产业。推进巩固拓展脱贫攻坚成果同乡村振兴有效衔接，当地政府坚持集中力量办大事，确保各级财政衔接推进乡村振兴补助资金用于支持产业的比例在55%以上，重点支持联农带农富农产业发展。以

龙胜镇平野村、瓢里镇六漫村、泗水乡周家村等乡村振兴示范点建设为抓手，大力实施乡村风貌提升和农村人居环境整治"三清三拆"工作，打造"一路梨花上南山""一路稻花上龙脊""一湾碧水进温泉"三条精品线路以及龙脊镇岳武村、马堤乡张家村、三门镇花桥村等 10 个精品村庄；完成"两高两道"房屋风貌改造 1541 座、基本整治型村庄 928 个。农村自来水普及率达 88.37%，卫生厕所普及率达 91.86%，乡镇污水处理设施覆盖率达 60%。

2022 年，龙胜各族自治县申报中央预算内资金项目、乡村振兴补助资金项目、地方政府专项债券项目 73 个，总投资 42.97 亿元。争取到中央预算内补助资金项目 4 个，获得补助资金 2808 万元；乡村振兴补助项目 12 个，获得补助资金 4390 万元。以打造桂林世界级旅游城市生态排头兵为目标，科学谋划和实施重大项目 70 项，计划总投资 481.72 亿元，年度完成投资 26.13 亿元。持续提升"一路梨花上南山""一路稻花上龙脊""一湾碧水进温泉"三条精品线路内涵，推动乡村旅游转型升级，促进乡村旅游业态创新发展、集聚连片、提升乡村风貌。加强农村房屋管控，深入开展农村人居环境整治，推进农村厕所革命，健全农村生活垃圾收运处置体系，稳步推进农村饮水安全向农村供水保障转变，加强乡村风貌引导。

三 龙脊梯田全球稻作农业景观遗产旅游发展经验

龙胜各族自治县依托龙脊梯田全球稻作农业景观遗产等独特旅游资源优势，推进旅游与其他产业深度融合，形成文旅新业态，为桂林世界级旅游城市建设贡献力量。

（一）重视梯田农业遗产的可持续保护

长期以来，龙胜各族自治县县委、县政府非常重视龙脊梯田农业文化遗产的保护。2011 年，全国首个梯田整治项目在龙胜启动。龙胜开展大规模的梯田修复项目，对田基、水渠、道路、梯田等进行综合整治，修复翻耕塌方和撂荒的梯田，完善梯田的灌溉和排水系统，使梯田景观得以更好地保护与修复。

龙胜各族自治县专门制定《龙胜各族自治县龙脊梯田保护条例》《龙胜各族自治县森林资源管理条例》等梯田保护规划和管理办法。2023 年 5 月，广西壮族自治区人民代表大会民族委员会对《龙胜各族自治县龙脊梯田保护条例》立法、《龙胜各族自治县森林资源管理条例》修订进行第一次审议，进一步加强梯田农耕文化和梯田生态研究，做好梯田的生态和文化保护；切实保护好梯田农业系统生物的多样性，推进龙脊梯田景区的旅游发展。

在龙胜各族自治县县委、县政府统一部署下，文旅、农业等相关部门开展龙脊梯田群的田野调查工作，对龙脊梯田生态系统、旅游资源进行全面普查，摸清家底并进行登记入册；收集有关龙脊梯田的神话传说、民间故事、传统歌谣、手工技艺等材料，为龙脊梯田开发提供了宝贵的基础资料。

（二）积极拓展入境旅游市场，提升国际知名度

龙胜各族自治县旅游业开始于 1983 年，以 1985 年龙胜县旅游公司挂牌成立为标志。多年来，龙胜各族自治县一直实行"旅游扶贫"的战略思想，1996 年正式提出"旅游立县"的发展目标。龙胜各族自治县非常注重国际旅游市场的开拓。据统计，2022 年，龙胜各族自治县接待游客总数 704.68 万人次，其中，入境游客 0.81 万人次，同比增长 22.9%；国际外汇消费 275.94 万美元，同比增长 14.7%。

为提升入境旅游市场管理水平，龙胜各族自治县公安部门结合辖区特点，在龙脊梯田景区内设立境外人员管理服务站，服务站人员由 1 名通晓当地少数民族语言、具有一定英吾口语能力的民警和 3 名协管员组成。服务站集指挥调度、视频监控、便民服务功能为一体，承担三大梯田景区外籍游客的服务管理工作和外勤工作。龙胜各族自治县公安局在民宿业主群中推广桂林市出入境管理支队自主研发的"桂林涉外散居登记"手机 App 系统，全面提升了龙脊梯田内信息化管理效率。

（三）重视遗产的深入开发和研究

"旅游立县"的发展战略确立之后，龙胜各族自治县政府非常重视以龙脊梯田为核心的旅游资源开发与规划，邀请专家团队参与龙脊梯田核心区提升计划的打造，先后制订和修编《龙胜各族自治县龙脊风景区入口综合服务区修建性详细规划》《龙脊梯田景区创建国家 AAAAA 级景区提升规划》《龙脊梯田总体规划（2021—2030）》等一系列的旅游规划方案；推进龙脊梯田景区各项工作，努力将龙脊梯田打造成为特色鲜明、环境优美、文化凸显、设施完善、管理规范、服务一流、文明和谐的世界级旅游景区，促进龙胜旅游产业实现高质量发展。

依托来自国内外大学和高等科研院所农业考古、农业生态、民族学和旅游学等相关领域的科研人员，围绕龙脊梯田全球重要农业文化遗产的概念与内涵、功能与价值、相关政策与体制机制建设、动态保护与可持续发展途径、申报与管理等方面开展系列研究，形成一系列有影响力的学术研究论文、调查报告和学术专著，让更多的人深刻了解龙脊梯田。

（四）逐步推进多业态融合发展

通过业态创新和文旅融合，推动龙脊梯田景区旅游的高质量发展。

推进"旅游+文化"融合发展。黄洛瑶寨因其"天下第一长发村"的美誉吸引众多游客前来探秘。在桂林市政府的大力支持下，黄洛瑶寨通过"粤桂协作"引入资金组建"桂林长发小寨生物科技有限公司"，研发长发小寨淘米水洗发水，企业规划年产值 10 亿元，为周边群众解决 300 余个就业岗位，为社会再提供 2000 余个就业岗位。

推进"旅游+农业"发展，引导群众发展辣椒、罗汉果、百香果等特色种植业，推出凤鸡、翠鸭、龙脊茶、龙脊辣椒、地灵花猪、红糯等国家地理标志产品以及皇金菊等有机食品。例如，龙胜各族自治县与桂林吉福思罗汉果生物技术股份有限公司成功签约，打造一二三产业融合的罗汉果全产业链，实现每年第一产业产值收入 6 亿元以上、第二产业产值收入 10 亿元以上、第三产业产值收入 4 亿元以上，即建成集群产值收入 20 亿元以上的龙胜罗汉果特色农产品优势产区。

推进"旅游+节庆"，举办"龙脊梯田文化节""开耕节""晒衣节""辣椒节"等系列民族节庆活动，推动特色村寨建设；推进"体育+旅游"融合发展，举办粤桂协作项目"行源至胜"半程马拉松——龙胜站赛事、龙脊百公里跑山赛等品牌赛事，打造功能多样的文化旅游新业态、新产品，促进一二三产业深度融合。

（五）推进社区参与，共同推进景区建设

当地政府和新型农业经营主体均十分重视对梯田系统的保护。通过梯田流转有租金、梯田入股有股金、梯田维护有奖金、梯田务工得薪金、梯田旅游挣现金的"一田生五金"模式打造生态产业，实现"资源变资产，资金变股金，农民变股东"的转变，走出一条"打梯田牌，赚梯田金"的好路子，助力乡村大发展、大振兴。截至 2022 年底，龙胜各族自治县已流转农民土地 22291 亩，涉及 59 个脱贫村 2000 多户脱贫户，户均每年获得梯田流转租金收益 4500 元，持续巩固拓展脱贫攻坚成果。2022 年，龙脊梯田景区给村民分发的"年终奖"总额达 746.8 万元，其中大寨村分红达 430 余万元，最多的一户为 3.2 万元。全县已吸收 10 个乡镇 62 个村 3263 户农户入股，入股梯田 4006 亩，年均分红 500 多万元[1]。

大寨村规定凡是农户对自家的梯田按照核心景区的要求统一耕种并且定期对田埂进行维修加固，每年每亩按照旅游公司 2600 元、村级 600元的标准进行奖励。整个龙脊景区有在旅游公司上班的合同制员工 18人，歌舞队及务工人员 134 人；在景区内从事旅游的协管员、卫生员、向导员、工艺品售货员近 2000 人；景区内有农家旅馆 354 家，就业岗位 980 余个[2]。

---

① 龙胜：《"一田生五金"助力乡村振兴》，龙胜各族自治县人民政府网，2022 年 11 月 23 日。
② 龙胜：《"一田生五金"助力乡村振兴》，龙胜各族自治县人民政府网，2022 年 11 月 23 日。

各项社区参与激励政策激发村民对水稻种植的热情，有效地保持了龙脊梯田的稻田生产方式，维护了梯田农业遗产的可持续发展。

（六）加大基础设施建设

龙脊梯田基础设施继续得到完善，各村寨道路、消防、排污、用电、停车、人饮等民生工程均得到进一步的改善。截至 2022 年底，新建设观景平台总面积 11790m²；旅游步行道面积 39610m²，大小停车场 15 个，共有小车停车位 2280 个；修建公厕共有 34 座。2023 年，批复龙胜各族自治县龙脊梯田配套设施建设项目（龙发改管字〔2023〕45 号）包括新建占地面积为 30 亩的综合服务旅游集散中心，建筑面积 20192m²，新建索道 5671m，新建生态停车场 80 亩，2000 个车位。龙脊梯田核心景区大寨村、中禄村、金江村的道路、村容村貌、生活垃圾、污水处理项目全部竣工，这将有效提升龙脊梯田核心区域的旅游环境水平。

四　龙脊梯田打造世界级旅游品牌存在的问题

作为世界农业文化遗产，龙脊梯田资源品位很高，但其与世界级旅游品牌还存在一定差距，主要表现在以下几个方面。

（一）缺少高品质的旅游产品，品牌效应不突出

龙脊梯田全球重要农业文化遗产旅游产品同质化现象比较普遍。当前，主要以梯田观光和民族风情旅游为主，以大寨、平安寨、龙脊村、小寨为核心活动范围，观看平安寨北壮梯田和金坑红瑶梯田，梯田景区的产品模式单一、雷同老化、理念陈旧，缺少品牌效应。梯田遗产旅游目的地的辨识度不高，远程号召力不强，缺少具有全国及国际影响力的高能级景区和休闲度假区。

（二）旅游基础设施依然薄弱

龙胜各族自治县地处越城岭南麓，全县海拔 1500m 以上的高峰有 21座，平均海拔 800m 以上的山地占全县土地面积的 47.26%，素有"九山半水半分田"之称，自然环境十分恶劣。因此，造成当地经济基础薄弱，经济结构不尽合理，总体发展比较落后，传统产业仍未走上转型升级之路，主导产业的带动力和支撑力不够。由于"招商引资难"等的影响，当地项目投资工作动力不足；缺乏高能级产业平台和具有示范作用的龙头企业，人才、资金、土地、技术等要素支撑不足。交通基础设施建设仍然是制约龙胜旅游发展的最大短板。区域内山多地少，存在违章建房管理的难度较大，涉及群众多、执行周期长、拆违成本高等现实问题。因此，修建等级公路、中大型停车场、旅游驿站等十分困难。大量游客的进入，带来大量生活垃圾；交通工具造成废气和噪声污染；修建的旅游基础设施产生废水、废物；现代设施建设破坏原本与民居协调的自然景观等等，梯田文化遗产的保护与传承面临着更严峻的问题。

（三）旅游服务水平参差不齐

未对照国际最高标准和最好水平推进旅游服务标准化建设，缺乏精准、精细的服务规则。观念上的陈旧长期制约着龙脊梯田旅游从业人员的服务水平，导致服务质量参差不齐，使得部分经营业主为追求利润而实行低价竞争、以次充好。对高端民宿、文化精品酒店等新业态、新需求的服务不能及时跟进，旅游信息国际化水平偏低，缺少国际化的旅游信息平台；旅游业的在线服务、移动支付、社交媒体营销运用技术有待提高。

（四）管理体制不完善

龙脊梯田景区的管理体制较为混乱，存在政出多门、条块分割的现象，行业协会的作用不大，导致景区治理不完善。比如，村民新修建的家庭旅馆体量不断扩大，其高度甚至达到 20m，导致建筑物之间相互遮挡，不论是功能还是美观都受到严重影响。建筑风格也越来越现代化，钢混结构基本取代传统木制干阑式建筑，导致人为地降低景观价值和游览情趣。由于缺少市场监管，在出现卫生条件差、商品质量次等市场秩序问题时，容易造成游客的投诉。此外，在农业种植过程中，农户过多使用化肥施肥、农药喷洒，导致梯田生态环境受到破坏。

（五）旅游市场国际化水平不高

据旅游部门统计，2022年全县接待游客总数704.68万人次，入境游客0.81万人次；实现旅游总消费85.25亿元；国际外汇消费275.94万美元，龙胜入境游客的人次、外汇消费所占比重仅为0.1%和0.2%。2023年1~8月，龙胜预计接待游客总数达817.66万人次，同比增长91.16%，其中接待国内游客814.00万人次，接待入境游客3.66万人次；预计实现旅游总消费99.19亿元，国际外汇消费1221.45万美元。龙胜入境游客的人次、外汇消费所占比重仅为0.4%和0.7%，不足1%，可见，尽管龙胜国际旅游市场开发较早，但国际化水平不高，仍有较大的拓展空间。

（六）旅游业态创新水平不高

龙胜缺少一批个性化、多样化的产业集群和旅游功能区，文旅新业态发展不足。比如，缺少特色商业街区，未能为游客提供吃、住、行、游、购、娱一站式服务。缺少大型文旅演艺、夜游项目、户外露营、康养等新业态；缺少国际品牌酒店、高端民宿；缺少年轻游客群体关注的各类轻型户外运动热门项目，如骑行、飞拉达攀岩、滑翔伞、低空飞行等户外运动项目。总之，新涌现的文旅消费新热点不多，产业链的纵向延伸不充分，导致游客"留不长""消费低"，游客黏性不强。

五 龙脊梯田打造世界级旅游品牌对策建议

龙胜各族自治县力争做打造世界级旅游城市生态排头兵，并以此来统揽全县经济社会发展大局。借打造桂林世界级旅游城市的契机，龙脊梯田打造世界级旅游品牌应做好"全面提升"工作。

（一）完善管理机制，打造全面发展格局

政府加强管理引导，建立龙脊梯田景区整体发展的全面发展机制，将建设世界旅游目的地、推动旅游业高质量发展作为县委、县政府的工程议程，建立管理引导工作组，有针对性地解决龙脊梯田景区发展中存在的问题。

充分发挥旅游行业协会和管理委员会的职能，定期举行委员大会，引导企业积极配合政府与景区发展战略，对行业存在的问题进行统一讨论和统一解决。

打造全面发展的格局，有效遏制违法占用耕地行为，通过项目倾斜支持、财政资金扶持等方式，统筹实施梯田土地整治、生态保护修复等工程，推行自然恢复与人工修复相结合的系统治理，加强梯田保水田的维护，积极推进雨兰等公用水库、水渠的维护；对于核心景区范围内的抛荒、丢荒行为进行处罚。应当对村寨的历史风貌保存高度重视，尤其应加大对新增建筑数量、规模、式样等的监管力度。在核心区应严格禁止钢筋混凝土加瓷砖的现代风格建筑，防止"超高"建筑破坏村寨的层次美感。

（二）培育高端旅游品牌，打造高品质旅游产品

聚焦龙胜打造世界级旅游城市的生态排头兵及文化旅游重点区，塑造"世界梯田的原乡"鲜明的形象定位，并围绕这一定位进行景区提升。结合龙脊田园综合体、龙脊国家湿地公园建设，推进龙脊梯田创建 AAAAA 级景区、国家级休闲旅游度假区和甲级、乙级民宿等高端旅游品牌，深度挖掘景区的文化内涵，提高景区的服务质量，建设世界级旅游景区。

依托龙脊梯田特色资源，围绕"农耕、民族、红色、康养"四大主题，深度挖掘文化内涵，创新旅游产品。以大视野谋划大格局，做好旅游规划，提升旅游产品品质，打造世界级旅游景区。规划建设梯田农耕体验基地、山地康养中心、梯田餐厅、梯田三题酒店等重点项目。开发龙脊梯田写生、民

族婚庆旅拍、民族村寨文化、山地梯田度假、梯田湿地科普研学、山地户外运动等专项旅游产品。开发休闲度假旅游产品，主要以梯田园休闲、民族医药康养、山地自然疗养等为主；发展山地户外运动项目，包括徒步、登山、露营等项目；开发红色旅游项目，积极推进长征国家文化公园（广西段）建设，开工建设龙胜各族自治县长征文化复合廊道项目，做好龙胜红色文化教育基地项目前期工作，打造"红色龙胜"品牌。

丰富旅游产品供给，引进和培育国际品牌酒店，推动高端度假酒店建设，鼓励发展多业态的精品酒店，建设"山水主题酒店"集群和全国甲级、乙级民宿，推动龙胜打造精品民宿集聚区。重点培育龙脊开耕节、龙脊梳秧节、龙脊晒衣节、农民丰收节、马海辣椒节、龙脊罗汉果节、伟江跳香节、宝赠祭刹节、地灵百家宴、芙蓉苗乡歌舞节等特色农业文化旅游节庆活动。

（三）提高基础设施建设水平，助推旅游业高质量发展

按照世界级景区发展的标准，加大景区的基础设施建设和环境综合整治力度。主要完善购物中心、商业街等商业配套设施，高标准完善龙胜旅游集散中心、旅游咨询服务中心、旅游驿站、应急医疗救助点、房车营地、汽车旅馆、红色文化旅游沿线的步道维修等配套设施，实施旅游景点、景区改造工程，做好景区卫生清洁、拆除"两违"、节点绿化、旅游标识牌设置等工作。

在"一路稻花上龙脊"沿线的众多村庄通过连点成线打造梯田观景旅游路线，途中建设旅游驿站、旅游厕所、观景平台和微公园、花园，加强农旅融合。完善一批新农村硬件建设，如在金竹寨、黄洛瑶寨、平安寨、大寨、小寨等实行硬化、绿化、美化、亮化等工程，改造各种微田园、微菜园、微庭院和微景观，逐渐实现农旅深度融合。

实施龙脊梯田景区智慧旅游项目，推动大数据、人工智能等新型技术的运用，完成景区票务系统、线上游客中心、停车场管理系统试运营工作，坚持前瞻性、高标准全力推进龙脊梯田景区基础设施的提升改造，以科技赋能推动基础设施的旅游数字化、智能化转型。

（四）提升旅游服务水平，对标服务国际化

深入实施"游客满意度"服务质量提升行动，对照国际最高标准和最好水平，推进龙胜旅游服务标准化建设。积极引入国际高端旅游质量认证管理，培育、提升一批优质服务企业，打造具有国际影响力的旅游服务品牌。整体推进全县旅游从业服务人员的经营管理水平和业务素质培训，提升旅游经营者在管理、信誉、品牌、服务、理念等方面的"软实力"。

全面提升旅游服务水平，做到精细化服务。比如，规范并实现英语、日语、法语等多语种旅游标识牌全覆盖，建设无语言障碍国际化旅游县。建设旅游大数据中心，建设覆盖全县重要涉旅场所的监控系统，完善龙胜旅游官方网站，推进微信、小红书、抖音等平台建设，积极配合建设"一键游广西"项目。进一步发展外币兑换、国际信用卡服务。推行景区门票电子化服务，实现一部智能手机游景区，着力提升旅游业智慧服务水平。

（五）培育旅游新型业态，拓展旅游消费空间

立足"民族、生态、文化"资源特色，激发龙胜文化创新创造活力，大力推动"旅游+"，拓展旅游消费空间。围绕世界级旅游城市的建设，推进旅游+消费、旅游+工业、旅游+农业、旅游+会展、旅游+体育、旅游+医疗、旅游+康养等新业态。

健全现代公共文化服务体系，培育主客共享的美好生活新空间。打造《夜龙脊》《龙脊印象》《龙脊魂》等展现龙脊梯田少数民族特色、体现农耕文化元素的旅游演艺精品。加强对龙胜农业文化遗产资源价值的研究、挖掘和提炼，大力发展民族文化旅游，推进红瑶服饰、瑶族长发洗发水制作技艺、红瑶银饰制作技艺等非遗旅游体验基地建设，开展联合国教科文组织人类非物质文化遗产代表作名录项目申报工作，推动创建国家级文化生态保护区。

建立龙胜旅游特色IP，打造龙胜旅游产品加工基地；开发潘内红瑶梯田旅游度假区、南山云中草原旅游度假区项目，推动温泉国家森林公园改造

升级。打好"红色文化保护与利用攻坚战",积极推进长征国家文化公园(广西段)建设,打造"长征体验在龙胜"品牌。开发特色夜间旅游体验活动,丰富夜游、夜食、夜购、夜演、夜娱、夜宿"六夜"业态。

深入实施"旅游+""+旅游"战略,延伸产业链,大力培育休闲度假、康养、医美、电竞、时尚设计等新业态、新模式,加快建设主题乐园、康养中心,打造时尚、旅居、电竞小镇,加快形成健康旅游产业链,建设龙胜国家级夜间文化和旅游消费集聚区。推进旅游与生态、农业的融合发展,建设龙脊田园综合体、龙脊梯田国家湿地公园;发展山地养生旅游,建设龙脊山地康养旅游示范区(基地、项目),打造龙脊山地康养品牌。发展体育旅游,加快创建国家体育旅游示范区,大力发展山地户外运动、民族体育等体育旅游业态。拓展研学旅游,增设一批中小学研学实践教育基地。

通过串点成线、连线成面,深入推动城乡融合、农旅融合、互动发展;通过不同层次、不同风格、不同业态的项目引进,形成新的旅游产品和线路,拓展景区的旅游消费空间。

(六)深化对外交往合作,拓展国际旅游市场

龙胜借力"一带一路"、中国—东盟博览会等招商引资平台,加快融入"一带一路""粤港澳大湾区"国际经济贸易、金融服务,构建以旅游业为媒介的开放型经济新体制。加大龙脊梯田景区的旅游基础设施、服务水平、管理水平等诸要素的国际化提升和改造。积极引进国内外知名酒店、休闲度假区等旅游品牌,强化境外客源市场宣传推介,谋划英语、日语、法语等多语种网站和境外社交媒体等推广项目,针对境外重点客源地开展线上线下推广活动。依托桂林积极搭建国际性交流合作平台的机会,与世界旅游组织、头部旅游企业、国际大型演艺机构、国际体育机构等国际组织开展合作交流,争取一批国家级、国际性会议、展会、山地户外赛事落户龙胜。

参考文献

［1］何顺：《广西龙脊梯田农业文化遗产保护、利用与社区营造研究》，广西师范大学硕士学位论文，2018。

［2］龙胜各族自治县地方志编纂委员会：《龙胜年鉴》（2021），线装书局，2021。

［3］陈亮、余千、贺正楚等：《广西龙胜县龙脊梯田农业遗产产业化发展效率研究》，《地域研究与开发》2016年第4期。

［4］吴忠军、张瑾：《旅游业发展对山地少数民族村寨文化遗产保护的影响——以广西龙脊梯田景区为例》，《经济地理》2008年第5期。

［5］黄晓媛：《龙脊梯田农业文化遗产保护性旅游开发评估》，湘潭大学硕士学位论文，2019。

B.8
桂林市漓江世界自然遗产旅游发展报告[*]

摘　要： 旅游业发展对桂林市漓江世界自然遗产既是机遇又是挑战。为保持桂林山水生态的原真性和完整性，近年来，桂林市在旅游环境、旅游产业转型、旅游人才汇聚等方面取得显著成效。本文凝练梳理了漓江世界自然遗产旅游发展经验，同时，对世界自然遗产地面临的生态保护修复压力、旅游发展模式与游客需求不匹配、缺乏利益共同体意识等主要问题进行了分析，提出了应科学系统规划旅游路线、树立正确的遗产观和生态保护意识、正确处理保护与发展的关系、培育"旅游+"新业态、加强遗产地交流与合作等对策建议，为桂林市漓江世界自然遗产旅游发展提供参考。

关键词： 世界自然遗产地　旅游　桂林喀斯特　漓江

一　保护好桂林山水——"国之大者"

（一）列入"中国南方喀斯特"世界自然遗产名录

2014年6月23日，桂林喀斯特被批准列入世界自然遗产名录，成为

---

* 作者：马姜明，博士，广西师范大学生命科学学院副院长，教授，博士研究生导师，广西师范大学可持续发展创新研究院院长，广西漓江流域景观资源保育与可持续利用重点实验室主任，广西师范大学西部乡村振兴研究院乡村生态可持续发展研究中心主任，广西师范大学珠江—西江经济带发展研究院研究员，研究方向为可持续生态学；莫燕华，硕士，广西师范大学可持续发展创新研究院秘书，助理研究员；何浩勇，广西师范大学生命科学学院硕士研究生；樊千涛，广西师范大学生命科学学院硕士研究生。

"中国南方喀斯特"世界自然遗产的一部分，其位于中国广西东北部漓江流域，分为漓江峡谷峰丛片区和葡萄峰林片区。遗产地面积 253.8km²，缓冲区面积 446.8km²，总面积 700.6km²，遗产地大部分坐落在桂林市阳朔县、雁山区境内，与漓江国家级风景名胜区核心景区基本重叠，遗产地展示区——漓江景区也是首批国家 5A 级旅游景区[1]。漓江流域面积约 1.2 万km²，是桂林山水的灵魂，涉及重要生态功能区、生态脆弱区等，其生态保护红线总面积 4562.16km²，占其流域面积的 37.52%。

（二）成为大陆型塔状喀斯特的世界典范

桂林世界自然遗产地展示了一个独特的地质景观，塔状喀斯特地貌不断演化，且这个过程可以直观观察到。这包括塔峰底部受到溶蚀作用和雨水直接侵蚀，以及崖壁的持续削减和崩塌，共同造就了世界上极为罕见的塔峰景观。因其在全球塔状喀斯特发育演化上的代表性，桂林被誉为此类地貌的典型教科书。众多国内学者通过对其地貌形成的深入研究，提出了著名的"桂林模式"，该模式涉及峰林喀斯特和峰丛喀斯特的演进[2]。总的来说，桂林喀斯特不仅有着重要的科学价值，同时也记录了一段引人入胜的地质变迁历史。

桂林区域的喀斯特代表热带、亚热带喀斯特演化末期的地貌特征。其地貌主要分为三种类型：一种是由纯碳酸盐岩构成的全喀斯特地貌，一种是由不纯碳酸盐岩构成的半喀斯特地貌，以及流水地貌[3]。桂林喀斯特具有超乎寻常的自然现象和突出的美学特征，展现了世界上最优美和最独特的喀斯特山水景观。世界遗产委员会专家认为，桂林喀斯特具有世界独一无二的地位，特别是喀斯特峰林地貌，他们曾表示：如果"中国南方喀斯特"是世界喀斯特的一顶皇冠，那么桂林喀斯特就是皇冠上的明珠[1]。桂林独特的喀斯特地形、宜居的气候、复杂的水文系统以及丰富的动植物资源共同塑造了一个多姿多彩的自然环境，这为桂林喀斯特作为世界自然遗产地的旅游可持续发展提供了有利条件[2]。

（三）保护好桂林山水是"国之大者"

桂林的自然景观以漓江和独特的喀斯特地形为特色，被誉为拥有"山青、水秀、洞奇、石美"四大绝景。这些风光是中国自然美的经典代表，构成了桂林独特的品牌形象[4]。自桂林漓江风景区成为第一批国家重点风景名胜区以来，其旅游业迅猛发展，吸引了大量游客。然而，旅游业在促进经济发展的同时，也对桂林独特的喀斯特地貌的保护造成压力[5]。此外，当地的发展和基础设施建设对这些自然景观也产生了一定影响。为维护桂林喀斯特风貌，确保其完整性和原真性，同时保留其显著的全球价值，管理部门为保护桂林喀斯特做出了积极努力，编制并颁发了《桂林世界级旅游城市建设发展规划》《桂林漓江流域生态环境保护总体规划（2022—2035）》《桂林漓江风景名胜区总体规划（2013-2025 年）》《桂林市可持续发展规划（2017-2030 年）》等文件，为遗产地的生态保护与旅游可持续发展起到了积极作用。

2021 年 4 月 25 日，习近平总书记来到桂林市阳朔县漓江杨堤码头进行考察[6]，当地负责人提到近年来桂林市积极推进漓江"治乱、治水、治山、治本"，严格处理采石、采砂行为。习近平总书记指出，最糟糕的就是采石。毁掉一座山就永远少了这样一座山。全中国、全世界就这么个宝贝，千万不要破坏。再滥采乱挖不仅要问责，还要依法追究刑事责任[6]。习近平总书记强调，要坚持山水林田湖草沙系统治理，坚持正确的生态观、发展观，敬畏自然、顺应自然、保护自然、上下同心、齐抓共管，将维护山水生态的完整性和原真性视为关键任务。

2021 年 4 月 26 日，习近平总书记来到桂林市象鼻山公园考察调研。他指出，桂林山水甲天下，天生丽质，绿水青山，是大自然赐予中华民族的一块宝地，一定要呵护好。要坚持以人民为中心，以文塑旅、以旅彰文，提升格调品位，努力创造宜业、宜居、宜乐、宜游的良好环境，打造世界级旅游城市[7]。

2022 年 10 月 17 日，习近平总书记参加党的二十大广西代表团讨论，在问到桂林生态环境保护情况、老百姓收入情况时，听到漓江两岸农民的人均收入高于全市、全区、全国平均水平，非常欣慰，听到象鼻山公园已经永久性免费开放，习近平总书记点头赞许，说"还景于民，算的是大账；保护生态，谋的是长远"。习近平总书记讲，"'桂林山水甲天下'，一句话就给桂林定位了。如果桂林山水'乙天下'，或者变成了天下无名，那就不是桂林了。桂林要吃好'山水饭'""保护好桂林山水就是对国家对民族最大的贡献，这就是你们的'国之大者'"。

二 漓江世界自然遗产旅游发展主要成效

（一）旅游环境不断提升

1.生态环境质量持续向好

桂林市以河长制为抓手，摆脱漓江"污染—治理—再污染—再治理"的恶性循环，实现"河畅、水清、堤固、岸绿、景美"的水生态环境，入选全国首批美丽河湖治理案例。地表水环境质量连续两年位列全国前三，漓江流域4个国家地表水考核断面水质优良比例为100%，漓江水质保持Ⅱ类标准。漓江污水处理项目将城区的污水处理率提高到超过99%，彻底根除了黑臭水体问题。此外，桂林还在漓江两岸的城镇和农村地区逐步建设、完善污水处理设施，惠及约148.4万居民[8]。2022年5月，桂林市成功入围"十四五"全国第二批系统化全域推进海绵城市建设示范城市[9]。

截至2023年底，桂林市全年空气质量优良率91.0%，PM2.5、PM10平均浓度分别下降3.8%和11.1%，一氧化碳、PM10、氮氧化物三项指标排名全区前三位，环境空气质量综合指数3.07，同比下降4.1%，空气质量保持全国前列。2023年10月，桂林市首次向社会发布《漓江生态环境质量报告（2022年）》，科学评估漓江保护的良好势态[10]。

土壤环境质量总体稳定，危险废物无害化处理率达100%，重点建设用地安全利用率100%，锰渣无害化制砖技术全区推广。桂林市入选"十四五"时期"无废城市"建设名单。截至2023年底，桂林市森林覆盖率达71.97%。桂林市通过生态保护修复工程奠定了坚实的生态文明基础，并以此打造世界级旅游城市、首批国家绿色旅游示范基地等，成功获得"全国文明城市"荣誉称号[11]。

2. 旅游基础设施提档升级

漓江风景名胜区一批高品质旅游公路、休闲绿道建成使用，形成"快进慢游"的旅游交通网络。提升服务便利化水平，扩容升级"一键游桂林"云平台功能，实现旅游管理、服务、营销智慧化。加快推进国际语言无障碍系统平台建设，健全"综合服务中心—服务点"两级旅游服务咨询网络，二级旅游集散中心、三星级汽车旅游营地、国家标准旅游厕所等不断涌现。加快建设国际语言无障碍服务终端系统、旅游中英文标识系统等旅游公共服务项目。

3. 旅游市场环境不断改善

坚持文旅发展与平安桂林、法治桂林、文明城市等工作有机结合，深入开展旅游消费购物市场整治等专项行动，加快推进全国旅游投诉调解与仲裁衔接试点，依法依规调解、裁处旅游纠纷案件，游客满意度持续保持全国前列。

（二）旅游产业转型升级加快

桂林市为改善漓江流域生态景观环境和人居环境，大力开展漓江生态景观修复和综合治理，促进了遗产地旅游水平的提升和高质量发展。

1. 旅游活动增进民生福祉

漓江百里生态旅游带不仅创造了充足的就业岗位，还带动了农家乐、民宿和水果种植产业迅猛发展，促进了全市旅游行业的高速发展。阳朔县沿江6万多名群众每年享受漓江景区、遇龙河景区收入总额10%的分红，每年统筹各类分红超4000万元[11]。

2. 旅游品牌效应不断凸显

象鼻山因其独特的美景多次被评选为中国十大最佳赏月地之一，更是在2016年和2017年分别作为端午节特别节目"歌从漓江来"以及春节联欢晚会的分会场地，成功举办相关活动。此外，桂林还永久承办中国—东盟博览会旅游展永久落户桂林。象鼻山景区正式向社会全面免费开放，文化和旅游部称赞"象鼻山免费的一小步，是桂林建设世界级旅游城市的一大步"，打响"桂林最美"品牌，这无疑代表着桂林的城市影响力再度提升。阳朔县获得首批国家全域旅游示范区，入选中国最美县域榜单，被评为2023年全国县域旅游综合实力百强县等；遇龙河度假区荣获广西首个"国家级旅游度假区"；灵川县大圩镇获得全国乡村旅游重点镇（村）。桂林经济开发区被评为国家级绿色园区，吸引70余家国内外顶尖企业设立分公司，桂林的生态环境已成为投资环境的重要元素和自然禀赋优势[11]。

（三）旅游人才汇聚新智力

圆满承办桂林打造世界级旅游城市专家研讨会，通过研讨会与吴文学、戴斌、保继刚、李迪华等特聘专家建立工作对接机制。在中国旅游研究院戴斌院长的争取下，桂林成功当选2021年中国旅游集团化发展论坛主宾城市，让国内文旅企业集团能够在会上"了解桂林、关注桂林、爱上桂林"[12]。组织本地专家学者出谋划策，市文化广电和旅游局组织撰写的《桂林打造世界级旅游城市对策研究》被自治区文化和旅游厅评为"2021年度十佳调研报告"。通过汇聚国内和本地高端人才，构建起由国内顶级专家领衔的桂林打造世界级旅游城市"国家、自治区、桂林市"三级专家智囊团队，为桂林打造世界级旅游城市发展路径发挥了重要作用。

三 漓江世界自然遗产旅游发展经验

全力推进漓江流域生态保护和修复治理。坚持标本兼治，综合施策，用系统理念科学保护漓江，进一步构筑漓江生态安全屏障，青山常在、绿水长流、空气常新。桂林市委、市政府提出"统一管理、统一经营、统筹各方利益"的总体思路，通过"治乱""治水""治景"，以绿色发展观构建保护、利用、管理"三位一体"总体布局，改革创新顶层设计的"四梁八柱"日益完善，各项改革举措落地生根。

（一）保育和修复"桂林山水"，挖掘山水景观多元价值，赋能漓江世界自然遗产旅游发展

漓江生态保护是一项系统工程。历届桂林市委、市政府久久为功，秉承

"一本蓝图绘到底"的思路,加强综合治理和投入打造世界级旅游城市。自治区也为此作出战略部署,坚持"保护漓江、发展临桂、再造一个新桂林"[13]。桂林通过产业转型升级,使漓江脱离工业,有效地解决了漓江保护与发展的矛盾问题,同时推动了桂林向西发展[14]。

1.突出"显山露水、治山理水"保护修复理念

综合"治山",修复好生态景观资源。"系统策划、生态修复、林改保护、景观提升"是桂林的四大治山举措,开展漓江采石场生态修复;打造桂林城市中心生态"绿肺",开展漓江岸线湿地生态修复;实施护林改造和退耕还林工程;实施景观提升工程,对沿江、沿路、沿湖的生态景观进行改造提升,以实现景观资源可持续利用[11]。

全力"治水",治理好水生态环境。桂林为集中治理漓江城市段污水,开展污水治理及系统控源截污,并将此开展至漓江支流;桂林为保障漓江的生态用水需求,在已有水库的基础上推动生态补水调度工程;为解决漓江城市段季节性枯水期生态环境及景观的相关问题,桂林在漓江城市段下游开展壅水科学实验,寻找问题的解决方案;为减轻漓江生态环境保护压力和解决城市西部用水紧张问题,桂林实施第二水源和长塘水库工程,建成临桂新区水系和连通水系工程[11]。

2.深入开展"四乱一脏"整治

持续深入对漓江沿岸"四乱一脏"的整治和拆除漓江沿岸洲岛违法建筑[15]。漓江城市段住家船全部迁移上岸并妥善安置,全面拆除漓江上游非法采砂船;在桂林市中心城区划定禁养区,对漓江流域进行清理整治。出台相关法规,推进漓江游览竹排"三限四化"工作。开展漓江流域农村生活污水综合治理,治理污水总规模约为3.38万吨/天,约120万人受益[11];建立漓江风景名胜区水域、驳岸长效保洁机制;完成30年来漓江游船最大规模提档升级,创新建立漓江星级游船管理制度和标准[13]。针对游船上长期存在的烹调油烟、噪声污染等问题,新造星级游船实行统一配餐,实现零烹调油烟污染[15]。桂林同时投入5.01亿元建设漓江农村环境整治项目528个,受益人口达到143.3万人,漓江风景名胜区自然环境和景观风貌持续

提升。

3.坚持"山水林田湖草沙"系统治理

桂林市出台相关治理方案，对桂林山水林田湖草沙进行"整体统筹、系统推进、突出重点、分步实施"系统治理[11]。漓江流域山水林田湖草沙一体化保护和修复工程已纳入国家"十四五"期间山水林田湖草沙一体化保护和修复工程项目。该工程以漓江干流及支流为脉络、山脉为骨架、12个自然保护地为生态关键点，进行生态保护和恢复工作。通过项目实施，提高漓江生态环境质量和生态产品的供给，最后打造生态桂林样板[16]。

（二）创新执法司法实践，维护旅游环境和秩序，为漓江世界自然遗产旅游保驾护航

2021年以来，桂林政法机关以最严格的法治方式加强对生态环境的保护，积极助力漓江流域生态保护实现法治规范和可持续发展，牢记领袖叮嘱，深入践行"绿水青山就是金山银山"理念[17]。桂林政法机构正不断推进各项生态保护措施，以法治力量为漓江的生态安全提供坚实的保障[18]。

1.政治引领，法治保护坚实有力

桂林政法机关建立了一个全面的、适应漓江流域特点的生态保护法律制度框架。这一框架旨在将漓江生态管理从行政控制转变为全面的法治保护[18]。在普法方面，桂林也走在前列，不但将每年的4月25日立法确定为"漓江保护日"，同时通过"八五"普法规划鼓励广大群众参与进来[17]。

2.改革创新，综合治理蹄疾步稳

标志着公安参与环保治理又一里程碑的广西首个生态环境保护公安分局桂林市公安局生态环境保护分局挂牌成立[17]。为构建全警参与生态大保护警务工作局面，桂林打造从市到村的四级公安监管执法体系[18]。探索网格化漓江管护新模式，基于司法、执法、警务和党建四方构成的体系，整合每个村庄配一名辅警的策略，将俣护工作开展到漓江流域的每一个角落，强化漓江流域的综合管理和生态环境保护[17]。

3. 司法保护，坚守漓江生态防线

建立一支专业的审判团队，针对破坏漓江风景名胜区生态环境及旅游秩序的违法行为，依据法律进行严惩，形成"三合一"新型审判模式；坚持防患于未然，联合开展补植复绿、增殖放流等修复措施，建立漓江生态保护、公益诉讼补植复绿示范基地和环境保护司法监测站；对漓江全流域各种破坏漓江生态环境行为，利用大数据联动执法平台进行实时监控；成立漓江生态环境司法保障服务联动中心和漓江流域生态环境保护人民法庭，为漓江生态环境保护和高质量发展提供司法保障[17]。

（三）坚持"绿水青山就是金山银山"理念，以漓江世界自然遗产旅游推动生态产品价值实现

在保护绿水青山、培育生态优势的同时，桂林致力于平衡保护与发展。通过科学适度地利用漓江生态资源，努力将生态优势转化为发展优势，为推进桂林创建世界级旅游城市奠定坚实的基础。人居环境显著提升，八方来客纷至沓来[13]。

1. 创新漓江旅游管理体制机制

《漓江风景名胜区票制票价改革及利益分配方案》等一系列地方性法规、管理办法的出台为加快推进漓江风景名胜区法治建设，规范经营和管理秩序起到了积极作用。按照门票、游览票分离的"两票制"原则，所有游船、排筏项目依法收取门票和风景名胜资源有偿使用费，统筹兼顾县区和沿岸百姓等各方利益，规范漓江水上游览票制票价，建立健全统一规范的漓江游览价格体系和管理体系，推动所有线路票务运营依法依规统一纳入"一键游漓江"平台，从根源上解决漓江旅游秩序乱象[11]。

2. 整合漓江游船经营企业

运用"行政+市场"的措施，采取"分步走"办法，推进漓江观光游览船企的整合，结束了几十年来"小、散、乱、弱"的局面，形成规模化、集约化、品牌化的经营格局[13]。打破长期以来游船企业经营者无限期的"万世经营"格局。平衡各方利益分配，形成管理合力，为实现漓江生态旅

游可持续发展提供组织保障。

3.创新漓江"四分"游览新模式

改革传统单一的漓江旅游模式，创新推出漓江分时游、分段游、分级游、分形游的"四分游"新产品，推动漓江旅游业态不断创新升级，2022年广西首艘新能源五星级游船"桂林旅游号"建成并正式开航，漓江游船越来越具有"国际范"。在桂林漓江沿岸，一批生态保护区、旅游休闲小镇和历史文化古城得以快速发展，一系列景色优美且富有乡村情怀的美丽乡村和城镇不断涌现[13]。漓江旅游实现了高端化、多元化、差异化发展。

四 漓江世界自然遗产旅游发展存在的主要问题

（一）面临严峻的生态保护修复压力

1.喀斯特生态环境脆弱

桂林喀斯特世界遗产地峰丛洼地石漠化问题较突出，石漠化不但破坏生态环境景观，还减弱地表调蓄雨水的能力，从而导致水土流失的现象在这些地方变得十分严重，干旱和水灾的发生频率大大增加，给当地的生态安全带来了巨大的威胁[19]。水域面积的减少与湿地退化，降低了系统调节气候、涵养水源、调蓄洪水、净化水质等生态功能。漓江属雨源型山区河流，其径流主要由降雨形成，雨量充沛且降雨时空分布不均，导致洪水暴涨暴落，突发性强。每年3~8月的丰水季节，一旦下雨易造成洪涝灾害，每年9月至次年2月是漓江流域的枯水季节，季节性缺水严重，河床大面积裸露，秀美的漓江山水景观难觅踪影，严重影响漓江旅游的可持续发展。

2.人类活动干扰压力增大

由于历史原因，世界自然遗产地漓江沿岸仍存在雨污未分流的排水口，漓江流域只有少部分村庄初步建立了污水集中处理设施。已有设施和财力保障不足，对漓江环境造成严重污染；漓江流域历史遗留矿山、采石场较多，部分矿区矸石、尾矿堆积，易诱发环境污染，破坏地形地貌和生态景观。采石场生态修复难度大、成本高，进展缓慢；毁林开荒种植经济作物，如在喀斯特石山上种植沙糖橘导致水土流失、加速石漠化，增加生态风险；在自然遗产地，城镇建设和基础设施，可能会对景观的视觉效果产生影响，同时也可能改变水文环境，并对野生动物的活动造成干扰[20]；此外，旅游活动对遗产地生态环境带来直接和间接的影响，比如有些游客可能为达到某种目的随意践踏，废弃物随意乱扔，烧烤等，都会对遗产地生态环境造成较大的影响。

（二）旅游发展模式与游客需求不匹配

目前，桂林漓江世界自然遗产地旅游开发还是以自然观光型为主。游客在旅游地的停留时间短，参与性差，缺乏可选择性，无法满足旅游者多方面、多层次的需求；加之经济效益较差，当地居民的利益不能得到有效保障，难以实现可持续发展；对景区的整体规划设计不够重视，旅游配套设施不够完善；部分具有重要文化价值及人文特色的旅游项目未进行充分合理的开发及维护[21]；由于遗产地景区开发速度过快，景点数量快速增加，景点同质化问题加剧彼此之间的竞争，在一定程度上影响了遗产地的形象和旅游市场。景区产品开发创新不够，旅游产品品位不高，经营管理粗放[21]。

（三）缺乏利益共同体意识

遗产地存在旅游者、旅游企业、当地居民、地方政府部门等多个利益攸关方。部门利益不同，从而导致治理紊乱与责任空缺，当面对利益调整问题时，各相关利益群体往往局限于自身利益，难以形成统一意见。首先受到影响的往往是游客与当地住户，受损权益甚至会导致遗产地旅游业的毁灭性打击以及生态环境的严重破坏[21]。

五　漓江世界自然遗产地旅游发展对策建议

（一）应科学系统规划旅游路线

为有效地规划旅行，首先需要正确估计游客的最大承载量。其次，通过在缓冲区内开展旅游活动，可以减轻遗产地的游客压力。再次，通过科学的规划旅游路线，并对沿线的各个景点实施错峰游览，可以防止旅游热点区域的过度拥挤。加强对游船排放污染的管理，并通过对船员进行环保宣教，提升他们对环境保护的认识，避免游船废水未经处理直接流入漓江。最后，对喀斯特地貌等自然景观实行严格保护，禁止所有破坏性的开发行为，包括但不限于挖掘石灰石、山地放牧和开采石钟乳等，以保持遗产地景观的完整和原始状态。对于已受损的区域，应力求通过生态修复工作，尽可能恢复其原始自然状态[5]。

（二）树立正确的遗产观和生态保护意识

"真实性和完整性"是判断世界遗产价值、确立保护管理基调的唯一准则[20]。不仅仅要突出遗产地的地质地貌价值、自然景观美学价值和生物生态价值，更要立足于长远，坚持保护优先，合理有序地开发、管理和经营。增强遗产地居民、游客、旅游从业人员和政府管理人员的生态意识。为确保遗产地地质地貌资源的持久保护，需定期对当地居民与游客进行必要的教育宣传，并注重尊重地方文化、宗教信仰和民族风俗。不断完善遗产地生态基础设施，打造以漓江为主体的多层级、多节点特色生态廊道网络。为保护喀斯特地质地貌与洞穴系统，遗产地需要通过科学规划与管理，推进相关基建及旅游服务设施的建设工作。在选址方面，应谨慎选择，以避免对环境造成不可挽回的破坏。为实现景区及环境设施的规范化、标准化管理，ISO14000标准的推行至关重要，因此有必要制定遗产地旅游设施建设法规，明确规定旅游区内建筑与周边环境的和谐共处，并且将这些要求印发给相关企业和附近居民，以确保他们的共同参与和遵守。同时，为引导游客减少破坏性活动，需为地质遗迹及主要景观设立警示标识，强调保护意识[20]。

（三）正确处理保护与发展的关系

为遗产地能够实现可持续发展，当务之急在于决策者和政策制定者均需要树立正确发展观。因为遗产地的实地管理往往受到决策层的显著影响，在部分地区，地方政府会忽视自然遗产的保护，而更加注重经济发展。通过全面分析研究世界遗产地的价值及所面临的问题和威胁，需要将世界遗产保护管理与地方经济发展相融合，加强总体规划，促进各部门间的通力协作。强化世界遗产地监管体系的全面引导，促使世界遗产保护管理与地方经济社会规划紧密结合，在各领域建设中注重遗产地保护与发展的协调与统筹[20]。在确保文化遗产和自然资源受到妥善保护的同时，将旅游管理和文化遗产的展示融合起来。这涉及全面考虑如何控制游客人数、完善旅游基础设施、改善旅游环境以及保障旅游安全，只有多方面协同才能促进遗产地的保护和旅游业的可持续发展。

政府应积极引导社区正确参与遗产地保护管理以及旅游开发，防止资源破坏的情况发生，要避免群众盲目参与。为保护遗产，必须确保社区居民实现义务和权益的公平分配，如果无法做到义务与利益的平衡，那么社区居民对资源保护的积极性就会减弱，甚至景区与社区居民之间会因利益分配等问题而产生严重矛盾[22]。

（四）培育"旅游+"新业态

以融合生态、文化、旅游为核心，充分利用遗产地漓江风景名胜区山水自然景观的典型代表和经典品牌，改变目前以自然观光型为主的单一旅游模式，实现由单一观光旅游方式向体验式旅游、互动式旅游、生态旅游、度假旅游转变；利用中国南方喀斯特遗产的原真性与完整性、遗产价值、形成演化过程等专业知识，开发丰富多彩的研学课程，让更多的国内外游客认识到遗产地的遗产价值和保护遗产的重要性，大力发展研学旅行，提升旅游的文化内涵，将文化优势转化为发展优势，以旅游发展增强文化自信、促进文化传播，推动文化和旅游双向深度融合发展。培育"旅游+农业""旅游+水利""旅游+康养"等新业态，为实现遗产地旅游融合化发展带来更多机遇，增强世界级旅游城市产业支撑。

（五）加强遗产地交流与合作

世界自然遗产是世界的财富，为有效保护世界文化与自然遗产，中国南方喀斯特自然遗产的保护管理需要加强国际协作，特别是与联合国教科文组织等国际保护组织的交流合作。应按照相关规定，保证各项保护计划得到严格落实。此外，应与其他国家的相关机构进行沟通交流，学习其有益的经验。世界遗产地还必须接受世界遗产委员会以及国际保护机构的监督，以使其独特价值始终得到充分保障。

参考文献

［1］张柔然：《基于旅游者视角的世界遗产文化与自然融合价值认知研究——以桂林喀斯特为例》，《浙江大学学报》（人文社会科学版）2024 年第 1 期。

［2］张炜、唐果林：《桂林喀斯特世界自然遗产地旅游资源调查研究》，《桂林师范高等专科学校学报》2018 年第 4 期。

［3］张远海：《桂林山水华丽的喀斯特终章》，《世界遗产》2014 年第 6 期。

［4］孙步忠、子涛、曾咏梅：《文艺作品传播对桂林旅游地形象塑造的影响》，《社会科学家》2011 年第 3 期。

［5］撒啸：《中国南方喀斯特世界自然遗产保护管理规划研究》，贵州师范大学硕士学位论文，2015。

［6］李纵、严立政：《"一定要呵护好桂林山水"》，《广西日报》2021 年 4 月 29 日。

［7］刘倩：《坚持以人民为中心 打造世界级旅游城市》，《桂林日报》2021 年 4 月 29 日。

［8］叶中华、徐莹波：《广西壮族自治区桂林市：打造旅游城市工业绿色转型标杆》，《中国城市报》2022 年 5 月 2 日。

［9］《筑城乡发展之基 圆百姓安居之梦 2022 年广西住房城乡建设工作综述》，《广西城镇建设》2023 年第 1 期。

［10］昌苗苗、张达标、廖南燕：《桂林居民生态环境与健康素养水平现状分析》，《环境教育》2023 年第 5 期。

［11］王飚、覃宝庆：《桂林市漓江流域综合治理推动生态产品价值实现案例》，《南方自然资源》2023 年第 2 期。

［12］刘倩：《市文旅系统 文旅融合添胜景 诗意山水竞芬芳》，《桂林日报》2022 年 4 月 24 日。

［13］陈娟：《漓江生态文明建设迈上新征程》，《桂林日报》2019 年 9 月 5 日。

［14］陈娟：《漓江焕发"青春态" 为可持续发展提供"桂林经验"》，《桂林日

报》2020年9月24日。

[15] 桂林市人民政府:《桂林市人民政府关于漓江流域采石场破坏生态和河流污染问题整改工作情况的报告》,广西桂林市人民政府门户网站,2018年5月18日。

[16] 陈静、张苑:《回眸十年精彩 一展桂林宏图》,《桂林日报》2022年10月16日。

[17] 陈颖婕、曹长青、段彦伊:《山水向美 法治护航》,《广西法治日报》2023年2月18日。

[18] 张苑、曹长青、温扬娟等:《创新执法司法实践 守护桂林秀美山水》,《桂林日报》2023年5月25日。

[19] 王硕:《基于大型底栖动物和附生硅藻的水质生物学评价研究》,三峡大学硕士学位论文,2018。

[20] 陆亚一:《中国南方喀斯特世界自然遗产保护管理研究》,贵州师范大学硕士学位论文,2014。

[21] 龚克:《桂林喀斯特区生态旅游资源评价与开发战略管理研究》,中国地质大学（北京）硕士学位论文,2011。

[22] 杨洪、黄静:《隆回县花瑶民俗风情旅游开发》,《经济地理》2009年1期。

B.9
兴安县灵渠世界灌溉工程
遗产旅游发展报告*

摘　要：　世界灌溉工程遗产强调挖掘和宣传灌溉工程发展史及其对文明的影响。灵渠陡门被国际大坝委员会誉为"世界船闸之父"，灵渠有着"世界古代水利建筑明珠"的美誉，2018年兴安灵渠入选世界灌溉工程遗产。灵渠是建设桂林世界文化旅游之都的首选项目，要把灵渠作为桂林打造世界级旅游城市的一张重要"名片"。灵渠遗产存在旅游起步较早，但经济效益不突出，辐射带动作用不强；缺少国际化旅游产品，文旅融合力度不足；城镇化建设与遗产保护矛盾突出等问题。据此本报告提出推进灵渠申请世界文化遗产，提升国际知名度；聚大世界级旅游城市建设，做好顶层设计；对标国际文旅新业态，推进文旅融合；多渠道筹集资金，壮大旅游市场主体；创新灵渠旅游宣传，提高国际影响力等对策建议。

关键词：　世界灌溉工程遗产　遗产旅游　灵渠

世界灌溉工程遗产是国际灌溉排水委员会（ICID）主持评选的文化遗产保护项目，关注挖掘和宣传灌溉工程发展史及其对文明的影响，目的在于更好地保护和利用古代灌溉遗产。

---

* 作者：王林，博士，南宁师范大学旅游与文化学院教授，硕士研究生导师，主要研究方向为文化遗产与旅游开发、旅游人类学、区域旅游规划；廖国一，博士，广西师范大学历史文化与旅游学院二级教授，博士研究生导师，日本东洋大学国际地域学部国际观光学科访问学者，研究方向为文化遗产旅游、古村落保护和利用。

兴安县地处"湘桂走廊"要冲，自古以来被誉为"粤楚咽喉之地"，是中原文化和岭南文化交汇之地。两千多年前，秦始皇征百越、筑灵渠，让兴安"南连海域、北达中原"。兴安灵渠，是世界上最古老、保存最完整的人工运河，灵渠的建成沟通了湘江与漓江，连接了长江与珠江水系，加速了秦朝统一岭南的进程，促进了中原与岭南政治、经济、文化的交流和民族融合。灵渠陡门被国际大坝委员会誉为"世界船闸之父"，灵渠有着"世界古代水利建筑明珠"的美誉，2018年兴安灵渠入选世界灌溉工程遗产，灵渠是国家文化之瑰宝，世界文化之精华。

2017年4月，习近平总书记在视察广西时称赞灵渠说："秦代修建的灵渠，将湘江、漓江的源头相连，在运输、灌溉等方面发挥重要作用，被誉为世界古代水利建筑明珠。"自治区党委书记刘宁在视察兴安灵渠时指出："灵渠就是一座古代水工程的'活字典'，是活着的水工程文物。"2022年2月16日，桂林市委、市政府组织召开的灵渠保护提升工作专题会强调：建设文化旅游之都，灵渠的保护和提升是首选的项目，要把灵渠作为桂林打造世界级旅游城市的重要"名片"。

一　灵渠世界灌溉工程遗产的价值

灵渠遗产是人类文化发展与文明进程的历史见证，灵渠沿岸的人们在社会、经济、文化中相融共生，其蕴含的文化价值也从物质层面扩展到社会层面、经济层面，因此，灵渠蕴藏着极高的历史价值、文化价值、科学价值。《灵渠遗产地保护与管理规划》基于《广西壮族自治区人民政府公布的灵渠保护范围》（桂政发〔2006〕52号）文件的要求，考虑到灵渠核心区域的总体全貌、灵渠的环境风貌与视觉质量，划定灵渠遗产区和缓冲区范围，总面积59.4km²，其中，遗产区（核心保护区）7.6km²，缓冲区51.8km²。《广西灵渠水利景区规划》中规划的风景区范围与《灵渠遗产地保护与管理规划》缓冲区范围边界一致，总面积59.4km²，核心保护区范围7.6km²，其中水域1.95km²。

按照世界遗产名录要求，必须满足突出的普遍性价值中六项标准中的其中一项，灵渠符合《世界遗产名录》标准（Ⅱ）（Ⅳ）（Ⅴ）（Ⅵ）四项标准：一是创造精神的代表作；二是能为已消逝的文明或文化传统提供独特的或至少是特殊的见证；三是传统人类居住地、土地使用的杰出范例，代表一种（或几种）文化或者人类与环境的相互作用；四是与具有突出的普遍意义的事件、活传统、观点、信仰、艺术作品或文学作品有直接或实质的联系。

（一）历史价值

灵渠是国家统一的重要历史见证，作为连接中原与岭南的交通要道，其具有重要的军事战略和政治意义。秦灭六国后，采取一系列巩固国家统一的措施，其中两项重要措施是开通联系长江和珠江两大水系的灵渠，以及往岭南大规模移民。灵渠开凿成功使 50 万秦军的军需物资得到迅速而丰富的补给，一鼓作气击败西瓯、骆越人，实现了国家的统一。战后，秦朝在岭南地区推行郡县制度，设立桂林郡、南海郡和象郡，这是岭南地区第一次划分行政区。汉武帝元鼎六年（公元前 111 年），汉武帝设立始安县，这是桂林建城的开始。

秦朝开凿灵渠，修筑城市，迁徙人口，设立郡县等措施推进了封建经济文化的发展，巩固了国家统一，促进了民族交融。它促成了中国历史上真正意义的第一个大一统、多民族、中央集权的专制主义国家的形成，促进了中华民族多元一体格局的形成。灵渠的规划与选址展现了秦朝统一中国的伟大战略眼光，它的开通与秦汉时期统一岭南、沟通海外的行动密切相关，它是中原王朝统一岭南并确定古代中国南疆版图的重要见证。自秦朝以后 2200 多年，灵渠一直是岭南地区与中原南北水运交通大动脉，为岭南地区政治及社会稳定，以及区域间人口、经济和文化交流发挥了重要作用。

灵渠与许多重要的历史事件、著名的历史人物相关，见证了中国历史中许多重要的时刻。如秦始皇"使监禄凿灵渠运粮，以便深入百越"；东汉伏波将军马援征交趾时，曾"穿渠灌溉，以利其民"；元朝至元十三年（1276

年），元朝将领阿里海牙率领军队进驻广西，"闸全之湘水三十六所，以通递舟"；清朝多次利用灵渠军运，康熙五十四年（1715 年），广西巡抚陈元龙写道："夫陡河虽小，实三楚两广之咽喉，行师馈粮，以及商贾百姓之流通，惟此一水是赖"；中法战争期间（1883～1885 年），刘永福黑旗军利用灵渠运送军粮。

（二）科学技术价值

灵渠是中国古代运河技术独特性的证明，是反映古代文明水利技术与航运技术水平早期运河的范例，其山区越岭运河的规划理念、弯道代闸的航道设计、整体水工设施对于流量的精确控制等成就，具有创新性和代表性，是全球现有早期运河的珍稀实例，在世界上属于首例。灵渠延用 2200 多年，逐渐形成了一套完善的水量调控、通航调度的工程体系与管理体系，保障了航运的通畅和灌溉功能的发挥。灵渠科学、完善的工程体系规划，综合和充分利用区域地形地貌、水系水资源条件，以最小工程量实现了最大水利效益，并延续两千多年至今仍在发挥效益，这对当代水利工程的规划设计和建设运行同样具有借鉴价值。

灵渠主要工程包括铧嘴、大小天平坝、南渠、北渠、泄水天平、水涵、陡门、堰坝、秦堤、桥梁等。其中，铧嘴、大小天平坝在选址和设计上体现出高超的智慧，综合解决了湘江与漓江之间的水源选择、高差、水量分配和流向等诸多问题，是中国古代分水技术的杰出代表。灵渠航道工程中创造性地使用"弯道代闸"技术来解决高差较大地区平衡水速的难题，是现存最早实例及工程技术上的代表作。

灵渠的各种水利设施灵活组合，成为一套能够在不同水情下始终精确控制水量、维持动态平衡的系统，可以有效地协调航运、灌溉的综合功能，使水资源利用效率最大化，彰显了中国传统水利技术与功能的完美结合。

（三）文化真实性价值

灵渠基本保持了文化的真实性。灵渠是秦朝和中国大一统的标志性工程，为秦始皇统一中国和两千多年来岭南地区与中原地区之间的经济文化交流、民族融合发挥了不可替代的作用。真实地保留了弯曲自然的河道、分水枢纽设施、泄洪排洪的溢水坝和泄水道，以及陡门和堰坝等清代及民国时期通航的形式。灵渠分水系统、泄洪系统、灌溉系统、壅水设施基本都能正常运作，大部分河段仍具有通航能力。灵渠两岸有较多的文物考古发现，整体的遗产要素绝大多数还保持原真性状态，现还遗存秦城遗址，包括马家渡、七里圩、通济村、水街等 4 处遗迹；汉晋墓葬 400 余座，严关瓷窑遗址以及大量出土文物。与灵渠同时代的军事堡垒——秦城遗址，守卫和管理灵渠的"陡军"后裔及祠堂、古村落至今仍在。

从非物质文化遗产或者说从精神层面来看，灵渠已经全方位融入区域经济社会发展。灵渠水文化丰富而具有特色，兴安县农历五月的接龙、划龙舟、龙船歌、龙王庙和伏波庙、观音庙等民间信仰，以及由对灵渠工程有突出贡献的真实人物转变而来的水神信仰，具有丰富的地方特色和文化内涵。此外，灵渠两岸的古村名镇也很有特色，灵渠从北到南流经中国历史文化名镇——界首镇、中国十大魅力名镇——兴安镇、国家级旅游示范镇——湘漓镇、民间文化名镇——严关镇、华南米酒之都——溶江镇；还有分水塘村、打渔村、南陡村、东村、马头山村等历史文化村落，这些古村镇形成了独特的人文风景，反映了民族的融合与发展。从精神与情感上看，灵渠已经成为区域内社会精神情感中的重要寄托。

从中外文化交流来看，灵渠的突出价值之一，是其作为古代中原与岭南及东南亚国家"海上丝绸之路"的重要节点，形成了一条便捷的南北水路交通，从兴安灵渠到合浦、番禺（广州）两大港口，促进了灵渠——漓江——桂江——西江——北流江——南流江为主线的对外交流的航道逐渐兴盛。《汉书·地理志》记载：汉代从合浦出发的海上丝绸之路，是"赍黄金杂缯而往"。灵渠的开凿，使汉代合浦港有更加广阔的内陆大后方，并构成水陆联运，为当今"一带一路"建设奠定了基础。同时，正在建设中的平陆运河是西部陆海新通道骨干工程，项目起于南宁市横州市西津库区平塘江口，经钦州市灵山县陆屋镇沿钦江进入北部湾，这条通江达海的新运河建成后将开辟珠江—西江第二个入海航道，成为新世纪海上丝绸之路的重要节点，将助推广西开启向海而兴、向海图强。

（四）农业灌溉价值

灵渠具有重要的军事、航运作用，同时也具有重要的农业灌溉作用。灵渠至今仍灌溉着两岸大量的农田，每年通过灵渠南渠流入漓江的水量超过1亿立方米。

秦汉以来，灵渠一直灌溉两岸的农田。宋朝以来历史文献记载灵渠以有坝或无坝引水、提水等多种形式灌溉农田。灵渠农业灌溉的历史悠久，随着人口的不断增加，灵渠农业灌溉功能日渐突出，成为区域重要的农业灌溉工程。灵渠灌溉工程是从中原传来的技术系统，形成了一套完善的水量调控、通航调度的工程体系与管理体系，保障了航运的通畅和灌溉功能的发挥。

据悉，目前直接自灵渠引水灌溉的支渠共计18条、总长129.7km、总引水流量14m^3/s，总灌溉面积约6.5万亩（北渠4415亩、南渠60585亩），灌溉区主要种植水稻、柑橘、葡萄、蔬菜等，是兴安县重要的农业区。灵渠在农业灌溉方面也发挥着重要作用，成为可持续利用的典范，见证了湘桂走廊2000多年人居环境的变迁和社会的发展。

二 灵渠遗产保护及旅游开发的现状

（一）灵渠遗产的保护现状

1.理顺机制，推进灵渠遗产保护

组建领导机构。各级领导都十分重视灵渠的历史文化保护和申报世界文化遗产工作。广西壮族自治区、桂林市、兴安县分别成立了灵渠申遗领导小组，组建申遗机构，制订《灵渠申遗工作实施方案》，三级联动，形成合力，统筹推进。2022年设立灵渠博物院。2021年，兴安县及时调整灵渠申遗工作领导小组，并成立灵渠保护提升领导小组，建立"一办六部八组"

工作推进机制，分别由县四家班子主要领导任组长，相关县领导任副组长，有关部门和乡镇主要领导为成员，形成县委、县政府统一领导，有关部门分工合作，群众干部积极参与的上下联动机制。

强化灵渠本体保护修缮。投资1.3亿元，做好渠首大小天平、北渠、南渠（一、二期）的保护修缮和渠道清淤工作，完成三将军墓环境整治和保护修缮、灵渠安防、灵渠博物院馆藏文物预防性保护等本体保护项目。投资6.8亿元实施灵渠保护与提升项目，统筹推进灵渠核心景区场景提升、景区室内展陈、水街改造提升、南陡村业态提升、灵渠水街夜游等重点项目建设，现已完成投资1.1亿元。通过维修加固土堤，修复料石驳岸、损毁的陡门，清除沙洲及河床淤泥，疏通南渠渠道，恢复了南渠的灌溉通航基本功能。

加强灵渠"主脉"水系治理。兴安县坚持践行"两山"理念和新时代"十六字"治水方针，以"一渠两江"为轴线，统筹协调、连片规划、水岸同治、产业融合。兴安县成功申报水系连通及农村水系综合整治试点县，总投资3.24亿元完成国家水系连通及水美乡村建设，包括对灵渠流域水系8条支流的治理、灵渠沿线绿道提升改造和36个村屯农村生活污水处理等。积极推进山水林田湖草沙一体化保护和修复工程，总投资约5.2亿元；加快实施灵渠生态保护与湘漓连通、灵渠生态修复及水环境提升等项目，持续强化灵渠水系治理。

修复灵渠周边"毛细血管"。深入实施灵渠两岸及周围雨污分流管网建设和污水处理项目，该项目总投资1.49亿元，在兴安镇城区范围内分朝阳片区、霞云桥片区、下水洞片区、中心广场片区、银杏广场片区、灵渠片区、西环路段、移民片区8个片区实施，总铺设各类规格排水管近66km。

开展灵渠周边环境整治。持续开展农村人居环境整治，大力实施"百村示范，千村整治"工程，投入资金5亿~7亿元，在全县打造100个以上示范村（屯）、1000个以上整治村（屯），全面打造美丽乡村升级版。集中发力破解农村环境综合整治瓶颈。治理灵渠周边环境，改善人居环境，恢复自然景观风貌，为文物单位的保护及利用创造有利条件。打造23个现代生态养殖示范场；科学开展造林绿化，全县森林覆盖率达 76.57%；加强大气污染防治，2023 年 1~9 月，全县空气质量优良天数率达 99.6%。

2. 制定相关保护法律法规

历年来，兴安县委、县政府高度重视灵渠保护工作，出台一系列保护管理文件，成立灵渠保护与管理委员会。1988 年灵渠成为全国重点文物保护单位，2012 年被列入《中国世界文化遗产预备名单》，按文物保护法和申遗标准要求明确了灵渠的保护对象、划定了保护范围和建设控制地带。包括：

（1）《广西壮族自治区灵渠保护办法》（2013 年）：将灵渠本体及其各类伴生的历史文化遗存和自然景观纳入保护范围，对灵渠古建筑和文物保护、河道渠道及相关支流管理等方面，提出遵循"保护为主、严格管理、合理利用"的原则加以保护。

（2）《桂林市灵渠保护条例（草案）》："兴安县人民政府应当根据灵渠保护规划设定并公布灵渠环境协调区，纳入国土空间规划。在灵渠环境协调区内采取必要措施保护灵渠周围生态环境、传统村落、景观视线通廊，控制建筑高度与建筑体量。"

3. 制定灵渠遗产保护专项规划

围绕灵渠保护，兴安县制定一系列保护规划，对灵渠的保护范围、核心保护区、遗产类型、保护方式等进行了规定，具体包括：

（1）《中国世界文化遗产预备名单灵渠保护与管理规划》

明确遗产区范围。渠首段与人工渠段包括：人工渠段以灵渠河道堤岸外扩 5 米为遗产区范围基准线，至渠首段南端包括渼潭范围。渠首以北包括湘江故道与北渠、南渠围合的区域。半人工渠段以灵渠河道堤岸外扩 10 米为遗产区范围基准线，至三里陡段包括季家祠堂村庄范围，至迂回河段包括河道间的用地区域。自然河段包括以灵渠河道堤岸外扩 30 米为遗产区范围基准线。

（2）《灵渠保护总体规划（2014—2035）》

明确五大保护核心段区：渠首段区、三里桥段区、黄龙堤段区、回龙堤段区和鸾塘堰段区。保护范围统一控制要求：除按保护规划要求并经国家文物局审批同意建设必需的保护设施外，不得新建任何构筑物与建筑物。对现有灵渠内农田实施退耕还渠，对灵渠边上的必要保土区、视觉控制区实施退耕还林。

（3）《灵渠保护规划》（2020）

保护范围需涵盖遗产本体分布范围，并充分考虑其与环境的关系，划定应充分参考山体、水系、村镇、道路的边界，保证区划具有科学性和可操作性。建设控制地带分为一类建设控制地带、二类建设控制地带，应包括重要的遗产环境要素，以及重要的自然环境、人文环境与景观视域范围，实现遗产环境和景观视廊的整体控制。

4. 开展灵渠保护提升专项研究

近年来，在国家文物局、自治区文化厅及自治区区文物局的支持下，兴安县先后邀请国际古迹遗址理事会副主席郭旃，国际古迹遗址理事会世界遗产评估专员尤嘎·尤基莱托博士，联合国教科文组织驻中国文化官员杜晓帆，国际灌排委员会主席 Felix B. Reinders（瑞因德）、副主席丁昆仑，中国科学院考古研究所原所长刘庆柱，清华大学文化遗产保护研究所所长吕舟，中国考古研究所所长陈星灿等一大批专家到灵渠进行实地考察、调研，完成灵渠突出普遍价值、比较价值、灵渠河道及水利设施历史变迁、灵渠在交通史上的价值、秦城遗址考古勘探研究、古严关历史等一系列的价值研究。

灵渠保护提升得到国家和地方各级领导的关注和重视。2017 年 4 月，习近平总书记视察广西，称赞灵渠为"世界古代水利建筑明珠"；2021 年 11 月 30 日，自治区党委书记刘宁到灵渠实地考察，要求全力做好灵渠的保护和提升课题；2021 年 12 月，桂林市政协在"助力打造桂林世界级旅游城市"专题协商会上重点提出灵渠保护问题。2022 年 2 月 16 日，周家斌书记主持召开灵渠保护提升工作专题会并作出重要指示和部署，要求贯彻落实党中央、自治区和桂林市主要领导关于灵渠保护的讲话精神，更好地保护灵渠，使灵渠得到永续利用，让世界全面认识和了解灵渠的独特魅力。2022 年桂林市"两会"期间，桂林市政协经济委员会委员再次在大会发言中提出挖掘灵渠历史文化价值，打造灵渠生态旅游示范带的建议。

2023 年，灵渠申报世界文化遗产工作取得重大突破：一是灵渠申报世界文化遗产预备名单已通过自治区文旅厅评审，并获得排名第一推荐到国家文物局；二是完成《灵渠世界文化遗产申报文本》《灵渠保护与管理规划》的编制，以及其他申遗必备材料的准备，为推进申遗工作奠定了基础；三是成立灵渠申报世界文化遗产考古工作站，灵渠关联性考古取得新成果，秦城遗址考古发掘成果正在整理，为实现灵渠及相关文物保护、考古研究再上新台阶奠定了基础。

兴安成立灵渠研究会、灵渠研究中心，成功举办灵渠文化论坛、灵渠保护与申遗暨水利遗产保护利用学术论坛等。实施一批重点文化研究项目：发表《秦城遗址考古研究报告》；编写出版《灵渠》《灵渠轶事》《灵渠研究》等书籍和专刊，编写灵渠文化普及读物《走进灵渠》。围绕灵渠水利、军事、交通、民族融合、中原文化与岭南文化融合、与"一带一路"连接等 6 个方面，开展《灵渠在统一中国、边疆稳定、促进中华民族大团结、大融合中的地位和作用》《灵渠在古代海上丝绸之路的地位和作用》《灵渠在中原文化与岭南文化交流中的地位和作用》等 4 个重点课题研究。此外，拍摄具有影响力的《灵渠，世界水利明珠》等 10 余部电视宣传专题片，出版《灵渠文献萃编》等系列灵渠文化研究成果专著；编写《灵渠申遗 100 问》宣传资料，创作《大秦灵渠》等一批影视剧本；中央电视台《江山多娇》栏目播出"灵渠荣获世界灌溉工程遗产"专题片，这些都大大提升了灵渠的知名度。

（三）灵渠旅游开发的现状

1. 政府更加重视，创新推动产业升级

为深入贯彻落实习近平总书记视察广西"4·27"重要讲话精神和对标桂林世界级旅游城市的要求，桂林市各级政府凝聚共识，激发灵渠世界灌溉工程遗产全新动能，逐渐形成灵渠在国家和世界旅游发展中的新优势。

2022 年 2 月 16 日，桂林市委、市政府组织召开灵渠保护提升工作专题会议，市委书记周家斌提出"要坚持保护优先、加强规划引领，加快灵渠

保护提升工作，为推动打造世界级旅游城市驶入快车道贡献力量。"会议强调，灵渠的保护和提升是桂林建设文化之都的首选项目。2023年7月20日，世界运河大会研讨会在兴安县举办，与会专家学者共同探讨运河文化保护传承；10月26日，内河航道国际组织主席鲁迪·范德温在广西桂林宣布：内河航道国际组织（IWI）已经批准并授予桂林市和灵渠博物院2026世界运河大会举办权。

为处理好灵渠保护与发展的关系，兴安县走生态治理之路，以生态保护倒逼产业转型升级，以高标准建设培育高质量企业，以最严准入机制构筑安全底线。从根本上消除了米石、矿粉企业对灵渠流域的环境污染，推动绿色产业发展。

2. 编制旅游开发专项规划

编制一系列专项规划对灵渠进行开发利用，如《灵渠北渠保护与开发规划》《兴安城市总体规划》等系列规划对灵渠相关保护工作进行了具体部署，目前正按计划有序实施。包括：

（1）《灵渠国家历史文化旅游区旅游战略规划》。委托北京清华同衡规划设计研究院编制了该规划，其提出的空间布局为三核两段、三重彩带、多环贯穿。规划提出渠首兴安核主要由渠首公园与兴安县区构成，是灵渠旅游区的交通集散核心、一级旅游服务中心、遗产展示核心；旅游区提供遗产体验、城市旅游、节事活动等旅游产品。

（2）编制《灵渠保护与利用提升规划》（2022），形成灵渠"两带三区，三足鼎立"（两带为花样北渠漂流带、文化南渠体验带，三区为灵渠综合服务区、秦城水街国家休闲街区、打渔文化体验区，形成渠首+南陡村、秦城水街、打渔村三足鼎立发展态势）格局。

3. 打造高品质文旅融合示范区

近年来，兴安县政府对灵渠景区进行了大规模保护性开发，尤其是对水街进行了重点开发建设，重建秦皇宫，恢复历史的本来面目，大大增加了灵渠的观赏性及文化价值。围绕灵渠，开发三个重点区域，即灵渠景区、水街、秦皇宫，形成一批文化景点：观景阁（湘漓书院）、佛音寺、大小天平、兰陛阁、天下第一陛、状元桥、古树吞碑、四贤祠、飞来石、沧浪桥、接龙桥、秦堤、泄水天平、粟家桥、三里桥等。

近年来灵渠沿线逐渐打造了一批重大文旅项目，如魁星楼、白云驿，串联起白云亭、攀桂桥、临江楼、濂溪坊、双女井溪、滨江公园、陛江古韵等景点。恢复陛门等历史景观；建成广西县级最高水平博物馆——灵渠展示中心，组建灵渠博物院；完善提升3个秦文化广场、湘江左岸魁星楼、白云驿历史文化街区等，打造"湘漓十里图"的秦汉历史文化特色小镇，形成灵渠文化旅游示范带。

4. 旅游基础设施逐渐完善

兴安县出台了一系列加快文旅产业跨越发展的措施。投资18亿余元实施灵渠保护修缮、价值研究、文化展示、环境整治、水系连通、旅游复航等九大文旅工程，规划打造以灵渠为中心，以湘江为主轴的历史文化旅游核心区。

近年来，兴安县旅游基础设施建设水平得到快速提升，包括旅游集散中心、停车场、旅游厕所、标识标牌等。比如，2018年正式启用的兴安县高铁旅游集散中心，集旅游咨询服务、旅游厕所、土特产展示、汽车租赁、车票预订等功能于一体。此外，兴安绿道，是广西全区首条旅游休闲绿道，其中，兴安县城霞云桥沿灵渠（南渠）至溶江镇五架车村，全长30km，沿途规划布设一些重要的景点和旅游基础设施，设有4个一级驿站（霞云桥、马头山、乡里乐、莲塘村）和7个二级驿站（灵渠陛门、八佛亭桥、灵山庙拱桥、六口岩村、江西坪三米驿站、画眉塘、黄浦桥）。

灵渠景区内部设施得到加强，景区大门、旅游厕所、旅游生态停车场、游客中心等基础设施与服务设施也逐步完善。兴安着力推动"旅游+"战略，加快灵渠申遗步伐，打造历史文化旅游新地标，实施灵渠保护利用系列工程，建成灵渠展示中心，灵渠南渠、北渠修缮基本完工，形成灵渠人家历史文化精品旅游带。

5. 灵渠旅游促进区域经济社会发展

按照"一渠两岸百里画，三乡九肆六十屯"的建设目标，围绕农村污水治理、乡村振兴、水系连通工程、田园综合体建设等项目，打造灵渠沿岸全域旅游示范经济带。

对灵渠流域沿岸72个村屯进行提升改造，打造灵渠秦风、陡江古韵等田园综合体。依托葡萄、柑橘、水稻等农业主导产业，以"农业+旅游（文化、科技）"为主线，持续加快秦风文化体验、特色休闲农业等项目建设，发挥旅游品牌效益，推进农民增收，实现乡村振兴。截至2023年底，兴安县有国家首批5A级旅游景区1个，有灵渠、红军长征突破湘江烈士纪念碑园、猫儿山、龙潭江景区4A级旅游景区4个，全国农业旅游示范点2个，自治区级乡村旅游区2个，自治区级农业旅游示范点1个，民居旅游示范带11条，民居旅游示范村4个，五星级农家乐3家，四星级农家乐4家，三星级农家乐7家。①

三　灵渠打造世界级旅游品牌存在的问题

通过调查发现，目前灵渠的旅游开发范围较小，景区只包括不到4000m长的北渠和大小天平、铧嘴等，而33000m长的南渠并没有得到很好的开发。灵渠旅游项目单一，游客吸引力不大，旅游与其他产业融合度不高，其经济影响力与其世界遗产的身份很不匹配，距离世界级旅游品牌存在一定差距。主要表现在以下方面。

（一）缺少世界级高品质的旅游产品

兴安县旅游缺少对标国际、示范引领的产品。传统景区产品模式单一、雷同老化、理念陈旧；缺乏旅游核心吸引物，目的地的辨识度不高；缺少具有国际影响力的高能级景区和旅游度假区。

灵渠文化资源挖掘不充分，灵渠的经济收益低，基本只靠门票收入和租船收入；灵渠景区展示内容浅显，文化内涵挖掘深度不够。灵渠文化旅游虽

---

① 资料来源：中共兴安县办公室，2023年11月23日。

然已经开发了一系列产品，如灵渠仿古游、桂林米粉节、秦文化旅游节等，但灵渠文化旅游开发的范围极其有限，主要限于从灵渠景区渠首到南渠县城段约 3000m 的一小段，对于整个古航道 60km 利用不足 5%。许多灵渠历史文化资源都没有开发利用，没有对灵渠历史文化内涵进行深入理解和阐释。

游览模式仍停留在静态实物观光、陈列展示观光、导游人员讲解层面，对文化活化利用不够。游客在旅游过程中，没有太多的沉浸感和体验感。游览方式单一，游览线路简单。景区游览目前分步行和船行，其中步行路线有：仿古游路线为讲古堂—美玲桥—四贤祠—古树吞碑—劣政碑—南陡阁—大小天平坝—铧嘴；寻秦之旅路线为古堂—美玲桥—四贤祠—古树吞碑—劣政碑—南陡阁—大小天平坝—南渠—秦文流觞景区。

兴安缺少历史文化主题酒店和精品民宿，缺少大型的文娱演艺活动和有创意的文创产品；缺少休闲度假、文化演艺、精品民宿、商业购物、户外运动等产业集群，缺乏大型实景演艺、夜游项目、露营、康养等新业态，产业链的纵向延伸不充分。无法满足游客多样化、个性化的消费需求，导致游客"留不长""消费低"，未能推动旅游业的现代化、智慧化、品质化和国际化。未能集聚国际国内创新资源，推进技术、模式、业态和产品创新，全面塑造旅游产业发展新优势。

（二）经济效益不突出，辐射带动作用不强

长期以来，灵渠资产归属不同主体，支撑灵渠发展的核心市场主体较弱，导致灵渠的经济效益很低，表现为接待人数少，每年仅为 20 万人次左右；增长速度慢，发展后劲不足。旅游收入少，每年只有几千万元，难以担当兴安旅游的"月亮"、龙头。

以 2022 年为例，来兴安县旅游的游客达 759.7 万人次，前往灵渠景区的游客仅有 31.3 万人次（见图 1）；灵渠的营业收入也极低，仅为 139 万元（见图 2）。这表明大量到兴安县旅游的游客根本不去灵渠景区旅游，灵渠深厚的历史文化内涵与旅游业惨淡的发展现状形成巨大的反差。

图 1　2018～2022 年兴安县/灵渠旅游接待人次汇总

资料来源：《兴安县国民经济和社会发展统计公报》（2019 年至 2022 年），兴安县文旅广体局提供的灵渠统计资料。

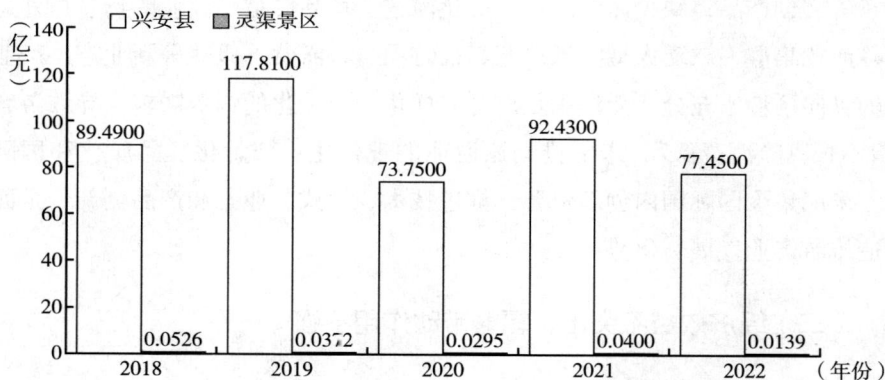

图 2　2018～2022 年兴安县/灵渠旅游接待收入汇总

资料来源：《兴安县国民经济和社会发展统计公报》（2019 年至 2022 年），兴安县文广体局提供的灵渠统计资料。

（三）旅游业态单一

缺少具有个性化和多样化的产业集群与旅游功能区，文旅新业态不足。缺少大型文旅演艺、夜游项目、户外露营、休闲康养等新业态；缺少国际品牌酒店、高星级酒店、高端民宿；缺少年轻游客群体关注的各类轻型户外运动热门项目，如漂流、骑行、滑翔伞、低空飞行等户外运动项目。总之，新涌现的文旅消费新热点不多，产业链的纵向延伸不充分，导致游客"留不长""消费低"，游客黏性不强。

（四）旅游服务水平不高

灵渠景区未能对照国际最高标准和最高水平，推进旅游服务标准化建设，缺乏精准、精细的服务规则。观念上的陈旧长期制约着灵渠从业人员的服务水平，服务质量参差不齐，一些经营业主为追求利润，实行低价竞争策略。对高端民宿、文化精品酒店等新业态、新需求的服务不能及时跟进，旅游信息国际化水平偏低，缺少国际化的旅游信息平台；旅游业的在线服务、移动支付、社交媒体营销运用技术有待提高。与国际服务标准衔接的公共服务设施不足，无语言障碍城市建设方面不足，具有国际水准的服务标准体系建设薄弱，吸引国际旅游的新消费产品尤其是中高端产品稀少，影响了灵渠国际旅游消费，没有形成以灵渠为核心的旅游目的地文化氛围。

四 灵渠打造世界级旅游品牌的对策建议

灵渠陡门被国际大坝委员会誉为"世界船闸之父"，灵渠有着"世界古代水利建筑明珠"的美誉，是国家文化之瑰宝，世界文化之精华。灵渠这一世界灌溉工程遗产具有较高的远程召唤力，应"以文塑旅、以旅彰文，提升格调品位"，统筹推进灵渠世界灌溉工程遗产旅游业发展和城市建设，提升格调品位，发挥标杆作用。以桂林世界级旅游城市建设为契机，站在更高的高度，谋划灵渠旅游的新发展，全面提升兴安城市能级和核心竞争力。

（一）建立健全灵渠管理体制，推进灵渠高位谋划

1. 推进灵渠博物院建设，理顺管理体制机制

围绕人、财、物认真研究改革方案，扎实推动改革。围绕灵渠的保护利用，贯彻执行相关的法律法规，健全灵渠保护利用和监测制度机制。做好灵

渠考古调查、勘探发掘、文物复制、修复和监测工作；承担灵渠文物征集、鉴定、登编和管理以及相关文化服务工作；做好对灵渠本体和伴生遗产的保护管理与利用工作；制定灵渠历史保护总体规划并审批监督检查。

2. 积极推动灵渠纳入国家申遗计划

按照"世界遗产"的标准要求，邀请相关专家把脉，开展高规格的灵渠研讨会，汇聚各方智慧，科学推进申遗。做好灵渠保护、文物监测和环境整治等基础性工作，建立灵渠文化遗产的数字信息档案等。对申遗工作特事特办、繁事简办。推动灵渠遗产空间格局优化、功能完善、品质提升、治理有序。编制灵渠发展规划，将其纳入桂林市国民经济和社会发展计划和城乡建设规划。加大对灵渠文物保护工作的资金投入，设立用于文物保护的专项资金，确保申遗工作的开展。

3. 大力开展环境综合整治

细化工作方案，分解工作任务，把握好时间节点，全面清理视觉污染，科学实施生态修复工程，推动漓江、湘江、灵渠流域生态保护和治理，推进灵渠"一渠两岸"水系连通及农村水系综合整治试点县项目实施。完成灵渠水系综合整治工程，启动漓江、湘江流域水系整治工程前期工作，严格执行《桂林市灵渠保护条例》，不得建设污染灵渠及其环境的设施。

4. 大力推进灵渠文化研究和文化传承

邀请专家对灵渠的文物保护、技术和文化旅游开发进行专业指导。围绕灵渠陡门、灵渠航道、非物质文化遗产保护、灵渠与"一带一路"、民族融合等方面开展研究；围绕秦城遗址、黄城遗址等展开考古发掘和研究，做好灵渠保护科技的研究、运用和推广工作。通过与广西壮族自治区内外科研院所、文化企业等开展横向科研合作，申请高级别的科研项目，奖励出版学术著作、核心论文、科普读物、图录等成果。

提高馆藏文物保护和展示水平。高度重视灵渠博物院建设，加强对藏品的登记、建档和安全管理。重视灵渠文物所承载的价值，讲好灵渠的历史故事。设计不同主题的布展，包括灵渠与"一带一路"、灵渠治水、建筑、村落、桥梁、陡门、水涵、民俗、餐饮、历史名人等多个种类，介绍灵渠的历史发展脉络，全方位、多角度地阐释灵渠文化。

持续开展"灵渠故事"进校园活动，开展保护灵渠志愿者活动。每年不定期组织本土灵渠研究专家对青少年学生开展灵渠文化知识讲座。开展灵渠文化主题演讲、征文比赛、短视频、网络直播、书画摄影展、研学旅行等多种活动进行科普教育；全社会公开召集灵渠文化传承志愿者，进而推动全社会对灵渠的关注。

（二）高起点谋划全局，提升旅游产品品质

以桂林世界级旅游城市建设为契机，把灵渠的发展提高到促进兴安经济社会第二次崛起的政治高度。要举全县之力来建设灵渠，提高政治站位，高质量推进灵渠的保护与利用，谋划全新格局。

1.明确发展定位

把灵渠的发展融入"桂林旅游"这一世界级旅游快车道，明确"山水桂林·文化兴安"的发展定位。聚焦兴安灵渠的历史作用和价值，同时强调兴安与"桂林山水"的差异，打造鲜明的旅游形象，主动形成竞合关系。积极主动对接世界级旅游城市建设，做好顶层设计规划，推进文旅重大项目建设，促进旅游高质量发展。

通过重点实施以灵渠为代表的文化旅游提升工程，建成一批具有重要影响力的文旅项目，培育一批文化旅游品牌，促进兴安县文化旅游高质量发展，将兴安打造成为世界级文化旅游目的地。

2.对标世界级景区标准，推进"大灵渠"建设

系统谋划、推进落实一批带动力强的重大项目，按照"河为线、镇为珠、线串珠、珠带面"的思路，构建一条历史文化主轴带动整体发展，实施"大灵渠"文化战略工程，把灵渠打造成为世界一流的文化生态旅游示范带。

（1）延伸灵渠古航道，为灵渠发展争取更大的发展空间。基于文化发展的脉络和历史活动的连贯性，做好"灵渠古航道"的完整保护与利用，讲好"灵渠故事"。灵渠6个大的主线码头，即界首码头、唐家司码头、渡头江码头、三里陡码头、画眉塘码头、盐埠码头是连贯一体的。基于以上6

个主线码头的历史文化资源挖掘与梳理,可以整合灵渠所有的历史文化资源,打造有创新的"大灵渠"。灵渠沿线的 5 个乡镇可以形成灵渠的圩镇及码头空间,打造出穿越千年时光隧道的秦、汉、唐、宋元、明清、民国圩市文化主题的商贸空间。

(2)规划"大灵渠"文旅工程。依托灵渠历史文化资源及水生态系统,以生态修复、遗迹出新、水工修缮为重点,凸显节点景观,融亲水湿地、自然风景、人文印象于一体,把兴安打造成为"桂林书房",进一步优化设计,体现人、景、渠的高度融合,水、岸、功能区有机衔接,有效利用灵渠遗产、灵渠记忆、灵渠诗词、灵渠名人、灵渠非遗等诸多元素。

新建、整合形成灵渠地标性的文旅综合体。以灵渠文化为核心,依托旅游资源,整合娱乐、休闲、展览、商业、会议等相关业态功能的历史文化街区。包括:新建灵渠数字科技馆,将灵渠历史、水利科技等进行数字化展示;可以考虑修建或恢复史禄祠、秦城考古遗址公园、龙王庙等核心景区景点。完善灵渠博物院、非遗中心,打造剧场式、微旅游、轻度假艺术区,形成兴安灵渠国际化休闲娱乐文旅综合体。

开发具有"陡军"特色的文化旅游项目。挖掘、整理、保护灵渠沿岸陡军文化,对季氏宗祠、最后一位陡军渠长宿昌定故居等遗址进行修缮,开发陡军特色文化旅游产品,如陡军古村落、陡军陈列室、陡军故居、陡门,开发具有陡军特色的宴饮、酒店民宿、陡军演艺等。

推进水街等一批历史文化街区和景区的提升。推进建设一批灵渠历史文化街区,继续完善水街、财神庙历史文化街区项目和魁星楼——白云驿历史文化街区项目;建设十里湘漓画廊景区,打造陡江古韵田园综合体、打渔民俗文化旅游村和北渠入江口青少年研学运动营等主要项目。

(3)开发课程资源,打造研学实践教育基地。为普及灵渠知识和研学实践教育,提高民众对灵渠的知晓度,桂林市应组织编制针对中小学生的乡土教材《灵渠》。把现有的南陡村研学项目加以提升规划,完善其研学产品体系,设计灵渠乡土博物馆、灵渠非遗馆、陡军文化营、灵渠文化研学室等,将其提升为全国中小学研学实践教育基(营)地。

3. 推动遗产智慧旅游开发

由工业和信息化部、文化和旅游部等五部门联合印发的《虚拟现实与行业应用融合发展行动计划（2022—2026 年）》指出，"推动文化展馆、旅游场所、特色街区开发虚拟现实数字化体验产品，让优秀文化和旅游资源借助虚拟现实技术'活起来'"，因此必须推进灵渠历史文化资源普查、挖掘、传播、创作技术研发，研究灵渠文化遗产展示、体验和传播的数字化技术，推动优秀文化转化、创新和活化。

设立灵渠数字博物馆，利用 VR、AR、MR 等虚拟现实和增强现实技术与多媒体影视技术、巨幕投影技术、多点触控技术，打造一批具有灵渠特色和深厚文化底蕴的文化主题项目，利用"秦始皇修灵渠""陡军守护灵渠"等传统文化故事，开发"5G 灵渠"沉浸式体验区、灵渠环幕等特色沉浸式体验空间，规划开发云展览、数字演播、数字艺术、沉浸式体验等新兴业态。

（三）打造灵渠文化超级大 IP，创新文旅新业态

打造灵渠文化超级大 IP。灵渠未来要打造自身有高辨识度、自带流量的文化符号。应用新一代信息技术，构建集游戏、实景演艺、动漫主题乐园、IP 文旅项目、IP 文创于一体的产业闭环，助力超级大 IP 的商业变现，打造灵渠 IP 产业链。

推动先进适用技术在文化产业领域的应用示范，提升文化产品的创作力、传播力、保护力。让数字文化创意产业与设计服务、文化休闲、信息服务、影视传媒等优势产业融合发展。请网络作家进驻兴安，形成网络作家村，创作以灵渠为主题的文学作品，进行影视转化。

培育一批旅游业态新节点。形成"渗透、融合、提升"的发展态势，提高文化产品的附加值。比如，画眉塘码头一带有丰富的文化遗存，其北面的水南田宋窑是桂岭地区较早的窑场，可以把画眉塘码头一带重点规划成文创集散区，打造一批具有地方特色的数字创意和动漫游戏骨干企业。

推进非遗文化主题小镇建设。建立灵渠与沿线村镇居民的紧密联系，打造界首、溶江、兴安等非遗文化主题小镇，传承灵渠非遗文化。重点支持曾

京兰指画、兴安米粉制作工艺、瑶族刺绣、李氏骨伤疗法、骨伤清凉膏制作技艺等传统非遗的传承推广，鼓励民众开办家庭工厂、手工作坊，培育一批乡村能工巧匠，让传统手工业焕发新光彩。将贺郎歌、兴安龙船歌、马仔调、道冠庙会等非遗文化与节庆融合，以节促旅，以旅彰文，加强宣传推介。

打造"灵渠田园五镇"精品线路。建设陡江古韵、灵渠秦风等特色田园乡村和田园综合体，打造灵渠文化产业园，延长灵渠文化全产业链条，建设历史文化遗产主题餐厅、主题农家乐、共享农庄、文化精品民宿，进一步培优做强灵渠灌区生态田园风光旅游区，构建绿色生态环保的乡村生态旅游产业链。

（四）加强区域联动，开拓国内外客源市场

灵渠的资源优势明显，区位条件便利，依托大桂林客源市场，实现"南引北联"，形成巨大的客源市场。

1. 与阳朔县资源竞争合作，形成"南引"

阳朔县是国内外知名的旅游目的地，要建设桂林世界级旅游城市的先导区，由"旅游目的地"向"旅居目的地"转型升级。从地缘关系上看，灵渠"湘漓分派"，沟通珠江水系与长江水系，阳朔与兴安是"山水同源"；从资源禀赋上，与兴安县对比来看，阳朔旅游资源侧重于"山水"，而兴安则以"人文"出名，资源赋存是互补的。因此，应该加强兴安县与阳朔县的区域联动，培育系列精品旅游线路。

表1　2018~2022年桂林市/阳朔县/兴安县旅游接待人次

单位：万人次

市县　　年份	2018	2019	2020	2021	2022
桂林市	10915.31	13333.66	10241.19	12239.14	10695.55
阳朔县	1751.95	2018.82	1370.39	1652.00	1420.61
兴安县	797.89	1006.36	695.06	823.93	759.70

资料来源：《桂林市、阳朔县、兴安县国民经济和社会发展统计公报》（2019~2022年）。

表2　2018~2022年桂林市/阳朔县/兴安县旅游接待收入

单位：亿元

市 / 县	年份 2018	2019	2020	2021	2022
桂林市	1391.75	1874.25	1233.54	1502.88	1277.90
阳朔县	242.32	289.46	181.56	224.81	189.17
兴安县	89.49	117.81	73.75	92.43	77.45

资料来源：《桂林市、阳朔县、兴安县国民经济和社会发展统计公报》（2019~2022年）。

2. 与北面全州县的竞合，形成"北联"

长征国家文化公园（广西段）是国家重大项目，将建设5个重点项目、21个一般项目和36个其他项目，总投资约14亿元。兴安县红军长征湘江战役纪念设施已经成为全国爱国主义教育示范基地。红军长征湘江战役纪念园、红军长征突破湘江烈士纪念碑园、新圩阻击战酒海井红军纪念园开园以来，累计参观人数超过900万人次。

因此，兴安县与长征国家文化公园（广西段）所涉及的全州、灌阳、龙胜、资源要紧密联动；利用红色旅游"井喷"之机，打造差异化的灵渠文化旅游，做好"红色+古色"的文化旅游。推动兴安"南客北引"旅游市场拓展工作，即由桂林、阳朔这一世界级旅游市场北引至兴安。推进兴安灵渠这一旅游吸引物建设，以灵渠景区为中心，打造一批文旅融合示范街区，增加购物、休闲、美容、运动、文化体验等多元化夜间经济内容；充分利用水街、乐满地等文体休闲空间，开展游客喜闻乐见的夜间文化演出、民族风情表演、节日庆典演出、节日狂欢活动等文旅体验活动，更好地为游客提供具有文化特色的体验活动，有效实现对桂林、阳朔这一"南"市场游客向兴安这一"北"市场的分流引流。

（五）壮大市场主体，提升国际化旅游服务水平

为灵渠文化发展提供多渠道的投融资模式。文化的发展不能只依靠地方财税的支持，更需要拓宽投融资渠道，只有这样才能满足其大量资金投入的

需求。利用灵渠经营权收回的时机，扩容、壮大灵渠市场主体，不断做强兴安灵渠胜地旅游投资公司、灵渠宾馆、乐满地公司等企业，走大型旅游集团发展之路。通过推动改革，加大资金投入、整合资源、资产重组、资产置换等各种方式，支持灵渠胜地旅游投资公司等国有文旅企业做大做强。

推动兴安县文化旅游业高质量发展、实现旅游产业化，深入实施"游客满意度"服务质量提升行动，对照国际标准，推进兴安县旅游服务标准化建设。整体推进全县旅游从业服务人员的经营管理水平和业务素质培训，提升旅游"软实力"。全面提升旅游服务水平，做到精细化服务，建设无语言障碍国际化旅游县。建设旅游大数据中心，建设覆盖兴安县重点涉旅场所的监控系统、智能广播系统，实现兴安县的智慧旅游发展。

（六）创新灵渠旅游宣传，提高国际影响力

1. 加强"灵渠"官方网站建设管理

从"灵渠要闻""灵渠风情""灵渠史迹""灵渠规划""灵渠特色文化""灵渠论坛"等方面着手，建设独具特色的官方网站。

网络营销：联合百度、新浪、搜狐等知名门户网站和大型搜索引擎网站，购买"灵渠旅游"和"世界遗产——灵渠"等关键词，并选择适当时机发布网络广告，保证灵渠旅游的搜索排名热度。

2. 多元化创新营销手段

通过新媒体/微营销等创新营销手段，通过微信、微博和博客，对内容进行切片化处理，与潜在客户建立情感联系，实现微时代的终端、产品与模式之间多样态、多维度的创新性结合。

可采用微电影营销——推出灵渠旅游故事，传播灵渠旅游品牌，通过互联网、手机和移动视频浏览器，用电影镜头语言或漫画形象，宣传灵渠旅游。开发灵渠游 App，推广包括宣传视频、互动图片、旅行故事、景点介绍、优惠券下载、交通信息和自助游 DIY 线路等在内的灵渠旅游内容。运用微信、QQ、抖音、快手等新媒体手段多角度、多形式宣传推介一批功能完备、特色突出、服务优良、示范带动力强的休闲农业和乡村旅游精品

品牌。

3. 规划灵渠特色节庆营销，积极推动现有兴安米粉节、兴安葡萄节等地方节庆

开发与灵渠文化相关的特色节庆品牌，开发"古灵渠通航日（节）""灵渠赶古圩""灵渠彩调（马仔调、文场）文化周"等节庆；鼓励各类专业艺术院团与灵渠旅游企业合作，挖掘兴安龙舟赛和龙船歌、彩调剧、文场、渔鼓、桂剧、快板、山歌、零零落等，共同打造特色鲜明、艺术水准高的专场剧目。把灵渠打造成为沿线文旅融合发展平台、文旅精品推广平台、美好生活共享平台，使其成为有重要影响力的国际文旅节庆品牌。

4. 积极"走出去""请进来"，宣传灵渠文化遗产的保护成果，推介灵渠文化旅游

一方面"请进来"开展文化交流活动。利用 2026 世界运河大会举办的机会，邀请世界各地运河爱好者、专业人士和学者、旅游者，举办一系列的灵渠文化遗产展会、非遗大集市、运河研讨会等活动，展示或解释运河及其走廊的历史和各种元素，促进人文交流、民心相通。另一方面"走出去"传播灵渠。将灵渠文化遗产及旅游产品制作成多语种短视频在海外社交平台宣传；与海外中国文化中心合作举办"相约灵渠"活动，积极参加中国文物国际博览会、中国非物质文化遗产博览会等活动，讲好"灵渠故事"。

参考文献

［1］唐兆民：《灵渠文献粹编》，中华书局，1982。

［2］兴安县地方委员会编《兴安县志》，广西人民出版社，2002。

［3］许家平：《话说兴安》，团结出版社，2020。

［4］兴安县文化馆：《灵渠传说故事》，广西壮族自治区民间文学研究会，1982。

［5］广西壮族自治区桂林市兴安县水利电力局编《兴安县水利志（1988 年至 2020年）》（内部资料），2012。

［6］周大鸣、石伟：《遗产旅游与乡土社会——关于灵渠文化遗产的旅游人类学研究》，《广西民族大学学报》（哲学社会科学版）2011 年第 2 期。

案例报告

B.10
打造文旅产业"航空母舰":桂林上市
旅游公司高质量发展报告*

摘　要：　桂林旅游股份有限公司是桂林旅游企业的"主力军、排头兵",是广西第一家旅游类上市企业,在内河游船管理、山水景区运营、开放型景区运营、旅游演艺投资、市场营销创新等方面形成可供借鉴、可供推广、可供落地的经验。报告分析了桂林旅游股份有限公司在打造桂林世界级旅游城市过程中所取得的成效与主要做法,并总结了该公司运营管理的成功经验,提出争取"一企一策"支持、推进文旅深度融合、加强资产资本运营、深化企业改革项目建设的对策建议。

关键词：　上市企业　文旅产业　运营管理　世界级旅游城市

---

* 作者：申光明,桂林旅游股份有限公司党委书记、董事长；邓军,桂林旅游股份有限公司党委副书记；黄锡军、朱继华、帅术罡、陈微均为桂林旅游股份有限公司管理层干部。

一　案例背景

上市公司。桂林旅游股份有限公司（以下简称"桂林旅股"）成立于1998年4月。2000年5月，桂林旅股在深圳证券交易所挂牌上市，股票代码000978，是广西第一家旅游类上市公司。上市23年来，桂林旅股走过了机遇期、重塑期和临界点，正在迎接新的挑战。通过转增股本、增发扩股等方式，桂林旅股总股本已增至4.68亿股，截至2022年末已累计接待游客1.4亿人次，实现收入93.25亿元，现金分红5.38亿元。现有下属企业24家，其中分公司2家、全资公司6家、控股子公司7家、参股公司9家。截至2023年9月末，在职职工1985人；总资产24.40亿元，净资产13.24亿元。

桂林旅股拥有并运营优质旅游资源，包括国家5A级景区——两江四湖·象山景区、国家4A级景区——银子岩、丰鱼岩、龙胜温泉、贺州温泉、资源天门山等旅游景区，漓江游船、旅游汽车、出租汽车、漓江大瀑布饭店等旅游车船、饭店、景区，参股桂林新奥燃气公司、桂林漓江千古情演艺发展有限公司、井冈山旅游发展股份有限公司等，赋有"吃住行、游购娱、商学养"等旅游产业要素，已发展成为集景区、客运、酒店、码头、演艺、数字化旅游等于一体、完整旅游概念、涵盖大桂林旅游圈的集团化企业。

优质旅企。桂林旅股上市以来多次被深圳证券交易所评为信息披露优秀单位，先后获得"中国最具竞争力的大企业集团""西部大开发优势企业500强""中国优秀企业"等称号及亚洲名优品牌奖、中华旅游文化杰出贡献奖等荣誉，获得中国产品质量协会颁发的产品质量信誉AAA等级证书，连续多年获得"广西服务业品牌""桂林优秀旅游企业""桂林服务业10强""桂林市先进旅游企业"等多项殊荣，成为国内知名的优质旅游企业。

创新发展。创新是桂林旅股"稳中求进、以进促稳、先立后破"的原动力。桂林旅股着力在资源整合、资本优化、服务强化、管理精准化等方面取得突破性进展，在内河游览、城乡游憩、景区管理、业态更新、旅游演艺、提升品位、产品优化、市场营销等多个领域取得新突破、新成就、新效益。漓江游览"高星级服务"模式、酒店住宿"景宿融合"模式、银子岩"营销制胜"模式、桂林千古情演艺"强强联合、品质取胜"模式、两江四湖"文旅融合，业态升级"模式等逐步推行推广，持续引领桂林旅股高质量发展。

二　主要成效

（一）坚持党建引领，提升队伍战斗力

党的领导是推动高质量发展的根本政治保障，是干部职工担当有为、开拓进取、团结奋斗的精神源泉和磅礴力量，更是桂林旅股企业文化的"根"和"魂"。桂林旅股各级党组织以习近平新时代中国特色社会主义思想为指导，全面学习贯彻落实党的二十大和中央经济工作会议精神，结合"三会一课""民主生活会""主题党日活动""专题学习会"等，认真学习贯彻党中央国务院重要政策精神和重大战略部署，遵照广西壮族自治区党委和政府、桂林市委市政府的决策部署和工作要求，持续推进国企深化改革三年行动和深化改革提升行动，认真落实"一岗双责"工作机制和"清廉国企"政策措施，为干部职工创造良好的发展环境和干事创业的氛围。

以党的政治思想建设为引领，同步扎实推进组织建设、思想建设、纪律建设、生态文明建设等，精神文明建设取得丰硕成果。桂林旅股被评为"中国—东盟旅展最佳服务奖"，桂林旅股荣膺"2023 桂林服务业企业 10强"，银子岩公司党支部获评"四星级"基层党组织，漓江游船公司桂林旅游 9 号游船被授予全国"安康杯"竞赛活动优胜班组称号，两江四湖公司游船运营部荣获"全国工人先锋号"，漓江大瀑布饭店餐饮部楼面班组获"桂林市三八红旗集体"荣誉称号；桂林旅股荣获抖音和今日头条"年度影响力品牌企业"等等，桂林旅股诸多所属企业、班组、个人获得全国、自治区和桂林市相关荣誉。桂林旅股积极促进干部职工队伍更加凝心聚力、求

真务实、追求卓越，展现出优质企业文化、和谐工作氛围、良好职工素质，今后将更有力地推进企业深化改革提升行动和贯彻落实新发展理念，增强核心功能和核心竞争力。

（二）强化营销创新，扩大品牌影响力

桂林旅股领导班子重视营销工作，对新时代市场形势和行业趋势进行认真研判、解析，成立工作专班强化全公司营销工作的领导和指导，有针对性地制订营销增收方案，召开多方面、多层级的营销专题会议，将全年营收任务分解到责任人，层层抓紧抓细抓实；充分运用新技术手段，构建新媒体营销推广矩阵，开展"抖擞桂林，惠民旅游季""山水暖你、壮乡等你"等多种多样主题活动，开通直播间，开展探店团购和网络直销，借助新主流媒体平台加大宣传推广和销售转化力度；稳定团队市场，拓展销售渠道，深度挖掘居民市场、积极开拓中小学生研学市场。

同时，还积极开展跨界营销合作，在产品开发上推陈出新。与各大银行、网络游戏运营商、招商局公路网络科技控股股份有限公司、四川五粮液旅行社有限责任公司、北京新东方沃凯德国际教育旅行有限公司广东分公司等联合营销，深入研究、开拓新兴研学、康养、红培、非遗等细分市场，推出五星级游船、资江漂流复航、泛舟煮茶、山水电音"船上高""潮玩三月三"等系列网红产品；打造新媒体运营平台，丰富营销手段时代化、中国化、大众化的"旅股"特色，针对新生代、"Z 时代"和特别群体，推出高端定制化产品，满足不同"族群"消费需求，促进营收来源多样化。

通过营销模式的创新扩大品牌影响力，增强市场竞争力，提升经营管理效率，实现新冠疫情后营业收入全面复苏。2023 年 1～9 月游客接待量480.19 万人次，游客接待量、营业收入分别同比增长 227%和 270%。桂林旅股正抖擞精神、鼓足干劲迈上新征程。

（三）树牢项目为王，增强产品竞争力

发展是硬道理，项目是硬支撑。优质投资项目是打造世界级旅游城市的

重要抓手，也是企业发展的后发动力和增长点[1]。旅游市场的发展变化需要桂林旅股不断研发出适合游客消费需求的新产品、新项目，按照"构建新发展格局，推进供给侧结构性改革"的要求，以项目夯实消费内容，以项目培育新消费市场。面对人民群众对文化体验、休闲康养、体育运动、研学旅行、旅居度假等日益增长的优质生活需求，桂林旅股积极贯彻落实桂林市委、市政府的部署和要求，紧紧围绕"世界眼光、国际标准、中国风范、广西特色、桂林经典"的总体思路，大力推进桂林市市级旅游资源整合；通过"旅游+"，深入挖掘桂林优势资源，不断创新和改进桂林旅游产品，培育新业态、推出新产品、打造新线路、探索新玩法、提供新服务，为游客提供更加多元化和个性化的旅游选择，让传统旅游业态向定制化、休闲度假旅游变化，让广大游客和全体市民，感受到桂林打造世界级旅游城市的新形象、新项目和新成果。

桂林旅股根据现实情况和发展趋势，采取"多路并举、聚焦发力"的措施，在资金紧、人才缺、经验少、任务重的情况下，投资 1000 多万元建设广西首艘新能源五星级高端游船，于 2022 年 5 月 16 日正式首航，为保护漓江和践行习近平生态文明思想做出自己的贡献；投资实施漓江大瀑布饭店部分区域空间改造项目，促进酒店整体品质提升优化；投资实施桂林漓江（两江四湖段）水质提升和生态修复工程项目，全面修复、提升市内核心景区生态环境，擦亮两江四湖·象山国家级 5A 景区的金字招牌；研发推出两江四湖"漓骚文化·水上非遗戏曲课堂"、生日宴、品酒会等特色产品和"视、听"夜游项目，培育新的收入增长点；加快龙胜温泉及酒店改造；积极推进"广西桂林国家历史文化名城——两江四湖文化保护提升工程项目"入选国家中央预算内资金储备库；对低效不良资产采取"一企一策"的方式，通过充分调研论证，不等不靠、积极作为，加快推动不良资产的盘活处置工作；桂林旅游汽车运输有限责任公司向小型化、商务化、高端化方向转型升级；推动资江漂流实现全线复航。

新项目建设将旅游产品提升到一个新高度。广西首艘五星级新能源豪华游船成功打造成一款集高端、智能、环保、亲水、美食、度假等为一体的漓江深度游产品，推动漓江旅游向高端化、差异化、特色化方向发展，也为漓江生态保护作出榜样。《桂林千古情》演艺节目更新、两江四湖"非遗文旅夜游"、研学项目等扩展文旅融合消费新场景，丰富桂林新 IP、新业态、新赛道、新动能，有力促进企业、行业、产业贯彻新发展理念、构建新发展格局、推动高质量发展。

（四）深化国企改革，激发治企新活力

党的二十大报告提出的"深化国资国企改革，加快国有经济布局优化和结构调整，推动国有资本和国有企业做优做强做大，提升企业核心竞争力"，为桂林旅股继续改革创新指明重要方向，提供了根本遵循。两年来，桂林旅股以习近平新时代中国特色社会主义思想为指导，贯彻落实习近平总书记对广西重大方略要求和对桂林的重要指示精神，以二次创业的信心勇气、更加昂扬的精神状态，踔厉奋发、迎难而上、攻坚克难、勇毅前行，尤其是 2023 年一季度完成董事会和监事会换届后，新班子把深化企业改革、推动企业高质量发展作为重中之重，将《桂林世界级旅游城市建设发展规划》的相关内容及要求融入桂林旅股中长期战略发展规划纲要中，抓住桂林打造世界级旅游城市发展机遇，明确方向、明晰思路、优化路径，清晰展现桂林旅股发展的蓝图，以"资源整合、资本运作两翼驱动"为着力点和抓手，以筹划未来投资"漓江—阳朔"为载体，以深化改革、科技创新、资本运作为驱动力促进企业实现高质量发展，打造世界级精品景区和旅游品牌，助力桂林打造世界级旅游城市。

桂林旅股贯彻《自治区国有控股上市公司高质量发展实施方案》（桂国资发〔2023〕54 号）精神，以深化改革、完善资产经营、加强资本运作、打造优质品牌为发展重点，整合优质旅游资源，以桂林全域旅游升级和漓江景区开发为抓手，发挥上市公司优势，并购优质旅游项目，优化景区、酒店、游船三大核心板块，探索新业态投资，实现"资源—资产—资本"的良性循环。

2022 年度桂林旅股圆满完成定向增发工作，桂林旅股向控股股东桂林

旅游投资集团有限公司（以下简称"旅投集团"）非公开发行新股 10803
万股，募集资金总额 4.78 亿元，并于 2022 年 6 月 10 日在深圳证券交易所
上市。桂林旅股本次非公开发行股票完成后，桂林旅股总股本增加至
468130000 股，旅投集团对桂林旅股的持股比例从 18.36% 增至 37.20%，巩
固了控股股东对桂林旅股的控制地位。

此次非公开发行股票工作，是桂林旅股进行合规资本运作的又一成功案
例，为桂林旅股后续资本运作及可持续发展奠定了良好基础；同时，桂林旅
股股权结构和资本结构得以优化，提高了桂林旅股的资金实力和抗风险能
力，有利于桂林旅股助力桂林打造世界级旅游城市。

三 基本经验

（一）打头阵，夯实"桂林经典"

桂林旅股拥有和运营漓江游览、两江四湖、漓江瀑布大饭店、龙胜温泉
等优质核心资源，本身具有"桂林经典"或具备建成"桂林经典"的条件。
按照《支持打造桂林世界级旅游城市若干政策措施（试行）》（桂政办发
〔2022〕60 号）所要求的"坚持世界眼光、国际标准、中国风范、广西特
色、桂林经典"目标，加快推进世界级山水旅游名城、世界级文化旅游之
都、世界级康养休闲胜地、世界级旅游消费中心建设，努力创造宜业、宜
居、宜乐、宜游的良好环境，全力打造桂林世界级旅游城市"[2]，桂林旅股
作为桂林旅游龙头企业，承担着打头阵的历史重任和责任，经过多年的探
索，漓江游船和两江四湖景区已成为"桂林经典"，起到了示范、辐射、引
领作用。

漓江游船经营航线为漓江精华段"磨盘山（竹江）—阳朔"，截至
2023 年 9 月末，星级游船总数 41 艘，其中三星级游船 30 艘、四星级游船
10 艘、五星级新能源游船 1 艘，共 4126 个客位，约占桂林市漓江星级游船
总数的 32.55%。桂林旅股积极创新构建和健全完善大众化三星级、中高端

四星级、高端及私人订制五星级的漓江游船星级管理标准体系，实施 30 年来最大规模漓江游船改造升级，探索出一条"游船提档+星级管理"的新路子，在服务品质和绿色旅游方面始终走在广西前列，成为广西内河游船服务企业标杆，成为国内外内河游船管理运营的典范。

两江四湖景区是桂林打造世界级山水旅游名城的核心景区，属于开放型景区，由漓江、桃花江、榕湖、杉湖、桂湖和木龙湖的桂林环城水系所构成，是桂林城市中心最优美的环城风景带。其环城水系全长 10.38km，水面面积 38.82 万 m^2，是一条足以与威尼斯媲美的环城水系。南宋著名诗人、词人刘克庄咏叹桂林"千山环野立，一水抱城流"的意境在两江四湖景区得以完美诠释。桂林旅股拥有桂林两江四湖环城水系的独家经营权，积极探索开放型景区盈利增收模式，通过文旅深度融合，实施景区梯次化、多样化消费策略，重点经营两江四湖水上项目、沿湖周边项目、演艺项目、船上非遗游、分时分段游、高端商务画舫轻舟游等分类产品，不断将旅游产品推陈出新，满足不同消费人群的需求，实现多层多样多元消费发展，增强桂林旅股的盈利能力，为我国环城游憩带城市开放型景区发展提供了成功的经验借鉴，成为国内外开放型景区运营管理的典范。

（二）勇创新，打造"广西特色"

创新是企业高质量发展的持续动力。2023 年 9 月国务院批复的《桂林世界级旅游城市建设发展规划》明确要求"加快建设山水甲天下的旅游名城、人与自然和谐共生的生态名城、世界文明交流互鉴的开放名城和宜业宜居宜乐宜游的品质生活名城"。"四大名城"建设是桂林旅游创新发展方向，桂林旅股拥有和经营的各项资源正是"四大名城"建设的有效载体。桂林旅股强调要"以聚合力驱动桂林旅游创新，全面提升旅游产品供给，全面加强产业链上下游融合"，推动创新发展。经过多年的创新发展，在银子岩景区、两江四湖景区、漓江游船、漓江瀑布大饭店"景宿融合"、桂林千古情演艺等众多领域为"四大名城"建设奠定和营造了良好的创新发展基础和环境，融入广西历史、生态、人文、民族特点，打造了独具广西元素、广西文化符号的"广西特色"。

银子岩景区，以"游了银子岩，一世不缺钱"为宣传符号，将广西少数民族文化以及民间吉祥文化融入景区营销，作为主打特色品牌；将全员管理理念与实践运营管理相结合；建设生动莲花沉浸式、体验式项目，引入数字管理模式，实施"细节服务、情感服务和贴心服务"品质服务工程。不断创新探索使银子岩景区成为极具吸引力的高品质景区，游客接待量从2002年度的34万人次跃升到2019年度的263万人次，实现大幅增长，2023年1～11月游客接待量达到214万人次。

两江四湖景区，重视挖掘沿岸历史文化、地方戏曲文化、城市水文化、广西非遗文化以及世界名桥文化，在践行"以文塑旅、以旅彰文"实践中推动文旅深度融合，通过创新性设计陆上、水上、日游、夜游、陆地+游船等各类型线路，打造独具广西特色的餐船、茶船、红船、非遗船等产品，将彩调剧、文场、山歌、渔鼓、传统捕鱼表演、民族风情表演等具有桂林特色的地方文化、非遗戏曲曲艺表演、实景生活表演与夜景灯光、3D光影秀新技术表现方式结合起来，打造了独具"广西特色"的城市旅游景点。此外，漓江游船、漓江大瀑布饭店、温泉酒店、桂林千古情演艺也将刘三姐文化、三月三文化、红瑶文化、侗族鼓楼文化等广西独有的文化元素、符号植入这些产品之中，让"广西特色"彰显、出彩。

（三）树品牌，塑造"中国风范"

品牌是中国风范的具体体现，是中国特色、中国气质、中国气派、中国气场的集中表现。桂林旅股致力于品牌持续打造和维护，在各个运营载体上开展精神文明和文明旅游建设，获得"中国人居环境范例奖""全国文明风景区旅游区示范点""部级文明航线""首批中国休闲度假5U奖"等众多国家级品牌，向全世界展示、传播了"壮美广西""山水甲天下"的桂林形象，彰显了中国风范。

贯彻落实习近平生态文明思想，以"两山"理论推进实施"双碳"战略落实行动。探索开展零碳景区、零碳旅游线路等试点示范，2022年"桂林旅游号"五星级新能源游船投入使用，实现外观造型、环保动力、科技应用、产品功能、服务品质五大突破，彻底改变"走马观花"式的传统模式，在全景漓江、夜泊漓江、度假漓江、船家文化、民族特色、农耕文化等方面提供全新体验，分子美食、管家式服务给乘客带来"精致、精细、精美"的新感受。"桂林旅游号"是漓江游船在动力上采用新能源、新技术的首行首试，是"牢记领袖嘱托、遵循新发展理念"以及在漓江生态环境保护上、在提升漓江游览品位和品质上迈出的坚实一步。与此同时，桂林旅股在遵循"两山"理论，推行"双碳"战略稳妥实施上，积极开展漓江环境，特别是绿水青山保护工作。除拟推行游船全面提档升级，新造星级游船全部采用高压共轨柴油机，对老旧发动机进行更新改造外，拟谋划以产业链、供应链、资金链、人才链方式逐步实施游船全过程各层级更新换代项目，真正有效保护漓江"这个宝贝"，当好"二郎神"。

重视文旅深度融合，以文化彰显中国风范。龙胜温泉公司将龙胜红瑶文化和瑶医文化与温泉度假休闲融合，打造出独具特色的大健康产品；象山景区全部免费为游客开放后，两江四湖公司及时抓住契机，开发出众多非遗文化和夜间消费产品，充分展示桂林2000多年的悠久历史文化和"桂林山水甲天下"的山水文化。以两江四湖为载体将城市历史文化转化为可视、可游、可体验的优质旅游场景，创建新型文旅 IP 和"山、水、园、城、景"共建共治共融共享的优质旅居生活环境和生态环境典范；桂林千古情演艺公司充分运用中华优秀传统文化与地方民族文化、民俗文化和特色文化、米粉文化，除更新千古情室内演出外，还策划出"锅庄狂欢""民族打跳""民族快闪秀""国风古韵""三姐思茶香"等多种室外特色表演，极大满足了游客不同时段的观演需求。这些特色品牌塑造充分彰显了中国文化气派。

在服务品牌上，桂林旅股重视企业精神文明建设和干部职工素质素养塑造和提高。长期以来，以优化服务质量和打造新品质旅游为目标，不断提升漓江游船档次、旅游产品质量、服务水准，严格落实经营管理和安全、质量各项措施，导入卓越绩效管理模式，开展服务质量培训与大比拼，培养了一批高素质、专业性强的导游团队和行业服务团队；开展高品质接待和与服务相关的工作，多次出色完成国家元首、国家领导人和重要宾客的接待、服务工作。在内河游船运营管理、山水景区管理等方面建立了有特色、可复制、可推广、可落地的旅游服务品牌体系，实现了桂林旅股品牌溢价和管理输出，充分展示出旅游服务业的"中国风度和中国气度"。

四　未来发展

在新时代、新征程、新机遇、新挑战面前和"百年未有之大变局"背景下，桂林旅股在景区、酒店、车船等业务结构、原创性产品、经营业态、"二消"、供给端结构及销售渠道等方面还有进一步提升的空间；在资源深度利用开发、资产经营管理体系优化、文旅融合深度强化、资本运作赋能增效、融资效能充分发挥、吸纳资本路径丰富、品牌和运营模式输出增强、新业态、新形态、固本创新等方面，将以《桂林世界级旅游城市建设发展规划》为战略发展路径蓝本，从打造世界一流企业、发挥更大作用的高度，进一步深化改革、创新机制、用好用活人才、科技赋能，担当有为、创新求变、锐意进取、久久为功，着力落实做好资产配置、文旅融合、资本运作、文化建设、项目投资、数字化建设、品牌建设、标准化服务建设、运营管理输出等工作，着力推动桂林旅股高质量发展。

（一）争取"一企一策"支持，为打造世界一流旅企提供有力保障

2022 年广西壮族自治区政府发布《关于发挥广西旅游发展集团龙头企业作用助推文化旅游强区建设的实施意见》（桂政办发〔2022〕86 号），按"一企一策"方式为广西旅游发展集团量身定制专门政策，为广西旅游发展集团发挥龙头企业作用，给予"资源整合利用、项目建设运营、财税政策支持、金融措施支持、用地用林保障、基础设施保障、人才队伍建设"7 个方面的专项政策。

政策支持是政府改善营商环境和推动企业高质量发展的重要制度性保障，企业除了要抓好自身治理和顺应市场形势外，还需要有良好政策、优良

营商环境作为保障。依照习近平总书记指示精神和党中央国务院给予桂林市打造世界级旅游城市利好政策，作为桂林旅游企业的"排头兵"和主力军，桂林旅股要持续做优做强做大，打造成世界一流的企业，亦需要地方政府按"一企一策"方式给予相应的政策支持，让桂林旅股为桂林世界级旅游城市建设发展发挥更大作用、做出更大的贡献。

桂林旅股是广西第一家旅游类上市公司，经过 20 多年的发展，拥有桂林地区优质旅游资源，在国有资产管理和上市公司运营管理两方面形成了较为规范成熟的管理模式，积累了较为丰富的经验，且具有上市公司资本运作的优势，具备在打造桂林世界级旅游城市中成为龙头企业、持续发挥"排头兵"作用的较好条件，地方政府应持续为桂林旅股做优做强做大提供有力的政策保障。

（二）推进文旅深度融合，为"四大名城"建设打造世界级项目

国务院批复的《桂林世界级旅游城市建设发展规划》明确桂林市要加快建设"山水甲天下的旅游名城、人与自然和谐共生的生态名城、世界文明交流互鉴的开放名城和宜业宜居宜乐宜游的品质生活名城"。桂林旅股在"四大名城"建设中，承担着重要的历史使命和责任，未来的发展将结合"四大名城"建设要求，继续推进文旅深度融合、旅游产品的创新和迭代升级工作，在如何通过文化为旅游赋能的思路上下功夫，深挖地方特色和文化内涵，精心设计旅游新产品，开发旅游新业态，推出更多具有地方文化特色的旅游产品。

在推动旅游产品迭代升级方面，充分挖掘桂林国家历史文化和自然文化名城内涵，加大所属公司"非遗、夜游、会展、红色、文创"等文旅融合发展力度，充分利用现有资源做好系列衍生产品，推出更多、更好、更符合市场需求的原创性特色产品；挖掘渔家文化、非遗文化、民族文化、山水文化，开发漓江深度体验旅游，推出五星级游船定制化服务；挖掘民族优秀特色文化以及民俗文化，深度开发温泉度假、喀斯特和丹霞地貌等特色康养、演艺、休闲、运动等文旅产品，推出各种大众民俗文化节庆和赛事活动，通

过多样化、多层级、多渠道的活动，促进桂林与外部世界交流、交往、交融。

以桂林文化为依托，以各项文旅活动为载体，结合桂林旅股发展战略和市场需要，打造更多文旅爆款 IP，既在存量增长上创造出新业绩，又在讲好桂林故事、桂林经典和桂林 IP 中，为"四大名城"建设贡献力量，成就品牌、做出增量、提升品质。

（三）加强资产资本运营，为打造文旅产业"航空母舰"筑牢根基

加强资本运作，提升市值。根据广西壮族自治区国资委印发的《自治区国有控股上市公司高质量发展实施方案》（桂国资发〔2023〕54 号）的精神，推动国有控股上市公司成为综合改革表率，加快培育和创建一流企业，通过培育世界级市场主体，提升桂林对世界级资本、人才、文旅及配套支撑产业的吸引力。根据桂林市委、市政府对桂林旅股的战略发展定位和要求，桂林旅股要发挥上市公司资本运作优势，对合格的资产标的予以收购或并购，推动桂林旅股乃至桂林市文旅产业高质量发展，实现以资本市场为纽带的"资源—资产—资本"的良性循环。同时，稳定并提升桂林旅股的市值，实现公司价值最大化。

桂林旅股通过增发股票等多种再融资方式募集资金优化资产结构，并加大闲置资产的盘活整合力度，为桂林旅股增收增利、回报股东起到了积极作用。今后应以桂林旅股《中长期发展战略规划纲要》为依据，适度进行外延扩张、项目建设和收并购等投资业务，着力培植、培优主业，加大多业态融合，利用好新技术嫁接新元素，主赛道、优秀多赛道并举实现新跨越。桂林旅股应通过优化融资方式，持续提升盈利水平和桂林旅股市值，发挥好上市公司平台作用，保障国有资产保值增值和股东价值最大化。

加强资产经营，实现增收减亏。牢固树立"以增收创利"为核心和"以营销为中心"的经营管理理念，为实现量的合理增长和质的有效提升加强营销创新。持续加大存量市场的挖掘，打造符合市场的优质旅游产品，加大增量市场的开拓，根据市场发展趋势布局新业态、新形态，打造新技术、

新媒体营销矩阵，推行精准化营销模式；深入挖掘、理清新兴旅游业务商业逻辑，深化与相关头部企业的务实合作。在积极布局新媒体、运营新赛道的同时，适时调整桂林旅股的营销模式、经营管理方向，构建资金、人力、资本、运营多方联动、统筹协调的配套模式。同时优化经营布局，大力实施"走出去"战略，拓展市场"朋友圈"，开展跨界营销合作，打造定制化产品，坚持重点市场重点开拓，实现经营工作新的提升和突破。

（四）深化企业改革项目建设，为打造世界级品牌注入新动能

继续深化机制改革，促进企业良性运行。桂林旅股贯彻落实桂林市委、市政府支持现有文旅骨干企业通过资源整合、技术创新、品牌输出等方式上档次、上水平、上规模，推动桂林旅股等企业发展壮大，培育旅游消费示范企业，打造文旅产业"航空母舰"的指示精神，做优做强做大，推动桂林旅股加快跻身国内先进行列，编制桂林旅股中长期（2024～2030年）战略发展规划纲要，进一步明确桂林旅股未来发展战略方向、目标、模式和措施，充分发挥战略引领力，打造核心功能和核心竞争力。按照现代企业制度的经营管理规范要求，结合经营管理实际，深化以全面预算为切入点、以数字化为手段的管理机制，推动桂林旅股经营管理机制体制深化改革。构建以桂林旅股战略规划为导向，以经营责任为目标，以全面预算为基础，全员参与、全业务覆盖、全过程管控的经营管理机制体系，将桂林旅股打造成国内著名的文旅企业和文旅产业"航空母舰"。

加快完成在建项目建设，增强发展新动能。加快两江四湖水质提升和生态修复项目进度，加快漓江大瀑布饭店区域空间品质提升改造项目落地见效，加强重点区域项目论证和布局。通过整合优势资源，积极推动广西桂林国家历史文化名城——两江四湖历史文化保护提升工程国家资金申报。

研发和储备一批优质项目，持续增强盈利能力。牢牢抓住桂林打造世界级旅游城市的历史机遇，紧紧依托桂林"一条江、一座城、一批世界级旅游产品"的特色、优势，谋划新能源使用改造项目，谋划建设世界级旅游景区旅游产品；加强与相关头部企业的合作，加快在桂林市区、阳朔、漓江

等区域的项目布局，加强资源整合和项目可行性研究，加强项目风险管理与控制，打造世界级旅游产品。为桂林建设世界级旅游城市打造出广西特色、桂林经典。

参考文献

［1］徐莹波、朱继华：《争当桂林打造世界级旅游城市排头兵》，《桂林日报》2023年2月3日。

［2］《广西壮族自治区人民政府办公厅关于印发支持打造桂林世界级旅游城市若干政策措施（试行）的通知》（桂政办发〔2022〕60号），广西壮族自治区人民政府办公厅，2022年9月7日。

B.11
全球实景演艺：桂林印象·
刘三姐旅游演艺发展报告[*]

摘　要： 《印象·刘三姐》开我国山水实景演出之先河，是享誉海内外的文旅品牌。以打造世界级旅游城市为引领，桂林市多措并举，持续打造包括《印象·刘三姐》在内的诸多演艺精品。主要做法及成效：转变政府职能，营造国际一流营商环境；企业强强联合，实现资源优势互补发展；人文山水交融，树立文旅融合发展典范；根植本土文化，打造"刘三姐"文化品牌；深化产业融合，促进"文旅+"创新发展；发挥联动效应，服务地方赋能乡村振兴；逐步建立现代文化产业体系，提升发展文化演艺业，打造国际文化演艺之都。

关键词： 印象·刘三姐　实景演艺　文化产业

一　案例背景

旅游演艺是指在旅游景区现场以及旅游地其他演出场所内进行的、以表现该地区历史文化或民俗风情为主要内容且以旅游者为主要欣赏者的表演、演出活动。旅游演艺因其作为地方文化展示的载体，能够以人们喜闻乐见的方式将文化消费带入旅游体验当中，弘扬和传播地域文化，给游客留下深刻的感知印象而成为旅游地可持续发展的重要吸引点，对推动旅游地经济发

---

*　作者：李天雪，博士，广西师范大学历史文化与旅游学院教授，硕士研究生导师，桂林历史文化研究院副院长，广西师范大学珠江—西江经济带发展研究院研究员，研究方向为城市史、文化旅游。

展，丰富人民精神文化生活具有重要意义。

在全球范围内，旅游演艺已是旅游业的重要内容之一。纽约百老汇和伦敦西区也已发展为两大世界旅游演艺中心，成为旅游演艺文化的符号及运作典范。

我国的旅游演艺在进入 21 世纪后开始蓬勃发展，如今已形成较大的规模。据中国演出行业协会演出票务信息采集平台数据监测分析，在旅游市场强劲复苏的影响下，2023 年一季度全国大中型旅游演艺市场快速增长，共约 2.73 万场次演出，较上年同期增长 260.6%；票房收入 22.80 亿元，较上年同期增长 138.5%；观演人数 1615.68 万人次，较上年同期增长 184.63%。

为实现我国旅游演艺的可持续发展，文化和旅游部先是在 2019 年出台《关于促进旅游演艺发展的指导意见》，提出要壮大演艺经营主体。推动旅游演艺经营主体与相关企业在创意策划、市场营销、品牌打造、衍生品开发等方面开展合作，打造跨界融合的产业集团。鼓励成熟的旅游演艺经营主体通过股权融资、并购重组、品牌连锁等方式整合相关旅游演艺项目；后又在 2021 年出台《"十四五"文化和旅游市场发展规划》，其中提出要推动文化和旅游市场融合发展，明确支持打造一批有示范价值和社会效应的旅游演艺项目。2023 年，因地制宜培育旅游演艺新业态、新模式、新空间，鼓励打造中小型、主题性、特色类旅游演艺项目，旅游演艺取得了较快发展。

在众多旅游演艺项目中，实景演艺因其作为跨界融合的旅游资源，能充分发挥中国地大物博、历史悠久、多元民族文化并存的自然与人文旅游发展优势，其形式在全国引起巨大的反响，成为旅游演艺发展中的一个重要标志，开创了全新的旅游资源形式，依托桂林山水实景演出的《印象·刘三姐》是这方面的典型。

《印象·刘三姐》的创建思路是在 1998 年提出的，由著名导演张艺谋、王潮歌和樊跃出任总导演，国家一级编剧梅帅元出任总策划，联手 67 位中外著名艺术家，历时 5 年零 5 个月，经过 109 次修改和精雕细琢后，于 2004 年 3 月 20 日正式公演，是全球第一个全新概念的大型山水实景演出项目。项目位于桂林阳朔，以其方圆两公里的漓江水域和书童山为首的十二座背景山峰为演艺场域，总建设面积 100 多亩，鼓楼群、风雨桥等建筑约占 4100m²，演员 600 余名，有座位 3700 个，园区绿化率高达 90% 以上。

《印象·刘三姐》开我国山水实景演出之先河，是桂林阳朔乃至广西、全国著名的文旅品牌，一直保持着"全国文化演出行业观众接待量最多、影响力最大、年营业额最高"的实景演艺市场地位，是中国实景演出的标杆。从正式公演至今，《印象·刘三姐》已累计演出超过 8000 场，累计接待国内外观众近 2000 万人次，其中境外游客达 400 多万人次。演出广受观众好评，历时二十余年经久不衰，先后获得包括我国首批国家文化产业示范基地和文化部颁发的"创新奖""中国十大演出盛事奖""中国乡土文化艺术特别贡献奖""十大最具影响力文化产业示范基地""标志性品牌演艺项目""中国驰名商标""广西十大创意奖"在内的 70 多个国家级、自治区级、市级、县级以及文旅行业的重要奖项和荣誉称号，并编入《国家文化旅游重点项目名录——旅游演出类》。2022~2023 年，《印象·刘三姐》先后被评为桂林市中小学生研学实践教育基地及传统文化教育实践基地、"党旗领航·品质旅游"传统文化研习基地、桂林市干部教育培训现场教学点、传统文化教育实践基地。2023 年 10 月，文化和旅游部公布 40 个全国旅游演艺精品名录入选项目，《印象·刘三姐》位列其中。可以说，《印象·刘三姐》已经发展成为桂林、广西乃至全国的文化旅游名片和中国对外文化交流的重要窗口和平台。

如今，桂林正全力建设世界级旅游城市，打造国际文化演艺之都。在《桂林市"十四五"文化和旅游发展规划》中便提出，建设桂林世界级旅游城市，要建立现代文化产业体系，提升发展文化演艺业，打造国际文化演艺之都，持续提升包括《印象·刘三姐》在内的诸多演艺精品，创新推出更多大型文化实景演艺项目。

二 主要做法及成效

（一）转变政府职能，营造国际一流营商环境

长期以来，桂林市各级政府部门非常重视优化营商环境，从高度重视和

尊重企业家的角度出发，大力营造亲商、利商、留商、暖商、敬商、懂商、悦商的浓厚重商氛围。

《印象·刘三姐》从创意到立项和投资，再到项目的演出和推广都得到阳朔县委、县政府的大力扶持和帮助，特别是保障企业资本有效运营、项目更新设备和基建规模的扩大。为保障该项目的品牌形象，阳朔县人民政府先后出台《阳朔旅游业管理暂行办法》《阳朔县居民旅馆管理办法》《阳朔县农家乐管理暂行办法》《阳朔县导游员管理暂行办法》等相关规定，规范阳朔旅游市场的各种乱象。政府转变职能，落实责任职责，为《印象·刘三姐》营造一个良好的社会环境。此外，在加强旅游市场管理规范的同时，阳朔县人民政府还积极调解《印象·刘三姐》企业同当地农民产生的各种利益纠纷问题，为企业发展遇到的社会外部问题排忧解难。

阳朔县委、县政府的引导作用和市场的推动力相结合，促成了桂林旅游演艺市场首个产品的诞生。在市县两级党委政府的引导和支持下，促成了企业组织和非企业组织的合作（广维集团、张艺谋漓江艺术学校、民间艺术团体），使艺术家和当地居民有效组织起来，形成了文旅融合发展的强大合力。

（二）企业强强联合，实现资源优势互补发展

桂林加强与北京、上海和西安等全国旅游影响力较大城市的交流合作，扩大桂林旅游企业和旅游产品在全国的影响力。《印象·刘三姐》就是北京与桂林的企业强强联合的典范。《印象·刘三姐》项目的股东由北京市文化投资发展集团有限责任公司、北京市文化科技融资担保有限公司、龙德燕园（北京）资产管理有限公司、北京天创文投文化发展集团有限公司组成。

相关资料显示：北京市文化投资发展集团有限责任公司成立于 2012 年 12 月 11 日，是由北京市政府授权北京市国有文化资产管理中心成立的国有独资公司，注册资本 60 亿元，是全国第一家获得国际 AAA 主体信用评级的文化投资类企业，曾连续荣获全国第九届、第十届"文化企业 30 强"称号。

北京市文化科技融资担保有限公司成立于 2013 年 11 月，注册资本 15 亿元，是北京市为解决文化创意产业融资而组建的专业化服务平台，由北京

市国有文化资产监督管理办公室指导设立，目前为北京市最大的文化创意产业融资担保公司。

北京天创文投文化发展集团有限公司于2013年4月27日在北京成立，由北京市文化投资发展集团有限责任公司与天创国际演艺制作交流有限公司共同发起设立，注册资本为人民币2590万元。过去几年不仅参与制作并经营管理舞台剧《马可·波罗传奇》，还参与了博纳影业的股权投资、龙腾影视的股权收购。

桂林广维文华旅游文化产业有限公司成立于2001年，是广西本土民营骨干文化企业，首批全国文化企业30强。2001年至2004年，公司先后投资3.2亿元，建设有包括漓江刘三姐歌圩、山水剧场、阳朔东街等在内的文化项目。

2017年，北京天创文投文化发展集团有限公司通过投标方式成功收购国内第一部山水实景演出《印象·刘三姐》的运营公司——桂林广维文华旅游文化产业有限公司，实现了资源的优势互补，更实现了"1+1>2"的能效产出。北京和桂林两地企业的强强联合，为"印象·刘三姐"项目注入"新活力"，是文化产业供给侧结构性改革的典型案例。

（三）人文山水交融，树立文旅融合发展典范

桂林市提出要打造国际文化演艺之都，强调要深挖桂林历史文化、民族文化、非遗文化、红色文化等，优化桂林文化演艺精品，创新展演形式和手段，打造兼具本土特色和国际艺术时尚的文化演艺之都。如何整合桂林独有的文化旅游资源，打造独具本土特色，又符合国际艺术时尚的文化演艺精品，《印象·刘三姐》通过山水景观与历史人文的融合给出一个答案。

自古以来，桂林的山水景观便有"桂林山水甲天下"的美称，优良的生态环境是桂林最靓丽的底色和最殷实的家底，2021年4月，习近平总书记来到广西壮族自治区漓江阳朔段实地了解漓江流域综合治理、生态保护等情况时指出，"全中国、全世界就这么个宝贝，千万不要破坏。"因此，桂林的山水景观资源是桂林旅游发展的独特优势。此外，桂林也是一个多民族聚集地区，汉、壮、苗、瑶、侗、回、京、彝、水、满等多个民族在这片土

地上和谐共生。民族间相互交往、交流、交融，形成多民族融合的地域民族文化，是桂林文化的一个重要组成部分。淳朴的民风、独特的地域文化，作为历史人文资源的一部分，亦是桂林旅游发展的独特资源。《印象·刘三姐》将传承自广西歌仙刘三姐的传说与阳朔漓江的美好山水相结合，是中国旅游演艺发展中实景演艺的首次尝试，取得惊人的成功，开创了旅游演艺的全新模式，是山水景观与历史人文融合发展的典范。

《印象·刘三姐》的剧场坐落于桂林阳朔漓江水域的精华地段，1.654km^{2}的漓江水域是演出舞台，广漠无际的天穹形成自然幕布，12座拔地而起的山峰构成背景图画，提供360°纯天然、大露天观景舞台和原生态沉浸式观赏体验。而其演艺故事虽然传承自广西歌仙刘三姐的传说，但不局限于其一人的故事，而是运用中国国画的构图与手法融入真山真水，结合少数民族歌曲的独特节奏与韵调，将刘三姐所代表的文化精髓、所经历的生活情境、所热爱的民歌民俗，尤其是所敬畏和珍惜的这一方好山好水，通过艺术化的手法和诗意化的编排进行融合和呈现。即使没有连续的故事脉络，没有准确的歌词翻译，演出的魅力也能够突破国界、突破语言，大写意、代表性地展示了广西壮、瑶、苗、侗等少数民族的风俗风情以及漓江周边的百家万象。表演场景启用目前国内最大规模的环境艺术灯光工程，独特的烟雾效果工程以及隐藏式的音响，将刘三姐的山歌、民族风情、漓江渔火、山水圣地等元素创新组合，不着痕迹地融入山水，还原于自然，给人以强烈的视觉及听觉冲击，达到如诗如梦的效果，被誉为"上帝与人的杰作"。艺术创作上的巨大成功，保障了在2022年2月3日正式复演后的一年时间里，《印象·刘三姐》就累计演出158场，接待观众21万人次。在2023年的中秋、国庆假期，《印象·刘三姐》累计演出16场，接待观众4.89万人次。

（四）根植本土文化，打造"刘三姐"文化品牌

桂林市提出，要打造桂林文艺创作品牌，就要弘扬桂林优秀民族传统艺术，其中重点之一，就是要传承发展刘三姐文化，大力支持以刘三姐文化为主题的艺术创作，打造具有鲜明桂林风格和特色的传统艺术品牌。在《支

持打造桂林世界级旅游城市若干政策措施（试行）》中同样提到，要推动文艺创作繁荣发展，提升"刘三姐"等特色文化品牌影响力。扩大文化资源规模，丰富文化业态，提升文化旅游服务质量，支持桂林市申报"东亚文化之都"。

刘三姐文化的形成是一个历史沉淀的过程，其传说广泛流传于岭南地区，同时辐射湖南、江西、贵州、云南等省。其主题着重于刘三姐造歌、唱歌、传歌，最后化石成仙或骑鲤鱼上青天。刘三姐传说的民间文字记载最早见于南宋王象之的《舆地纪胜》，此后的文字记录逐渐丰富，并形成共识性的"刘三姐"称呼。

从宋代到清代的漫长时光中，刘三姐传说引起文人学士的关注，被大量记录并逐渐形成民间的一种文化现象，不断影响着岭南各民族的精神世界，是不可忽视的一项文化旅游资源。新中国成立以来，刘三姐文化经过戏曲创作演艺、改编电影剧本等创作形式的突破，不再局限于口传形式和歌圩形式，迸发出惊人的活力。《印象·刘三姐》的大型山水实景演艺，则是又一次演艺形式的重大突破，其成功，既是演艺形式的成功，同时也是其根植的刘三姐文化的成功。

为保护和挖掘"刘三姐"文化资源，《印象·刘三姐》景区于2018年在原有鼓楼建筑群的基础上实施升级改造，设立刘三姐文化印象博物馆，馆内共有7个展厅，将许多涉及刘三姐文化、歌谣、故事、艺术形态、民族风俗、现象热潮、新闻资讯等文献与藏品进行系统化梳理与展陈，在此展示的书刊、歌本、歌片、海报、年画、节目单、邮品、生活用品、学习用品、工艺品等展品，共计10大类、100多个系列、千余件（套）。刘三姐文化印象博物馆打造了全国第一座刘三姐文化收藏全门类博物馆，该馆于2019年6月3日正式对外开馆运营，社会反响较好。游客们在游览"刘三姐文化印象博物馆"后，再漫步到剧场观赏演出，在奇峰秀水的怀抱中聆听大山里来的歌谣，会情不自禁地感慨"刘三姐竟在我身边"。

景区基于刘三姐文化元素，着力提升园区整体氛围。如增设鼓楼民族服饰特展区、印象家园区、印象江湖区及渔民之家等特色区域，布置鼓楼装饰、入场主路道旗、石凳彩绘等，将园区精致化、场景化，还精心策划一系列的特色民族表演节目，提升了园区文化内涵与游客体验度。另外，启动景区亮化工程，打造夜场灯光秀。结合景区构造及氛围特征，对景区夜景加以亮化和装饰，聘请国内一流的"灯光秀"设计施工团队，从烘托《印象·刘三姐》氛围、演出音乐类型的特色及景区性质出发，设计美轮美奂、奇幻浪漫的"夜场灯光秀"，打造视觉上的盛宴，为实景演出烘托气氛、铺垫情绪。每到重要节庆，《印象·刘三姐》景区还会组织唱山歌，"抛绣球、赢盲盒"，"击铜鼓、祈鸿福"等特色活动，让游客听着大山里来的歌谣，感受"刘三姐"文化的独有韵味。在2023年"三月三"期间，景区还精心打造首届"印象·歌圩节"，将"封面打卡""锦绣华服""壮话学堂""歌舞迎宾""三姐迎亲""竹竿舞""长廊巡游"等一系列富含民族文化元素的特色活动贯穿始终，处处彰显"多彩印象、山歌壮美"。

（五）丰富园区内容，促进"文旅+"创新发展

《印象·刘三姐》景区通过不断丰富景区内容，持续提升游客体验感，依托其深厚的文化艺术底蕴，推动"文旅+研学"的产业融合，打造《印象·刘三姐》研学实践基地，以传统民族文化为核心，将全国第一座展示刘三姐文化全门类的博物馆"刘三姐文化印象博物馆"以及包揽五项国际建筑构筑类大奖的竹制生态长廊"竹林亭台楼阁"作为主要的研学实践教育场馆，研发以"一馆一经典""一竹一世界"为主题的八个研学课程，为学生提供传统文化研习与动手实践相结合的立体式研学新模式。除以上两大主题的核心课程外，基地还设置竹竿舞学习体验、背篓接绣球、多向拔河、两人三足等户外拓展课程，供研学团队开展课程拓展活动。研学实践教育基地全年对外开放，总体占地面积近100亩，可容纳较大规模的研学团队开展研学实践教育活动，最大研学团队承载量为2000人/天。

《印象·刘三姐》于2022年5月成功获批桂林市中小学生研学实践教育基地，同年12月，成功获批广西壮族自治区中小学生研学实践教育基地。截至2023年上半年，基地已接待研学活动近30批次，累计接待学生近万人次。

目前基地正在不断升级完善，并积极申报港澳青少年研学实践教育基地。

为进一步丰富园区内容，提高游玩质量，《印象·刘三姐》景区注重"文旅+设计"融合发展，由中外团队共同研制了竹林亭台楼阁。楼阁的整体纯手工编织，在传统竹编"螺旋编"的基础上减少竹篾条间的平行关系，以随机的方式将无数的竹条相互穿插缠绕，乱中有序、疏密相间，耗时两年半，覆盖长约 160m、宽 14m 的空间面积，横跨《印象·刘三姐》景区东西向，主要功能是打造剧场安全配套设施、为园区增设人流疏散通道，同时丰富自然业态及原生态氛围，使园区旅程动线增加审美性与趣味性。由于创新的编织方式和出色的使用效果，自落成至今，竹林亭台楼阁已荣获多项国际大奖：2021 ArchDaily 全球构筑建筑第一名、2021 届金特列吉尼建筑与设计最佳完工公共建筑或设施类别大奖、2021 第 9 届美国 ArchitizerA+评审奖及最佳人气奖、2021 意大利 THE PLAN AWARD 设计大奖、2021 英国蓝图设计大奖。

最近两年，《印象·刘三姐》还陆续推出一米四以下儿童免票、应届高考生和桂林大学生半价票等优惠活动，

（六）发挥联动效益，服务地方赋能乡村振兴

《印象·刘三姐》是文旅发展赋能乡村振兴的典范。《印象·刘三姐》演出对演员的选用不拘常法，大胆创新，探索出以"文旅+教育"融合发展模式培养演艺人才队伍。为保持演员队伍稳定和演出质量，桂林广维文华旅游文化产业有限公司与张艺谋漓江艺术学校合作办学，取得了较好效果。张艺谋漓江艺术学校创办于 2000 年，是由桂林市教育局批准，经自治区教育厅评估鉴定合格的一所中等职业艺术专业学校。学生白天上文化课、专业课，晚上则以《印象·刘三姐》为实训基地让学生参与演出。学生在校期间的学杂费、书本费、生活住宿费全免，晚上参加演出还能每月获得 1000~2000 元不等的补贴。学生大多来自广西、贵州偏远山区的贫困家庭，在学校管吃管住，管穿衣服，并且发放演出补贴。公司为学校提供办学资金，学校为景区演出培养所需表演人才。近年来，学校不仅为《印象·刘三姐》

培养了演员，也为全国其他的演艺景区输送了优秀表演人才，毕业生供不应求，就业率达100%。2021年11月23日，张艺谋漓江艺术学校被教育部办公厅认定为第三批全国中小学中华优秀传统文化传承学校。

《印象·刘三姐》还依托当地渔民和张艺谋漓江艺术学校的学生组建了600余人的庞大演出阵容，原生态的本色演出，既解决了附近农村劳力过剩的问题，同时也较好地展现了原生态的本色演出。以每位渔民演员平均每月3000元左右的工资计算，每人每年可为家庭增收3万至4万元，且此项收入仅为渔民晚上参加演出的收入，不影响其白天的正常工作与其他创收，为促进农民增收致富、建设社会主义新农村提供了新思路。另外，将文化演出与旅游业有效融合，创造了在同一地点、同一台演出、长年不断持续进行的新模式。中外观众人数连年增长、门票收入不断攀升，形成了具有很强生命力的文化旅游精品。《印象·刘三姐》平均每年缴纳各项税费2000万至3000万元，累计缴纳的税费超过3亿元，连续被评为阳朔县"纳税大户"，为当地税收做出了积极贡献。《印象·刘三姐》的成功，显示出欠发达地区民族文化资源与旅游融合的巨大潜力。

三　基本经验

《印象·刘三姐》作为一个旅游演艺产品，其本质上是一种视觉消费内容，在相当程度上揭示了当代文化消费行为的倾向性。换言之，以《印象·刘三姐》为代表的旅游演艺产品的"形象化"，在发生视觉消费的过程中，形象的消费在生产出对形象的欲望的同时，也生产出大量的延伸形象和内容。这表明，一方面，视觉消费本身便具有无穷的潜力与市场，具有取之不尽的形象资源；而另一方面，这种过剩也就成为视觉文化与消费文化结合的关节点，成为文化与旅游融合的契合点。在众多的旅游演艺产品当中，《印象·刘三姐》能脱颖而出，获得惊人的成功，其中的种种经验需要被揭示，而纵观《印象·刘三姐》的发展历程，可以从以下几个方面提炼其成功经验。

（一）政策引导扶持，营造良好运营环境

在旅游演艺产品当中，实景演艺产品对政府的扶持和引导具有更强烈的需求。武汉大学国家文化发展研究院的学者在其研究中就指出，"实景演出行业需要更加有效、更具针对性的风险评估机制与运营监管体系"，这是因为"实景演出的基础是文物古迹、非物质文化遗产、自然景观等公共文化资源"，所以实景演出乃至整个文化产业的健康有序发展，不仅需要文化企业不断完善自身经营方式，更需要遵循"文化例外"的原则，合理依靠公权力的引导与保护。

《印象·刘三姐》从最初的构思到规划实施阶段都是政府起到主要的引导和扶持作用。早在 1997 年广西文化厅就提出要发展文化产业，以广西的刘三姐文化为基础打造一个广西民族文化同广西旅游结合的精品景区，并投资 20 万元作为景区的启动资金。广西文化厅启动资金的投入直接加快了该景区初期的项目运营，并向社会其他资本展示了政府对于该项目的重视。同时，在自治区政府的协调下，桂林市和阳朔县各个分管部门就项目用地、选址、环保评估等筹备工作发布了近 100 个工作文件，绿灯打开，大大减少和节省了项目实施阶段的条件卡壳和时间，创造了良好的项目落地实施以及运营的宏观环境。

2017 年，《印象·刘三姐》遭遇破产危机，其债权总额达到 15.8 亿元。广西高院为保护该项目，考虑到其可观的经济效益和社会效益，决定通过破产重整的方式对企业进行拯救，而不是让其直接泯灭于旅游演艺市场当中。通过企业竞标，由北京天创文投文化发展集团有限公司解决项目重整问题和债务清偿，让《印象·刘三姐》走出危机，重新焕发了生机活力。可以说，正是因为有政府扮演管理者和引领者的角色，引导和保护《印象·刘三姐》的发展，才有如今的成功。

（二）企业联合参与，坚持文化市场运作

旅游演艺发展的过程，同时也是文化资源的产业化、市场化的过程。旅

游演艺发展需要市场企业的参与和运作，企业应该按照市场经济的特点和规律开发文化资源，研究大众的文化需求，开发大众喜闻乐见的旅游演艺产品和服务。文化产业的核心是内容产业与创意产业，在市场经济环境下，企业即是自主创新的主体与源泉，因此，旅游演艺的发展离不开市场化、企业化的运作模式。

《印象·刘三姐》的成功，是北京与桂林的企业强强联合的成功，如今桂林市推动建设世界级旅游城市，更离不开龙头企业的带动力。《印象·刘三姐》的投资公司是桂林广维文华旅游文化产业有限公司，其是由广西维尼纶集团公司和广西文华艺术有限责任公司共同持股的。广西文华艺术有限责任公司是属于艺术类的企业，而广西维尼纶集团公司更是一家化工、化纤企业，似乎和旅游产业毫不沾边，但是在《印象·刘三姐》的发展中却是这两家企业通力合作，打造出了一个精品文化产业项目，并通过桂林广维文华旅游文化产业有限公司进行项目的运营管理，通过企业化的运作，政府的积极引导，实现文化产业与旅游产业的相互融合发展，开发出桂林旅游市场这块大蛋糕。为响应广西壮族自治区、桂林市人民政府的号召，以及坚信《印象·刘三姐》能够为企业带来良好的经济回报，并出于探索化工企业对于第三产业发展之路的考虑，广西维尼纶集团公司这家化工、化纤企业仅用一个月时间的抉择便决定投资 3000 万元，成为项目的主要投资者。

而在经历 2017 年的企业整改事件之后，《印象·刘三姐》的归属权变更为北京天创文投文化发展集团有限公司，该公司本身就是文化企业，觉得《印象·刘三姐》这一文旅项目能够产生高于其负债的经济、社会效益，便决定助其偿清债务，并利用自身拥有的资源助力《印象·刘三姐》全新出发，打造全域文化品牌 IP，更好地融入桂林文旅市场。项目因为其可观和可预见的效益对企业具有很强的吸引力，引导文化企业或者其他企业参与到文化产业项目的运作和桂林旅游市场的开发中来。

《印象·刘三姐》的成功无疑得益于桂林旅游和北京天创文投文化发展集团有限公司充分发挥各自在目的地资源、销售渠道和艺术创作、文化挖掘、主题公园营造等方面的优势，实现了合作共赢。《印象·刘三姐》作为国内文化与旅游结合的典范，通过本地文旅企业与北京四家文投公司的入股参与，开创了中国大型实景演出的先河。它将文化演出与旅游业紧密结合在一起，创造了在同一地点、同一台演出、长年不断持续进行的最新模式，深受中外游客的欢迎。随着旅游演艺市场的不断开拓和发展，其带来的市场商机还有很大的潜力可以发掘。整合资源，注重唯一性，将是旅游演艺进一步可持续发展的关键所在。

（三）明确消费市场，讲好人文山水故事

文化市场是文化企业的服务对象，也是文化企业实现其经营目标的最根本基础。然而，由于文化市场的规模庞大、体系复杂，作为个体的文化企业总是无法全面把握市场的购买规律与发展变化趋势。同时，由于文化消费群体在购买习惯、资源条件、消费心理等方面的差异，故而会产生不同的消费购买行为。基于此，在旅游演艺发展过程中，必须明确文化消费市场的客户群体。

《印象·刘三姐》获得成功的重要因素之一，便是找准山水景观与历史人文融合发展的重要方向，开创性地采用实景演艺作为表演方式。究其原因，就是明确文化消费市场的目标客户群体。

桂林旅游目的地的目标群体是拥有旅游需求并且对于优美的山水具有浓厚体验欲望的人群，政府就桂林甲天下的山水进行营销，使其成为国内乃至国际知名的风光旅游目的地。而相对于已经被广泛宣传的优美山水，桂林作为一个多民族聚居地区的独特地域民族文化则可以进一步扩大宣传。因此，以山水景观为楔子，将旅游目标群体的视线引导到桂林丰富的历史人文旅游中去，《印象·刘三姐》的山水人文融合经验值得借鉴。

最初，《印象·刘三姐》就是利用桂林强大的游客吸引力，将游客转化为观众。随着其他自然旅游景区的开发，桂林山水游客吸引力被分流，桂林市政府在保持山水吸引力这一基础上，着力于文化体验的引导，利用刘三姐

这一文化品牌,"讲好桂林故事"。同时也是随着现代人们生活观念的转变,游客希望通过出行寻求新的身心体验,演艺旅游这一业态便成为游客的宠儿,满足了人们对于文化体验的需求。所以《印象·刘三姐》从最初的"游客→观众"客群模式向"观众→游客"客群模式转变,远道而来观看的观众,最后变成游客。《印象·刘三姐》在丰富游客文化体验的同时取得了可观的经济效益,随着旅游市场的需求变化,其作为一个优质的文化产品,观众到游客的转变又反哺着旅游业,促进了其发展。

(四)深耕地方特色,打磨本土文创精品

《桂林市"十四五"文化和旅游发展规划》提出:推动发展文化创意精品。整合桂林市文化资源,大力发展文化创意产业,打造体现桂林本土特色的文创精品。以桂林民俗等文化元素为重点,推进文创产品的研发设计、生产、销售。推动各县(市、区)依托文化创意园区、文旅小镇,整合地域特色文化,打造特色文化IP。鼓励具备条件的文化文物单位通过各种方式开展文化创意产品研发。文化的发展命脉在于创新,创新为文化资源向文化资本的转化、文化产业的产生和产品的开发以及文旅的深度融合提供了强劲的动力支持。当下,随着文旅融合的不断深入发展,行业乃至产品、服务之间的同质化愈加严重,文化消费市场的竞争也必将愈加激烈。而随着各式各样的"《印象》"作品的出现,《印象·刘三姐》也在不断地用文化创新增强自身的市场吸引力。富有匠心精神的《印象·刘三姐》文创产品的开发即是文旅产业的重要延伸。

植根并深耕于刘三姐文化,进行刘三姐文创产品的设计开发是"刘三姐计划"中的重要一环,是《印象·刘三姐》品牌旗下重要的系列产品,对于企业本身的创收和桂林旅游市场旅游产品的开发都具有积极作用。首先其核心产品便是夜间的实景演出系列,其展示了壮乡的本土民俗风情、少数民族的原生姿态和傍水而居的漓江儿女的生活方式。这改变了原本"白天看景,晚上睡觉"或者是看完就走人的游客游览方式,弥补了夜间旅游市场的空缺,充实了阳朔乃至桂林的旅游项目和体验。

（五）聚焦演绎核心，推动文化产业集群

《印象·刘三姐》注重高品质山水旅游发展，以演艺为核心，通过"文旅+"的方式推动文化产业的集群建设，打造特色鲜明的消费集聚区。"文旅+"发展方式与产业集群的概念互为表里。产业集群往往是由地理上靠近且相互联系的产业和关联部门构成，它们同处于一个特定的产业领域，由于具有共性和互补性而联系在一起。文化资源在空间分布与运动规律上具有集聚性、专业化和网络化特征，因而，推动文化产业的集群建设，促进多元发展实际上也是推动文旅融合、"文旅+"多元化发展的必由之路。

《印象·刘三姐》在保证核心实景演出游客吸引力的同时，还通过编排大型民族音乐表演《鼓楼大乐》、刘三姐文化印象博物馆的建设以及文娱综合街道——东街的规划促进园区的多元化发展。《鼓楼大乐》、刘三姐文化印象博物馆的先后落地使游客"白天看鼓楼，参观博物馆，晚上观看演出"这一设想得到实现，甚至晚上看完演出之后的夜宵、住宿都能在东街这里解决。园区的多元化发展增加了游客在园区的停留游览时间，游客不再像之前那样仅仅是晚上过来看表演，提高了游客的文化需求体验和园区的观赏体验，将刘三姐历史文化和新的消费模式巧妙地结合在一起，改变了园区之前仅仅依靠门票收入这一单一的营收模式。

《印象·刘三姐》对阳朔旅游行业发展的促进作用是明显的，对阳朔餐饮、酒店住宿、房地产等行业发展的促进作用是巨大的。《印象·刘三姐》落户阳朔后，阳朔的第三产业开始走上快速发展的道路。《印象·刘三姐》每年缴纳税费达 2000 万至 3000 万元，缴税总额达 3 亿元，对阳朔 GDP 的拉动作用达 5%。

（六）产、学、研循环，助力文化保护传承

文化是文旅融合的根基，在文旅融合的过程中应充分认识文化资源保护与开发的关系，坚持"在保护中求开发，在开发中促保护，保护与开发并举"的方式对待文化。科学、有效地保护文化资源对于文化资源产业化和

文旅融合的健康发展具有重要的现实意义。开发即是为更好地发展和传承，但文化的传承不应拘泥于传统，要立足于科技创新的时代背景，促进产、学、研的有机结合。

在《印象·刘三姐》成功运营的背后，是项目与本地居民的合作共赢，是一项助力乡村振兴的重要经验。根据广西大学学者的调查研究，项目运营后，居民在收入来源、收入结构、职业、对民族文化的认识等方面都发生了巨大的变化。在桂林旅游的开发过程中，社区居民通过一定的途径为旅游开发做出贡献或者提供旅游服务，获得合理的经济收入，社区居民积极参与到民族文化的保护和传承中，当地企业也获得经济效益，就会进一步加大对旅游文化的开发力度，这也有利于更多民间文化被挖掘、加工、利用，然后被更多的消费者所认知。社区居民在获得经济收益的同时，看到越来越多的游客前来观看，也促使更多的居民参与到民族文化的相关工作中，产生自豪感，就会意识到民族文化保护和传承的重要性，从而也会自发地参与到民族文化的保护与传承过程中。

为保证《印象·刘三姐》演出质量和演员的稳定，项目运营公司和张艺谋漓江艺术学校实施深层次的校企合作和合作办学。张艺谋漓江艺术学校于2000年创办，致力于杰出演艺表演人才的培养，主要是为《印象·刘三姐》演出输送高质量人才。由于有桂林广维文华旅游文化产业有限公司的投资，学生在校的学费、住宿费等是全免的，白天学习知识，晚上参加演出，每个月还能得到1000~2000元的演出收入。运营公司投资学校办学，学校则为《印象·刘三姐》提供表演人才，这不仅是校企的深度合作，还形成了产、学、研的良好示范效应。600多名演员从附近村落村民和张艺谋漓江艺术学校当中挑选，一方面保证了演出的原真性，另一方面也降低了演员使用方面的成本，既给演员创造了就业机会增加演员收入，也让公司在演员薪酬支出方面节省了资金，保证了人力资源的可持续。《印象·刘三姐》筹备伊始，项目组就来到桂林当地进行文化采风，挖掘桂林的自然和人文资源，紧紧把握刘三姐文化，深耕壮乡少数民族的民俗风情。演出成员的组成，还原了漓江儿女曾经质朴纯真的生活方式，学生通过学习《印象·刘三姐》达到其演出要求，村民则保证了演员的真实性和原真性。这些都有利于民族文化的保护与传承，达到产、学、研的良性循环，促进文化、旅游、经济的可持续发展。

四　问题和对策

随着新旅游消费市场的转变，我国的旅游演艺也将迎来升级与迭代。在建设世界级旅游城市的背景下，桂林的旅游演艺产品正在不断跨域、跨界融合，打破了剧场边界、融合技术与艺术、交互演员与观众，打通了戏剧演艺、文创衍生、艺术疗愈、文化消费、地方风物、实体经济等不同领域的协同创新路径。面对激烈的市场竞争，对标更高的发展标准，作为桂林旅游演艺"领头羊"的《印象·刘三姐》也存在一些问题，针对问题本文提出一些有针对性的对策建议。

（一）存在问题

1. 演出内容呈现形式略显单一、IP 活力尚未充分释放

国家"十四五"规划中提出要"实施文化产业数字化战略，加快发展新兴文化企业、业态、消费模式"。受益于新科技的创新、政策的支持、消费升级、产业升级等利好因素的驱动，虚拟现实、人工智能、AR/VR 技术的不断发展，实景演艺的娱乐性、交互性、代入感和视觉刺激更强烈，并且克服了传统演出产品在环境、场地、观演形式上的诸多限制。在"云游览""沉浸式体验"愈发火爆的今天，《印象·刘三姐》演出内容形式呈现略显单一，在展现方式与文化内容的融合上缺乏创新，未能充分地调动游客的感知情绪，给游客以新的体验和感知，需要为《印象·刘三姐》这一文化 IP 注入新时代的活力。

2. 游客互动参与较少、沉浸式体验有待深化

随着年轻人对出游体验中的互动性和参与感需求与日俱增，具有互动性、艺术性、参与感的实景演绎产品，正成为旅游目的地、景区吸引年轻游

客的重要方式。面对市场不断增长的需求,《印象·刘三姐》随着各地的广泛复制已失去其垄断地位,游客于山水之间"体验"漓江山水文化,并在个人头脑中对《印象·刘三姐》所呈现出来的地方性元素进行加工,从而形成地方认同,但这一过程中一些文化元素的内涵表达不够凸显,很多游客表示"看不懂"或"没意思"。游客的沉浸式体验主要是感官上的被动式沉浸,而不是创意内容上的主动式沉浸。再加上室外实景表演易受天气、当地活动等因素的干扰,这些也会对游客的沉浸式体验造成一定影响。

3. 营销宣传持续创新力不足

从《印象·刘三姐》开始,国内涌现出一批观众耳熟能详的实景演出作品,这些作品也均在不同的历史时期和文化属地创造了旅游演艺行业的辉煌。同类型的许多实景演艺项目,从形式到内容均在不断创新,而《印象·刘三姐》仍处在"吃老本"的状态,借助"电影"进行宣传营销产生的轰动效应正随着时间的流逝而削弱,但其营销宣传投入相对不足、创新性不够,营销宣传的效果不尽如人意。

(二)对策建议

1. 立足市场需求,促进内容和形式创新

《印象·刘三姐》的成功在很大程度上源自对在地文化的深刻挖掘,符合旅游观众对桂林和区域文化所展现内容的期待,印证了实景演出"内容为王、创新致胜"的规律。《印象·刘三姐》公演至今,市场正悄然发生变化,市场的差异决定着演出的形式和内容,需要针对当前的市场,综合考虑目标游客特性、地方文化属性、景区核心元素、旅游演艺场地等因素,有针对性地打造和满足消费者期待。

现代旅游业发展对科学技术的依赖程度较高,在全域旅游、智慧旅游发展的大浪潮下,推动科学技术与文化旅游深度融合是促进旅游业提质增效的重要一环。要将科技融入文化旅游的创造性转化当中,创新旅游业态和发展模式。目前旅游行业正在形成基于人工智能、大数据、沉浸技术、5G、VR等高新科技的融合发展模式。《印象·刘三姐》可以依托相应技术开展不同

类型的产品创新。

2. 进行多元设计，提升游客参与体验感

深度体验提升景区的"参与感"是实景演艺发展的必然方向。《印象·刘三姐》要想保持和提升游客新鲜感，需要特别重视多媒体技术、虚拟现实、增强现实人机交互等相关的科技应用，并附加创意的虚幻式、科幻式、梦幻式的多元旅游体验方式，打破传统演出者与旅游者之间的距离感，增强二者的互动性，重新定义游客与表演者的角色关系，让游客不再仅是被动接受舞台表演，而是更能够参与其中，在互动中感知《印象·刘三姐》的文化内核。

《印象·刘三姐》作为优质内容的创造者，提升景区的"参与感"也应占据极为重要的引领地位。在保证演出艺术性的基础上，《印象·刘三姐》可通过故事动线、表演动线、行进动线、体验动线、角色动线等的多元交叉设计，进一步将表演者和观赏者连接在一起，打造全新的消费者体验，与此同时，形成线上与线下演艺相互融合的新的演出方式和商业模式。

3. 加强宣传创新，拓宽营销渠道

"十四五"时期，我国将全面进入大众旅游时代。在这样的背景下，《印象·刘三姐》应抓住时代契机，进行形式更为多样的新媒体营销。因为，在互联网"流量为王"时代，营销在某种层面上可以说是任何产品进入市场或者受到消费者青睐不可缺少的手段。

虽然，《印象·刘三姐》已经在微信小程序和抖音建立运营公众号，并着手打造"刘三姐智选"网络带货品牌，但还需着力推进与新媒体和新商业模式深度结合和网络互动，推进特色纪念品、工艺品开发，进而嫁接具有其他地方特色的消费品，创新品牌形象载体。《印象·刘三姐》演出本身也应该重新"走出去"以保持自身的品牌影响力。

参考文献

[1] 方世敏、杨静：《国内旅游演艺研究综述》，《旅游论坛》2011年第4期。

［2］ 肖波、陈秋宁：《实景演出的资本风险与防控策略——以〈印象·刘三姐〉为例》，《同济大学学报》（社会科学版）2021 年第 1 期。

［3］ 林轶、段艳：《"印象·刘三姐"与广西民族文化传承》，《中国青年社会科学》2017 年第 4 期。

［4］ 范思晨、唐云梅子：《文化体验旅游新业态发展研究——以〈印象·刘三姐〉为例》，《市场周刊》2022 年第 6 期。

［5］ 林孔江：《优质旅游内涵式发展探究——以旅游演艺〈印象·刘三姐〉为例》，《艺海》2020 年第 8 期。

［6］ 王胜鹏：《地方文化资源产业化战略思考》，《中国文化产业评论》2011 年第 2 期。

［7］ 刘海星：《旅游景区新媒体营销策略探究》，《全国流通经济》2023 年第 15 期。

B.12
世界文化奇迹：长征国家
文化公园（广西段）建设发展报告*

摘　要： 长征国家文化公园（广西段）建设全部集中在桂林。以打造世界级旅游城市为统揽，桂林深入挖掘红色文化资源，统筹项目申报与规划；推进革命文物保护修缮，加强文物普法宣传；完善行政组织管理机制，成立保护传承中心；加大旅游人才队伍建设，丰富宣传教育形式；创新旅游产品表达形式，提升红色旅游体验；推进红色旅游全域发展，促进产品深度融合；有条不紊地推进长征国家文化公园（广西段）的建设，在立足资源优势、树立红色文化地标的基础上，推动文旅融合，打造红色旅游高地，让铭刻在桂林山水间的"红色印记"在新时代绽放出新的光芒。

关键词： 长征　国家文化公园　红色旅游

一　案例背景

（一）长征国家文化公园建设具有重要时代意义

国家文化公园是我国首创的公园类型，旨在打造中华文化的重要标志，

---

* 作者：李天雪，博士，广西师范大学历史文化与旅游学院教授，硕士研究生导师，桂林历史文化研究院副院长，广西师范大学珠江—西江经济带发展研究院研究员，研究方向为城市史、文化旅游；贺祖斌，博士，广西师范大学党委书记，教授，博士研究生导师，广西社科联副主席，广西文联副主席，自治区政协委员，桂林发展研究院院长，广西师范大学西部乡村振兴研究院院长，研究方向为高等教育生态与管理、区域经济与高等教育、乡村振兴等。

229

侧重于线性文化遗产的保护利用。"十三五"时期，我国就在文化建设领域中首次提出建设国家文化公园的战略。2017年，中共中央办公厅、国务院办公厅联合发布《关于实施中华优秀传统文化传承发展工程的意见》，正式批准国家文化公园建设。2019年12月，中共中央办公厅、国务院办公厅联合发布的《长城、大运河、长征国家文化公园建设方案》不仅确立了国家文化公园的基本概念，而且明确了长征国家文化公园为我国首批建设的国家文化公园。

2021年8月，国家文化公园建设工作领导小组印发《长征国家文化公园建设保护规划》，提出要整合长征沿线15个省（区市）文物和文化资源，着力将长征国家文化公园建设成为呈现长征文化，弘扬长征精神，赓续红色血脉的精神家园。

（二）长征文化是桂林红色旅游资源的关键部分

红军长征先后两次经过广西：一是1934年9月2日至10日，长征先遣队红六军团过广西，经过今桂林市境内的灌阳、全州、兴安、资源等县，历时9天，行程250多公里，为胜利完成战略转移任务奠定了基础。二是1934年11月25日至12月13日，中央红军长征过广西。历时19天，经过今桂林市境内的灌阳、全州、兴安、资源、龙胜、灵川六个县，行程296公里，著名的湘江战役就发生在这里。在湘江战役中红军付出巨大牺牲，但中央红军经过极其惨烈的战斗，突破国民党蒋介石布置重兵设下的第四道封锁线，成功粉碎其将中央红军围歼于湘江以东的企图，为遵义会议的召开奠定了思想基础。

2018年11月，习近平总书记对做好湘江战役中的红军烈士遗骸收敛保护工作和规划建设好纪念设施等做出重要批示。2021年4月，习近平总书记到广西考察的第一站，便是来到位于全州县才湾镇的红军长征湘江战役纪念园参观瞻仰。其间，习近平总书记发表讲话："我到广西考察的第一站就来到这里，目的是在全党开展党史学习教育之际，缅怀革命先烈，赓续共产党人精神血脉，坚定理想信念，砥砺革命意志。"基于此，《长征国家文化公园建设保护规划》将长征国家文化公园（广西段）建设定位为"突出长征精神与脱贫攻坚精神的联合展示，注重与桂北少数民族文化、桂林山水等地方资源结合，助推乡村振兴、加强民族团结"。

由于中央红军血战湘江、翻越老山界等历史事件皆发生在桂林，所以长征国家文化公园（广西段）建设全部集中在桂林。2021年11月，《长征国家文化公园（广西段）建设保护规划》成功获得中央批复。该规划包含60个建设项目，其中重点项目5个，一般项目21个，其他项目34个，总投资13.89亿元。截至2023年，已经有包括全州县红军长征湘江战役三大渡口遗址保护传承工程和龙胜各族自治县长征文化旅游复合廊道建设在内的9个项目纳入保护传承利用工程国家"十四五"期间项目储备库，预计总投资4.85亿元。

2022年，党的二十大报告提出，要建好用好国家文化公园。这为长征国家文化公园（广西段）的建设、为桂林当地的红色资源保护利用，以及红色文旅融合提供了新的挑战和机遇。

二　主要做法及成效

（一）深入挖掘红色文化资源，统筹项目申报与规划

近年来，桂林市通过积极探索与谋划，对桂北六县（即全州、灌阳、兴安、龙胜、灵川、资源）的红色文化资源进行深入挖掘，紧密围绕湘江战役革命文物的保护利用来统筹规划与进行项目申报，为长征国家文化公园（广西段）建设打下坚实基础。

客观地说，湘江战役的革命文物资源呈现面广、点多、量大、类型丰富等特点。据有关部门统计，湘江战役旧址现有全国重点文物保护单位21个点，还有16个点的省级文物保护单位、52个点的县级文物保护单位，另外还有47个点待公布为文物保护单位。没有定级的红军各类武器弹药、行军锅、迫击炮、钱币等纪念馆馆藏和文物部门收藏可移动文物约有1000件。因此，必须提前做好统筹规划，才能保障项目申报和实施。

1. 明确史实内容，推进5个重点规划项目建设

截至 2023 年，广西段已经纳入《长征国家文化公园建设保护规划》的 5 个重点项目进展顺利，其中血战湘江长征历史步道示范段建设项目总体进度达 80%、全州湘江战役渡口遗址群保护展示项目总体进度为 98%、灌阳湘江战役战场遗址保护展示及环境整治项目总体进度达 88%、兴安界首渡口长征文物保护展示项目总体进度为 84%、龙胜长征红色文化教育基地建设项目总体进度为 80%。

此外，桂林已完成长征国家文化公园（广西段）2023 年度部分项目建设规划设计评审，确保项目建设科学可行；完成长征国家文化公园（广西段）建设雕塑设计方案，并报送自治区党委宣传部审核，已初步确认 17 座雕塑方案，正在完善提升中；完成长征国家文化公园（广西段）数字化建设项目评审，并不断推进数字化项目建设。长征国家文化公园（广西段）建设标识系统标识牌设计制作已完成工程量的 80%，预计 2023 年 11 月底完工。

2. 加大投资力度，实施9个保护传承利用工程项目建设

截至 2023 年，长征国家文化公园（广西段）已经纳入国家发改委"十四五"期间保护传承利用工程项目库的 9 个项目进展顺利，其中 1 个项目已完成建设，3 个项目已基本完成建设，其他 5 个项目正有序推进，即已完成了兴安县界首古镇暨历史文化名镇建设项目；红军长征湘江战役全州县内三大渡口遗址保护传承工程、溶江镇金石红军故道建设项目、长征文化旅游复合廊道建设项目龙胜县段基本完工；中央纵队界首渡江遗址公园项目建设总进度达 68%；灌阳县红军长征入桂关口遗址保护利用项目建设总进度达 85%；中央红军翻越老山界红色文化旅游基础设施建设项目建设总进度达 80%；资源县中峰镇红军长征旧址保护展示项目建设总进度达 88%；桂林市湘江战役步行体验道路建设项目，正在完善前期预算报审、招标等程序，预计 2023 年 11 月底开工建设。

（二）推进革命文物保护修缮，加强文物普法宣传

打造世界级旅游城市启动以来，桂林在推进长征国家文化公园（广西段）建设的同时，统筹推进境内各类革命文物的本体保护和周边保护、抢救性保护和预防性保护、单点保护和集群保护，为用好革命文物资源奠定了坚实的基础。

1. 同步推进革命文物修缮和"三防工程"建设

桂林市按照相关保护规划完成红军长征过桂北现存文物、档案资料、遗址遗迹的普查工作以及烈士遗骸的收殓工作等。争取国家专项资金 9000 多万元，支持全州、兴安、灌阳 3 县湘江战役旧址文物保护修缮工程和纪念馆陈列馆布展工程。

根据长征国家文化公园（广西段）建设规划，以及相关革命文物集中连片保护工作的要求，桂林市持续修缮革命文物本体。例如：兴安县完成湘江战役旧址红军街保护修缮工程（二期），完成红军街环境整治项目（一期），全面恢复红军街古建筑的庄重、古朴风貌。全州县完成红军长征经过全州 10 个乡镇古建筑的抢救性保护维修工程。灌阳县抢救性保护红军标语，完成部分标语建筑主体的修缮保护工作，邀请彩绘专家针对现存标语本体的修复制定可行的保护修复方案，编制《灌阳县红军标语保护修缮方案》并通过评审；资源县完成油榨坪公堂、土地庙、红军井等九处红军长征旧址的文物本体修缮；龙胜县完成对红军楼、审敌堂、红军桥主体的修缮及周边环境的整治，恢复其历史风貌和使用功能；阳朔县完成对徐悲鸿故居、兴坪古戏台等木质结构革命文物的修缮。

在修缮革命文物本体的同时，桂林市严格落实革命文物定期风险排查制度，各县均编制了相关旧址的"三防工程"（安防、消防、防雷）方案，并依据方案为相关文物安装防雷设备和建设地上消火栓灭火系统等。"三防工程"顺利完成，大大提升了相关革命文物的保护水平和突发性事件应急处置能力，筑牢了文物安全底线。湘江战役旧址（灌阳县）消防工程、龙胜县红军长征湘江战役旧址安防项目已完工，湘江战役旧址（兴安县）安防工程等项目建设进展顺利，将按预计时间完成建设。

2. 加大革命文物普法宣传和史料收集整理力度

为进一步增强群众保护革命文物的意识和法治观念，桂林市文物行政管理部门紧密联系相关县、乡、镇,因地制宜地宣传革命文物保护的法律政策,尤其是与各乡镇政府宣委、乡镇文化站紧密联系、走访,通过文物信息纸质材料和文物电子材料,以及网络、微信"乡镇文化工作群"发放各乡镇文物信息表,清晰展示各乡镇文物点名称、年代、地址、保护范围和建控地带等保护情况要求,以便更准确高效地落实革命文物保护工作。

与此同时,桂林市各县持续加大对境内革命史料的挖掘整理力度。例如:灌阳县委、县政府专门成立革命文物资源保护开发办公室,负责综合整理长征路上红军故事及遗迹遗物和组织申报国家红色旅游经典名录资料的相关工作,并负责对灌阳红色旅游项目申报及项目建设中的各部门进行协调。经过各部门多年的协作,灌阳县掌握了大量的红军史料,出版和整理了《红军在灌阳》《红色灌阳》等书籍以及《红军在灌阳文集》,整理的人物故事上百个。再比如,灵川县八路军桂林办事处路莫村军需物资转运站纪念馆查阅400多万字历史文献资料、120多幅历史图片,采访相关历史资料收集人19人次,汇编出版了《抗战烽火中的路莫村转运站》一书。这些史料收集整理工作为提高桂林革命文物保护和利用水平奠定了坚实的基础。

(三)完善行政组织管理机制,成立保护传承中心

为在长征国家文化公园(广西段)项目策划和实施中形成合力,2021年5月,桂林市专门成立由市长担任组长的桂林市长征国家文化公园(广西段)建设工作领导小组,指导市委宣传部统筹领导小组各成员单位。

1.组建市级工作专班领导小组

为保证长征国家文化公园(广西段)的高质量建设,桂林市长征国家文化公园(广西段)建设工作领导小组在桂北六县设立由县委主要领导任组长的项目专班组,并派相关市直成员单位领导进行专项指导,从而形成负责牵头抓总的市级领导小组同完成具体落实工作的桂北六县项目专班组互相配合的项目推进体系。

在此基础上，桂林市建立健全项目推进例会制度，确保项目推进工作专班领导小组会议能够每月召开一次，会议及时研究和聚焦解决重大事项及相关问题。为保障项目建设进度，桂林市实行"一项目一策""一县一策""点对点"的工作方法。桂林市委宣传部在相关项目建设过程中始终发挥统筹协调作用，积极主动与自治区党委宣传部联系沟通，并督促和指导市直相关部门、桂北各县及各工作组抓好相关工作落实，汇总有关实际情况，协调、研究、解决有关问题。

截至 2023 年，68 个红军长征湘江战役纪念设施项目建设和保护工作均已如期完成，已识别湘江战役红军遗骸散葬 421 个点，并全部按规范进行挖掘收殓和集中安放，实现了永久纪念安置。湘江战役"三园三馆"自开放至今累计接待参观者约 1625 万人次，成为自治区内外开展爱国主义教育的重要基地以及研学旅游、红色旅游的热门景区。

2. 成立红军长征湘江战役文化保护传承中心

为确保"红色地标"建设与管理顺利接轨，桂林市正式挂牌成立市红军长征湘江战役文化保护传承中心（以下简称"市文保中心"）。该单位为财政全额拨款公益一类事业单位，编制 25 名，规格为正处级。全州、兴安、灌阳三县分别成立相应机构，负责各县红色资源的保护、利用和管理。

（四）加强旅游人才队伍建设，丰富宣传教育形式

1. 建设扎实有效的红色旅游讲解员队伍

为讲好长征故事，传承红色基因，桂林市组织、实施以百名宣传思想文化干部挂钩的百个烈士命名镇村为主要内容的"双百"活动，形成百名宣传干部主动讲、宣讲分队进行专题分组讲、千名草根基层百姓讲的传承体系，营造出让红色故事在基层广为传颂的文化氛围。由桂林电视台牵头，拍摄相关纪录片，更鲜活、更生动、更充分地再现湘江战役这场既悲壮又伟大的战役，更好地将红军长征突破湘江这一重要战役所蕴含的深厚历史文化意义和伟大的牺牲精神表达出来、传承下来、流传开去。

讲好红色故事离不开专业讲解团队的建设，广西壮族自治区文化和旅游

厅积极建设扎实有效的红色旅游讲解员队伍，结合《广西红色旅游五好讲解员建设行动方案》，推选桂北优秀讲解员等人才进入广西红色文化旅游人才库。将桂北10多个优秀红色故事征集编入《广西红色故事》；同时，把桂北重点红色旅游景区（点）讲解词编入《广西红色旅游景区（点）讲解词汇编》。支持举办广西红色旅游企业管理人员一期培训班、广西红色文化旅游教育从业人员培训班。组织桂林市县讲解人员赴湖南、贵州开展五好讲解员队伍建设教学活动。八路军桂林办事处纪念馆讲解员李文麒入选全国红色旅游五好讲解员培养项目。

2. 不断丰富红色故事的宣传教育形式

由桂林市党史办牵头，全州、兴安、灌阳三县以及市志办、档案局、文物局密切配合，做好湘江战役史料的收集、完善和抢救工作，尤其是对在湘江战役中牺牲的革命先烈的个人资料进行收集整理，并梳理当地民众与红军鱼水情深的感人故事，编制成册。

另外，桂林市政府积极配合自治区有关部门加紧推进自治区党史馆筹建工作，目前已完成展陈大纲设计。自治区党委、自治区人民政府紧扣庆祝新中国成立70周年和建党100周年等重要时间节点，鼓励和引导红色题材创作，打造歌剧音乐剧《血色湘江》、壮剧《百色起义》、桂剧《破阵曲》、粤剧《抉择》以及纪录片《铁血湘江》、红色文学三部曲《湘江红遍》、动画电影《湘江1934·向死而生》等一批红色文艺作品，并积极开展多种形式的巡演展演活动。持续开展红色文化进校园、进社区、进军营、进乡村活动，组织策划打造走读广西红色课堂等活动，激情唱响红色文化主旋律，引导全区广大群众牢记初心使命，坚定理想信念。建设国防教育文化长廊，丰富国防教育载体；组织全市300余所中小学校近30万名学生开展以"红军长征突破湘江"为主题的红色教育研学活动，累计开展"身边人讲桂林红色故事"活动1.3万多场次。桂林红军长征湘江战役文化保护传承中心成功入选全国首批100个"大思政课"实践教学基地。

3. 积极开展红色文化旅游宣传活动

桂林市文化和旅游厅相关人员赴江西瑞金、湖南长沙等地参加红色旅游产业博览会暨全国红色旅游联盟推广年会。《红色故乡·广西篇——铁血南疆·壮美八桂》创下红色文化旅游宣传新纪录，并在国家级媒体（央视国防军事频道）播出，引起强烈反响。在"永远跟党走"庆祝中国共产党成立100周年优秀舞台艺术作品展演中，《血色湘江》作为重要剧目入选。先后组织开展15场广西红色文化旅游"五进"活动，并完成《广西红色文化旅游图集》《广西红色旅游精品线路导览手册》编印等。广西10条红色旅游精品线路之一的"血战湘江·桂北长征"吸引了各地游客。在此基础上，主动与贵州遵义、江西赣州、陕西延安等红军长征沿线城市加强相关领域的交流与合作。

（五）创新旅游产品表达形式，提升红色旅游体验

1. 推出"互联网+旅游"新形式

桂林红色景区积极主动引入"互联网+旅游"旅游产业发展新思路，互联网、全息投影、VR等新技术已经在桂林的博物馆和纪念馆等全面应用，历史事件和场景在技术的辅助下能够更直观生动地呈现给观众，红色历史成功"活"起来。

现在，红色旅游正在受到越来越多的"80后"、"90后"和"00后"游客的喜爱，更多的年轻父母乐意带着孩子在闲暇时间来到红色景点游览，并愿意接受爱国主义教育的熏陶，大部分地区的教育部门针对青少年开展的红色研学活动也逐渐增多。面对当前消费对象呈现年轻化、多元化的大趋势，红色旅游产品也需要进行相应的调整和优化，应该着力增强现场体验感和时代感，用青少年喜闻乐见的方式来讲述革命故事。值得肯定的是，桂林市有关方面已经认识到自身在红色旅游方面的问题，正在利用红色地标的品牌和社会影响力，对文化和旅游业"二者合一"进行深度规划，发挥红色旅游引领作用，以红色文化教育为切入点，弘扬红色文化，拓展延伸"红色旅游+"模式，按照"馆城一体、一路贯通"总体发展战略部署，带动全域旅游等方面高质量发展，力争早日把桂林打造成为世界级旅游城市。

2022 年以来，桂林市将革命文物、遗址遗存与网络科技相结合，持续开设"红色·桂林"网站、《湘江战役文化》专栏、"弘扬长征精神传承红色基因"专题、"红色故事汇"栏目等，点击量超 100 万次；推出红军长征突破湘江纪念馆等线上博物馆、VR 体验馆，访问量近 10 万人次，数字化为红色文化资源保护传承增添新动能，红色文化更加鲜活立体，让新一代青年被独具魅力的红色文化"圈粉"。

2.创新旅游消费形式

桂林市还积极设立相关的消费购物场所，挖掘能转化为实用、便捷、易携带的商品红色资源，积极打造文创商品品牌，引导游客的二次消费。例如：桂林大剧院以"红色文化"为主题，固定在每个演出季举行汇演，吸引众多市民观看演出，提升红色景区流量。将小剧场转化为红色剧目放映厅，承担党建培训任务。桂林图书馆也在积极探索嵌入旅游景区、助推研学游、拓展旅游服务等模式。

3.促进"红色+旅游+研学"相融合

此外，桂林市的各个红色场馆近年来进一步丰富红色旅游发展模式，积极推动"红色+旅游+研学"相融合模式的应用，实现红色旅游的升级。特别是以特色农业发展为基础，将红色旅游与研学旅游、文化旅游、生态旅游等多种旅游形式相结合，以湘江战役红色文化资源为依托，推动周边红色文化特色小镇建设，积极打造红色文化研学旅游品牌。以红色资源为依托，定期开展红色研学游吸引众多游客纷至沓来。以游学活动为主要形式，建立红色旅游基地，规划红色旅游产品和线路，带动旅游业态更加丰富。

在红色旅游产品提质升级的实践中，全州县取得显著成效，形成了多元化的融合业态发展品牌。例如，当地有各具特色的红色旅游、红色研学、红色培训等形式，才湾镇毛竹山村就是典型案例，该村以绿色生态资源和红色文化资源相融合的模式发展桂北的乡村旅游，现在村子已经是广西乡村振兴的"网红村"，并逐步惠及了更多当地百姓。2022 年末，全州县成为文化和旅游部发布的 10 家红色旅游融合发展试点单位之一，这些都是对桂林红色美丽乡村建设的肯定。现在，桂林市正加快长征国家文化公园（广西全州段）、三大渡口改造提升、游客集散中心等建设，全州力图打造一批红色旅游重点村（镇），力争 3 年内实现年接待游客量突破 1000 万人次，推动红军长征湘江战役红色文化旅游景区创建国家 AAAAA 级景区。

（六）推进红色旅游全域发展，促进产品深度融合

在全域旅游影响下，红色旅游正在由"观光式"旅游转变成"体验式"旅游。

猫儿山景区将红色人文景观和绿色自然景观相结合，革命传统教育与促进旅游产业发展相结合，取得了较好的效果。一是全力做好红色文化资源保护。在猫儿山景区总体规划中重点强调红色文化资源的保护与开发，在实施过程中全力维护好长征步道等遗存，建设红军亭、老山界碑等纪念建筑物，同时，积极挖掘、搜集、传播红军过猫儿山、过湘江的故事，以缅怀先辈，昭示后人。二是依托老山界真实的地理环境氛围，大力开发体验式红色旅游产品，弘扬红军长征精神。既有面向中小学生的小红军夏令营，也有面向成年人的跨越老山界徒步活动，还有面向党政机关、企事业单位的红色研学、红色培训产品和课程，同时推出红薯饭、南瓜汤等忆苦思甜餐饮，努力将猫儿山打造成为一流的红色旅游基地、爱国主义教育基地。三是加强基础设施和服务设施建设。猫儿山创 AAAAA 级景区已纳入桂林国际旅游胜地建设范畴，也得到各级政府的大力支持，猫儿山景区正按 AAAAA 级景区加快相关基础设施和服务设施建设，正加快推进云峰阁、超然派度假酒店改造提升，加快救援索道建设审批，重点开发红军长征经过的猫儿山华江自治区级旅游度假区，以及漓江源大峡谷，促进猫儿山景区红色旅游与生态旅游深度融合发展。

长征国家文化公园（广西段）建设，可以将区域内的自然景观、历史景观和人文景观紧密结合在一起，更好地激发红色旅游的教育功能，全面提升红色旅游的感染力。近年来，桂林各红色景区强调并丰富设计细节，提供导览、讲解等，通过元素的本体形态和对元素变形的设计，与建筑、景观和场地环境相融合，突出景观意象，烘托场所情感，强化场所认同感。

三　基本经验

（一）立足资源优势　树立红色文化地标

党的十八大以来，以习近平同志为核心的党中央反复强调要把红色资源利用好、把红色传统发扬好、把红色基因传承好，这为桂林全面讲好红色故事，提升红色文化遗址保护水平提供了重要遵循。

桂林市委、市政府深刻认识到，利用好红色文化是做好红色遗址保护工作的基础。在做好桂北红色文化遗址维修保护工作中，坚持预防性保护与抢救性保护并重，制定好各县区红色军事文化遗产的发展计划和长远规划，加强对环境风貌的整体保护，积极促进红色军事文化遗产保存状况不断改善。同时，加大力度维护遗址、旧址、纪念设施特有的历史环境风貌，以"不改变原状"为原则，让参观者有"身临其境"、庄严肃穆的体验，切忌富丽堂皇、"修旧如新"等。一系列红色地标的建成，使红色文化更好地与区域各项资源紧密结合，打造了新的红色文旅地标。

（二）推动文旅融合，坚持保护开发并举

桂林市委、市政府深切体会到红色文化遗产对社会稳定与发展的重要作用，在保护的基础上讲好红色故事，大力弘扬红色文化精神，赓续红色血脉，传承红色基因。桂林市明确加大力度投入更多资金于基础条件较好、影响大的红色文化遗址，统筹推进各方面设施建设，推出一系列有吸引力和感染力、有深刻思想内涵和丰富文化底蕴的红色教育阵地，再对红色文化遗产进行深入挖掘，进而探索尝试从人文、历史、文艺等不同视角进行提炼升华。桂林市还要求各红色文化遗产相关单位在展品内容、凝练主体、形式展示、新技术运用等方面高标准、有创新、具匠心，将红色旅游、文化熏陶、扶贫开发、生态休闲等结合起来，发挥红色旅游的优势。

桂林市委、市政府将弘扬红色文化、发展红色旅游作为帮扶的一个重要

举措。邀请有关专家编制《桂林市红色文化旅游概念性规划》，设计制作《桂林红色旅游宣传册》，并制定红色旅游精品线路在全市 500 多家旅行社推广，组织编写《桂林湘江战役红色旅游导游词》，举办多梯次的红军长征湘江战役公益性导游员培训班，开展农产品产地初加工、农民合作社等项目建设；开展现代特色农业示范区、茶叶全产业链开发等项目建设，为乡村振兴打下坚实基础。

（三）打造精品旅游，走可持续发展道路

习近平总书记在视察广西期间赋予桂林打造世界级旅游城市的光荣使命，桂林的红色旅游发展也因此迎来重要的机遇，肩负着更为重大的历史使命。

作为我国具有特色的旅游形式，红色旅游发展很快。2022 年我国红色旅游总量达 13.24 亿人次。据预测，2023 年我国红色旅游总量将超过 15 亿人次，红色旅游市场规模有望接近万亿元。桂林很好地"把红色资源利用好、把红色传统发扬好、把红色基因传承好"的理念贯彻到具体实践当中。强化项目带动、资源整合、政策扶持，推动文旅联动、融合提升。红色旅游成为桂林旅游新"爆点"，红军长征湘江战役纪念设施已被列为全国"重走长征路"精品线路。

总之，桂林长征红色文化的可持续发展，对传承城市文化基因、凝聚城市精神、培育社会风尚、提升城市社会影响力和核心竞争力等都具有重要意义。它不仅能够为桂林全市决胜全面建成小康社会提供强大的精神指引和精神动力，而且其所传承的革命精神正在成为促进乡村振兴、助力脱贫攻坚、实现融合发展的"正能量"，并诠释了中华民族的传统美德和革命理想信念，传递了浓厚的爱国主义精神和时代精神，凝聚着坚定文化自信、建成文化强国的精神动能。

四　问题和对策

虽然湘江战役已经被纳入长征国家文化公园体系规划之中，其在党史和

军史上的地位得到国家的高度重视，桂林市政府也积极按照国家政策开展各类与湘江战役有关的主题建设，相关的红色战争文化遗产也陆续得到相应的保护和利用，但是由于历史问题以及时间局限和地理因素等原因，湘江战役遗址保护利用建设项目仍存在一定的提升空间。

（一）存在的问题

1. 项目运营管理能力不足

当前长征国家文化公园（广西段）的相关建设项目已经积极开展，并取得一定的成效，但对已经基本建设完成的相关项目如何运营利用，如何与当地社区相结合形成一系列的配套设施从而提高对游客的吸引力并推动当地乡村振兴的发展是亟须解决的问题。对于长征国家文化公园（广西段）各类相关项目的建设，特别是对于未完成的项目建设要加大监管力度，时刻督促检查；对于已完成的项目，要注意项目建设完成不是结束，而是遗址保护利用的开始，要注重对已完成项目的利用和运营。要思考建设好的项目如何运营、如何管理、如何接待游客等问题，怎样将现有的长征国家文化公园项目分地区进行有效联系整合是当前长征国家文化公园地方建设所面临的问题重点。

2. 红色旅游基础设施不完善

桂林当地的红色旅游开发水平不高，部分红色文化基础设施、景点景区设施不完善。结合红色文化开展的乡村旅游产品同质化、革命内涵与精神实质挖掘和宣传不足等现象不同程度存在，特色鲜明、富有魅力的村庄仍然不多，致使多数村寨处于自然开发状态，开发利用程度不高，无序竞争现象较严重。爱国主义教育基地不同程度存在疏于管理和场地利用不到位的现象，展览厅、旅游厕所、讲解室布置不规范。部分红色旅游景点公路等级偏低，甚至为村级道路，给旅游、研学通达带来很大不便。

3. 文化宣传和引导不到位

对于红色文化宣传引导还不够到位，引导当地群众参与挖掘利用红色文化资源的工作有待进一步加强，红色文化资源的保护利用以及红色旅游的发展还面临着诸如红色旅游投入不足、红色旅游人才队伍建设亟待加强等问题。在长征国家文化公园（广西段）建设推进工作中也面临着廊道项目设计面大，涉及的县域多，规划建设内容多，提升优化修改次数多，项目建议书及可行性研究报告不断调整影响前期批复及项目招投标进度以及资金不足等问题，各县各自为政，宣传工作仍比较零散，群众参与的积极性没有得到很好的引导，尚未形成整体合力。自治区党史馆筹建，应在展陈设计和展厅主题曲创作方面适当增加红军长征过广西的内容。

4. 文化内涵挖掘力度不够

红军长征过广西有着很多动人的红色文化故事，能让人感受到红色文化的魅力，是宝贵的红色旅游资源，更是普及党史、新中国史和广西革命史的生动素材。目前桂林在综合运用传统媒体、新媒体、宣讲辅导等多种形式宣传推广上仍存在欠缺，很多红军故事未能很好地整理出来，红色文化内涵挖掘力度不够，没有转化成动漫、短视频、电影或文学作品等多种艺术表现形式，无法满足不同对象的需求。

5. 服务地方发展能力较弱

长征国家文化公园（广西段）的建设为桂林当地红色文化资源的保护利用带来了新的机遇和挑战，相关红色遗产的建设也为桂林当地的经济发展注入活力。红色遗产的保护利用与当地居民的生活息息相关，如何更好地将红色文化资源与当地社区居民的生活相结合，扎根于桂林当地的民族文化与土壤之中，从而促进当地社区的经济发展，助力乡村振兴是有待思考的问题。

（二）对策建议

1. 完善基层运营管理机构

目前，长征国家文化公园（广西段）中部分项目遗址的建设仍然存在一些运营管理上的问题，例如缺乏专人管理，忽略细节、运营宣传不到位等。长征国家文化公园（广西段）的管理是自上而下的管理机制，落实到地方难免有顾及不到之处，或许可以考虑在地方设立独立的基层管理机构，对遗址实行专人专事管理，避免职权不清、无人看管的现象。在对相关遗址进行保护利用时要秉持"以人为本"的理念，注重对游客参观体验的关注，不断提升遗址保护利用中的人文关怀，提高遗址的利用率和对游客团体的接待能力。结合当地社区实际，应建设相对独立的基层运营管理机制，这样可有助于将红色文化遗产的保护利用融入当地社区，让社区居民参与管理可以提升他们的集体意识，这样也有助于红色文化遗产在当地的可持续保护利用，也能在潜移默化中实现红色文化教育。

2. 升级馆区相关配套设施

目前，参观过红军长征湘江战役纪念设施的人数已经接近千万，相关的研学团队也已经具备一定的规模，当前面临的最主要的问题是提升接待研学团体游客、大规模人流量游客的能力，以及博物馆相关的餐饮、文创、游憩空间等配套设施如何全面升级，这些问题的解决可以助力博物馆建设抓住发展机遇。例如博物馆文创区可以考虑设计湘江战役专属打卡笔记本和具有湘江战役特色的文创冰激凌、文创棒棒糖、湘江战役纪念币等文创产品。博物馆内部也应配套一定的游憩空间和各类与观众互动的环节，博物馆周边要设置一定质量和具有地方特色的并具有大型旅游团体接待能力的餐饮设施等。应提升博物馆服务水平，用心打造博物馆文创区，这样不仅有助于宣传湘江战役的长征精神，也更有利于博物馆自身的运营周转。另外，在"三园三馆"的建设中要注重加强研究成果的转化，丰富红军长征过广西的展陈内容，推动展馆的数字化建设。

3. 进行文化资源分区整合

长征国家文化公园（广西段）的建设中并没有明确的边界，桂林当地各类红色遗址点较为分散，目前仍未形成一个较为完整的整体。长征湘江战役遗址分布在兴安、全州、灌阳以及龙胜、老界山等地，范围辽阔，遗址点分布较为复杂，如果对整个广西的红色文化资源进行整合，在实际操作上存在一定的难度，建议可以考虑对长征国家文化公园中红色遗产资源的整合应先落实到地方，分区进行。例如全州部分长征国家文化公园中湘江战役遗址分布在全州县城的各个方位，可以先整合全州县城内的相关遗址，统一对外开放，设置专门机构进行专人管理，讲述红军故事，利用主题线路进行联结，把"湘江战役"打造成为国内一流红色旅游品牌，推动红绿（生态旅游）结合、红黄（文物文化旅游）结合、红俗（民俗旅游）结合。加强红色旅游景区与全州天湖、灌阳千家洞、兴安灵渠、猫儿山等景区线路联动，将该片区打造成为以红色文化体验、历史文化体验、生态度假为主要功能的全国红色旅游重要目的地。

4. 深挖红军故事文化内涵

深度挖掘红军长征湘江战役中历史文化、抗战文化、联合抗敌文化等红色文化内涵，加快红色旅游项目建设和产品开发，大力开发以红色历史文化体验、爱国主义教育、红色培训、红色文化主题活动、廉政教育等为主要内容的红色研学旅游产品。

利用好红军长征过广西的红色资源，深入开展党史学习教育活动，采取主题展览、研学体验、实景演出等形式，组织开展形式多样的主题活动，推动长征精神进机关、进企业、进农村、进学校、进社区、进军营，让长征精神融入群众生活。加强馆校合作，写好、讲好"红色故事"，并结合红色文化遗产旅游主题线路加强红色文化的宣传。长征国家文化公园沿线分布着不同的红色村落、乡村博物馆等红色文化资源，应运用设置主题线路等方式加强长征国家文化公园（广西段）建设中的资源整合联动，更好地发挥红色文化资源的教育功能。

5. 扎根社区助力乡村振兴

长征国家文化公园的建设为当地红色文化资源的保护利用带来挑战和机遇，在遗产保护地，许多当地居民依托红色遗产发展相关产业，建设乡村振兴红色旅游示范基地，这些都表明长征国家文化公园的建设与当地居民的生活息息相关。长征国家文化公园只有扎根于桂林的土地之中、当地居民之中，构建当地居民的集体记忆以及文化认同感才能更好地对湘江战役遗址及文化遗存进行"活态保护"，发展红色旅游，从而反哺当地居民的生活。

国家"十四五"期间，桂林将继续推进长征国家文化公园（广西段）创建 AAAAA 级旅游景区，并以红色文旅项目为抓手，发展红色旅游，彰显红色旅游的精神底色，增添红色旅游的文化亮色，擦亮红色旅游的时代特色，以进一步提升桂林文化旅游软实力，助力桂林世界级旅游城市建设。

参考文献

［1］蒋金桦、张燕：《国家文化公园建设背景下长征文旅空间的重构研究——以长征国家文化公园（广西段）为例》，《旅游论坛》2021年第6期。

［2］谢勇：《处理好五种关系高标准高质量推进长征国家文化公园（广西段）建设》，《中国旅游报》2021年12月8日。

［3］李天雪、唐织辉：《长征国家文化公园（广西段）建设管理体制研究》，《桂林师范高等专科学校学报》2022年第4期。

［4］刘倩：《长征国家文化公园广西段这样建》，《桂林日报》2022年7月19日。

［5］张艳梅：《湘江战役文化遗产保护性开发研究——基于国家文化公园建设视角》，《炎黄地理》2023年第3期。

［6］陈默：《关于长城国家文化公园建设的几点思考》，《文化月刊》2021年第4期。

［7］孙敏、尚海波：《山水甲天下石榴花盛开》，《桂林日报》2022年9月5日。

［8］南方日报评论员：《保护利用红色资源　传承弘扬红色文化》，《南方日报》2017年3月21日。

［9］鲁元珍：《红色旅游：如何挖掘红色基因的文化内涵》，《光明日报》2019年7月7日。

［10］莫桂烈：《桂林会展经济发展现状及对策分析》，《中共桂林市委党校学报》2016年第2期。

［11］《红色旅游火热，如何深挖文化内涵讲好红色故事？》，清研智库·清研智库系列研究报告，2021年。

［12］罗婧、唐秀君：《全州县获评全国红色旅游融合发展试点单位》，《广西日报》2022年12月28日。

B.13

国际会展旅游：桂林中国—东盟旅游展
与国际论坛发展报告*

摘 要： 会展旅游是通过组织和举办各种展览、会议以及文体活动，取得直接经济利益并有效带动特定地区或城市相关产业发展，从而促进当地经济和社会全面发展。会展旅游属于无污染、高效益的服务型经济，符合桂林绿色发展理念下的经济发展战略，对桂林的全面发展起着非常积极的拉动作用。随着桂林国际旅游胜地建设步伐的加快，桂林会展业在品牌化、国际化和规模化发展上取得重大突破，国际会展旅游已成为桂林新的经济增长点，对促进桂林经济社会发展、旅游业转型升级及经济结构调整具有重要意义。

通过了解桂林国际会展旅游发展的案例，了解中国—东盟旅游展与世界旅游趋势大会的发展历程，梳理桂林国际会展旅游发展的基础、品牌、理念以及政策支持，明确桂林国际会展旅游的定位及其对桂林世界级旅游城市的带动作用以及桂林国际会展旅游发展的影响力，依据存在的管理水平、会展产品、基础设施等方面的问题提出建议，以有效带动特定地区或城市相关产业发展。

关键词： 桂林国际会展 会展旅游 国际化 品牌效应

---

* 作者：宋杨，博士，广西师范大学历史文化与旅游学院酒店管理教研室主任，讲师，硕士研究生导师，广西师范大学旅游研究所办公室主任，研究方向为旅游者行为、城市休闲空间；朱婉莹，广西师范大学历史文化与旅游学院硕士研究生。

一 案例背景

（一）发展国际会展旅游具有重要意义

国际会展旅游是指借助举办国际会议、研讨会、论坛等会务活动以及各种展览会而开展的旅游活动。国际会展旅游因其作为创造性劳动成果的传播媒介，能够使新知识、新观念传播开来，在社会当中造成浩大的声势和广泛的影响，对开拓人们的视野、促进思想观念的转变、促进各国人民间的经济文化交流具有重要意义。

会展旅游市场以其巨大的发展潜力和发展活力在全球旅游市场中占有重要地位，同时会展旅游的固有属性决定了发展会展旅游市场具有重要的社会意义。2022年，国际大会及会议协会（ICCA）统计了面对面举办的国际会议数量为9042场，与2020年的8409场国际会议相比较，增长7.5%，显示出国际社团会议具备较为强劲的增长力。值得注意的是，亚太地区举办国际会议数量排名中中国台湾位列第6，中国香港位列第14，中国澳门位列第18，成为亚太区国际社团会议市场中的亮点。无论从整体经济大环境来看，还是从不同城市及地区的办调发展来看，全球仍然需要各种不同规模的国际会议来帮助全球经济加快恢复和发展。

中国是展览业发展最快、最有活力的区域之一。《2022年度中国展览数据统计报告》显示，2022年，全国线下展览总数为2572场，展览总面积为4721万 m²，平均每个展览举办面积为1.84万 m²。从城市展览业发展来看，我国各个城市展览业发展有不均衡的现象，展览业发展排名前十的城市展览总面积占全国展览总面积的41.85%，展览总数占全国展览总数的35.61%。据商务部统计，2023年1月至7月在中国境内的专业展馆共举办2275场展览活动，同比增长2.2倍，与疫情前的2019年相比，同期增长19.1%，展览面积达5335.5万 m²，同比增长2.7倍，与2019年同期相比增长28.7%。

桂林以其独特的山水生态文化和厚重的历史文化使其成为举世闻名的旅

游胜地，也使桂林拥有发展国际会展旅游的优势，这是推动会展业发展最具优势的独特资源，能够加强与东盟各国及海外市场的交流。桂林是中国与东盟各国的区域旅游门户城市，因其良好的区位及交通优势，东盟各国成为桂林发展会展旅游的远程城市。同时，桂林国际会展市场的发展态势也持续向好，无论是桂林的三大海外市场——港、澳、台还是欧美、日、韩、东南亚、俄罗斯、南非等国际市场，其已形成的旅游市场都为桂林国际会展市场发展提供了机遇。

（二）发展国际会展旅游相关政策支持

广西壮族自治区层面，为加快会展业发展，制订了《广西会展业发展三年行动计划（2019—2021年）》，计划指出要加大会展资源整合力度，促进"会展+产业、会展+贸易、会展+旅游"融合发展，培育自主特色品牌。

桂林市国际会展旅游发展已具有完备的激励扶持政策。广西壮族自治区人民政府办公厅印发的《支持打造桂林世界级旅游城市若干政策措施（试行）》支持桂林市创建国际消费中心城市、国家文化和旅游消费示范城市；支持桂林市建设中国—东盟旅游商品交易基地，创建国家对外文化贸易基地、特色服务出口基地、广西服务外包示范城市；支持桂林市进一步深化国际合作，共同为国际文旅交流构建开放舞台。

2008年8月，为培育、发展和规范桂林会展市场，保障桂林会展经济有序健康发展，桂林市组建成立会展行业管理机构——桂林市博览事务局。2012年又制定出台全市第一部会展业发展规划——《桂林市会展业发展"十二五"规划》，第一个会展业政策意见和资金办法——《关于加快发展桂林会展业的意见》和《桂林市会展业发展资金使用管理暂行办法》，每年安排1000万元专项资金扶持会展业发展。

（三）桂林国际会展旅游发展现状

桂林市近年来成功举办中国—东盟旅游展与世界旅游趋势大会等重要的大型会展，积累了大量的会展经验。随着旅游产品的不断创新，桂林作为经

典的旅游城市，不断发展的同时正散发着越来越大的魅力，这有助于桂林国
际会展旅游的发展。

自 2020 年起，桂林市举办展览数量规模位列全国第七、地级市第一。
中国会展经济研究会发布的《2020 年度中国展览数据统计报告》指出，
2020 年，桂林成为"中国十大魅力会展城市"之一。桂林会展业的影响力
和知名度在国内外不断提升。在开放、合作与创新的环境下，桂林会展业举
办展会的规模化和国际化程度不断提高，地位和作用日益凸显，在国内和国
际上均具有一定的影响力。根据广西统计局发布的广西第三次全国经济普查
数据，桂林会展企业数量和会展服务收入的增长速度在全区的优势最明显。
短短五年内，桂林会展经济势头强劲，在发展规模和经济收入方面均出现倍
增趋势，具有巨大的发展潜力。近两年，桂林会展经济呈现蓬勃发展的趋
势，越来越多的各类展览和会议在桂林举办，一方面为桂林积累了丰富的会
展经验，另一方面也昭示着桂林强大的会展经济发展潜力。

（四）中国—东盟旅游展发展历程

为建设 21 世纪"海上丝绸之路"打下坚实的民意基础，促进旅游互利
合作，在相互了解中加深友谊，构建更为紧密的中国—东盟命运共同体，中
国—东盟博览会在中国—东盟建立对话关系 25 周年这一关键的时间节点，
以中国—东盟为出发点、面向全球，构建了包含旅游展示、交流与交易等体
系在内的权威平台。中国文化和旅游部与东盟各国旅游部门通过有效平台开
展了全方位、多层次、高效率的文化和旅游交流合作。

近年来，由于疫情过后旅游业复苏，各地旅游业发展迅速，特别是随着
中国—东盟自由贸易区建设的推进，中国与东盟各国成为各国游客在选择旅
游目的地时的重要选项，中国与东盟旅游合作呈现出良好的发展趋势。以此
为背景，在第 11 届中国—东盟博览会中，中方组委会商议决定每年举办一
次中国—东盟博览会旅游专题展，并邀请东盟 10 个国家的旅游主管部门轮
流出任主宾国，而展览举办的地点就选择桂林。自 2015 年开始至今，在国
家旅游局和广西壮族自治区人民政府的全面关注和大力支持下，中国—东盟

博览会旅游展已经成功举办九届。

如今的桂林带着世界级的发展战略与眼光，每年制定不同的旅游展主题，紧跟政策变化和潮流趋势，用积累的"桂林经验"加快落实中国—东盟"10+1"旅游合作向服务 PCER"10+5"提质升级、加快实现共建"一带一路"国家文化交流合作、促进构建中国—东盟命运共同体更为紧密的关系。

（五）世界旅游趋势大会发展历程

世界旅游趋势大会是联合国世界旅游组织和亚太旅游协会首次联合牵头举办的、以世界旅游趋势为研究对象的世界级会议，并于第二届大会开始更名为联合国世界旅游组织/亚太旅游协会旅游趋势与展望国际论坛，由联合国世界旅游组织、亚太旅游协会主办。2007 年首届联合国世界旅游组织/亚太旅游协会旅游趋势与研究大会在桂林市举办，来自世界各国和国内旅游业界的官员、专家学者、企业代表汇聚桂林，分享经验成果，谋求合作共赢，为世界旅游发展出谋划策。自此，在广西桂林市人民政府、广西壮族自治区文化和旅游厅的全面重视和大力支持下，每年的大会都在桂林圆满举办。同时每年由国内不同高校参与大会的协办工作。大会融合国内外专家、学者，围绕主题对旅游的趋势潮流进行高层次、宽领域的研究和探讨，为行业提供相关的市场情报与见解，进一步增进了各国各地区旅游业的交流与合作。

论坛多年的成功举办使得桂林在世界的影响力不断提升，并且为亚洲旅游趋势的研究与业界交流合作提供了有效平台。其开放与合作的理念与举措，体现了桂林国际旅游胜地建设的战略定位，是打造区域性文化旅游中心和国际交流平台的一个重要手段。

二　主要做法及成效

（一）贯彻新发展理念，催生新动能

贯彻新发展理念，以建设世界旅游目的地和文化旅游强区为总蓝图，以

举办广西文化旅游发展大会为总抓手，以深化改革激发新活力，以创新发展催生新动能，为加快旅游业高质量发展提供澎湃动力。从 2019 年开始，自治区党委、自治区人民政府建立了一套竞争性机制来确定每届的广西文化旅游发展大会举办城市，达到"一地举办、辐射周边、带动全区"的效果，实现"举办一届大会，提升一座城市"的初衷，成为加快建设世界旅游目的地的强大引擎，为全国所瞩目。

2023 年的中国—东盟博览会旅游展以"山水相约、携手启程"为主题，旨在进一步打造中国—东盟自由贸易区，构建联系更加紧密的中国—东盟命运共同体。第十七届世界旅游趋势大会在桂林举行，论坛以"旅游业转型：造福人民、保护地球、促进繁荣"为主题，以实现可持续发展为目标，在旅游业相关产业发展、文化交流互动、生态环境保护、环境负担减轻等方面的讨论中寻找旅游业转型过程中经济发展和环境保护之间的平衡点，为人民创造更多的就业机会和经济收益，促进经济繁荣和社会进步。

2023 年是习近平主席提出建设更为紧密的中国—东盟命运共同体、共建"一带一路"倡议 10 周年。为深化与东盟各国的旅游合作，实现互利共赢发展，广西作为中国对东盟开放合作的窗口将充分发挥其优势，将积极推进高质量建设广西世界旅游目的地和桂林世界级旅游城市。

国际会展旅游已成为桂林与国际文化旅游业界交流的重要窗口、实现合作共赢的重要平台，同时也是桂林面向国际，展示文化旅游形象、吸引国际旅游业关注、促进广西经济发展和社会发展的关键手段。其将在推动承办会展城市的经济转型升级、生态文明建设以及脱贫攻坚、乡村振兴等方面发挥更大的作用。

（二）立足世界级旅游城市，成就魅力会展城市

桂林作为国际旅游目的地城市，是极具特色与发展空间的会展旅游城市，其作为国家旅游综合改革试验区，国家对桂林旅游发展给予高度重视。在激烈的市场竞争中，除了自身的提升，机遇的发现也至关重要，北部湾建设正是桂林发展会展经济的良机，以旅游为创新主导、服务业为基础，推动

新型会展经济的发展。桂林会展旅游业自此兴盛繁荣、发展壮大，保持在广西乃至全国会展业的领先地位。

2015 年至 2020 年，中国—东盟旅游展参展商、专业观众、参观公众逐年递增，发展至今参加展会的企业和专业买家总计上千，圆满举办贸易洽谈达 1.5 万余场，促成的旅游合作和经贸往来项目数量大为可观，为包含中国—东盟的世界旅游业界提供了交流互鉴、招商引资的有效平台，也以此为窗口展现了桂林这座经典旅游城市作为国际性旅游城市的新面貌，推动了桂林旅游业的提质升级。

2021 年以来，桂林迈出打造世界级旅游城市的历史性步伐，同时也致力于将世界旅游趋势大会打造成为加强对外交流合作的重要平台，为参会代表提供与境内外行业代表开展沟通交流、促进合作、扩大"朋友圈"的良好契机。2023 年第十七届世界旅游趋势大会以"旅游业转型：造福人民、保护地球、促进繁荣"为主题，与打造桂林世界级旅游城市高度契合。世界旅游趋势大会经过 17 年的发展更新，现已成为世界级的旅游交流合作平台，对于举办地广西桂林而言更是连接世界与中国、世界与广西、世界与桂林的关键纽带。国际化、专业化的权威国际论坛作为世界旅游发展趋势的"望远镜"，让世界一次又一次聚焦中国、聚焦广西、聚焦桂林。

多年来的实践证明，举办高规格会议、论坛等重要活动，不仅可以为一座城市带来更高的"人气值"和关注度，还能带动巨大的物流、人流、资金流、信息流，拉动旅游消费和促进贸易合作，推动桂林经济和社会发展。

（三）旅游产业体系完善，会展产业初具规模

紧紧围绕"吃、住、行、游、购、娱"六大要素，不断完善旅游产业体系，"广西美味""广西有礼"等品牌知名度不断提升。同时，深入实施"旅游+""+旅游"战略，推进"健康+旅游""教育+旅游""海洋+旅游"等跨界融合发展，延伸产业链条，催生新产品、新业态、新品牌，增强经济发展新动能。在会展旅游经济的融合发展趋势下，桂林以旅游业为基础推动

会展旅游经济的发展，从而提升桂林城市综合竞争力。

一届又一届会展和节事活动的成功举办为桂林积累了经验，打造出具有桂林特色的旅游产品新系列。通过推进全域旅游示范区创建工作，以"双创"（创建特色旅游名县、创建全域旅游示范区）推动旅游提档升级。特别是广西全域旅游大集市自 2019 年开始连续举办，2022 年广西全域旅游大集市在玉林市成功举办。

当前，桂林已经形成初具规模的会展体系。2015 年中国—东盟博览会旅游展永久落户桂林，这是桂林朝着"打造会展品牌、做大做强会展经济"目标迈出的关键一步。桂林在探寻会展旅游经济模式方面仍然有着无限宽广的发展前景。

（四）完善的会展基础设施和配套服务成为重要保障

近年来，为使会展基础设施和配套服务更好地适应现代会展业发展需要，桂林市出台了一系列针对现有会展场馆、酒店进行升级改造的鼓励和扶持政策。同时为推动会展业的市场化、专业化以及规范化发展，加大力度培育和引进专业性会展企业，从会展策划、宣传、设计、印刷、场馆租赁以及旅游、餐饮、住宿、娱乐、交通等各个方面积极发展会展关联产业，逐步形成配套完整、联系紧密、共司发展的会展产业体系。

在桂林现有的具备承接国际大型展览和会议能力的场地中，广西桂林国际贸易展览中心和桂林国际会展中心是硬件、软件以及环境条件最优的两大场地。广西桂林国际贸易展览中心在二者中面积相对较小，建成时间也较早。桂林国际会展中心相较之下更具有"现代"特征，它是桂林近年来为进一步发展会展经济新建的项目，总面积达 5.1 万 m^2，其中包含室内会议室和室外展场场地。值得注意的是桂林国际会展中心能够提供一系列配套服务及措施，如银行服务、货运服务、旅游服务、通信服务等。

除大型专业会展中心外，桂林市还拥有具有较大商务活动能力的展览场馆 5 个，场馆建筑面积达 1C 万多 m^2，展位面积 3.8 万 m^2。与会展业发展相关的还有酒店会议场所，桂林市拥有星级酒店 72 家，很多酒店能够提供的会议场所都达到国际标准，同声传译功能会议室有 130 多个，能同时接待会议总人数 5.5 万人，是桂林发展会展旅游经济的重要依托。

三　基本经验

（一）桂林国际旅游会展名城定位

1. 地方旅游主题特色会展定位

桂林凭借其优越的自然景观，打造具有独特优势的以旅游为主题特色的会展业。桂林具有联合国世界旅游组织/亚太旅游协会旅游趋势与展望国际论坛、桂林国际山水文化旅游节、中国桂林国际旅游博览会三大品牌展会。桂林会展业将文化创意融入会展业，进行多元化的会展创新，设有桂林创新创意文化节暨桂林国际动漫节、中国国际摄影节等会展业和文化创意相融合的展会。另外中国桂林国际旅游博览会和国家重型旅游装备产品博览会等展会也得到市场的广泛关注，每年举办大型会展活动 70 个以上。

特别值得一提的是，在桂林举办的中国—东盟旅游展和世界旅游趋势大会，都是桂林以"构建中国—东盟命运共同体"为核心，面向东盟并放眼世界的重要活动，是桂林响应国家共建"一带一路"倡议、达成中国—东盟区域紧密协作的关键平台。2020 年桂林市迎来十几个高端活动的"盛放"。其中，中国与东盟文化旅游活动在各类活动中占据重要地位，如：第十五届中国—东盟文化论坛、第二届中国—东盟电视周、中国—东盟数字文化旅游专业合作论坛、第五届中国—东盟民族文化论坛等，都是文化旅游系列活动中的"璀璨明珠"。

作为世界著名的国际旅游胜地，为促进其旅游业的繁荣发展，桂林每年都组织众多的富有当地文化特色的节日和庆典活动，促进旅游业发展和引资。这种具有当地文化特色的节日和庆典活动，一方面能够吸引游客，推动旅游产业持续向好发展，另一方面由于会展人员和参展人员的加入，也促进了桂林会展旅游业的壮大。目前，已经有一大批在桂林各区县成功举办并发展成为当地品牌的优秀节日庆典活动，如：桂林的国际山水文化旅游节、平乐桂江文化旅游节暨柚子节、阳朔渔火节暨金橘交易会、龙胜江瑶晒衣节、灌阳农具文化节、永福养生旅游福寿节、全州湘山文化节、荔浦美食文化节、恭城桃花节、资源河灯歌节以及桂林兴安的米粉节、葡萄节等。

这些充满地方风情的节日庆典活动的举办，不仅为桂林举办展览活动提供了宝贵的经验，极大地推动了桂林展览行业的进步，而且在这些节日和庆典活动中，桂林各个地方的特色和风貌在参与者和游客面前也得以展示。这不仅提升了桂林的城市形象，丰富了其作为国际旅游城市的品牌形象，也有助于吸引更多的投资商和外来资本，进而促进当地的经济增长。

2. 国际化、多元化会展定位

除每年召开的以地方旅游为主题特色的会展外，桂林还成功举办了一系列具有多元化特点的国际国内会议。其中博鳌亚洲旅游论坛和亚洲旅游国际论坛由于立足于亚洲旅游业，视野广阔，成为近年来影响力最大、影响范围最广的国际旅游业会议。博鳌亚洲论坛和亚洲合作对话组织通过为论坛的各方构建对话平台，推进各方交流合作，极大地促进了亚洲各个地区在旅游业和旅游产业方面的合作。

2010年第四届亚洲旅游国际论坛对桂林来说意义非凡，不仅是因为这次会议在桂林举办，而且在这次会议中决定桂林成为联合国世界旅游组织/亚太旅游协会旅游趋势与展望国际论坛的永久举办地。此次会议根据现状对桂林提出深中肯綮的发展提议，成为后来桂林旅游业发展战略的凭证和依据。亚洲旅游国际论坛的发展十几年来与时俱进，在世界旅游业发展策略方面成为世界级旅游发展"风向标"，汇集各地旅游智力、促进各地交流合作、实现共赢，在促进世界旅游业发展方面为与会各方提供了形象展示的重要平台，近两年，其已经成为桂林向世界全面展示中国、展示广西、展示桂林的重要舞台，并促进了亚太地区旅游业的可持续发展。

2020年中国—东盟博览会旅游展完成了"建立面向世界的区域性文化旅游合作平台"的目标。旅游展将继续以中国—东盟为基础，面向世界，搭建一个以展示、交流、贸易为一体的国际化平台，促进双方互惠互利，增进彼此的友谊，建立起一个关系更为密切的中国—东盟命运共同体。如今的桂林带着世界级的发展战略与眼光，每年制定不同的旅游展主题，紧跟政策变化和潮流趋势，用积累的"桂林经验"加快落实中国—东盟"10+1"旅游合作向服务 PCER"10+5"提质升级、加快实现共建"一带一路"国家文化交流合作、促进构建中国—东盟命运共同体更为紧密的关系。

除国际国内高规格会议外，展览会的举办也是桂林会展旅游业所包含的重要内容。作为展览会举办场地之一的桂林国际会展中心，见证了桂林举办展会数量的逐年递增，在这些展览会中，知名度较高的有：博鳌亚洲旅游论坛、中国旅游资源暨旅游产品（桂林）展览会、全国医疗器械博览会、中国国内旅游交易会、第十四届全国书市、长安福特蒙迪欧上市发布会、第一届和第二届中国桂林国际旅游博览会等展会，这些成功举办的展览会，不仅是参与方向外界展示自身的良好媒介，而且为桂林举办展会提供了丰富而宝贵的经验，促进了桂林会展业的发展，从而也扩大了桂林在会展业的影响力。

（二）桂林世界级旅游城市建设的带动作用

1. 旅游业起步全国领先，城市地位不断提升

从一句"桂林山水甲天下"的诗句可以窥见桂林山水之美，桂林凭借其如画的山水，自古以来就是游览胜地，在我国是最早发展现代旅游业的城市之一，见证了我国旅游业从无到有、从封闭走向开放的历史。党和国家领导人高度关心桂林旅游业的发展，多次对漓江保护做出指示批示。1956 年，国家确定桂林为对来华外国人开放的旅游地区。1973 年，国务院首批对外开放的旅游城市中，桂林作为全国唯一的地级市入选。1982 年，桂林成为首批国家历史文化名城。改革开放以来，桂林累计接待 290 余批次外国元首或政府首脑参观访问，获得外国政要极高赞誉，已成为我国外交的重要名片。

桂林的城市定位经历了从工业城市转型为旅游城市的发展变化过程，在新中国成立初期的 1949~1960 年，桂林是广西重要的工业城市之一，城市

发展定位是"现代化工业城市""生产型城市";在之后的二十年里，随着桂林丰富的旅游资源逐渐被发现和开发，桂林的城市定位出现偏向旅游业的倾向，在之前的工业城市发展目标中加入以山水风景为主导的自然资源，变成"具有现代化工业的风景城市";桂林开始以旅游经济为主导进行城市发展的战略始于1982年，桂林在这一年凭借丰富的自然资源和文化资源成为国家第一批"风景旅游城市和历史文化名城";2000～2020年，桂林紧紧围绕旅游城市的城市发展战略，打造"现代化国际旅游城市""国际旅游胜地"。现如今，经过七十多年的发展历程，桂林的第三产业比重在城市经济发展中不断上升，已经成功地从工业城市转型为旅游城市，并且凭借与时俱进的旅游城市品牌建设和国际旅游城市形象升级，在国内城市中的排名不断上升。

在2020年第14届世界旅游趋势大会上，世界各国旅游业界的官员、专家学者，通过线上线下相结合的方式，围绕"旅游复苏与转型"的主题，就新冠疫情对旅游业的影响以及后疫情时代旅游业的复苏及发展交换意见和提出建议，来自各地的参会人员还分享了疫情大潮褪去后各地方所出现的一批旅游业复苏后，进行转型发展并获得成功的优秀范例，总结各方经验，为后疫情时代旅游业的恢复提供发展层面的新观念、战略上的新方法以及实践上的新形式。桂林以第14届世界旅游趋势大会为契机，为困境中的世界旅游业提供了诸多战略建议。

目前，中国与东盟在文化、旅游等方面的往来与互助也进入一个全新的阶段，这得益于一系列政策的全面实施，如：中国—东盟自由贸易区3.0版本谈判的全面进行、区域全面经济伙伴关系协定的实施。2023年的展会在被称为桂林"城市会客厅"的桂林国际会展中心举办，这次展会无论是在展览规模还是展示内容上均有创新提升，展会展现了高规格和国际视野；旅游展以其前瞻性、专业化的特点，在众多参展业态的基础上，与文旅发展的新潮流相结合，充分发挥平台辐射作用，举行10余个不同主题的专题活动，以国际、国内的旅游业热点为中心，邀请各领域专家学者、企业代表齐聚一堂，共同为推动文旅融合发展、共促良好格局出谋划策，进一步加强了行业间的交流与合作，为将桂林建设成为世界一流的旅游城市做出贡献，为桂林城市地位的提升起到促进作用。

2. 旅游质量效益持续提升，国际旅游胜地基本建成

《桂林国际旅游胜地建设发展规划纲要（2012—2020 年）》实施以来，桂林市旅游质量效益持续提升，旅游提档升级取得明显成效。接待旅游总数从 2011 年的 2788 万人次增加至 2022 年的 10695.55 万人次，旅游总收入从 2011 年的 218.34 亿元增加至 2022 年的 1277.90 亿元。旅游提档升级取得明显成效，旅游模式进一步多元化，历史文化与自然风光有机融合，旅游新业态日益丰富，旅游软硬件环境明显改善。全国生态文明示范区建设工作成绩斐然，漓江生态效益、社会效益和经济效益全面提升。

全国旅游创新发展先行区建设卓有成效，入境游市场持续位列全国地级市前列，2022 年接待入境过夜游客 2.41 万人次，国际旅游（外汇）消费达 755.31 万美元。

区域性文化旅游中心和国际交流平台基本建成，在国际会议会展举办方面成就突出，连续 14 年举办联合国世界旅游组织/亚太旅游协会旅游趋势与展望国际论坛，桂林成为中国—东盟博览会旅游展永久会址；在国内会议会展举办方面，连续 10 届成功举办桂林国际山水文化旅游节，为桂林市旅游业的发展持续创造动力，成为桂林旅游业可持续发展的"发动机"。2022 年出台《桂林世界级旅游城市建设发展规划》，由此明确了桂林打造世界级旅游城市的总体要求。

（三）桂林国际会展旅游发展的国际影响力

1. 迈入国际化舞台，显示了高端会展品牌的国际影响力

国际化的深入发展使桂林旅游会展业规格高、开放性、公共性、国际性、专业性的属性越来越明显。在中国与东盟双方建立对话关系的第 30 年，双方关系已由高速增长阶段过渡到质量提升阶段，桂林牢记习近平总书记的殷切期望，以促进与东盟各个国家在文化旅游、经济贸易等方面的互助合作更加紧密为目标，迈出建设世界级旅游城市的历史性一步。

中国—东盟博览会旅游展以中国桂林国际旅游博览会为依托，立足中国—东盟博览会这一强有力的平台，并凭借这一平台的强大影响力，已经在全国乃至世界范围内取得较大的成就，使这个自主培育的本地品牌展会成为目前中国西南地区规格最高、规模最大、最专业的旅游博览会，其也将成为促进广西乃至华南地区旅游业面向国际旅游合作发展的"窗口"。

在国际层面，旅游展得到较高的认可度：柬埔寨旅游部将其列为重点参加的中国六大旅游展会之一，印度尼西亚旅游部将其列为必须参加的亚太地区五大旅游展之一。这说明六年的发展不仅使旅游展收获宝贵的办展经验，而且也在国际上拥有了一定的影响力。中国会展经济研究会发布的《2022年度中国展览数据统计报告》显示，2022年，桂林举办展览4场，展览面积8.35万 m^2。

2. 基于本土特色文化，将本地会展推向国际舞台

桂林以其特有的自然景观、人文景观、旅游城市品牌等优势，满足了建设国际会展中心的选址要求。桂林不仅拥有闻名世界的山水自然风光，也有着丰富的人文历史和丰富多彩的民族风情。桂林这座风景优美、历史悠久的旅游之都，以迷人的魅力吸引了四方游人纷至沓来。桂林作为一座不断成长的旅游城市，会展旅游业的发展对其本身具有十分重要的意义。

2021年10月15日，桂林成功举办了第十一届桂林国际山水文化旅游节，主办方依据桂林特色旅游资源归纳总结六大主题对桂林文化旅游资源进行推介，分别为："悦观·山水""乐享·山水""史话·山水""寻味·山水""文创·山水""美宿·山水'，这六大主题完美囊括了桂林以如画山水为代表的自然资源和以壮乡风情为代表的文化资源。推介会的多元化表达为大众立体塑造了"秀甲山水·印象桂林"这座国际化旅游城市形象。唯美影像创新解读大美桂林；各路意见领袖多角度推介桂林乐享攻略；多个融合民族传统、非遗文化和现代元素的创作节目，让现场观众重温"桂林情怀"。

2022年首届桂林艺术节以"山水有约，桂林有戏"为主题盛大开幕，成为又一张在历史落幕的地方的世界级名片。按照"世界级旅游城市"的建设要求，积极与国际一流文化艺术节庆活动开展合作交流。精彩纷呈的艺术狂欢让现场以及直播平台的观众在现在、过去和未来之间穿梭，仿佛穿越时空回到78年前的桂林，看到当时各地演剧团队在相聚为游客展现精彩绝伦表演

的盛况，看到当下桂林艺术节"全球华语青年戏剧导演英才计划"的举办初心，预测未来"戏剧+"元素在桂林旅游业发展中所能展现的迷人魅力。

3. 通过国际会展加强国际间合作，实现互惠互利

桂林面临着中国—东盟发展进程所带来的新机遇和新挑战。借着旅游展的东风，桂林近几年已分情况对一些国家的游客实施免签政策，分别有 72 小时过境免签证政策和 6 日过境免签证政策。得益于良好的免签政策环境，入境游客在选择桂林作为目的地时所享受到的方便和快捷使桂林接待境外游客数量持续上升，每年大概有 200 多万人次的入境游客。另外，桂林也尝试同东盟具有较高知名度和较强影响力的旅游组织建立合作，随着多年的发展，合作深度得到显著提升，例如"桂林旅游大联盟"组织，就是与印度尼西亚、马来西亚合作成立的旅游组织。

2020 年中国—东盟博览会旅游展完成"建立面向世界的区域性文化旅游合作平台""丰富商贸活动，助推文化旅游产业复苏""推动桂林国际旅游胜地升级发展，打造桂林平台"三大目标。旅游展将继续立足中国—东盟，面向全球，打造集旅游展示、交流、交易于一体的国际平台，促进互利合作，增进相互了解和友谊，积极推动中国—东盟命运共同体更为紧密的关系构建。

桂林以立足于世界的战略眼光，积极融入新的发展格局，用积累的"桂林经验"加快落实中国—东盟"10+1"旅游合作向服务 PCER"10+5"提质升级、加快实现共建"一带一路"国家文化交流合作、促进构建中国—东盟命运共同体更为紧密的关系。

四　问题和对策

（一）问题

1. 会展业的保障政策和管理水平需进一步完善和提高

为推动桂林会展产业的标准化、规范化发展，桂林市政府已经制定一系列关于促进会展产业发展的意见和促进会展产业发展基金扶贫及使用管理暂

行办法等。但是，因为会展业是一个新兴产业，各城市都在竞相推动本地区会展业的发展，加强各种综合服务工作，制定各种各样的支持政策，会展业日益激烈的竞争给桂林会展业的发展带来严峻的挑战。

近年来，尽管桂林的会展服务环境与基础设施日趋完善，但是展会的数量并未与之成正比。这表明，要想使会展业的竞争力与其他地区或城市相比取得优势，还需要在政策支持方面做出适时的调整和跟进。此外，还要加强政府对会展业的引导与管理。目前，桂林市会展资源比较零散，难以形成强大的合力，管理部门对会展市场的监督工作也做得不够，致使有些展会还存在着以展位招商为主，只求规模而忽视专业观众比例的情况，这不仅是会展资源的浪费，也严重影响了展会的品质和声誉。

2. 会展业产品单一，未形成自己的国际化品牌

品牌是会展业发展的灵魂，它能够吸引众多参展商和专业观众。广州琶洲会展中心（广交会举办地）、北京国际会展中心、上海国际会展中心等，均已经成功举办了一些国际著名品牌的会展和展会。尽管桂林已经举办了许多具有影响的大型会展活动，但具有创造性的展会却不多，尚未建立起具有国际特色的展会品牌。

纵观广西壮族自治区内，各地的节事活动丰富多彩，形式多样，但在已有的大型节事活动中，缺少品牌标识的建立。目前桂林市具有完整的品牌标识的节庆活动寥寥无几，大部分节事活动至今都还没有形成可识别、可记忆的品牌标识，没有独特性和记忆点的节事活动往往会被主体所忽视甚至遗忘。所以节事活动品牌标识的建立至关重要，在开发和建立过程中要注重参与主体的精神需求，以主体需求为蓝图，树立品牌形象，全面跟进品牌形象的塑造与维护，确保传播效果。

3. 会展业的基础设施和机构实力需进一步提高

会展场馆的基础配套设施和服务水平有待提升。目前，桂林市仅有两座国际会展中心，其他场馆在规模、设施等方面均不能满足高水平、大规模的会展活动的要求。此外，桂林很多宾馆的会议设施设备都比较落后，导致很多大型、超大型的国际展览会都很难在此举行，一些质量好、规模大、档次

高的展会因此逐渐流失。另外，与会展产业先进的城市或地区能够将会展场地与城市主要功能空间"无缝接驳"相比，桂林会展场馆与周围的公交车站、货运站、娱乐场所、文化娱乐等配套设施的衔接还存在较大的差距。

此外，会展机构的实力需进一步加强。目前，桂林已有 430 多家从事会展经营的企业，其中以会展为主营项目的企业不超过 10 家，而且其中大部分都是中小型企业。在这当中，尽管也有专业的会展旅游组织和策划企业，但是他们的规模普遍偏小。许多企业一名员工同时兼任策划、组织和导游等多个岗位，这不但影响会展活动的工作效率，而且也使参展商和参会者对展会的满意度下降，从而影响对举办地的满意度。

4. 会展人才培养不足，高级会展人才紧缺

节事活动是一种综合性很强的活动，要想成功地举行节事活动，运营、设计、管理、宣传等各个环节自上而下缺一不可，需要各个领域的人才协调合作，才能使节事活动圆满完成。然而，目前桂林市从事节事活动的相关人员多为社会各界人士，且从业前未接受过相应的专门训练，拥有会展专业学习经验的人更是寥寥无几。由于缺乏相应的专业知识与技术支持，会展工作者在开展节事活动时常常"事倍功半"，影响节事活动的质量与效果。

桂林的会展专业人才，尤其是高层次的会展专业人才供不应求，这是由于我国会展教育起步晚，缺乏专门的人才培训，加之桂林经济发展相对落后，因此很难吸引到高层次的专业人才，致使桂林会展专业人才缺乏程度"雪上加霜"，尤其是在会展创意和会展管理领域人才匮乏更为严重。目前桂林全市没有一家具有相应资格的会展企业有专职的会展策划人员，80%以上的"专业"人士都是半路"出家"，他们的专业性需要进一步的提升。目前，桂林会展行业人才的总体水平还远远落后于国际专业人才水平，这种现状严重制约着桂林会展业的深度发展。

（二）对策

1. 完善政策机制，建立合理的运营体制

（1）健全会展管理的政策机制，提升会展经济的竞争力。推进会展经济发展，最基本的保证就是完善健全会展管理制度。首先，应充分发挥各职能部门在经营中的协调功能。桂林市会展工作领导小组负责全市会展业的组织、规划、指导、协调、监督和管理，是桂林市会展业发展的重要组成部分。桂林市会展产业协会是一个多部门的合作机构，它对全市会展经济进行引导和促进，主要负责对国家会展业的方针、法规进行宣传和贯彻，对会员单位依法开展的会展活动进行指导和监督。会展业的健康发展有赖于会展业工作领导小组和会展协会的组织、引导与协调。从发达国家及会展经济快速发展的城市来看，它们的功能组织比较完备，所承担的功能也比较明确。

桂林市会展工作领导小组自 2009 年成立以来，在推动桂林会展经济的发展中起到举足轻重的作用，而桂林市会展产业协会是在 2016 年 3 月才成立的，目前应该加大对该协会的支持，使其充分发挥职能，起到连接会员、政府和社会的纽带作用，推动桂林会展业的健康发展。

（2）建立科学合理的运营体制。应突出市场化运作功能，促使会展业逐步形成由政府指导协调，协会规范监管，企业进行市场化运作的规范有序的运营体制。要不断转变工作方式，改进工作作风，加强组织协调，强化服务意识，力求为展会承办单位提供高质量的服务。同时，还要完善财政金融政策体系，发挥其导向、激励功能。要充分发挥政府对会展业的引导、激励功能，设立专门的会展业发展基金并对资金的管理和使用做出规范。针对新形势和经济新常态的特点进一步完善《桂林市会展业发展基金管理使用办法》。

另外，加强对会展业的财税政策扶持，对税收、会展场馆建设用地价格、会展企业水电价格给予优惠或者减免政策。增加对会展行业重要项目的财政支持，按照桂林国际化旅游城市的建设目标，创建"会展业'十三五'重大项目库"，在培育和规范会展市场、引导和扶持会展企业、促进会展产业良性发展等方面制定一套完善的政策体系，促进桂林市会展经济焕发出新的活力。

（3）加大扶持力度，壮大文化会展业。构建文化旅游交流平台。支持桂林市向国家层面申办符合发展定位和方向的展会及论坛，积极从发达地区引进一批高端会展运营机构，推动国内国际文化旅游展会在桂林市举办。引导桂林市文化旅游企业加强与国内外知名旅游企业交流合作，学习借鉴先进经验做法，将桂林市打造成为国际文化旅游交流中心。

在国际层面，支持桂林提升联合国世界旅游组织/亚太旅游协会趋势与展望国际论坛、中国—东盟博览会旅游展等国际性展会影响力。在国内层面，支持桂林争取中国—东盟框架内、国家部委和自治区各级各部门安排国际会议、国际艺术展、高端文化论坛、学术会议等在桂林召开。加大扶持力度，引进专业会展管理机构和团队，研究落实会奖旅游奖励办法，扶持会奖旅游业发展，打造会奖旅游城市。立足地方实际，着力打造一系列有国际影响力的行业展会、论坛、活动和赛事。建设中国—东盟旅游商品交易基地、进出口商品集散中心，构建"买全球、卖全球"旅游消费生态体系。依托国际性会展和赛事，扩大国际消费流量和规模。

2. 增加产品多样性，打造国际化会展品牌

（1）结合山水资源特点，创办特色会展产品。桂林要发展会展旅游，必须要有自己的品牌，要有自己的特色。在会展产业快速发展的今天，打造一个会展品牌是大势所趋。桂林的会展旅游业应该走专业化和品牌化的道路，提高展会的品质和规模，打造富有本土特色的会展品牌，促进会展业多元化发展。

要提高会展名城的核心竞争力，就必须充分发掘地方资源特点，创建城市会展品牌。"中国—东盟博览会旅游展"是以中国桂林国际旅游博览会的发展为依托，借助"中国—东盟博览会"这一强大的平台与影响力，成功打造的具有国际和国内影响力的知名品牌。桂林应该以该品牌展会为龙头，紧密结合本地山水文化、人文资源的优势与特色，办出一批有特色的名牌会展。

此外，要着力打造具有国际影响和桂林特色的会展品牌。以桂林国际旅游博览会、旅游趋势与展望国际论坛为核心，打造"中国桂林国际旅游"系列品牌。深入挖掘地方文化资源，打造一批具有浓郁地方特色和民族民俗风情的节庆品牌，同时积极培育和举办具有桂林特色的历史文化展、古人类历史文化展、民族文化展等展会。

（2）加强国际交流，打造旅游国际会展品牌。打造"世界的桂林"文旅节展建设工程，坚持立足桂林、面向东盟、走向全球，打造具有国际影响力的桂林旅游会展品牌。继续提高联合国世界旅游组织/亚太旅游协会旅游趋势与展望国际论坛、桂林国际山水文化旅游节、中国—东盟博览会旅游展影响力。积极争取和引进国际、国内重大会议、会展、体育赛事等活动到桂林举办。持续扩大马拉松、山地越野、漂流、攀岩、汽车短道拉力等国际体育赛事影响力。

大力发展会奖旅游、商务旅游，研究出台会奖旅游激励政策，吸引东部发达地区、大湾区和各行业高端会议、论坛、展览、培训、年会等到桂林举办。依托"两会一节"等国际展会、节事、论坛平台，全方位、立体化宣传展示桂林旅游形象。组织参加第十届澳门国际旅游博览会，利用脸书（Facebook）开展《跟着节气游桂林》、桂林非遗文化等专题推广活动，积极利用国际性旅游组织平台宣传推广桂林，持续向海外游客"种草"，持续提升桂林旅游国际影响力。

（3）引进国际知名会展，提升节庆品牌效应。会展产业的发展需要全市各级部门的共同努力，政府要引导并发动全市具备相关条件的部门和单位，加强与国家、自治区对口部门和行业协会的沟通，借助不同的渠道，充分利用各类资源，采用各种途径引进符合桂林发展需要的品牌展会，使桂林市会展业的规模与质量得到进一步提高。鼓励和指导桂林的会展企业充分利用现有的资源，发挥自身优势，积极引入一系列品牌研讨会、高端论坛、知名学术会议、大型企业年会等活动，打造一批具有影响力的国际国内会议品牌。

打造国际精品赛事和会展主办城市。在国际赛事方面，继续申办环广西公路自行车世界巡回赛（桂林站）、桂林国际马拉松赛等比赛。积极引进国际大型知名会展，支持高等院校和科研机构在桂林举办国际学术论坛和学术会议，把桂林打造成自治区全域旅游（体育旅游）示范市、国际性精品赛事和会展活动举办城市。依托国际旅游论坛、国际山水文化旅游节、中国—东盟博览会旅游展、中国桂林国际健康养生论坛、中国（桂林）国际健康旅游高端论坛、中国—东盟国际体育旅游活力月、"三月三"民族歌圩节等活动，扩大展会节庆品牌效应。

3. 完善会展基础设施建设和配套服务体系

（1）完善现代化会展旅游基础设施。桂林要发挥已有的旅游、会展资源优势，加强资源的共享，推进会展旅游设施与服务水平现代化。结合桂林现状和本地特色，整合成具有桂林特色的会展旅游发展最优解。加快桂林新会展中心及高端商业服务配套设施建设，打造全球顶级智慧场馆，发展世界级会展综合体，努力培育一批具有国际影响力的行业大展。

为桂林的会展事业打下坚实的基础，一是重视对既有场馆的更新，使其兼顾特色性和专业性；二是加快谋划广西东盟接待基地和国际旅游论坛等一批大型重大会议、新项目的建设。为实现会展业和桂林旅游资源的一体化发展，在兼顾自身功能的前提下，要对与之配套的外部服务设施进行充分的考虑，让核心区形成一个行业配套、关系密切、运转高效的会展服务系统，从而带动其他有关行业为会展业提供全方位、多形式的优质服务，逐渐形成以大型的专业会展企业为核心，以交通运输、通信、旅游、娱乐、餐饮、住宿等行业为支柱，以广告、印刷、装修、布展、翻译等企业为配套的会展服务产业集群。

（2）提升会展服务能力和国际化水平。积极探索会展业与其他产业融合发展。创新会展与旅游融合发展新模式，实施旅游与会展资源整合及产业协调发展示范项目，大力推动会展商务旅游发展，加大会展服务相关商品的开发。促进会展业发展与国际接轨，坚持打造以临桂新区和七星区为核心的会展中心区域，加强场馆等配套设施的建设，推动交通、住宿、餐饮、旅游、广告、翻译等配套服务行业的发展，形成一个完整的会展服务产业链。

继续办好联合国世界旅游组织/亚太旅游协会趋势与展望国际论坛、中国—东盟博览会旅游展、中国—东盟文化论坛等国际性展会。加强与国际机构和国家部委的合作交流，引进一批有世界影响的国际会议、国际艺术展、高端文化论坛、学术会议，打造国际会展城市。加大对重大会议、展览、会奖旅游等活动的扶持力度，探索制定会奖旅游发展专项政策。推动临桂区国际会展中心、雁山融创文旅城、阳朔兴坪融创会议小镇等的建设，完善会议场馆、会务酒店等会展服务设施，提升国际展会举办能力。培育引进专业会展管理机构和团队，不断提升桂林会展国际化服务水平。

（3）加大宣传力度，打造国际会议目的地。会展经济增速发展离不开适宜的宣传和促销策略，尽管近几年桂林举办了大量的会展活动，但人们对会展旅游的了解并不多，外部对桂林的认识仍停留在美丽的风景上。桂林要以城市品牌为依托，推动其会展经济发展。要根据本地特色，利用桂林的风景、民族风情等优势，来吸引不同的顾客群体，并针对不同的客源市场有侧重点地进行宣传。

在宣传方面，可采用'引进来、走出去"等多种形式进行会展交流与合作。组织会展业"走出去"，赴国内外会展先进城市进行交流，学习他者好的经验和做法，推广桂林本市的会展活动，并邀请各地有关部门的领导和展览企业"引进来"来桂林参观指导，建立城市会展联盟、建立展会战略合作伙伴关系。同时，会展相关机构应利用互联网时代网络传播的优势，组织创办独立的桂林会展推介平台，方便展会各方参与者交流，实现会展信息的资源共享，并且加大展会的宣传和推介力度，进一步扩大桂林会展品牌的社会知名度和美誉度，促进桂林市会展经济快速发展，打造国际会议目的地城市。

4. 人才培养

（1）要加强会展人才的教育培训。加强桂林会展专业人才的培养和引进，吸引更多的会展专业人才为桂林的会展经济贡献力量。会展专业人才匮乏是桂林会展经济发展需要解决的难题之一，加强会展旅游专业人才的培养可以参考长三角地区的做法。长三角地区为推动会展业的发展，上海、南京、杭州、无锡、苏州、宁波六个城市联合推出会展岗位能力证书考试，考试内容所涉及的教材统一、大纲统一，通过联合统考考核合格的考生可以"持证上岗"，并且证书在六大城市中互认。这种做法为六大城市培育出大批专业人才，持证人员在会展领域发挥了重要作用。桂林可以加强与会展培训发达城市的联系与合作，进一步提升桂林会展专业人员的教育和培训水平。

（2）积极引进会展行业高端人才。桂林会展业可以与国际会展组织或国际会展机构合作，引进高端人才。可以考虑将其纳入桂林市特殊人才引进计划，并享受与桂林特殊人才引进相关的优厚待遇以吸引高端人才在桂林落户。会展业涵盖多个服务行业的分支，与旅游业具有共同特点，因此会展业可以与旅游业寻求合作，以提升会展旅游服务水平。比如根据已有经验，旅行社人才在从事会展旅游业时与其他行业从业者相比更加得心应手。因此，旅游行业从业者应抓住会展旅游业发展的机遇，利用自身优势，积极投身会展旅游事业。

参考文献

［1］广西旅游规划设计院、桂林市文化广电体育和旅游局：《桂林市文化和旅游发展"十四五"规划》，2021 年 3 月。

［2］桂林市人民政府：《打造桂林世界级旅游城市发展规划（送审稿）》，2023 年3 月。

［3］肖晔、赵林、吴殿廷：《中国会展业与会展教育耦合协调度评价及影响因素》，《经济地理》2020 年第 3 期。

［4］邵明华、张兆友：《国外文旅融合发展模式与借鉴价值研究》，《福建论坛》（人文社会科学版）2020 年第 8 期。

B.14

国际生态典范：桂林恭城生态
康养旅游产业发展报告*

摘　要：　恭城瑶族自治县具有自然生态环境优良、饮食康养资源独特、中（瑶）医药康养历史悠久等优势，被联合国确认为"发展中国家农村生态经济发展典范"。恭城依托生态优势发展生态旅游，做强恭城油茶、月柿产业，创新管理机制体制，在生态旅游、饮食康养、中（瑶）医药康养等方面取得显著成效。本文总结出恭城坚持以人民健康为中心的发展思想，坚持将优秀传统文化与新时代文明建设融合发展，坚持新发展理念，实施可持续发展的经验启示。恭城在积极发展生态康养旅游的同时，面临着生态产业化和产业生态化发展不充分、特色产业营销推广不足、产业融合度不高等问题。为此，提出推进生态产业化和产业生态化，做大做强特色产业，促进产业融合发展等对策建议，为同类地区生态康养旅游产业发展提供借鉴。

关键词：　恭城　生态康养　旅游　油茶　月柿

　　恭城瑶族自治县位于广西桂林市东南部，北邻三湘，南望粤梧，地处中亚热带季风气候区，气候温和，境内森林繁茂，河川秀美，是中国著名的瑶

---

　　* 作者：马姜明，博士，广西师范大学生命科学学院副院长，教授，博士研究生导师，广西师范大学可持续发展创新研究院院长，广西漓江流域景观资源保育与可持续利用重点实验室主任，广西师范大学西部乡村振兴研究院乡村生态可持续发展研究中心主任，广西师范大学珠江—西江经济带发展研究院研究员，研究方向为可持续生态学；莫燕华，硕士，广西师范大学可持续发展创新研究院秘书，助理研究员；何浩勇，广西师范大学生命科学学院硕士研究生；郝璇，广西师范大学生命科学学院硕士研究生。

乡，贵广高铁在恭城过境设站。恭城版图总面积 2139km²，总人口 30 万人，其中 60% 人口为瑶族，1990 年国务院批准成立瑶族自治县。

恭城结合桂林市国家可持续发展议程创新示范区的总体建设方案，深入贯彻落实"绿水青山就是金山银山"理念，致力于建设成为桂林向东深融（承接）粤港澳大湾区、向北喜迎全球游客的生态宜居康养旅居之城。以康养产业为平台，积极推进生态旅游、饮食康养、中（瑶）医药康养等康养旅游可持续发展模式，助推恭城高质量跨越式发展。积极探索适用技术路线和系统解决方案，以在中西部地区多民族和生态脆弱县域中推动可持续发展，并利用其示范作用。经过多年的开发与建设，较为全面地构建了多元化康养业态。

一 案例背景

（一）自然生态环境优良

恭城自然气候条件十分优越，气候舒适时间可与美国新奥尔良媲美，也因此荣获国家气候标志，同时还是中国首个被评为气候宜居的县城，获得"中国人居环境范例奖"。依托这样的区域优势，恭城正在打造国内一流生态宜居康养旅居之城、中医民族医康养示范基地、彰显瑶族文化特色的民族文化艺术康养示范基地，着力创建中国康养示范县。先后获得 20 多个国家级荣誉称号，更是被誉为"发展中国家农村生态经济发展典范"。

（二）饮食康养资源独特

1. 恭城油茶

"恭城油茶"是恭城瑶族人民传统的美食之一，根据历史记录，它的起源可以追溯到唐代，已有超过 1000 年的历史。这道美食不仅传承茶文化的精髓，更融入恭城瑶族人民独特的饮食文化。

恭城油茶是一种长寿保健饮食。"恭城油茶喷喷香，又有茶叶又有姜，当年乾隆喝三碗，给它取名爽神汤"。这是一首动人的山歌，唱的就是那诱人的恭城油茶。恭城古称茶城，以茶作为地名的地方，古今中外恐怕也只有这一座。千百年来，油茶已经成为恭城人生活中必不可少的一项内容。当地人认为，油茶可以用于食补保健，帮助人们清咽消食、健脾暖胃、散风除湿、预防感冒。传统上认为恭城油茶的功能包括以下两种：作为长寿的饮品和作为提神、缓解疲劳的饮品。2014 年，恭城被中国老年学学会正式授予"中国长寿之乡"的称号。有学者将其功能表述为根据瑶族人民长期保持健康的生活理念所创建的瑶族养生茶（药茶或保健茶），用于预防疾病和治疗小病而饮用[1]。在这里，油茶已经成为一种长寿保健饮食文化。打油茶已经成为恭城人的生活习惯，并逐渐演化为一种不可或缺的生活方式。而现在经过政府培育和民间推广，恭城油茶已有一定知名度，逐渐从百姓的餐桌走向市场。

恭城油茶的用料及制作方法讲究。恭城油茶独特的原料配方和特有的生产工艺使其具有较好的保健养生功效。恭城油茶的原料配方是一个包括中医药和民族医药特点的复方保健茶。它不仅仅是简单的茶饮，它的原料包括茶叶、姜、大蒜、山茶油（或其他植物油）等多种配方。恭城油茶以大叶绿茶为主料，一般选用清明、谷雨两个时节采摘的茶叶。这种茶叶由于含有丰富的茶碱，可以调理全身；生姜可以驱寒除湿；大蒜有着杀菌排毒的功效；而花生米中含有丰富的维生素以及钙元素，能够补气养血，增强免疫功能[2]。恭城作为中国长寿之乡，长寿秘诀跟油茶有莫大关系。这种独特组合中蕴含着中医药和民族医药的深奥道理。制作工艺特色在于"打"，入锅茶叶要用茶槌反反复复捶打，直到将茶叶捶烂，敲榨出茶汁来，再放开水煮和熬，这样制成的油茶别具风味[3]。恭城油茶十分讲究喝油茶的配料，一般有葱花、芫荽、米花、麻蛋果等。用来配油茶的小吃更多，有炸花生、炸黄豆、炸玉米、排散、油条等油炸食品；萝卜粑、南瓜粑、芋头粑、船上粑（蒜香粑）、粽粑、大肚粑、艾叶粑、印子粑等糕点。油茶制作时，首先闻到的是葱香、香菜香和独特的清香。第一次入口后，感觉茶汤略有苦涩，但随后便是甘甜清香，回味怡人。一锅茶倒空后，还可以继续掺入清水再次熬煮，可重复五至六次，局部苦涩味逐渐消退，当地有"一杯苦，二杯呷（涩），三杯四杯好油茶"的说法。

油茶既是瑶家平时的主要饮食，又是待客及人生礼仪的重要部分。瑶族人在日常生活中享用油茶的时间相对自由灵活。他们可以每天都喝油茶，有些家庭甚至三餐都少不了油茶。根据《恭城县志》记载，恭城人清晨午间饮食多用油茶泡粥。有民谚说："恭城土俗，油茶泡粥，祛瘴防疫，全身舒服。"自2011年恭城油茶成功注册广西首个国家地理标志证明商标以来，恭城每年均举办油茶文化节，并在同年组建了油茶协会，恭城油茶也由此逐渐成为桂林知名节庆品牌。

2. 恭城月柿

恭城种植月柿的历史可追溯到一千五百多年前。汉朝时，柿树被视为奇花异木；南北朝时期，柿树被视为秋冬佳果；唐朝时，人们将柿子替代粮食来度过饥荒；明清时期，各家房前屋后都会种植柿树；民国时期，香港和澳门开始出售广西柿饼；新中国成立后柿子逐步成为商品并进行生产。目前全县月柿种植面积22万多亩，产量78万吨。恭城1996年被授予"中国月柿之乡"称号。

恭城月柿具有良好的食疗作用。恭城月柿富含人体所需的蛋白质和各种维生素，还含有大量微量元素，可以补充营养成分，提供能量。中医典籍记载，月柿性寒，味甘涩，入心、肺、大肠经，具有涩肠健脾等多种功效。可用于治疗脾虚泄泻等多种症状[4]。现代营养学家研究也表明：月柿含有烟酸、抗坏血酸等多种营养元素，具有医疗、保健双重作用。

（三）中（瑶）医药康养历史悠久

恭城通过打造"康养平安"田园综合体核心区，探索出中瑶医药与健康产业融合发展新模式，衍生出"农业+康养"的农养业态、"医疗+康养"的医养业态、"智慧+养老"的颐养业态，并重点推出瑶药香包、瑶艾系列产品和瑶浴、瑶膳、瑶医药等各具特色的康养服务项目[5]。

1. 端午药市——群众利用瑶药的缩影

恭城端午药市历史悠久，是恭城独特的瑶族医药风俗，瑶药是瑶医使用的传统药物，端午药市正是当地瑶族群众千百年来利用瑶药的缩影，"虎、牛、钻、风"类药在这里汇集交易。在瑶族人民与恶劣生存环境做斗争的历史长河中，瑶族医药以其简、便、验、廉之优势，享誉全国。自古以来瑶族人民以"食药同源、崇尚自然"的理念不断传承和发展瑶族医药，"药膳、药浴、药熏"最为典型，为振兴瑶族医药提供了有利条件。最新统计表明，恭城常用中药、瑶药、动植物药品种1445种。在瑶族药市不仅可以看到常见的传统瑶药，还可以现场感受药物拔罐、针挑、点灸疗法等传统诊疗，这些瑶药的发掘使用、交流对瑶族医药的发展起到了促进作用。每年端午节前后，远近乡镇的药农，纷纷将自采的中草药运到县城出售，摊位有时达数千个，品种应有尽有。药市还起到了互相交流瑶医药经验，传授瑶医知识，互相取长补短达到共同进步的作用。

2. 瑶汉养寿城——康养产业新业态

瑶汉养寿城是恭城康养产业最具代表性的项目，位于恭城高铁经济产业园区、北洞源河畔，距离高铁站200m，项目总占地面积约140亩，总投资6.5亿元，分两期建设，按照AAAA级旅游景区规划，旨在打造全国一流的生态康养产业，从而对恭城的生态养生产业起到示范引领和核心支撑作用。引入人民健康系统工程示范应用，秉持"统一管理、开放经营、文化体验、智慧康养服务"的理念，致力于打造国内中医民族医学集聚核心地带，引领全国康养与旅游文化走向新高度，同时也希望成为独树一帜的中医国学展示平台。作为自治区"双百双新"计划的一部分，恭城还将计划发展成为国家健康旅游等示范基地。预计将形成一个百亿元的产业，促进整个县各个行业在创新和发展方面取得进步。瑶汉养寿城的整体定位是"中国智慧康养城"，目标是立足恭城、面向粤港澳大湾区、辐射全国。未来，瑶汉养寿城将成为桂林康养产业新标杆、国家健康旅游示范基地、恭城重要的城市窗口、旅游集散中心和目的地，并为恭城提供大量的就业岗位和税收，铸就恭城的大旅游产业富民，大健康产业富税。

二　主要做法

（一）依托生态优势，发展康养旅游

恭城聚焦丰富的人文自然资源，把生态田园景观与人文民族风情相结合，打造国内一流生态宜居康养旅居之城，中医民族医康养示范基地，彰显瑶族文化特色的民族文化艺术康养示范基地，基于大健康"教、炼、食、药、技、械"康养服务产业体系，实施共建恭城现代康养产业学院、恭城特色康养旅游产业示范工程、康养文化交流合作工程、文明健康家庭实践工程，着力创建中国康养示范县，一批拥有独特生态康养旅游小镇正在悄然兴起。

（二）做强恭城油茶、恭城月柿产业

1. 通过制订相关标准，助推恭城油茶产业快速发展

恭城大力改变目前农业生产农户分散的现状，向集约化经营方向发展，采取连片综合开发利用或集团联营方式，鼓励发展油茶原（辅）料种植。随着恭城第一家生产"瑶乡情·浓缩油茶"的绿叶食品厂的成立，短短几年里恭城又相继注册成立福龙康、瑶古佬、爽神汤、精致油茶四家浓缩油茶企业，大小型家庭作坊式油茶系列食品加工厂上百家，在一定程度上加速了恭城油茶产品的发展。为保障"恭城油茶"的良好品质，恭城县制订《恭城油茶制作技术要求》《恭城油茶服务质量规范》等标准。恭城油茶产业已成为恭城新的支柱产业，为人民增收造福。新的油茶原（辅）料三位一体种植模式和组织经营模式已初具成效，为油茶产业的可持续性发展提供了原动力。

2. 探索恭城月柿"四统一"发展模式，产业融合发展良好

探索统一管理、统一加工、统一品牌、统一销售的新途径，恭城已形成以月柿种植为核心，集种植、加工、销售和休闲旅游为一体的完整产业链发展模式。脆柿、红柿、柿饼等加工产品及柿醋、柿酒、柿汁等系列产品远销

日本、泰国等亚洲国家及欧盟国家。成功将月柿中提取的柿单宁研制成柿单宁含片、面膜、精华液等产品。出台实施广西地方标准《恭城月柿地方标准》《恭城月柿生产技术规程》《恭城月柿加工处理技术规程》《恭城鲜柿二氧化碳脱涩处理技术规程》，其栽培系统入选第四批中国重要农业文化遗产，列入全球农业文化遗产保护预备名单。

（三）创新管理体制机制，推动康养产业发展

1. 打造节庆文化

为打造"魅力瑶乡·康养恭城"职工疗休养示范区，恭城在高铁经济产业园内建设瑶汉养寿城作为康养、旅游的基地，开发18个景区景点服务职工疗休养活动，营造出"月月有节庆，周周有瑶圩，天天有活动"的疗休养氛围。

2. 组建紧密型医联体、推进中医优质资源下沉

与桂林市中医医院和县中医医院签订紧密型医联体，县中医医院与乡镇卫生院中（瑶）医馆签订专科联盟，形成三级带二级，二级带一级，一级带村医的四级发展模式，实现各级医疗单位的互惠互利，带动县域内中医发展，实行分级诊疗制度、转诊机制，疏通向下转诊的绿色通道，将急性病恢复期患者、术后恢复期患者及危重症稳定期患者及时转诊至下级医疗机构继续治疗和康复。

3. 完善中（瑶）医药事业发展机制，强化中（瑶）医药人才培养

成立中医瑶医药学会，举办全国瑶医药发展研讨会暨高峰论坛，形成《传承和发展瑶族医药·恭城宣言》。与高等院校及科研院所签订合作协议，构建瑶医协同创新体系。在中药壮瑶药健康产品研发、瑶药泡浴产品开发、瑶药医院制剂研发、中药瑶药特色小镇开发等方面加强合作，加快中（瑶）医药成果产业化发展。在瑶医常用诊疗方法、瑶医治疗优势病种、瑶医药养生保健、瑶医药科研方法等方面加大培训力度，提升中（瑶）医药创新发展能力，推动中（瑶）医药文化复兴。

4. 带动中（瑶）药种植和产业扶贫

一是成立县内最高层次的种植工作领导小组，领导及协调各职能部门工

作形成推进合力。县政府出台土地流转政策，并对在核心示范区种植的中（瑶）药材由政府补贴种苗，对药材加工场地进行补贴等。县督查办每月到基地实地督查。二是建设恭城中（瑶）药材种植基地。当前全县中药材种植采取集中种植和分散种植两种模式，分为由企业（合作社）、农户分散种植两个部分，合计种植面积达 29076 亩。恭城西岭镇东面村草珊瑚仿野生5000 亩种植示范基地、瑶汉养寿五福村仁义屯中药材 3000 亩种植基地成功入选广西第一批中药材示范基地。三是开展中药材产业扶贫，在栗木镇五福、嘉会泗安村、吉山村等贫困村，已经建立 12 种药材规范化种植基地。在种植方面抓好以下两个方面：以繁育本地的道地药材为主，优先发展药食两用、销售量大的品种。基地中药材产业扶贫带动帮扶贫困户 400 多户，人均每人每年增收 1000 多元。四是完成中药质量保障项目溯源系统试点县各项工作。五是建立瑶药种植示范科研基地和集种植观光、旅游为一体的研学基地。六是建立瑶药保健养生体验中心及药膳体验馆。

5. 加快中（瑶）药康养产业集群发展

一是依托瑶汉养寿城和瑶医医院建立健康管理中心，对全县人民健康进行管理，形成健康管理体系，并建立全县人民健康档案，最终实现健康数字化管理，医院实现从以治病为中心向以人民健康为中心转变。从根本上解决群众看病贵、看病难问题，控制医保费用支出，降低群众医疗成本及医保支付负担。二是开展创建糖尿病低发康养县活动。通过对糖尿病患者实施健康教育、中医治疗、饮食干预、运动锻炼、全程监测"五位一体"全面系统的诊疗，有效实现糖尿病可防、可治、可控的三级防治目标，形成恭城"医一半、养一半"治疗糖尿病新模式，加快了恭城康养产业集聚发展。

三 主要成效

恭城依托生态优势、文化优势、康养优势，走出了一条康养旅游产业发展的"恭城模式"，打造出独具特色的生态康养旅游新体验。

（一）生态旅游蓬勃发展

以莲花河水系和红岩村为核心的莲花柿都古镇建设，推出"品瑶乡月柿、赏柿园风光、喝恭城油茶、住生态家园""望得见山、看得见水、记得住乡愁"的特色乡村旅游线路，同时围绕"吃住行游购娱"等旅游要素，将当地自然生态景观、古民居古村落、田园风光等串点成线，深入挖掘本地民俗文化特色，丰富乡村旅游文化内涵，建立旅游精品线路，大力宣传生态环境保护成果，全力打造集观光、休闲、度假、娱乐等为一体的乡村旅游。近年来，莲花镇红岩村被授予"全国农业旅游示范点""全国十大魅力乡村"。恭城已建成9个国家级旅游景区、3个自治区级旅游区，并荣获"首届广西县（市、区）域旅游创新发展'十强'"称号。恭城还顺利推进"一园一镇一带"重点旅游项目，加快融入大桂林旅游圈的步伐。恭城从生态农业县向生态康养县转型跨越得到快速发展。

（二）饮食康养融合发展

1. 恭城油茶发展模式成效显著

采取连片综合开发利用或集团联营方式，将原来分散的农户重新调整布局，向集约化经营方向发展，同时拓展"油茶+"发展模式，建设集油茶生产库原料供应、油茶预包装生产、油茶文化展示等为一体的油茶特色小镇，打造恭城油茶绿色健康食品品牌。在广西，一些有民族特色的餐饮酒楼，也将油茶作为招徕顾客的招牌。恭城油茶产业链条已经延伸至深加工环节，油茶系列产品加工坚持以工业化生产为主导，目前恭城有较大规模的浓缩油茶企业5家。随着恭城油茶餐饮受到越来越多消费者的喜爱，加工生产的油茶特色产品已延伸至罐装浓缩油茶、速溶油茶、油茶膏、油茶饮品、油茶副食产品等油茶深加工产品。随着油茶加工水平的不断提高，恭城已经形成一个较完整的食品加工产业链，油茶不仅销往广西的油茶餐馆，还销往云南、香港等地，年产值高达上千万元。

有"中国咖啡"之称的恭城油茶，在过去十年间，已从最初的街边小摊和大排档，发展成为一个产值达数十亿元的产业。目前，恭城油茶已在广西各地授权经营54家恭城油茶"旗舰店"。2021年，全县油茶产业销售额达到35亿元，为6万多人提供了就业岗位，并且恭城已经将油茶作为吸引游客的主打产品之一。油茶产业已发展成为一项幸福产业，为推动乡村振兴、促进农民增收致富做出了贡献。

2.恭城月柿品牌效应明显

恭城月柿被中华果品流通协会授予"中华名果"称号。万亩月柿果园中的红岩村被国家旅游局评为"国家级农业旅游示范点"；"恭城月柿"地理标志证明商标注册成功，月柿红饼被认定为绿色食品A级产品；获得"全国绿色食品原料（柑橘）、（月柿）标准化生产基地县"荣誉称号。恭城月柿还荣获地理标志保护产品、农产品地理标志产品。继龙脊梯田稻作系统之后，恭城月柿栽培系统是桂林市入选的第二个"中国重要农业文化遗产"。截至2023年底，"恭城月柿"品牌总价值达59.85亿元。恭城月柿作为地标好产品，获得广西区域农产品品牌保护等荣誉称号，恭城已建成"中国柿子博览园"和"中国月柿博物馆"。此外，恭城还打造出恭城月柿之乡"莲花镇"特色小镇，其作为广西首批入选的4个中国特色小镇之一，以中国"月柿小镇"闻名遐迩，跻身中国特色名镇行列，其独具特色的"月柿节"每年都吸引着海内外游客纷至沓来[6]。

恭城旅游品牌知名度在文化和经济的相互促进下得到迅速提升，不仅推动了以"农家乐"为代表的生态文化旅游业的蓬勃发展，还成功被评为广西文化致富工程五大模式之一：恭城模式——休闲文化旅游型。恭城在每年的10月举办桂林恭城月柿节，同时开发各具特色的月柿节配套旅游项目，极大地促进了饮食康养旅游发展。

3.恭城月柿培育产业体系完整

近年来，恭城在月柿"量"和"质"两个方面均下功夫提升。深入实施恭城月柿标准化生产，建立无公害标准化基地，经常组织专家前往农村指导果农科学种植和管理柿树，不断提高月柿的产量和质量。引入多个品种，如次郎、太秋、富有、花御所、晚御所等甜柿，深受消费者喜爱。通过对月柿产业结构的调整、品种和技术的更新，月柿的品质不断得到提升。通过举办月柿节活动，不断推动农业与旅游业融合发展，经济与文化相互促进，为乡村旅游打造出独特的品牌形象。除此之外，目前已有企业对月柿深加工进行开发创新，开发出甜柿、脆柿等一系列月柿产品[7]。恭城已形成以月柿种植为核心，集生产、加工、销售、物流、旅游于一体的月柿产业链条。近年来，恭城电商、微商、直播带货以及市场服务、交通、快递物流、合作社、包装行业等得到快速发展[8]，月柿已远销广东、湖南、福建等地。

（三）中（瑶）医药康养产业方兴未艾

瑶汉养寿城现已被列为自治区中医药健康旅游示范基地等康养项目，将带来一个价值数十亿元的新兴产业，因此也将促进全县各行各业的发展。

恭城中医医院已有 5 个科室被列为自治区级重点专科。9 个乡镇及栗矿管委会卫生院都已建设中医馆，目前已备有超过 300 种中药饮片，这为中医辨证治疗以及针灸等传统中医药服务的有效开展提供良好的支持。全县 234 所村卫生室，其中 116 所配置有中药柜、"中医包"等，常备中药饮片达 100 余种。村卫生室医务人员能开展中医治疗及针灸、刮痧板、拔火罐等业务，群众足不出村，即可享受到基本的中医药服务。推广中医适宜技术，融入民族元素，打造中医民族特色，恭城所有公立医院根据瑶族风格设立中医科或瑶医馆，100%提供中医诊疗服务，多数村卫生室，能够提供中医服务，恭城因此获得"全国基层中医药工作先进单位"称号。

四　基本经验

（一）坚持以人民健康为中心的发展思想

生态康养是指利用自然环境的生态条件来保持健康，通过人与生态环境之间的协调互动来维护身体健康，这一过程是一种渐进的修复，是尊重自然和生命的方式[9]。恭城从"以治病为中心"向"以人民健康为中心"转变，充分发挥区位及康养资源优势，推动康养文化发展，全方位、全周期维护和保障人民健康，大幅提高人民健康水平。生态康养产业的发展为具有良好生态条件的地区提供了一条新的产业发展道路，极大地激发了生态环境保护和建设的积极性。发挥生态环境的竞争优势，走出一条低碳绿色的可持续发展之路，是促进产业转型升级的正确选择。

（二）坚持新发展理念，实现可持续发展

恭城厚植生态基础，做足"生态+"文章，坚持创新、协调、绿色、开放、共享的新发展理念，以国家可持续发展议程创新示范区先行区建设为抓手，以"打造生态养生城，创建城乡一体化示范区，现代特色农业示范区，推进生产、生活、生态相融合，发展大旅游、大养生、大文化、大流通"为总体思路，着力建设"美丽恭城、富裕恭城"，实现高质量跨越发展[10]。开创以生态康养为特征的发展模式，实施产业与社会的转型升级，破解发展难题，开辟生态立县之路，实现可持续发展。

（三）坚持优秀传统文化与新时代文明建设融合发展

恭城坚持发挥文化引领作用，建设中华优秀传统文化的传承与发展项目，全面推动中华优秀传统文化进机关、进学校、进农村、进社区、进企业和进家庭。以村干部、农村党员和群众骨干为核心，以中华优秀传统文化"六进"等为载体，探索出旨在满足群众需求、培养文明乡村风气、推动乡村振兴，体现新时代文明实践的恭城模式，建设"文化恭城"。生态地区发展康养产业，必须有文化的字样，否则很难聚集相关的产业人才，也难以吸引康养人群进住民族聚居地区。当地居民的思想观念、发展理念、行为方式等自然有其独特性。发挥其特色，才能形成竞争力。生态康养地区要树立良好的生态环境资源理念，同时做好对生活垃圾污染物的处理，培育人与自然和谐相处的文化，从理论到实践，全链条抓起，处处体现康养的文化氛围。同时，要扩大本地生态康养文化的宣传，提升其影响力，形成文化品牌。

五　主要问题及对策建议

（一）主要问题

1. 生态产业化和产业生态化发展不充分

恭城是国家级重点生态功能区，生态资源丰富，生态农业发展闻名全国。但县域经济总量小，经济结构单一，产业基础薄弱。各个产业之间缺乏良好的协同发展和互动关系，难以实现资源的优化配置和共享，资源的浪费及环境污染事故隐患仍然存在。生态产业化程度不足，导致生态产品和服务的市场竞争力较弱，经济效益受到一定影响，迫切需要进一步探索可持续发展新路径。

由于康养产业涉及许多领域，需要大量的投资，政府对康养产业的内在认识需要加深，同时需要保持政策的连续性和各部门之间的联动[11]。但恭城地处西南，是后发展欠发达少数民族地区。对于恭城来说，建立形成完善的跨医疗卫生部门、旅游部门、文体部门的产业发展体制机制比较困难，资金和资源条件在一定程度上受到限制，短期内难以跟上康养产业井喷式发展的态势。自身条件存在基础设施建设不够完善，经营内容单一的问题。市场竞争过于集中和单调，在产业链的各个环节缺乏良好的衔接与协作。这种粗放式的发展方式导致产业综合效益较低，整体产业的附加值有限，创造就业岗位和提高人民生活质量的能力有限。同时也会限制产业创新和发展的潜力，导致企业竞争力薄弱，出现产品同质化程度高的现象，整个市场缺乏差异化竞争优势。产业之间的资源利用率低下，缺乏有效的循环利用和回收利用机制。

2. 特色产业营销推广不足

瑶族民族文化丰富多彩，忠孝仁义传统文化底蕴深厚。少数民族特色文化内涵是实现当地文化可持续发展的重要内容。目前，恭城对康养文化和体验养生类产品挖掘不够，康养产品设置和产品种类开发较少，产品整合度不高，对于地域性康养文化挖掘不够，产业服务配套功能不够全面，多元化联动融合发展的产业体系有待形成，尚未形成"一业带多业"的融合发展格局。整体上看，恭城瑶族少数民族文化康养旅游的知名度和品牌形象相对较低，缺乏足够的曝光和宣传推广。同时也缺少当地知名大型骨干企业和知名品牌，不能及时有效地在市场推广和宣传，导致无法覆盖广泛的消费者群体，游客数量有限，发展潜力未能充分释放。

3. 产业融合度不高

不同产业之间缺乏有效的合作机制，缺乏共同研发、生产和推广等跨界合作的平台和渠道。即使有自然风光可供欣赏，但缺乏相应的住宿配套设施；虽然有茶园观光和娱乐项目，但却没有较好的基础设施提供支持。生态旅游、生态农业、文化康养布局分散，各产业环节并没有联动起来，产业链相对松散，上下游产业之间缺乏机动衔接，有待进一步整合康养资源。产业之间资源利用效率低下，存在重复建设和资源浪费的现象。缺乏协同发展，难以实现资源的优化配置和共享，造成资源的浪费。这样就无法实现不同产业之间的优势互补，同时也限制了创新的发展。

（二）对策建议

1. 推进生态产业化和产业生态化

坚持生态产业化和产业生态化发展理念。将生态环境保护放在首位，确保产业发展与生态保护相协调。制定严格的环境保护政策和法规，加强环境监测和治理，保障生态系统的完整性和稳定性。充分挖掘生态资源的产业价值，使绿水青山变成金山银山，依托生态资源构建产业体系，在保障生态利益的同时，最大化发挥市场的经济效益。鼓励企业和科研机构开展绿色技术创新，推动绿色生产方式和清洁能源的应用。支持绿色科技和环境友好型产业的发展，提高资源利用效率，减少污染排放。

促进产业生态化就是要以发展生态农业和特色产业为重点，以调整养殖结构、种植结构为抓手，以实施"富裕生态家园"建设工程体系为载体，不断深化产业内涵，走规模化经营、产业化发展、标准化实施的道路[12]。通过产业链的整合与升级，实现资源的有效利用和降低环境影响。建立完善的供应链体系，促进不同产业环节间的协同发展，实现资源共享和优势互补。

积极探索生态产品转化路径。以贯彻落实《广西壮族自治区人民政府办公厅关于健全生态保护补偿机制的实施意见》（桂政办发〔2017〕57号）和《国务院办公厅关于健全生态保护补偿机制的意见》（国办发〔2016〕31号）为契机，争取自治区和国家支持，按照优质高价、劣质低价的补偿原则，健全公益林补偿标准动态调整机制；完善耕地保护补偿制度，落实以绿色生态为导向的农业生态治理补贴，落实自发开展"小块并大块"耕地整治"以奖代补"政策，落实施用有机肥料和低毒生物农药的补助；积极推动形成多样化和差异化生态补偿机制，进一步提升生态保护关键区域和关键水源涵养区的生态补偿标准，支持在不同地区和流域实施生态补偿，更广泛地采用造血式生态补偿，增强被补偿地区的自我发展能力。

促进产业协同发展。加强产业之间的合作与交流，鼓励不同产业之间的协同创新和互补发展，形成多元化、有机化的产业结构。推动资源优化配置：通过资源共享、互补利用等方式，实现资源的优化配置，避免资源的浪费和重复建设。加强技术创新与应用：建立良好的技术创新体系，鼓励产业之间的技术交流和合作，推动技术的引进和应用，提升整体产业的技术水平。促进风险分散和稳定发展：建立风险管理机制，通过多样化的产业结构和合理的风险分散布局，增强产业链的稳定性和抗风险能力。坚持走绿色发展的道路，形成产业生态化的常态化运行。政府应加强政策引导并建立考核评价规范体系。

2. 做大做强特色产业

突出区域特色优势。围绕康养产业，突出弘扬瑶族特色文化，结合恭城现有产业，树立良好的生态环境资源理念，处处体现康养的文化氛围。积极探索传统文化与新时代文明实践的融合路径，以中华优秀传统文化涵养社会主义核心价值观，启动实施特色发展工程示范区。例如，建设康养柿子产业示范村、康养油茶产业示范村、康养艾叶产业示范村、康养特色产业小镇、康养产业示范项目、康养产业示范基地、休闲健身产业集聚区、康养产业示范集聚区等。扩大本地生态康养文化的宣传，提升其影响力，形成文化品牌。持续推广特色节庆以及相关系列活动，指导民间持续办好月柿节、盘王节等民俗旅游节庆活动，推动周边景区景点在节日期间举办配套活动，丰富活动内容，延长旅游消费链。同时，积极发展新兴产业，依托瑶汉养寿城、牛路头、文武庙、矮寨、龙虎等中小学生研学实践教育基地（营地），丰富研学旅行内容内涵，优化研学旅行课程配置、路线设置，推出具有恭城特色、面向不同受众的研学旅行产品。组织做好中小学生研学旅行工作。

进一步探索并领悟中华传统文化中蕴含的思想理念、人文价值和伦理标准，同时结合现代社会的需求，对其进行传承与创新。让中华文化焕发出持久的时代魅力和光彩，是国家社会尤其是恭城这样的民族地区实现文化可持续发展的重要内容。

文化区域品牌建设。恭城中草药资源丰富，各族人民在长期的生产生活中，传承发展了宝贵的瑶医药文化，特别是瑶医在"治未病""山区病""妇科病"和健康保健等方面功效显著、底蕴深厚。要实现"健康恭城"目标，必须树立大卫生、大健康的观念，把人民健康放在优先发展的战略地位，把健康融入所有政策，充分发挥恭城瑶医药优势，建立"以人民健康为中心"的卫生与健康体制机制和现代医学模式，为人民群众提供全方位、全周期健康服务。

树立良好的生态环境资源理念，培育人与自然和谐相处的文化，从理论到实践，全链条抓起，处处体现康养的文化氛围。加强恭城品牌建设和品牌形象输出，打造具有国际化和品牌化的名片。发挥区位优势，利用好桂林市建设国家可持续发展议程创新示范区的战略机遇，结合恭城地域特点、瑶族民族文化特色、桂林国际旅游胜地定位，形成特色品牌。加强利用恭城瑶族地区的旅游与资源优势，弘扬原生态文化与自然特色景观，发展成具有独特地域民族风情的国内外知名文化品牌。持续打造一流康养旅游品牌，做好知名康养休闲品牌招商工作。对标世界一流标准，不断提升现有康养旅游项目的服务质量。同时通过网络媒体和社交平台等形式进行广告宣传，提高康养旅游项目的知名度和曝光率。加强对特色产业的介绍、推广，加大对传统瑶文化宣传的力度，提高品牌影响力。进一步开发农村康养文旅产业的发展空间和潜力，增加其吸引力和市场认可度。

加大人才培养力度。紧扣"推进政治监督具体化、精准化、常态化"要求，用规范化和标准化的管理方式，提高融合管理水平。持续发力跟进旅游产业发展监督，营造规范、有序、文明、和谐的良好环境，以强有力的政治监督为推动全县经济社会高质量发展提供有力保障。推进特色医药康养产业培育工程，进一步完善康养产业中瑶医药事业人才培养机制，强化中医药人才培养，积极发展地域特色鲜明的医药康养产业。加强对当地旅游服务业人员的培训和教育，提高他们在旅游服务、导游、餐饮等领域的从业素质和技能水平。

3.促进产业融合发展

坚持规划先行，系统布局谋划。注重树立全局意识，着眼局部建设，并且始终要具有统筹兼顾的思维模式。充分发挥恭城自身地理位置、自然资源及政策优势，发展本地特色产业。通过战略部署和系统规划，使文化康养产业和其他产业之间相互渗透、共同促进[13]。在保护和传承传统文化的前提下，不断挖掘探索适合恭城的康养文旅产业融合发展模式，实现经济效益、社会效益和生态效益相统一。以生态恢复、景观提升、产城融合发展为着眼点，坚持以自然、生态资源循环再利用为原则，科学规划建设集森林康养、生态农业、民俗文化体验、休闲旅游等为一体的特色康养示范基地。

依托支撑产业，推动综合构建。构建科学合理有效可操作的生态产品价值实现机制。推动恭城由生态农业县向生态康养县转变，形成以产业转型升级为依托的政治、经济、文化、社会、生态建设"五位一体"高度融合的以生态康养为特征的恭城模式。促进不同产业之间的交流与合作，建立跨界合作平台。发挥特色文化康养产业龙头作用，推动文旅产业链向两端拓展，攀升价值链。结合少数民族的文化、民俗和自然环境，形成独特的旅游体验。以满足海内外游客的不同需求为目的，设计"医疗+休养+养生+康复+旅游"康养新产品，建设不同于传统风格的社会化康养示范区，发展具有规模化、连锁化、品牌化经营的养老龙头企业和社会组织。康养生态地区的服务也应多元化、综合化。形成康养服务综合体，将齐全的配套设施与当地特色进行融合，形成独特的文化体验和享受。利用信息技术构建医疗康养结合平台，完善医疗机构与养老机构之间的沟通合作机制，更好地为康养人群提供服务。以技术创新为先导，积极发展壮大瑶医康养产业集群和新兴业态，推动生态农业、食品医疗、传统中药治疗方剂等重要领域的创新，积极促进医、养、旅、居、文等相关产业共同发展[14]。

参考文献

［1］ 侯小涛、郝二伟、范丽丽等：《广西恭城瑶族油茶科学内涵及其产业发展思路探讨》，《中国民族医药杂志》2017 年第 7 期。

［2］ 徐宏：《瑶族"治未病"中祛湿防病法初探》，《中国民族医药杂志》2015 年第 3 期。

［3］ 恭城瑶族自治县文化广电体育和旅游局：《恭城油茶文化节》（内部资料），2022 年 6 月 30 日。

［4］ 钟鑫：《恭城月柿：柿子王》，《农村·农业·农民》（A 版）2017 年第 6 期。

［5］ 林春蕊等：《广西恭城瑶族端午药市药用植物资源》，广西科学技术出版社，2016。

［6］ 王昕怡、黄诗雅、邓柳花等：《桂林恭城月柿产业发展现状与对策分析》，《辽宁农业科学》2020 年第 5 期。

［7］ 赵咏梅：《因地制宜发展生态农业，促进农业农村经济发展》，《农业开发与装备》2022 年第 5 期。

［8］ 林清、梁晴、黄云等：《甜蜜"柿"业硕果满枝——探访中国重要农业文化遗产广西恭城月柿栽培系统》，《中国民族》2023 年第 10 期。

［9］ 罗映壮：《广元市昭化区栖凤峡综合生态康养旅游项目的可行性研究》，四川农业大学硕士学位论文，2019。

［10］ 程艳、陈金南、曾慧玲等：《广西恭城西岭乡新农村建设路径探索》，《产业与科技论坛》2020 年第 20 期。

［11］ 陈思：《健康中国背景下康养产业发展的问题与对策——以温州市洞头区为例》，《温州职业技术学院学报》2020 年第 1 期。

［12］ 邵超峰：《桂林景观资源价值转化路径的对策与建议》，《可持续发展经济导

刊》2023 年第 Z1 期。

［13］曲富有：《乡村振兴背景下康养文旅产业融合发展研究》，《现代农业研究》
2023 年第 6 期。

［14］陈皓阳、崔正涵、陈志全等：《积极老龄化视角下我国康养产业发展问题识别
与对策研究》，《卫生经济研究》2022 年第 9 期。

专 家 观 察

B.15

世界级旅游城市评价指标体系构建[*]

摘　要：　将桂林打造成世界级旅游城市是深入贯彻落实习近平总书记视察广西"4·27"重要讲话精神和对广西工作一系列重要指示的必然要求，是桂林经济社会发展的一项长远目标。世界级旅游城市建设是一个涵盖经济、文化、社会、生态文明等的有机体系，为科学构建指标体系对其予以评价，首先应根据世界级旅游城市的科学内涵及发展规律，遵循关联性、代表性、层次性、可操作性等基本原则去筛选指标；具体指标选取上，应以前述基本原则和世界级旅游城市的发展内涵为基本依据，围绕经济、文化、社会、生态文明等几个方面进行选取，并以此为框架进行细化；最终，本文构建了包括4个一级指标、14个二级指标、80个三级指标在内的世界级旅游城市评价指标体系。利用该指标体系，理论上可以对桂林的世界级旅游城市建设水平进行

＊　本研究为2023年度珠江—西江经济带发展研究院"桂林市文化和旅游深度融合研究"委托课题（ZX2023013）的阶段性成果。

作者：伍先福，博士，广西师范大学经济管理学院副院长，教授，博士研究生导师，广西高校数字赋能经济发展重点实验室主任，主要研究方向为数字经济与产业升级；彭雨轩，广西师范大学经济管理学院硕士研究生；钟国泰，广西师范大学经济管理学院硕士研究生；段步婧，广西师范大学经济管理学院硕士研究生。

翔实评价。然而，囿于数据制约，本文仅从定性视角对世界级旅游城市评价指标体系在桂林的应用进行探讨，并参照对标城市提出相应的改进建议。

关键词： 旅游城市　世界级　评价

一　引言

桂林是联合国世界旅游组织首推的中国四大旅游目的地城市之一，其优质资源众多，依托旅游资源所开发的旅游产品品级也较高，多为世界级与国家级旅游产品。桂林历史文化底蕴深厚，迄今已有 2100 多年建城史。2012年，经国务院同意，国家发展改革委员会批复实施《桂林国际旅游胜地建设发展规划纲要（2012—2020 年）》；其后，桂林经济社会发展进入快车道，国际旅游胜地建设也取得了显著成绩。2021 年 4 月，习近平总书记视察桂林并做出重要指示，桂林是一座山水甲天下的旅游名城，是大自然赐予中华民族的一块宝地，一定要呵护好；要坚持以人民为中心，以文塑旅、以旅彰文，提升格调品位，努力创造宜业、宜居、宜乐、宜游的良好环境，打造世界级旅游城市。为深入贯彻落实习近平总书记视察广西"4·27"重要讲话精神和对广西工作一系列重要指示要求，2022 年 12 月，《中共广西壮族自治区委员会　广西壮族自治区人民政府关于加快建设世界旅游目的地推动旅游业高质量发展的意见》（桂发〔2022〕30 号）正式发布实施，标志着桂林世界级旅游城市建设进入实质性落地阶段。

一般来说，世界级旅游城市是指在承载和展现人类共同价值、形成和保持高水平商业环境、激发和创造美好生活等方面达到世界前列，形成具备世界范围影响力和吸引力的美好旅居生活新空间的新型城市。建设世界级旅游城市是一个系统工程，需要在旅游吸引物打造、旅游市场培育、公共设施建设、立体交通体系建设、服务管理水平等诸多方面进入世界前列，并且能够将这些因素以可持续的方式整合起来。世界级旅游城市建设需要从顶层设计入手，并构建科学完善的评价指标体系，以确保其能健康有序高效地推进。

桂林建设世界级旅游城市，必须全面贯彻新发展理念，服务和融入新发展格局，以推动高质量发展为主题，以深化供给侧结构性改革为主线，以改革创新为根本动力，以满足人民日益增长的美好生活需要为根本目的，着力构建具有国际影响力的旅游产业体系，形成文化和旅游深度融合的发展格局，展现"山水城市"的大美形态，构建居游共享的高品质生活空间，努力创造宜业、宜居、宜乐、宜游的良好环境，全面提升城市发展能级与核心竞争力，建成世界级山水旅游名城、世界级文化旅游之都、世界级康养休闲胜地和世界级旅游消费中心。

围绕世界级旅游城市的内涵，其评价指标体系的构建应突出"经济""文化""社会"和"生态文明"等主客共享美好生活的发展主线，使其在全力打造世界级旅游城市的伟大历史进程中不断满足人民群众对于美好生活的向往和追求。总而言之，构建世界级旅游城市评价指标体系是贯彻落实习近平总书记视察广西"4·27"重要讲话精神的需要；是在"双循环"新格局下催生世界级旅游城市建设新动能的需要；是打造中国式现代化进程中旅游城市转型升级"桂林样本"的需要；是桂林在国家和世界旅游发展中形成新优势的需要；是充分发挥目标体系的"标尺"和"指挥棒"作用，助力世界旅游城市建设的需要。

结构安排如下：第一部分为引言，主要从世界级旅游城市评价指标体系的构建思路和构建意义展开；第二部分为世界级旅游城市评价指标体系构建，先从关联性、代表性、层次性和可操作性四个方面阐述世界级旅游城市评价指标体系的构建原则，再从经济、文化、社会和生态文明四个方面进行指标的选取和构建，最后采用多种常用的综合指数构建方法进行指标测算；第三部分为世界级旅游城市评价指标体系的应用，即利用本文构建的世界级旅游城市评价指标体系对桂林的旅游城市建设现状进行综合评价，并据此找出建设短板及今后的发展路径。

二　世界级旅游城市评价指标体系构建

对世界级旅游城市评价指标体系构建的基本原则进行阐述，对指标选取思路进行梳理，并据此提出系统全面的评价指标体系，再对评价指标体系的评分测度议题进行详细解析。

（一）构建原则

根据世界级旅游城市的科学内涵及发展规律，其评价指标体系构建应遵循关联性、代表性、层次性、可操作性等四个基本原则。

1. 关联性原则

关联性原则，是指拟选取的指标应与世界级旅游城市发展实际高度关联。世界级旅游城市建设是一个涵盖经济、文化、社会、生态文明等的完整体系，其评价指标应能清晰地反映经济、文化、社会、生态文明等方面的某种特征或典型事实。具体选取指标时，每一个纳入评价指标体系内的指标应至少能够在一定程度上、一定时期内，反映出被评价对象在建设世界级旅游城市过程中呈现的某一典型特征或典型事实，即每个指标都能从某一特定角度反映该城市的旅游国际化竞争力。

2. 代表性原则

代表性原则，是指拟选取的指标应能反映世界级旅游城市的某一代表性特征。世界级旅游城市建设涉及范围广，相关指标难以穷尽；即便能尽可能多地涵盖各方面指标，其面面俱到的罗列不仅会使整个指标体系显得庞大臃肿，而且也很难清晰反映世界级旅游城市建设的典型特征。因此，评价一个城市的旅游国际化竞争力，要尽量结合其历史渊源及实际建设情况，紧紧围绕一些针对性指标进行评价。同时，要抓住建设世界级旅游城市的基础以及建设过程中的代表性项目，表现出世界级旅游城市的特有竞争力与地位，指标不宜过多过繁。

3. 层次性原则

层次性原则，是指拟选取的指标应根据世界级旅游城市内涵进行逻辑分层。操作上，应把世界级旅游城市的评价标准体系分成若干个层次，并为每个层次订立若干目标，然后围绕订立的目标进行评价。这不仅可以使得评价指标更加简明凝练，还可以从多个角度反映出评价城市在构建世界级旅游城市过程中在不同层次上的竞争力水平。因此，评价指标体系应是一个多层次、多要素的复合体。在具体制定评价指标体系时，应按照层次高低、作用大小等准则进行细分。

4. 可操作性原则

可操作性原则，是指拟选取的指标在量化测度、数据来源等方面应客观可行。在设定评价指标体系过程中，既要考虑世界级旅游城市的实际建设情况，也要评估这些评价指标是否容易量化、数据是否容易获取、指标间是否相互包含等具体情形。因此，评价指标的选取宜少不宜多，既不可层次过多，也不可具体指标过于冗余，否则会使后续的数据收集与评价等工作难以开展。

（二）指标选取

遵循前述世界级旅游城市评价指标的构建原则，结合世界级旅游城市发展的基本规律，本文认为，世界级旅游城市评价指标应围绕经济、文化、社会、生态文明等几个方面进行选取，并以此为框架进行细化。

1. 经济类指标

城市的首要功能是发展经济并在区域经济系统中拥有属于自己的话语权，具备良好的经济发展基础是成为世界级旅游城市的基本条件。因此，世界级旅游城市评价指标体系应首先考虑经济类指标。具体来看，经济类指标应涵盖城市经济支柱力、旅游经济贡献力、旅游经济保障力等几个方面。

第一，体现城市经济支柱力的指标选取。一个城市的经济实力越强，就越有能力为世界级旅游城市建设提供强有力的经济保障，并为旅游及相关产业的高质量发展提供投入产出支撑。一般来说，地区生产总值可考察一个城市的经济总体实力，人均地区生产总值可衡量一个城市的经济发展阶段。同时，城市的经济发展质量又与其产业结构成熟度高度正相关，即城市产业结构成熟度越高，则其经济发展实力往往较强、经济韧性往往较好。通常地，第三产业占 GDP 比重、第三产业与第二产业之比等可较好地度量出一个城市的产业结构成熟度。综合城市经济发展及其产业结构特征，可选取地区生产总值、人均地区生产总值、第三产业占 GDP 比重、第三产业与第二产业之比等指标来反映城市经济支柱力。

第二，体现旅游经济贡献力的指标选取。旅游可以产生直接的经济收益，并带动关联产业的发展，进而形成相互作用的旅游经济系统。具体贡献上，一个城市的旅游业发展不仅可以增加消费、拉动投资，而且可以增加其外汇储备。旅游者人次能够反映旅游者在旅游目的地的流量，说明旅游者对其旅游产品的需求规模及水平，其可以直接拉动相关行业的营业额和收入，创造旅游收入。一般而言，旅游者人次和旅游收入成正比，掌握二者的变动情况，对旅游者的人员构成、需求内容、需求规模及时间等进行深入分析，可以更好地掌握该城市的旅游需求状况及其发展趋势。入境旅游者人次可以有效衡量旅游目的地的境外旅游需求，酒店入住率及客房的定价情况能够反映旅游者的具体需求情况，而旅游收入与 GDP 的比值是一个城市旅游业发达程度的重要指标。因此，旅游者人次及收入、入境旅游者人次及收入、淡旺季和全年酒店的入住率及客房的定价情况、旅游收入与 GDP 的比值等指标可以较为全面地反映评价城市的旅游经济贡献力。

第三，体现旅游经济保障力的指标选取。城市旅游服务保障系统不仅能为旅游者提供更好的体验和更佳的感受，也能为当地带来更多的客源和更好的口碑。旅游服务保障涉及"衣食住行"等方面，体现旅游城市的接待水平，"衣"涉及当地商场及购物中心的规模与分布，"食"关乎特色餐饮和星级饭店的口味与定价，"住"针对旅行社和酒店的数量与质量，"行"包括地区公共交通设施的便利与完善。基于城市服务保障和旅游相关产业的上述特点，旅游经济保障力可以用酒店及客房数量、国际知名品牌酒店入驻比例、特色餐饮集聚区数量、大型餐饮连锁品牌比例和大型旅游集团数量等指标进行衡量。

2. 文化类指标

文化类指标反映城市的文化吸引力，是与经济、政治并列的城市全部精神活动及其产物，既包括世界观、人生观、价值观、发展观等具有意识形态性质的部分，也包括科技、教育、习俗、语言文字、生活方式等非意识形态的部分。城市文化作为城市的精神产品，规范着人们的思想和行为，影响着人们生活的方式与节奏。总体而言，文化类指标应包括城市国际宣传能力、旅游文化创造力、文化培育能力、公共文化服务能力等方面。

（1）体现城市国际宣传能力的指标选取。对于城市来说，打造独树一帜的品牌形象，以此吸引世界目光，直接关系着城市国际地位及其国际话语权的提升。发挥好传播的价值，保证城市"出海"的后劲与综合效能，是打造世界级旅游城市的必要条件。城市的国际宣传与对外传播涉及相关英文网站的建设、外资旅游企业的引进及国际宣传投入等，因此，结合文化传播的特性，可采用国际旅游营销费用、旅游类英文网站建设情况、国际主要搜索引擎搜索结果、外资旅游企业比例等来衡量城市的国际宣传能力。

（2）体现旅游文化创造力的指标选取。旅游文化创造力是指旅游文化的生命力，表现为文化成果的先进性与持久性，关系社会的进步与发展。旅游文化创造力的提升有助于旅游文化的振兴与顺利转型，从而可增强城市的文化自信，提高城市的文化软实力，具体表现为地区相关产业的完备、从业人员的数量及综合素质、本土品牌的打造与传播繁衍等。结合旅游业的特性及品牌特征，可选取文旅产业从业人员数、大型文旅品牌数量、本地孵化文旅品牌数量、文旅产业增加值占比来反映城市的旅游文化创造力。

（3）体现文化培育能力的指标选取。青年作为时代和民族的脊梁，应当承担起传承和弘扬城市旅游文化的重任。应树立城市文化自尊自强自立自信意识，积极进行家风家教、民俗民风与精神文化建设，培养青少年对城市文化的认同感和归属感，增强青年的城市旅游文化意识，达成最深层次的文化认同。基于青年的时代特点和文化的传承特性，可选取青少年教育、家风家教、民风建设、城市文化认同感、城市文化归属感等指标对城市文化培育能力进行衡量。

（4）体现公共文化服务能力的指标选取。公共文化服务以满足公民基本文化需求为主要目的，提供相应的公共文化设施、文化产品、文化活动以及其他相关服务，以人民群众和实现公众的文化权利为第一目标，进而促进和保障社会健康稳定发展。城市公共文化服务包含基础设施及相关产业的建设与开发，因此，可采用城市文化建设投入、其他文化产业建设投入、文化基础设施数量等指标对城市公共文化服务能力进行衡量。

（5）体现人文旅游资源的指标选取。人文旅游资源是人类创造的、以社会文化事物为吸引力本源的旅游资源。它是人类历史和文化的结晶，是民族风貌的集中反映，既包括人类历史长河中遗留的精神与物质财富，也包括当今人类社会的各个方面。发展旅游城市的目的不仅在于取得经济效益，还在于促进各地区人民之间的了解和友谊。人文旅游资源本身就为这种了解提供了物质基础。根据其构成和分类，可选取少数民族数量、少数民族遗址数、世界非物质文化遗产、国家级非物质文化遗产、其他级别非物质文化遗产、国家重点文物保护单位等指标来衡量城市的人文旅游资源。

3. 社会类指标

社会类指标反映的是旅游业总体发展状态和趋势、旅游功能、旅游设施设备等在世界旅游城市发展中的社会关联情况，是保持城市旅游竞争力持久提升的必要因素。具体而言，社会类指标应包含旅游人力资源、旅游国际化建设水平、公共基础设施、政府及居民支持力度等几个方面。

（1）体现旅游人力资源的指标选取。旅游人力资源是城市旅游业发展不可或缺的生产要素，是促进世界级旅游城市优化产业链、提高旅游服务质量、进而增强其产业竞争力的核心支撑。旅游就业人员的文化程度、素质水平、就业率等均是旅游城市社会竞争力的重要因素。根据其分类及特点，可采用旅游就业人员占总就业人口比例、大专及以上就业人员占旅游就业人员比例、规模化旅游企业员工英语普及率、高等院校旅游专业在校生人数等指标来反映城市的旅游人力资源。

（2）体现旅游国际化建设水平的指标选取。推进旅游城市"走出去"，势必要提升旅游产品和服务的国际化水平。旅游国际化建设水平直接关系到游客承载量和满意度，是发展旅游城市的必备条件，因此完善的设施条件对旅游业发展具有巨大的推动和保障作用。基于上述分析，对于旅游国际化建设水平指标，可选取国际化会展设施、城市旅游紧急救援系统、多语种旅游标识分布情况、旅游咨询机构密度、境外游客通关便利程度等来衡量。

（3）体现公共基础设施的指标选取。公共服务水平的高低直接影响游客旅游体验的好坏以及旅游活动能否顺利开展。固定资产的投入是改善当地旅游基础设施的重要保障；卫生状况和交通会影响游客在当地旅游过程中的旅游感知，能较好体现当地公共服务与设施水平；医疗保障和交通运输量分别是旅游事故发生后紧急救援、旅游目的地可进入性的重要衡量指标。因此，可选取旅游厕所密度、公共交通情况、人均城市道路面积、国际机场数量、高铁站及客运站数量、车站—景点专线接驳车数量等指标来反映城市公共基础设施状况。

（4）体现政府及居民支持力度的指标选取。政府的支持有助于相关企业降低经营成本，实现企业的发展和创新，提升旅游目的地的竞争力，推动旅游城市的投资；居民是旅游城市发展核心利益相关者，同时也是当地旅游产品硬件与软件的重要组成部分，直接关系到当地旅游资源的质量和品质，影响旅游者的价值感知。综上分析，政府及居民支持力度可采用居民对国际游客友好程度、国民平均受教育年限、居民旅游认知度、旅游产业投资额占比等进行衡量。

4. 生态文明类指标

世界级旅游城市必须是一个可持续的旅游系统，其不仅应包括经济、文化、社会的可持续性，还应包括生态文明的可持续性。生态文明可持续性对旅游城市生态旅游的发展有保护生态环境、提升旅游品质、促进经济发展等方面的意义，大致可囊括为旅游资源吸引力与城市宜居程度两个方面。

（1）体现旅游资源吸引力的指标选取。旅游资源吸引力是指由旅游资源的丰富程度所决定的对旅游者的刺激程度。一般而言，旅游资源愈丰富，其旅游吸引力愈大，所引发的旅游动机愈强，旅游经济的规模就越大。一个城市旅游吸引力的大小不仅取决于该旅游区自然和人文景观的奇特、优美，而且也取决于该旅游区的交通、通信、生活、医疗、保险等配套设施是否健全，服务经营管理是否合理，价格是否公道并为旅游者所接受。基于以上分析，可选取旅游资源品位度、旅游资源丰度、旅游资源美誉度、旅游景区设施完善度、旅游产品创新指数来反映城市的旅游资源吸引力。

（2）体现城市宜居程度的指标选取。宜居城市的首要特征就是环境优

美，具体包括空气清新、水质清澈、绿化覆盖率高、噪声污染小等。宜居的
生活环境不仅可以提高人们的生活质量，还可以对人们的身心健康、社交和
经济发展产生积极的影响。首先，宜居的环境可以为人们提供舒适的生活空
间，促进人们的身心健康，帮助人们放松身心，减少压力和疾病，保持精力
充沛，提高精神面貌。其次，宜居的环境可以提供交流和沟通的机会，增强
人们的社交能力和人际关系。最后，宜居的环境可以吸引更多的游客和投资
者，促进当地经济的发展，通过保护环境和开发旅游资源，实现经济的快速
增长。结合城市宜居的特点，可选取空气质量优良以上天数占比、饮用水质
量、地表水质量、环境噪声污染、人均公园绿地面积、环境监测系统、生活
垃圾无害化处理率、污水处理率、气候舒适度等指标来衡量城市宜居程度。

（三）评价指标体系的构成

根据上述思路，构建如表 1 所示的世界级旅游城市评价指标体系。其
中，经济、文化、社会、生态文明为一级指标，每个一级指标下设不同的二
级指标，并在每个二级指标下设置可测度的三级细分指标，最终形成包括 4
个一级指标、14 个二级指标、80 个三级指标在内的评价指标体系。

表 1　世界级旅游城市评价指标体系

一级指标	二级指标	三级指标	三级指标测度
经济	城市经济支柱力	地区生产总值	城市年度地区生产总值
		人均地区生产总值	地区生产总值/人口数
		第三产业占 GDP 比重	第三产业占城市年度生产总值的比重
		第三产业与第二产业之比	第三产业产值/第二产业产值
	旅游经济贡献力	旅游收入	人均旅游收入
		旅游者人次	旅游者人次与当地常住居民比值
		旅游收入变化率	旅游收入年度变化率
		旅游者人次变化率	旅游者人次年度变化率
		入境旅游收入比例	入境旅游收入占旅游总收入的比例

续表

一级指标	二级指标	三级指标	三级指标测度
经济	旅游经济贡献力	入境旅游者人次	入境旅游者人次占旅游总人次的比例
		旺季酒店入住率	4~10月全市酒店入住率
		全年酒店入住率	全年酒店入住率
		全年客房平均房价	全年客房平均房价
		每间客房实际产生的收入	每间客房实际产生的收入
		旅游收入与GDP比值	旅游收入与国内生产总值的比值
	旅游经济保障力	国际旅行社比例	国际旅行社占所有旅行社的比例
		酒店数量	全市的酒店数量
		客房数量	全市的客房数量
		星级酒店数量	全市的星级酒店数量
		国际知名品牌酒店入驻比例	星级饭店中国际品牌饭店比例
		星级饭店客房出租率	星级饭店客房出租率
		高星级饭店比重	四星级及以上饭店数与星级饭店总数之比
		大型旅游集团数量	年营业收入超过1亿美元的旅游企业数量
		特色餐饮集聚区数量	特色餐饮集聚区数量
		大型餐饮连锁品牌比例	全市年营业收入1000万元以上的餐饮连锁品牌
文化	城市国际宣传能力	国际旅游营销费用	国际旅游营销支出占旅游总营销支出的比例
		旅游类英文网站建设情况	主要旅游英文网站数量
		国际主要搜索引擎搜索结果	GOOGLE或者自媒体平台搜索桂林旅游的数量
		外资旅游企业比例	中外合资及外商独资旅游企业的比例
	旅游文化创造力	文旅产业从业人员数	全市文化旅游产业的人员数
		大型文旅品牌数量	年营业收入1亿元以上的文旅品牌数
		本地孵化文旅品牌数量	依托本地旅游项目孵化的旅游品牌
		文旅产业增加值占比	文旅产业同比增加值比重
	文化培育能力	青少年教育	11~19岁青少年入学人数占比
		家风家教	抽样调查确定1~5,1表示完全不支持,5表示完全支持
		民风建设	抽样调查确定1~5,1表示完全不支持,5表示完全支持
		城市文化认同感	抽样调查确定1~5,1表示完全不支持,5表示完全支持
		城市文化归属感	抽样调查确定1~5,1表示完全不支持,5表示完全支持

续表

一级指标	二级指标	三级指标	三级指标测度
文化	公共文化服务能力	城市文化建设投入	城市文化产业政府投资占总投资百分比
		其他文化产业建设投入	私人捐赠与赞助
		文化基础设施数量	博物馆、图书馆、影剧院、艺术画廊等
	人文旅游资源	少数民族数量	辖域内少数民族数量
		少数民族遗址数	仍保存的少数民族生活遗址数量
		世界非物质文化遗产	收录于世界非遗名录下的文化遗产
		国家级非物质文化遗产	收录于国家非遗名录下的文化遗产
		其他级别非物质文化遗产	收录于其他级别非物质文化遗产
		国家重点文物保护单位	国家重点文物保护单位数量
社会	旅游人力资源	旅游就业人员占总就业人口比例	旅游就业人员占总就业人口的比例
		大专及以上就业人员占旅游就业人员比例	大专及以上就业人员占旅游总就业人员的比例
		规模化旅游企业员工英语普及率	规模化旅游企业能够基本运用英语的员工比例
		高等院校旅游专业在校生人数	主要高等院校旅游专业在校生人数
	旅游国际化建设水平	国际化会展设施	国际化会展馆的面积
		城市旅游紧急救援系统	卫生部国际紧急救援中心网络医院或国际 SOS 救援中心情况
		多语种旅游标识分布情况	市区及 A 级旅游景区多语种旅游标识分布情况
		旅游咨询机构密度	市区每平方公里旅游服务中心数量
		境外游客通关便利程度	免签制度和落地签证制度情况
	公共基础设施	旅游厕所密度	市区每万人 A 级旅游厕所数量
		公共交通情况	市区每万人公交车和出租车数量
		人均城市道路面积	市区人均道路面积
		国际机场数量	国际机场数量
		高铁站及客运站数量	高铁站、各级别客运站数量
		车站—景点专线接驳车数量	高铁站、机场、客运站等车站——景区专线接驳车数量

一级指标	二级指标	三级指标	三级指标测度
社会	政府及居民支持力度	居民对国际游客友好程度	抽样调查确定 1~5,1 表示完全不支持,5 表示完全支持
		国民平均受教育年限	14 岁及以上人口的平均受教育年限
		居民旅游认知度	抽样调查确定 1~5,1 表示完全不支持,5 表示完全支持
		旅游产业投资额占比	旅游投资占社会总投额的比重
生态文明	旅游资源吸引力	旅游资源品位度	有无世界级旅游资源
		旅游资源丰度	4A 级及以上旅游景区的数量
		旅游资源美誉度	游客满意度指数
		旅游景区设施完善度	旅游景区设施完善程度,采用百分制确定
		旅游产品创新指数	A 级以上旅游景区 A 的累计数量年度增加率
	城市宜居程度	空气质量优良以上天数占比	年度空气质量优良天数占比
		饮用水质量	使用国标安全饮用水的户数与总户数之比
		地表水质量	主要河段水质达标率
		环境噪声污染	区域环境噪声昼间平均等效声级
		人均公园绿地面积	市区绿地面积与市区总人口的比值
		环境监测系统	环境监测工作得分
		生活垃圾无害化处理率	生活垃圾无害化处理量与产生量的比值
		污水处理率	污水处理量与产生量的比值
		气候舒适度	年度综合舒适指数

（四）评价指标体系的运行

表 15-1 所反映的世界级旅游城市评价指标体系是一个既相互分工、又相互补充的有机系统，任何单个维度的指标均难以有效刻画世界级旅游城市应有的内涵或特征。因此，对世界级旅游城市评价指标体系的理解和运用应站在全局的视角去进行，即将世界级旅游城市评价指标体系作为一个整体，将各一级指标、二级指标、三级指标依次作为其不同层次的子系统，并以其总体得分情况作为世界级旅游城市建设水平的主要评价依据。

1. 运行思路及步骤

指标体系的运行思路及步骤可遵循两种不同逻辑。第一种逻辑是在主观赋权的基础上直接计算各三级指标的观测得分。具体运行时，假设满分为1000分，则首先将1000分主观赋值分解到4个一级指标，并将各一级指标的分值主观赋值分解到14个二级指标，再将各二级指标的分值主观赋值分解到80个三级指标；其次，利用相应的统计数据或问卷调查数据等获得各三级指标的实际观测值；最后，将80个三级指标的得分加总，可依次得到14个二级指标、4个一级指标以及最终整个指标体系的得分。得分越接近1000分，则说明该城市的世界级旅游城市建设水平越高。

第二种逻辑根据各级指标得分进行客观赋权并计算其加权和。即需遵循从小到大、从微观到宏观、从具体到抽象的思路进行操作。具体步骤上，首先，按照三级细分指标测度方法收集对应数据，并对加工整理好的数据进行无量纲化处理；其次，采取客观赋权法对三级指标、二级指标、一级指标等进行依次赋权，明确各指标的重要性；最后，将各指标赋权值与相应指标值相乘，可依次得到二级指标、一级指标、总体水平评估等的得分，据此可对世界级旅游城市发展水平进行评价。得分越接近1，说明该城市的世界级旅游城市建设水平越高。

2. 评价指标权重的确定

不管是前述第一种逻辑还是第二种逻辑，在评价指标体系的运行步骤中，评价指标权重的合理确定是关键。总体来看，常用的指标权重确定方法有三种：其一是德尔斐法（专家调查法），即通过多轮专家问卷调研最终确定指标权重；其二是主成分分析法，即通过降维的思路从原本 n 维的指标中提出新的 k 维指标（主成分），并根据重要性对 k 维指标进行赋权；其三是层次分析法（简称AHP方法），即将指标体系分解为一级指标、二级指标、三级指标等不同层级，然后依次求得每一层级指标对上一层级指标的相应权重，最后通过求加权和的方法递阶归并得出一级指标的最终权重，此最终权重即为赋权方案。其中，第一种方法为主观赋值法，第二、第三种方法为客观赋值法。

3. 世界级旅游城市建设水平的界定

根据上述运行思路及步骤，可测算出每个城市的世界级旅游城市建设水平。基于前文对世界级旅游城市内涵的界定，结合国内外各大旅游城市的总体发展水平，本文认为，得分高于900分或大于0.9分的城市方能将其认定为世界级旅游城市。

三 世界级旅游城市评价指标体系的应用

（一）应用范畴

运用世界级旅游城市评价指标体系，可以对桂林的世界级旅游城市发展水平进行测度。根据测度结果，首先，可以先从整体上对桂林的世界级旅游城市发展现状做出评价，并可与其他典型旅游城市进行对比，以便找出可借鉴的环节和可提升的空间；其次，可进一步从经济、文化、社会和生态文明四个方面细化桂林在世界级旅游城市建设进程中的不同维度得分，并发现其优势和劣势，从而有针对性地发掘改进空间；最后，利用多维度、多角度的横向与纵向对比，并结合桂林自身条件和发展目标因地制宜地制定对策以提高其作为世界级旅游城市的评分。从操作层面来看，要想从主客观视角有效提高桂林世界级旅游城市评价指标体系得分，就必须不断完善其公共服务机制，建立政府、企业、民间机构共同参与的管理机制，建立有利于公众参与创造的服务机制，健全各类旅游市场充分发挥市场配置资源的基础性作用，鼓励和引导居民旅游消费提高其文化消费力，走市场化道路加速旅游产业发展。

（二）评价结果

由于所获得的数据受到制约，目前尚无法根据表15-1的评价指标体系对桂林的世界级旅游城市建设水平进行详细的量化评分。为此，本文暂且采用定性评价的方法对表15-1评价指标体系的应用情况予以简要评析。

根据世界级旅游城市评价指标体系，桂林的旅游城市建设呈现出一些较典型的特征：

（1）从整体情况看，桂林旅游发展质量和效益持续提升，建设世界旅游品牌、国内旅游标杆的目标不断趋近。但与威尼斯、奥兰多等对标城市相比，桂林旅游在对外宣传推广方面、国际游客到访和游客满意度等方面都存在一定差距。

（2）从经济层面看，桂林特色农业、工业和以旅游业为龙头的现代服务业快速发展，产业结构调整成效显著；桂林"吃、住、行、游、购、娱"旅游六要素加快集聚，"广西美味""广西有礼""广西美宿"等品牌知名度不断提升，截至2022年底，桂林有国家级夜间文化和旅游消费集聚区3家、五星级旅游饭店6家、四星级旅游饭店7家、旅游民宿3000多家、旅行社419家、免税店4家、离境退税商店9家，等等。但是，桂林在世界级旅游城市建设上仍存在较多短板，表现在：自身综合实力相对较弱，经济内生动力略显不足，消费和投资基础仍较为薄弱，高端人才资源较为缺乏，旅游基础设施与公共服务设施的便利化、网络化、国际化水平有待提升，营商环境有待改善，高品质的旅游供给元素尚且不多，难以高效吸引世界各地旅游消费者。

（3）从文化层面看，桂林拥有世界上发育最典型的岩溶地貌和历史文化、民族文化、红色文化等自然人文旅游资源，近年来持续推动文化和旅游深度融合、创新发展，凸显桂林格调品位，形成文化与旅游互动传播的新格局，并以此塑造了桂林旅游发展的新优势。但是，桂林旅游产品重"山水观光"，轻"文化体验"，表现为整体文化旅游氛围有待提升、文化旅游产品较为单一。桂林聚居着壮、苗、瑶、侗等三十一个少数民族，形成了风格各异的民俗文化和众多的历史文化、红色文化、古村落文化、养生文化等，但是对于文化资源的开发利用仍然不足，缺乏对其深度和丰度的挖掘。

（4）从社会层面看，桂林是国家第一批对外开放的城市，在国际上拥有较高知名度，在文化艺术、产业经济、科学技术等方面开展了广泛的对外交流合作；同时，桂林在旅游集散中心、旅游咨询中心、游客中心、汽车旅游营地、旅游厕所等旅游基础设施建设上收效明显，陆空一体的旅游立体化进出交通体系已经形成。虽然桂林社会环境和公共服务水平得到一定的提升，但仍与世界级旅游城市尚存较大差距，主要表现为旅游人力资源支撑力度相对有限，旅游整体国际化程度不高、缺乏国际化的接待服务水平与公共配套服务设施，旅游综合协作与综合管理机制不够完善，等等。

（5）从生态文明层面看，桂林具有独特的山水资源优势，围绕"山水城市"的建设，融合了城市与旅游功能，强化"城在景中、景在城中、城景交融"的城市特质。近年来，桂林坚持环境优先，不断强化生态意识、发展生态经济、建设生态城市，努力把桂林建设成为国家生态文明建设示范区和国际生态城市最佳实践区，在生态文明建设上取得了较显著的成效。例如，丰富以"三山两洞"为中心、"两江四湖"为纽带的整体山水景观建设；加强园林绿地建设，优化漓江市区段及市区重点风景园林绿地空间形态；实施自然保护区生态移民和漓江风景名胜区核心保护区原住居民转移搬迁工程，推动生态脆弱地区农村、林区居民向城镇迁移；加快桂林会仙喀斯特国家湿地公园建设，加强森林资源培育工作，科学利用森林公园、湿地等森林旅游资源，实现生态、社会、经济效益统一协调发展。但是，桂林生态文明建设尚存在一定短板，主要表现在生态文明建设体系尚不完善、生态产业价值转化能力不足等方面。

（三）改进路径

将桂林打造成世界级旅游城市，是桂林经济社会发展的长远目标，必须在建设路径上坚持世界眼光、国际标准、中国风范、广西特色、桂林经典，力求在生态承载力、城市感染力、产业创新力、文化影响力、开放融合力等方面跻身世界级旅游城市第一方阵。通过与世界典型的旅游城市对比，结合桂林自身的发展现状和目标，本文提出如下改进路径。

1. 保留城市的原始形态

借鉴威尼斯的发展路径，结合"独特自然风貌+悠久人文历史"的发展模式，尽量避开如其他城市一样建设钢筋混凝土高楼大厦的做法，最大限度地保留城市发展的原始形态。

2.学习奥兰多的发展路径，推动城市经济转型升级，与旅游业互融共生

在旅游装备制造业、农业技术、生命科学、航空航天、新材料、新能源技术等领域加大人才引进和企业培育，将城市舒适性转化为源源不断的创新源泉。通过高新产业驱动、激活城市经济活力，实现与旅游业的互融共生。

3.借鉴多个世界旅游城市的宣传方法，进行独具特色的旅游营销，向世界传递鲜明旅游形象

桂林需确立全方位的对外宣传战略，树立桂林鲜明的"青山绿水、诗画家园、悠闲惬意、多元包容"的对外新形象，向世界传播好"桂林故事"；聚力打造桂林漓江、猫儿山、龙脊梯田、桂林丹霞·八角寨、全州天湖、会仙湿地、两江四湖·象山景区、琴潭千亩荷塘湿地公园等一批世界级山水旅游品牌。

参考文献

［1］中国旅游研究院（文化和旅游部数据中心）：《打造桂林世界级旅游城市目标体系》，2023。

［2］夏杰长、孙盼盼：《旅游产业安全评价指标体系建构研究》，《城市学刊》2022年第6期。

［3］尚越：《我国旅游公共服务质量评价指标体系构建与评估》，《热带农业工程》2021年第6期。

［4］朱磊、胡静、李燕楠：《国际旅游示范区评价指标体系的构建及应用》，《安庆师范大学学报》（社会科学版）2021年第5期。

［5］章杰宽：《桂林世界级旅游城市指标体系的构建与评价》，《旅游论坛》2021年第5期。

［6］唐业喜、左鑫、伍招妃等：《旅游经济高质量发展评价指标体系构建与实证——以湖南省为例》，《资源开发与市场》2021年第6期。

［7］马莉娟、张松婷、蔡鑫鹏：《城市旅游目的地综合评价指标体系构建及实证研究》，《山西能源学院学报》2020年第6期。

［8］谢爱良、陆相林：《旅游创新竞争力评价指标体系的构建与影响因素分析》，

《统计与决策》2020 年第 18 期。

［9］何彪、谢灯明、蔡江莹：《国际旅游消费中心竞争力评价指标体系的构建》，《南海学刊》2019 年第 3 期。

［10］黄亚芬、全华：《不同评价指标体系下的城市旅游竞争力评价研究——以环北部湾城市群为例》，《中南林业科技大学学报》（社会科学版）2019 年第 1 期。

B.16
世界级旅游城市发展经验
及其对桂林的启示*

摘　要： 　桂林是一座享誉世界的历史文化名城，是我国对外开放和文化交流的一张亮丽名片。在中国式现代化进程中桂林打造世界级旅游城市，需要坚持以世界眼光和国际标准，以旅游高质量发展服务国家战略，不断满足人民群众对于美好生活的向往。本文选取意大利威尼斯、法国巴黎、美国奥兰多、中国香港和海南三亚等国内外世界级旅游城市作为典型案例，借鉴世界级旅游城市发展的有益经验，对桂林建设世界级旅游城市提供借鉴和启示，即全面加强历史文化遗产保护传承、塑造城市国际品牌形象、创新城市旅游新业态和积极推动智慧旅游城市建设等。

关键词： 　世界级旅游城市　桂林　发展经验

一　前言

2021年4月，习近平总书记在视察广西时强调，持续推进桂林世界级旅游城市建设，要坚持以人民为中心的发展思想，不断提高人民群众的获得感、幸福感和安全感。近年来，桂林围绕"世界眼光、国际标准、中国风范、广西特色、桂林经典"的总体思路，持续深化改革创新，提高城市品

---

* 作者：孙琳，博士，广西师范大学历史文化与旅游学院副教授，硕士研究生导师，广西师范大学旅游研究所副所长，酒店实训与对外交流教研室主任，主要研究方向为民族旅游、乡村旅游和旅游可持续发展等。

质和旅游服务质量，推动桂林旅游业持续发展和提升。同时，桂林首批建设世界级旅游城市目标体系要借鉴世界级旅游城市发展的有益经验，坚持世界眼光和国际标准[1]。

新发展格局下的世界级旅游城市建设有新的科学内涵[2]，从"与国际接轨"和"保持中国特色"中寻找平衡点，以打造世界级旅游城市为宏伟蓝图，致力实现世界级旅游城市"一城一都一地一中心"的发展定位。打造山水之城、文化之都、康养圣地、消费中心，是桂林落实自治区战略，集聚全区文化旅游行业共同努力，支持建设世界级旅游目的地的必然要求[3]。本文通过国内外世界级旅游城市的典型案例，为桂林建设世界级旅游城市提供借鉴和启示。

二　世界级旅游城市典型案例概况

（一）意大利威尼斯

1. 城市简介

世界著名的水城威尼斯（Venice）位于亚得里亚海北部拉古纳湖中，是意大利北部威尼托大区的首府和著名的旅游与工业城市。威尼斯是一个百岛之城，一向被人们誉为海上之明珠，堪称世界上最浪漫的城市之一，也是世界上唯一没有汽车的城市。威尼斯由被近百条河流和水港分割并由桥梁相连的121个小岛组成。1987年，"威尼斯和潟湖"被联合国教科文组织列入《世界遗产名录》。威尼斯因其与水息息相关而具有独特的魅力，赢得"水城""水上都市""百岛城"等美誉。大水道，作为贯通威尼斯全城的最长街道，将城市分为两个部分。顺水道观光是游览威尼斯风景的不二之选。威尼斯这座浪漫的水城，在建筑、绘画、雕塑、歌剧等领域光彩照人，影响深远。城内古迹繁多，百余座教堂、钟楼、男女修道院和宫殿等历史建筑，如同一颗颗璀璨的明珠，镶嵌在这座城市的肌理之中，一步一景，让人流连忘返。

在节日文化方面，历史悠久的威尼斯狂欢节，是全球四大狂欢节之一，具有极高的知名度。与此同时，威尼斯电影节作为世界上最古老的电影节之一，被誉为"国际电影节之父"，以其严谨、专业的评选标准和广泛的影响力，成为全球电影界的一大盛事，其魅力不输好莱坞的奥斯卡金像奖。在电影节期间，各种文化艺术品、表演等在威尼斯各个区域展览演出。威尼斯还有全球知名的有着百年历史的双年展。双年展包括威尼斯电影节、艺术展、建筑展、舞蹈展、音乐展和戏剧展六个模块。

2. 旅游发展概况

文化艺术的繁盛和城市的浪漫氛围吸引了大量国际游客到访威尼斯。根据中国旅游研究院（文化和旅游部数据中心）估计，威尼斯的入境过夜游客接待量在全球城市中排在40位左右。作为全球成熟的国际旅游城市，威尼斯入境过夜游客的接待量每年均保持稳定增长。美国、英国、法国、德国、中国、西班牙、韩国、日本、澳大利亚和巴西是威尼斯前十大客源市场。国际游客重游率较高，超过一半的入境过夜游客为重复到访者。国际游客的满意度也较高，96%的入境过夜游客对威尼斯旅游感到满意或非常满意。

（二）法国巴黎

1. 城市简介

巴黎是法国的首都和最大城市，地处法国北部，塞纳河西岸，距河口（英吉利海峡）375公里，属温和的海洋性气候，夏无酷暑，冬无严寒。巴黎是欧洲公路、铁路交通的中心，也是法国的政治、经济、文化、商业中心，世界航空运输的中心之一，欧洲第二大城市。它有着悠久的历史文化，是印象派发源地，欧洲油画中心、欧洲文化中心、欧洲启蒙思想运动中心，是世界著名的时尚之都、历史名城、会议之都、创意重镇、美食乐园和举世闻名的文化旅游胜地，被誉为"浪漫之都"。这座城市有着众多的历史建筑和博物馆，如埃菲尔铁塔、卢浮宫、凯旋门、圣母院等，同时巴黎有大量的科学机构、研究院、图书馆、博物馆、电影院、剧院、音乐厅分布于全市的各个角落，也有许多的艺术家和作家，如莫奈、毕加索、雨果、巴尔扎克等。奥地利诗人里尔克曾说过"巴黎是一座无与伦比的城市"。

2. 旅游发展概况

自19世纪以来，巴黎一直是文化、艺术和时尚的中心，吸引了无数游客，旅游业是法国经济的重要来源。法国旅游局数据显示，2023年1月至4月，巴黎乃至整个巴黎大区接待游客约1160万人次，比2022年同期增长27.2%，与2019年同期相比减少2.5%。巴黎旅游业的产品多样化，包括文化遗产、美食、购物、娱乐等。其中卢浮宫、埃菲尔铁塔、圣母院等文化遗产是游客必去之地，每年吸引数百万游客前来参观。巴黎还是时尚之都，各种高端品牌、店铺林立，吸引了大量购物爱好者。巴黎是世界美食之都之一，这里有许多的餐厅和美食市场，如拉丁区的美食街、蒙马特区的小餐馆、塞纳河畔的餐厅等。这些餐厅和市场提供各种各样的法国美食，如法式奶酪、蜗牛、法式面包、红酒等。近年来，巴黎旅游业的结构不断优化，传统的文化旅游和购物旅游仍然为主导，但新兴的体育旅游、美食旅游、医疗旅游等也在不断发展。巴黎旅游业的国际化程度不断提高，越来越多的游客来自亚洲、中东、非洲等地区，这也为巴黎旅游业的发展带来新的机遇。

（三）美国奥兰多

1. 城市简介

奥兰多（Orlando）是美国佛罗里达州的中部城市，地处佛罗里达州和佐治亚州交界的北部约150英里，东部距大西洋海岸50英里，西部距墨西哥湾海岸75英里，南部距佛罗里达群岛370英里，依奥拿湖（Lake Eola）是城市的地标。奥兰多分为5个地域，分别为奥兰治县、奥西奥拉县、塞米诺尔县、奥兰多市和奥兰多MSA。奥兰多居民人口超过200万，大部分为白种人和黑种人，当地也有许多西班牙裔和少量的土著与印第安人。奥兰多有食品加工、电子部件、火箭发动机等工业，也是柑橘类水果大集散中心。奥兰多给人的感觉是"多彩、新奇、动感"。

2. 旅游发展概况

奥兰多拥有众多湖泊、温暖的气候、友善的居民及干净的街道，已经成为美国民众最佳旅游目的地之一，以其水上活动、徒步、野营、家庭游和度蜜月而闻名于世。

奥兰多是以主题公园为主导的休闲旅游城市。各具特色的众多主题公园是奥兰多旅游业发展的基础优势资源，其中最具国际知名度、规模最大的两个主题公园分别是1971年建成开业的沃尔特迪士尼世界度假村和1990年建成开业的环球影城度假村。沃尔特迪士尼世界度假村是世界上最大的迪士尼乐园，与洛杉矶迪士尼齐名。奥兰多拥有众多的有趣景点，如Lock Haven地区的奥兰多艺术博物馆、橙县历史博物馆、哈利花园以及两大电影制片商在奥兰多共同打造的787英亩主题公园，其中"哈利·波特的魔法世界"广受游客欢迎。同时，还有诸如环球影城、冒险岛乐园等适合各年龄层的旅游景点。奥兰多已经成为美国人心中最佳观光地之一。

（四）中国香港

1. 城市简介

中国香港（Hong Kong），全称中华人民共和国香港特别行政区，简称"港"（HK），位于中国南部的珠江口，与中国澳门隔海相望，北与深圳相邻，南临珠海市万山群岛。这片广袤的土地上有迷人的自然风光和丰富的文化底蕴，其不仅包括香港岛、九龙、新界等主要区域，还涵盖周围262个岛屿。作为亚洲著名的旅游胜地之一，香港是一个多元文化交融的城市，融合了中西方元素，使其成为东方与西方文化的交汇点，有"东方之珠""美食天堂"和"购物天堂"之称。香港是全球第三大金融中心，国际贸易、航运的重要枢纽，而且也是全球科技创新的领军者之一。作为一座繁荣昌盛的自由港和享誉世界的大都市，香港以它的自由经济和强大竞争力闻名于世，被GaWC评为世界一线城市第三位，与纽约、伦敦齐名，被誉为"纽伦港"。

2. 旅游发展概况

旅游业是香港经济的重要支柱之一。香港拥有丰富多样的文化遗产和美食、购物、娱乐活动，有许多著名的旅游景点，包括维多利亚港、天星小轮、太平山、香港迪士尼乐园、香港海洋公园等。此外，作为著名的购物天堂，香港拥有许多豪华购物中心、街市和零售区，从时装、珠宝首饰到电子产品等各类商品，游客都能在香港找到自己喜欢的商品。香港以其丰富多样的美食文化而闻名，从粤菜、海鲜到街头小吃，游客可以品尝到各种风味独特的美食。

根据最新数据（香港旅业网），2022 年 6 月至 2023 年 6 月，访港人数增长率达 6585.4%。香港旅游发展局（旅游局）于 2023 年 8 月 11 日公布，截止到 2023 年 7 月初，访港旅客数字人数约为 360 万，按月上升 31%；日均旅客量为 11.6 万人次。据计算，2023 年前 7 个月共有近 1650 万人次旅客访港。旅发局携手全城商户，发放"香港有礼"游客优惠券，其中包括总价值超过 2000 万港元的机场快线车票、游客全日通以及高铁车票等优惠，为访港游客提供实实在在的消费福利。同时，适用商铺数目也将逐步增加至约 3000 家，为游客提供了更多购物和餐饮的优质选择。

继续为来自海内外的旅客送上心意。为更多吸引旅客，每年由优质旅游服务协会（"QTSA"）举办的"翘楚汇"经验分享会，会邀请具有代表性的商界翘楚，分享他们在零售及餐饮业务上应用到 ChatGPT 及 AI 的宝贵经验和策略。活动为会员提供了一个分享优质服务与业务管理心得的交流平台。为宣扬香港的优质旅游形象，由香港旅游发展局推出的"优质旅游服务"计划，规定获得认证的商号必须通过每年严谨的评审。先导计划旨在向具备香港本地特色或独特魅力的艺术、文化、节庆、餐饮或体育活动，提供营运活动和市场推广及宣传的资助，以发展多元化旅游活动，吸引本地及海外传媒报道，增加访港旅客人数，并丰富旅客的旅游体验。

（五）中国海南三亚

1. 城市简介

三亚市别称鹿城，又被称为"东方夏威夷"。它位于海南岛最南端，是中国最南部的热带滨海旅游城市，拥有全海南岛最美丽的海滨风光，获得多项世界之最，是全国空气质量最好的城市之一，也是全国最长寿的地区之一。其拥有金色丝带般的亚龙湾；绿意盎然、碧波荡漾的鹿回头公园；庄严肃穆的南山文化旅游区；碧海蓝天、椰林树影的大东海风景区等著名景点。

三亚海域终年温暖，风平浪静，适合进行帆板、游泳、滑水等水上运动。此外，因其具有保护良好的海底珊瑚地貌，被称为"南中国海最纯净的乐土"。

2. 旅游发展概况

在过去的几年里，三亚市坚定地以建设国际性热带滨海旅游城市为目标，积极推动以旅游为龙头的产业发展战略，不断完善旅游产业体系，致力于打造一个更加繁荣、更具活力的旅游胜地。通过不断加强旅游设施建设和提升服务质量，三亚吸引了越来越多的国内外游客前来观光旅游，享受阳光、沙滩和海浪的魅力。

疫情过后，三亚旅游接待规模不断扩大，接待旅游过夜人数、旅游收入均保持较快增长。2023 年 1 月，海口机场进港旅客为 27.50 万人次，环比上升 14.33%，为 2019 年同期水平的 91.20%；三亚机场进港旅客为 26.35 万人次，环比上升 11.14%，为 2019 年同期水平的 97.30%；同年 6 月，三亚机场旅客量恢复至 117%。

以旅游业为主的第三产业对三亚经济发展贡献较高。根据官方数据统计，2023 年第一季度，三亚旅游总收入达 281.9 亿元，同比增长 44.1%。截至 2023 年 7 月，三亚接待过夜游客全年累计约 1533 万人次，与上年同期对比增长 53.7%，旅游总收入达 546.33 亿元，增长 63.47%。从三亚市旅游发展局获悉，三亚、五指山、陵水、乐东等三亚经济圈市县旅游文化部门携涉旅协会及企业，于 2023 年 8 月 17 日至 20 日在西安开展旅游推介活动，重点推出"山海互联，共享美好"三亚、西安旅游景区双城联动产品，为两地市民游客提供丰富的特惠旅游产品和服务，"牵手"西安共谋旅游发展"双城记"。

三 世界级旅游城市的基本经验

（一）重视保护文物古迹，深挖人文艺术等软资源

大量的历史文物古迹为意大利威尼斯、法国巴黎、美国奥兰多、中国香

港、中国海南三亚这5座城市独特的自然风貌注入文化底蕴和艺术灵魂。它们强调城市的历史文化价值和现代化发展，注重城市规划建设，"独特自然风貌+悠久人文历史"的旅游发展模式为桂林世界级旅游城市建设提供了借鉴。

以威尼斯为例，悠久的历史文化底蕴、独特而浓厚的生活气息塑造了威尼斯的气质。古迹、教堂、雕塑是威尼斯历史文化特色的象征。建筑和景观是生活的承载体，与生活共存。餐馆、咖啡馆、小摊位和小店铺穿插于住宅之间，浓厚的市民文化为营造城市生活气息奠定了基础。

（二）独具特色的旅游营销，向世界传递鲜明的旅游形象

在威尼斯中心城区的街巷中，多数街巷都与拱桥相连接，形成四通八达的交通网络。在这个区域里，运河交错，水域面积广阔，许多小路直接通往水岸和码头，为游客提供了便捷的交通和独特的游览体验。为此，威尼斯采用最简洁、最醒目易懂的公共标识，形成具有威尼斯城市特色的旅游城市标识指示系统，为游客提供了更加便捷的旅游体验，使得旅游城市的整体形象更加优美和宜居。除利用各种现代传播手段，如国际互联网、电视、广播、报纸、杂志等对外推销自己，威尼斯还擅于利用节庆活动吸引国际社会的关注，如宣传威尼斯电影节、威尼斯狂欢节、威尼斯赛船节等，同时，还利用形象设计对外进行国际营销，比如以首尾尖翘的狭长木船"贡多拉"为代表的威尼斯形象，就起到了较好的营销效果。

中国香港旅游市场结构多元化，品牌服务占比突出。通过对比中国香港旅游属性和核心服务模式，可以看出，创新型香港旅游、创投型香港旅游、媒体型香港旅游和服务型香港旅游是香港旅游的立根之本，其从传统的模式转换到互联网融合模式，从供给到售后全环节融合提供品牌、设计、系统、供应链等多方位支持。2023年，随着香港进一步放宽社交距离措施，香港旅游发展局将分阶段举办更多世界级大型活动，包括"香港美酒佳肴巡礼""一程多站"式旅游及"香港缤纷冬日巡礼"，同时也会支持一些瞩目盛事，包括香港国际七人橄榄球赛等国际大型活动、商务会议展览。

（三）推动城市经济转型升级，与旅游业互融共生

奥兰多虽然拥有众多湖泊，但并不是港口城市，不具备港口城市在地理位置上的开放性优势，这与威尼斯等众多知名旅游城市有明显差异，而与位于内陆地区的桂林类似。其国际化进程受地理位置的限制慢于港口城市。但内陆城市奥兰多在缺乏如威尼斯水城风貌、桂林山水等优势资源的情况下，已然成功利用气候优势和良好的休闲基础设施，营造出无与伦比的度假氛围，以主题公园为重点和突破口，走出一条适合自身的旅游发展道路。

从城市综合发展层面看，奥兰多在发展之初，以农业为产业支撑，随后在迪士尼乐园等主题公园的带动下，逐步发展成为世界知名的旅游休闲城市。不仅如此，奥兰多还依靠数字媒体，农业技术，航空、航天和软件设计等高新技术行业成为佛罗里达州的"硅谷"。与旅游业的发展相得益彰的高新技术产业的发展带动了城市经济的转型升级，为旅游基础设施建设与更新提供了强劲的经济动能，并不断激活、扩大当地的旅游休闲市场。

作为世界文化名城，巴黎注重城市规划建设，强调城市的历史文化价值和现代化发展。巴黎拥有世界上最发达的地铁系统，游客可以方便地乘坐地铁到达各个景点，同时，注重公共服务设施的建设和环境保护，为旅游业的发展提供了良好的基础。从世界旅游城市发展实际情况来看，巴黎之所以能够每年吸引大量的入境游客，很大程度上归因于其拥有代表现代生活品质的商业环境。打造宜居、宜业、宜乐、宜游的良好商业环境，在世界城市旅游发展体系和全球旅游竞争格局中发挥着日益凸显的功能与作用。

（四）构建旅游+产业融合模式，创新旅游新业态产品

三亚市以海南自贸区和国际旅游消费中心引领区为核心，倾力打造一座业态丰富、品牌汇聚、环境宜人且独具特色的世界级海滨旅游城市。三亚不仅有绝美的海滨风光，更有无尽的文化底蕴和科技魅力，为推动海南自由贸易试验区和中国特色自由贸易港建设注入新的活力。

三亚市以消费升级和优质旅游发展为引擎，创新性地构建了"1+3+3"全域旅游综合治理新模式，健全完善了全域旅游市场治理管理机制。该机制结合线上线下优势，为游客提供了优质的智慧旅游服务和消费诚信保障。此外，为进一步推动旅游业的发展，三亚市积极借鉴欧美旅游发达国家行业协会管理经验，构建与国际通行规则相衔接的旅游治理新格局，并创建"1+16+1"综合性旅游行业协会管理机制。这一机制将各个涉旅企业团结在一起，通过制定行业标准和规范，实现对旅游市场的共同治理，也为涉旅企业提供了更加公平和规范的竞争环境和发展机会。同时，三亚建立了11个三亚旅游海外推广中心，开展"一站式整合营销活动"，与英国托马斯库克集团、德国途易集团、韩国哈拿多乐旅游集团、中旅总社等国际旅游集团交流合作，创新国际旅游营销体系。三亚创新旅游业态产品开发机制，积极推动房地产、商贸、医疗、商务、文化、农业、海洋等产业与旅游融合发展。充分培育全域旅游新业态，针对不同客源市场，以"深玩大三亚，旅游更精彩"为主题，组织旅行商创新旅游线路。此外，三亚市借助人工智能等先进手段创新文化和旅游融合方式。建设4个层级的全域旅游散客中心和服务体系，从多语种翻译服务、多语种信息化系统、服务网点建设和标识标牌体系建设等方面推进语言无障碍国际化城市建设。

四 世界级旅游城市发展对桂林的启示

（一）全面加强历史文化遗产保护传承

1. 开展文化资源普查和价值挖掘

加强桂林文物资源、非物质文化遗产资源普查成果梳理认定和保存利用，强化历史文化遗产保护管理监测，维护历史文化遗产的真实性、完整性、延续性。健全文物资源管理机制，进一步加强长征革命文物资源调查管理，全面提升桂林历史文化遗产资源数字化管理水平。加强桂林历史文化遗产资源系统研究，多层次、全方位、持续性挖掘其历史故事、文化价值和精神内涵，推进遗产价值的研究阐释，充分体现桂林山水的美学价值。依托历史文化街区建设特色文化展示区，有效利用历史建筑、文物建筑等建设文化邻里中心，利用城市绿道构建历史文化展示网络。

2. 提高历史文化遗产保护传承水平

加大文化遗产和文物保护力度，积极推进历史文化遗产创造性转化和创新性发展，充分发挥文物的公共服务和社会教育功能，采用多种形式活化文物资源，展现文物价值，发挥非物质文化遗产的社会功能和当代价值。传承和发展民族优秀传统手工艺和民族节庆文化，实施革命文物保护传承工程，推进红色文化保护利用，充分利用好八路军驻桂林办事处旧址、桂林抗战文化城等抗战文化资源，推进长征国家文化公园建设，突出宣传好中国共产党的中流砥柱作用。加强桂林抗战遗址遗存等文物和纪念设施保护修缮，打造以"文化抗战"为主题特色的爱国主义教育基地。坚持以用促保，让历史文化和现代生活融为一体，科学推进历史文化遗产活化利用。

3. 统筹好历史文化遗产保护与城乡建设

构建市域文物古迹、历史城区、环境协调区、历史文化街区、漓江文化聚落五个层次的城乡历史文化保护传承体系。加强历史建筑测绘建档、保护修缮管理，禁止大拆大建、拆真建假、以假乱真。注重挖掘传统文化，彰显文化自信，形成可视可触可感的生活环境与街区氛围，采用微改造方式增加历史文化街区和历史地段的公共开放空间，完善城市功能，提升城市活力，推动桂林历史文化遗产保护利用融入城乡建设。在城乡建设中保护桂林历史文化名城、名镇、名村的历史风貌、传统格局及其自然景观和人文环境，在城乡建设中树立和突出中华文化符号和中华民族形象，推动景观、文化、环境"三位一体"动态保护、系统保护，传承和弘扬中华优秀传统文化。

（二）塑造城市国际品牌形象

城市形象是各种媒体通过进行有计划、可持续的整合传播，在公众心目中形成的一种综合印象和评价[4]。城市国际品牌形象的凝聚力和辐射力更是桂林打造世界级旅游城市的重要体现。以世界标准进行桂林世界级旅游城市品牌策划，如时尚浪漫的巴黎、宁静休闲的威尼斯、古老绅士的奥兰多、车水马龙的香港、热带风情的三亚，最终目的都是以城市品牌引导游客前往目的地，将游客良好的主观印象转化为真实的客观行动。利用具有国际影响力的境外媒体宣传桂林城市品牌，全方位开展新媒体新技术营销，有利于将桂林建设成为世界文明交流互鉴的重要窗口。

1. 创建文旅品牌，提升文旅品质

以桂林喀斯特世界自然遗产地、环江喀斯特世界自然遗产地为核心，开发山水旅游产品，建设世界级山水旅游名城，努力擦亮"桂林山水甲天下"这块亮丽名片，以更加饱满的热情向世界展示桂林山水的壮美与恢宏。建设世界级文化旅游之都，深入挖掘活化长征文化、抗战文化等红色资源的历史文化底蕴，促进优秀的红色文化传承与发展。

以世界灌溉工程遗产兴安灵渠、全球重要农业文化遗产龙胜龙脊梯田等为核心，精心打造民族村寨游览、风情体验、文化演艺、节庆节事、美食购物等独具特色的旅游产品。探索"桂林山水"的神奇魅力、感受"浪漫北部湾"的醉人风情、领略"壮美边关"的雄伟风光、体验"长寿广西"的养生福地、品味"壮族三月三"的民俗风情、沉浸于"刘三姐文化"的艺术海洋，塑造文化旅游品牌形象并扩大其影响力，感受"秀甲天下壮美广西"的无限风光。

首先，依托桂林厚重的历史人文、独特的民族风情和文化遗产资源，将经典文化故事融入节庆、演艺、会展等主题旅游活动，彰显桂林文化的传承性与时代性。开发云旅游、旅游演艺等新业态，提升《印象·刘三姐》《桂林千古情》《破阵曲》《漓水印画》等文化演艺精品，打造"桂林有戏""桂林有缘"等特色文化IP。将影视拍摄、动漫游戏、时尚购物与旅游相结合，开发以桂林山水文化、历史文化为题材的系列动漫作品和动漫形象，打响桂林"山水创意"品牌。其次，遵循国际最高标准和最优水平，致力构建以游客为中心的旅游服务质量评估体系，推动旅游服务的标准化建设，积极引入国际高端旅游质量认证管理，培育一批优质服务企业，打造具有国际影响力和竞争力的旅游服务品牌。同时，将桂菜文化发扬光大，打造一批桂菜旗舰店和特色小吃品牌店，推出经典桂菜、名饮品、名小吃，塑造"广西美味"品牌形象，让游客在品尝美食的同时感受广西独特的文化魅力。引进和培育国际品牌酒店，推动建设高端度假酒店集群，打造"山水主题酒店"、星级农家乐、旅游民宿标杆示范地、星级乡村旅游区、绿色饭店、生态旅游示范区、精品民宿等旅游品牌，为游客提供多样化的住宿选择和更加丰富的旅游体验。创意研发旅游商品，打造"广西有礼"品牌，开发一批高端化旅游产品，满足游客的购物需求。将传统文化和手工艺融入旅游商品的开发中，传承和弘扬广西地区的文化遗产，将传统文化、手工艺与现代旅游产品开发有机结合，提供专业化、定制化、个性化的服务，促进当地经济的发展和文化传承。同时，设立市内免税店，引进国内外知名消费品牌，进一步促进消费增长和吸引更多游客。

2. 加强国际旅游品牌推广

全方位开展新媒体新技术营销，利用境外媒体的国际影响力，宣传桂林城市品牌。继续与中国驻外旅游办事处、"脸书"、英国 BBC 广播公司、美国 CNN 有线电视台、孤独星球、德国汉堡中国之旅等合作开展桂林旅游形象宣传。进一步深化与境外主流媒体、海外华文媒体以及相关机构的合作，积极利用网络媒体、新兴媒体、影视作品等多元化的传播载体，开展精准营销活动。在腾讯、携程、飞猪、同程等线上平台和通过央视新闻联播等向全国人民推介桂林。

借助境外大型国际展会、节庆赛事、国际性会议、博览会、艺术节、影视节、体育赛事、世界绿色发展论坛等平台向境内外媒体发布近年来桂林国际旅游胜地建设情况，宣传桂林旅游城市形象，讲好中国故事、桂林故事，将桂林建设成世界文明交流互鉴的重要窗口。参加印度尼西亚、德国、马来西亚、中国香港等国家和地区举办的国际旅游展会，在南京、肇庆、深圳、乐山等地举办专场推介会，打响"壮族三月三·相约游广西""冬游广西"等旅游品牌。扩大中国—东盟博览会旅游展、桂林马拉松赛等国际赛事、桂林国际山水文化旅游节、环广西公路自行车世界巡回赛（桂林站）等品牌知名度。

此外，设立桂林世界级旅游城市营销中心，在重点客源国大型城市开设旅游体验店，拓展与客源国旅行社、海外中间运营商的合作渠道。深化与华南五市旅游联盟和粤桂黔高铁经济带旅游联盟各城市的合作，共同打造独具吸引力的旅游线路。完善多语种桂林旅游官网建设，通过开设多国语言旅游专属网页，打造桂林世界级旅游城市品牌形象。

（三）创新城市旅游新业态

发挥桂林旅游市场优势，孵化传承具有中华文化基因的桂林特色文化旅游新业态，推动"旅游+""+旅游"发展，擦亮世界级"桂林山水"旅游名片，促进旅游与桂林工业、农业、交通、体育、卫生健康、中医药等领域相融相通、协同发展，延伸产业链、实现新价值、催生新业态，推动旅游与多产业融合发展，拓展城市旅游发展空间和产业链条。

1. 推动旅游和农业深度融合发展

创新发展"旅游+农业"产业融合模式，积极创建桂林国家农村产业融合发展园区，打造一批休闲农业重点县、精品园区、乡村旅游重点村镇和乡村休闲旅游精品景点线路。致力于创建全国乡村旅游集聚区，以焕发乡村旅游业的生机与活力，让更多人领略到乡村的独特魅力。推动农业向乡村旅游延伸，加强绿色、有机和地理标志农产品认证和管理，发展农产品加工业，依托粮食、米粉、水果、中药材、畜禽、特色农产品等农产品加工产业链，加快发展生态旅游休闲商品和新型保健食品，推出一批桂林特色伴手礼，重点打造"一碗粉（桂林米粉）、一朵花（桂花食品）、一个果（罗汉果）、两瓶酒（桂林三花酒、漓泉啤酒）"品牌，提升桂林特色农产品的知名度。

2. 推动旅游和工业深度融合发展

创新工业旅游业态，建设完善园区科技馆、展示馆、产品体验馆等设施，推动虚拟现实，增强现实等技术赋能工业旅游，强化游客参与度，提升游客对企业生产过程和产品制作过程的了解与体验，促进工业旅游从观光向深度体验游发展。推动华为科技产业园、桂林智神、桂林溢达、永福罗汉果小镇、荔浦衣架小镇、桂花公社、桂林米粉产业园、燕京啤酒堡城市综合体、桂林三花、湘山酒厂等工业旅游重点项目建设，打造一批国内知名的工业旅游目的地。发展壮大文化旅游装备制造业，重点培育房车、舞台装备、户外运动设备、游戏游艺设备、现代舞台装备等产业。

3. 推进水利和旅游深度融合发展

创新发展"水利+旅游"产业融合模式，依托水系连通、河湖生态保护与修复等工程，建设绿色生态廊道和河湖文化风光带，新建一批高质量水利风景区，推动灵渠等水利风景区提质增效。加强水利遗产保护与利用，合理利用已有建筑、既有设施和闲置场所，开展文化、科普、教育等活动，提升水利设施旅游功能。

4. 推进体育和旅游深度融合发展

提升阳朔低空飞行、滑翔伞飞行、低空索道索桥观光等旅游产品品牌知名度，提升一批体育旅游精品线路水平，如漓江东岸百里休闲健身步道、西岸桂阳公路旅游休闲带等，打造千家洞、猫儿山、全州天湖等山地户外运动营地，加快建设攀岩国家队训练基地等体育示范基地，建设阳朔县国际户外运动胜地。进一步完善自驾车旅游产品供给和公共服务体系，加快建立更为便利的自驾游租车体系，推动房车旅游、露营地旅游发展，完善汽车露营地设施和配套服务。鼓励发展自行车、徒步、垂钓等大众化体育旅游项目和体育赛事旅游，实现精品体育赛事与游客体验有机结合；推动发展健康旅游，促进旅游业发展与全民健康的有机结合，优化旅游产品供给，满足慢性病康复理疗、老年人长寿养生、青年人运动活力等不同需求。

5. 推进旅游与优势服务业融合发展

携手旅游景区、文博单位、企业、科研机构等，共建文创设计产业孵化器，共同研发独具特色的文化创意产品。承办世界知名的国际电影节、艺术节、音乐节、动漫节等，吸引全球顶级旅游会展、新品发布会、会议、论坛等落户桂林。桂林依山傍水，生态环境优美，拥有丰富的康养、医护等资源，应优化医疗康养设施布局，争创国家中医药健康旅游示范区和示范基地。同时，加快引进国内外知名医美机构，完善生物医药、医美抗衰服务、医疗器械等全产业链，打造独具特色的桂林国际医美中心，深入实施"引金入桂"工程。

6. 推进绿色低碳旅游业态发展

适应疫情防控转段国际游客旅游出行方面低密度、分散化趋势，推进绿色低碳旅游业态发展。旅游城市应积极推动旅游度假业态的绿色转型，大力推动山地、海滨、草原等度假业态发展，鼓励和支持各类度假酒店创新发展，丰富业态。

（四）积极推动智慧旅游城市建设

智慧旅游是一种以游客需求为中心的全新旅游运行方式[5]。这种旅游方式的核心是信息技术与旅游产业的深度融合，它让旅游变得更加便捷、高效、舒适和智能化。发展智慧旅游，可以更好地满足游客的需求，提高旅游服务的质量和效率，同时也可以更好地管理和规划旅游资源，实现旅游产业的可持续发展。譬如香港旅游发展每年实施的"优质旅游服务"计划，推出认可优质商户名单，可让旅客轻易识别值得信赖的零售商户、餐馆等服务，值得借鉴。

1. 强化智慧旅游平台建设

完善城市数字化管理平台和智能感知系统，健全城市运行管理"一网统管"体制机制，深化政务服务"一网通办"，建立居民服务"一卡通"，推进社保、民政、市场监管、税务、证照证明等服务智慧化应用和政务服务标准化、规范化、便利化。

构建文化和旅游元宇宙及虚拟旅游体系，建立和完善智慧旅游"云服务"平台，构建以桂林市为代表的"一键游广西"文化旅游高科技生态平台。加快提高"一键游桂林"旅游综合服务平台、智慧旅游公共服务体系、综合监管平台和旅游大数据中心的实际应用水平。利用"一键游广西"、"一键游桂林"平台和"一云一池三平台"，为游客提供便捷的线上线下一站式服务，推动桂林市智慧旅游服务体系升级发展，服务打造桂林世界级旅游城市。《看·桂林》视频资讯平台正式上线，"一键游桂林"项目建设初见成效，并成为全区推广"一部手机游广西"的典范。其中，旅游综合监管平台已达到"6通"(即"通旅行社""通导游""通景区""通酒店""通购物企业""通旅游车辆"),实现了旅游管理、服务、营销智慧化。

2. 推动技术赋能文旅融合

在文化和旅游场景广泛应用人工智能(AI)、虚拟现实技术(VR)、第五代移动通信技术(5G)、超高清视频等新技术,推动虚拟现实、人工智能、大数据、区块链等新技术与文旅产业深度融合,在商业网点建设数字展馆、虚拟景区等数字文旅体验设施和景区景点、文化文物单位、园区街区等开发沉浸式体验项目,打造城市智能交通导引、数字博物馆/艺术馆、数字桂林等数字化产品,不断丰富技术在世界旅游城市的应用场景,创造更具科技感、沉浸感和互动性的文旅体验。

发展更多参与式、体验式消费模式和业态,扩大数字景区、线上演艺等文旅信息场景应用。构建桂林数字景区、数字酒店、数字文化场馆、桂林山水、民俗文旅新场景,创造极致体验新空间,发展5G文化旅游场景化。推动VR/AR、全息投影、光影艺术、智能机器人等智能服务和娱乐装备技术在旅游领域的应用。引入数字虚拟再现技术,丰富桂林博物馆、文化馆、图书馆、体育馆等文体场所的旅游功能。利用非物质文化遗产保护App等在线平台,创新非遗展示途径,推动适用技术在桂林文化产业与旅游产业融合发展中的应用。吸引网络音乐、网络动漫、网络表演、网络视听等领域的领军互联网企业在桂林落户,培育数字出版、知识服务等新模式、新业态,研发智能化舞台演艺设备,推动文艺院团、演出场所上线上云,提升剧场数字化。

3. 构建高效协同的旅游信息基础设施

建设北斗导航定位、实景三维桂林等时空信息基础设施,构建"城市大脑"等数字化,打造"数字孪生城市",形成城市数字资源体系。鼓励民营资本开通景区直通车,加快旅游新能源汽车的推广,扩大旅游咨询服务网络,推广"国际语言无障碍系统"。

推进国家AAAA级(含)以上旅游景区和自治区级(含)以上旅游度假区旅游集散与咨询中心、旅游停车场、旅游专用道路及景区内部引导标识系统等旅游公共服务设施数字化改造升级。国家 AAA 级（含）以上旅游景区及重点区域，发展智能导游、导航、导览、导购等服务，加快智慧旅游城市、景区、乡村建设，推动城市涉旅大数据整合共享，完善城市旅游智能化管理与服务功能。丰富智能化场景应用，发展智慧门店、自助终端、智能机器人等无接触零售，积极推动无人化、非接触式基础设施普及与应用。在实体消费场所建设数字化消费新场景，鼓励企业发展数字生活新服务，为游客和城市居民提供高效能、智慧型、人性化的城市服务。

统筹建设智慧交通、智慧城市与智慧旅游，强化旅游与公安、交通运输、市场监管、统计等部门数据采集设施共建共享、数据资源共享共用。全面实施重点涉旅场所旅游信息互动终端和旅游信息发布系统建设，提升旅游信息自助服务便捷度。利用区块链、物联网、人工智能、虚拟现实、增强现实等先进技术改造和优化旅游企业管理、运营和服务流程，提高世界旅游城市公共服务和公共管理能力，提升城市体验、服务、管理和营销水平。

参考文献

［1］丁萍：《打造桂林世界级旅游城市研究》，《桂海论丛》2022 年第 5 期。

［2］陈嘉仁、吴忠军、王诗意：《桂林市世界级旅游城市建设影响因素研究》，《湖北经济学院学报》2023 年第 1 期。

［3］王欣、周琳、陈姝敏等：《比较视角下我国建设世界级旅游休闲城市的思考》，《开发研究》2023 年第 1 期。

［4］杨清波、周燕飞：《城市品牌构建及传播研究——以重庆媒体"逐梦他乡重庆人"人物故事寻访为例》，《传媒》2018 年第 1 期。

［5］柯小霞、辛晖：《智慧城市背景下的智慧旅游建设现状及对策——以江西省为例》，《才智》2016 年第 29 期。

B.17

桂林世界级旅游资源发展潜力评价[*]

摘　要：　世界级旅游资源是打造世界级旅游城市的基础。在深挖桂林"世界级"旅游资源基础上，盘活用好桂林高品位、具有世界遗产价值的旅游资源，做好资源的创造性转化与创新性发展。梳理挖掘桂林世界级旅游资源，构建世界级旅游资源创新性发展潜力评价体系，并在此基础上提出桂林世界级旅游资源潜力提升的对策建议。

关键词：　创新性发展　潜力评价　世界级旅游资源　桂林

旅游的生产活动与生产要素的投入是分不开的，但是，旅游生产要素又有别于其他的生产要素，它是旅游经济发展的最主要的内在因素，它的资源禀赋和可持续发展的能力，直接影响到它的发展潜力与方向。随着体验经济时代的来临，文化与旅游业不断融合，游客需求的多元化变化，旅游要素的多样化发展，导致旅游资源的天然优势被弱化，旅游资源禀赋与旅游经济发展呈现出不协调的局面。

根据文化和旅游部于 2021 年 4 月印发的《"十四五"文化和旅游发展规划》，"优化文化和旅游发展布局"是"十四五"期间的重要任务；完善文化和旅游发展空间布局，需要"构建体现各地文化和旅游资源禀赋、适应高质量发展要求的文化和旅游空间布局"。打造桂林世界级旅游城市，是

---

* 作者：张燕，博士，广西师范大学历史文化与旅游学院旅游与酒店管理系主任，副教授，硕士研究生导师，广西师范大学 MTA 中心主任，中国旅游研究院访问学者，研究方向为文旅融合、旅游经济模拟；万春花，广西师范大学历史文化与旅游学院硕士研究生。

习近平总书记赋予广西的一项重大政治任务。自治区党委、自治区人民政府高度重视，提出"世界眼光、国际标准、中国风范、广西特色、桂林经典"总体要求和"一城一都一地一中心"四大定位。桂林拥有得天独厚的漓江山水生态景观资源和世界上最典型的喀斯特地貌，享有"山水甲天下"的美誉。但是桂林的人文景观资源保存成果在生态、生产、经济、社会、文化等多方面的价值还没有得到很好的体现，资源优势尚未很好地转变成经济发展优势，保护和发展的内在驱动力还没有形成，这使得文化景观资源的保护和可持续利用依然面临着很大的压力。

一　桂林世界级旅游资源概况

（一）桂林交通区位资源

桂林位于广西壮族自治区东北部，处于泛珠三角、西南、东盟三大经济圈的接合部，东临粤港澳大湾区，西连成渝城市群，北接长江经济带，南濒北部湾，是全国性综合交通枢纽城市，也是西部陆海新通道重要的节点城市，我国与东盟连接的重要枢纽之一。近年来，全市加快推进区域性国际旅游综合交通枢纽和商贸服务型国家物流枢纽承载城市建设，综合枢纽地位基本确立，在全国交通网络中的枢纽节点作用逐步巩固。

（二）生态气候资源

桂林是国际级生态示范区，唐代诗人杜甫以"五岭皆炎热，宜人独桂林"赞誉桂林的气候，可见其气候条件十分优越。桂林地处低纬，属亚热带季风气候，气候温和，雨量充沛，无霜期长，光照充足，热量丰富，夏长冬短，四季分明且雨热基本同季，年平均气温接近19.4℃，一年适游时间近10个月。桂林始终坚持"保护山水城，建设园林城，发展生态城"的发展战略，环保成效显著。通过开展"绿满八桂"造林绿化工程，桂林的全市森林覆盖率高达70.92%。桂林城市环境质量在全国46个重点城市综合考评中连续六年名列第一。桂林市环境空气质量优良率84.4%。桂林市已建立12个自然保护区，总面积42.7万公顷，占全市国土面积的15.36%，其中国家级自然保护区3处，自治区级自然保护区9处。已建森林公园7个，其中国家级3个，自治区级3个，市（县）级1个；获得"国家环境保护模范城市""国际卫生城市""国家园林城市""国内最佳旅游目的地""中国人居环境奖"等荣誉称号。

（三）文化旅游资源

桂林自古享有"桂林山水甲天下"的美誉，其独特的山水景观是桂林旅游资源核心代表，是桂林旅游发展的核心竞争力和吸引力。"桂林山水"的品牌优势，不仅承载着桂林旅游产业的前世今生，也将是未来桂林旅游产业发展的重要支撑与根基。除了闻名中外的漓江，桂林各区县还有一批世界级的旅游资源，比如：灵渠有着"世界古代水利建筑明珠"的美誉，灵渠陡门被世界大坝委员会誉为"世界船闸之父"，入选世界灌溉工程遗产；资源八角寨被誉为"丹霞之魂、国家瑰宝"，其丹霞地貌发育丰富程度及品位世界罕见；龙胜被称为"世界梯田的原乡"，包括龙胜龙脊梯田在内的"中国南方稻作梯田"获得全球重要农业文化遗产的正式授牌。长征国家文化公园（广西段）依托沿线长征文化遗产、旅游资源、民族文化等高品级文化资源而建成。这些文旅资源（景区）的高质量提升是聚力桂林打造世界级旅游城市的重要阵地。

（四）文化旅游产品

桂林市旅游产品类型较多，以山水观光类旅游产品为主，目前正逐步向都市休闲、农业休闲、康体养生、户外运动等体验型旅游产品延伸（见表1、表2）。从产业升级、消费升级、科技赋能、配套设施等多方面发力，丰富旅游资源（景区）体验内容和消费场景，打造景观有价值、文化有底蕴、景区有思想的世界级旅游资源体系。

表 1　桂林文化旅游品牌

文化旅游品牌	具体情况
5A 级景区	桂林漓江景区、桂林独秀峰·王城景区、桂林两江四湖·象山景区、桂林乐满地休闲世界
4A 级景区	七星景区、芦笛景区、桂林世外桃源旅游区、桂林冠岩景区、桂林银子岩旅游度假区、桂林古东瀑布景区、兴安灵渠景区、桂林丰鱼岩旅游度假区、桂林龙胜温泉旅游度假区、桂林穿山景区、桂林尧山景区、荔浦荔江湾景区、桂林义江缘景区、桂林叠彩伏波景区、阳朔图腾古道-聚龙潭景区、金钟山景区、南溪山景区、龙脊梯田景区、桂林市雁山园景区、阳朔蝴蝶泉景区、西山景区、三千漓中国山水人文度假区、千家峒文旅度假区、桂林旅苑景区、猫儿山景区、阳朔西街、红溪景区、资江·天门山景区、八角寨景区、资江灯谷景区、恭城三庙两馆景区、恭城红岩村景区、桂林在水一汸景区、桂林新区环城水系景区、红军长征湘江战役纪念园景区、红军长征突破湘江烈士纪念碑园景区、湘江战役新圩阻击战酒海井红军纪念园、灵川县大圩古镇景区、灵川县漓水人家景区、大碧头国际旅游度假区景区、全州县湘山·湘源历史文化旅游区
世界遗产地	漓江及两岸峰丛洼地、葡萄峰林平原、桂林喀斯特
国家级旅游度假区	阳朔遇龙河
自治区级旅游度假区	桂林桃花湾旅游度假区、大碧头国际旅游度假区、猫儿山旅游度假区
自治区级文化产业示范基地	桂林湘山酿酒生态园、东漓古村文化产业基地、独秀书房、东方时代网络传媒股份有限公司、桂林两江四湖旅游有限责任公司、桂林市大银工坊文化传播有限公司、阳朔县千漓缘旅游文化有限公司
自治区级文化产业示范园区	桂林国际文化创意产业园、桂林智慧谷文创产业园、桂林东西巷历史文化街区产业园、桂林象山文化产业园
国家中医药健康旅游示范基地	广西信和信桂林国际智慧产业园
全国红色旅游经典景区	八路军驻桂林办事处旧址、兴安县界首镇红军长征突破湘江烈士纪念碑园、湘江战役灌阳新圩阻击战旧址、湘江战役全州脚山铺阻击旧址
全国休闲农业与乡村旅游示范县	荔浦县
全国乡村旅游重点村	灵川大圩镇袁家村、恭城莲花镇红岩村、龙胜龙脊镇大寨村、阳朔镇骥马村、阳朔镇鸡窝渡村、灌阳新街镇江口村
全国森林康养基地	广西龙胜温泉国家森林公园
国家湿地公园	桂林会仙喀斯特国家湿地公园、荔浦荔江国家湿地公园、龙胜龙脊梯田国家湿地公园
广西生态旅游示范区	漓江逍遥湖景区、荔浦市荔江国家湿地公园、资源县八角寨生态旅游示范区、阳朔县十里画廊遇龙河景区、资源县脚舌冲生态旅游区、西山生态旅游区、龙胜温泉森林旅游度假区、桂林全州安和龙井生态旅游区、灌阳灌江国家湿地公园

续表

文化旅游品牌	具体情况
广西体育综合体	桂林乐满地体育旅游度假区、桂林五排河山地漂流旅游度假区、桂林罗山湖体育旅游度假区、桂林市体育中心、广西国际青少年户外运动教育基地、阳朔·戏楼
广西航空体育飞行基地	桂林阳朔燕莎航空运动基地、桂林景秀航空体育飞行基地
广西山地户外运动营地	桂林花江青少年山地户外营地、桂林金钟山旅游度假区
国家全域旅游示范区	阳朔县、兴安县
广西全域旅游示范区	秀峰区、全州县、临桂区、象山区、灌阳县
广西特色旅游名县	阳朔县、兴安县、荔浦市、龙胜各族自治县、雁山区、资源县、灵川县、恭城瑶族自治县
国家级旅游休闲街区	阳朔县阳朔西街、桂林市秀峰区东西巷历史文化街区
国家级夜间文化和旅游消费集聚区	东西巷、融创旅游度假区
全国重点文物保护单位	靖江王府及王陵、甑皮岩遗址、桂林石刻、八路军桂林办事处旧址、灵渠、李宗仁故居、秦城遗址、江头村和长岗岭村古建筑群、燕窝楼、恭城古建筑群、湘江战役旧址、新石器时代晓锦遗址、湘山寺塔群与石刻、明代永宁州城城墙和石窟寺、百寿岩石刻
国家级自然保护区	花坪国家级自然保护区、猫儿山国家级自然保护区、千家洞国家级自然保护区、银竹老山资源冷杉国家级自然保护区

资料来源：根据公开资料整理。

表2　桂林现有旅游产品类型

	产品类型	产品内容	主体资源	供给现状	代表产品
1	山水观光旅游产品	依托漓江自然山水资源，在有效保护生态环境的前提下，优化提升山水观光旅游产品	各类风景名胜区、自然保护区、森林公园、地质公园等	山水观光型产品总量最大	漓江风景名胜区、两江四湖景区、阳朔山水旅游休闲景区、资源八角寨丹霞风光游、龙胜龙脊梯田风光游
2	休闲度假旅游产品	高端休闲度假产品、田园度假旅游产品、山地度假旅游产品、滨水度假旅游产品	依托大桂林优越的自然山水风光资源，面向国内外高端休闲度假旅游市场	愚自度假村建成营业，为桂林高端旅游的发展鸣响第一枪	愚自乐园、阳朔悦榕、遇龙河、漓江东岸、猫儿山、海洋山、天湖、思安江水库

	产品类型	产品内容	主体资源	供给现状	代表产品
3	文化体验旅游产品	大力开发文化体验旅游产品	悠久的历史文化、丰富的民族文化、多彩的民俗文化和名人、红色文化等资源	人文类景区不及30%	独秀峰·王城景区、靖江王陵、兴安灵渠、临桂五通农民绘画艺术主题小镇、八路军驻桂林办事处旧址、中国·桂林创意文化节暨桂林动漫节
4	休闲农业旅游产品	生态农庄、休闲农庄、科普教育、民俗观光等	桂林乡村的梯田、森林、湿地、瀑布等各具特色的生态景观	打造了23个特色鲜明的旅游风情小镇，发展了38个国家精品乡村文化体验示范村，形成了61个美丽乡村	雁山镇、草坪乡、大埠乡、拓木镇、中峰乡、海洋乡、恭城等乡村旅游开发项目
5	城市休闲旅游产品	城市商业休闲、生态公园休闲、滨水休闲度假旅游产品	商业休闲、购物餐饮、会展商务、体育等	旅游城市，以生态、休闲、旅游主打城市品牌	万达文化旅游城、十字街商圈、会展中心
6	健康养生旅游产品	养老旅游示范基地、运动健康旅游示范基地、"旅游度假—养生长寿—医疗康复—研发制造"产业链	依托大桂林优越的自然生态环境，提升养生医疗、体育运动、健康休闲等旅游产品	以喀斯特地貌和丹霞地貌为主，有着十分丰富的户外游憩环境，山清水秀，适宜康养	猫儿山养生度假区、桂林兰溪谷国家养生度假区、永福寿城主题小镇、罗山湖体育旅游开发利用项目、龙胜温泉、金钟山温泉
7	时尚浪漫旅游产品	打造符合桂林自然山水特质和人文环境的浪漫婚典旅游产品和城市时尚旅游产品	适应多元化、个性化的旅游需求，融合桂林独特、浪漫、喜庆、时尚的山水人文元素	旅游节庆品牌体系完善，节庆活动、旅游体验项目多	漓江游船水上集体婚礼、"两江四湖"中外金色婚典、阳朔—龙胜蜜月行、桂林万达文化旅游城
8	运动休闲旅游产品	森林探险、急速漂流、野外拓展、天然攀岩、山间溯溪、徒步登山等	依托漓江、资源、阳朔、兴安、灌阳等地得天独厚的自然地理条件，推动体育与旅游深度融合	高铁旅游、自驾游、自由行、低空游等旅游新业态不断涌现	动感天湖景区、罗山湖水上乐园、玉圭园环球名胜、乐满地主题乐园

资料来源：根据公开资料整理。

（五）文化旅游配套供给

桂林住宿产业呈现档次发展不平衡、空间发展不均衡两大特点，高星级酒店主要集中在桂林市区，其次为阳朔县、兴安县、龙胜区域，其他县域以经济型酒店为主。高端酒店、精品酒店和特色民宿缺乏，旅游住宿业需向高星级、高品位的精品酒店、品牌连锁酒店、富有个性特色的民宿等多元住宿格局发展。

桂林市旅行社数量多，绝大部分承担出入境业务，反映了桂林国际旅游市场需求旺盛，桂林市旅行社中从事国内及入境业务、兼营出境业务、兼营边境业务、兼营中国台湾业务的旅行社的比例为212∶15∶1∶2，呈倒三角形结构。

桂林餐饮业规模庞大，类型丰富，人均消费水平较高，但菜品特色不足，同质化现象突出，餐饮服务、环境质量和档次有待改善和提升，国际化水平有待提高。桂林餐馆数量以广西菜和面包甜食为主营菜品的餐馆数量较多，占比分别为22.97%和16.41%。马蹄糕、油茶等风味小吃众多，且拥有侗族醋血鸭、壮家五色饭等民族特色名菜。

桂林旅游商品类型丰富，购物点数量众多，但旅游商品缺乏鲜明的地域特色，且区域内同质化严重，购物市场机制不完善，商品研发与市场脱节。桂林"三宝"即三花酒、辣椒酱、豆腐乳的土特品牌已形成一定知名度，"桂林有礼"系列也有效完善了桂林旅游的购物板块。

二 桂林世界级旅游资源创新性发展潜力评价

（一）评价模型和指标体系

采用客观赋权法（熵值法）来确定指标权重，得到桂林世界级旅游资源指标权重（见表3）。桂林世界级旅游资源发展潜力与标杆值对比分析得到综合得分。对指标数据进行标准化处理后采取线性加权计算，其公式为：

$$F = \sum_{i=1}^{n} (w_i c_i), \quad \sum_{i=1}^{n} w_i = 1$$

式中：c 代表指标的标准化值，w 代表指标权重，F 为综合评价得分。通过极差法对指标数据进行标准化处理，借鉴文献对指标权重进行处理（王倩倩等，2022），计算各二级指标、一级指标以及最终综合得分。F 值的区间在 [0，1]。通过查阅相关文献并考虑中国旅游资源潜力水平，综合评价标准如下：（0.75，1]，发展潜力优良；（0.5，0.75]，发展潜力良好；（0.3，0.5]，发展潜力一般；（0，0.3]，发展潜力较弱。

表3 桂林世界级旅游资源评价体系及权重

一级指标	二级指标	三级指标（权重值）
A1 文化资源	B1 文化资源丰度	C1 百万人拥有国家级非物质文化遗产数（0.0127）
		C2 百万人拥有历史文化名镇名村数量（0.0128）
	B2 文化艺术氛围	C3 百万人拥有博物馆数量（0.0332）
		C4 百万人拥有公共图书馆藏书量（0.0135）
		C5 百万人拥有文化馆及艺术馆数量（0.0175）
A2 旅游资源	B3 旅游产业提升	C6 旅游总收入增长率（0.0181）
		C7 旅游业对地区生产总值综合贡献度（0.0191）
		C8 入境过夜游客人均停留天数（0.0157）
		C9 品牌景区数量（0.0216）
		C10 国家 AAAAA 级旅游景区和度假区数量（0.0395）
		C11 国家全域旅游示范区数量（0.0662）
		C12 旅游产品创新指数（0.0146）
	B4 产业科技研发	C13 旅游业 R&D 经费支出占地区生产总值比重（0.0190）
		C14 国家社会科学旅游课题数量（0.0140）
	B5 产业深度融合	C15 百万人拥有国家级文化产业示范园区（基地）数量（0.0116）
		C16 百万人拥有国家级夜间文化和旅游消费集聚区数量（0.1220）
		C17 旅游类在线平台数量（0.0487）
		C18 国家中医药健康旅游示范基地数量（0.0487）

续表

一级指标	二级指标	三级指标（权重值）
A3 环境资源	B6 公共设施完善	C19 国际航线数量（0.0146）
		C20 万人公共交通车辆拥有量（0.0300）
		C21 高铁线路覆盖量（0.0097）
		C22 城市建成区道路网密度（0.0147）
		C23 旅游厕所密度（0.0208）
		C24 万人拥有住宿设施数量（0.0107）
		C25 万人拥有美食场所数量（0.0271）
		C26 万人拥有购物场所数量（0.0176）
	B7 生态环境优美	C27 城市空气质量（0.0073）
		C28 森林覆盖率（0.0110）
		C29 人均公园绿地面积（0.0165）
		C30 绿色公共交通车辆比例（0.0286）
		C31 漓江水质状况指数（0.0079）
A4 品质生活资源	B8 居民共享共富	C32 人均地区生产总值（0.0172）
		C33 常住人口城镇化率（0.0121）
		C34 城乡居民收入倍差（0.0102）
	B9 居民生活幸福感	C35 人均预期寿命（0.0117）
		C36 万人拥有医疗卫生机构床位数量（0.0158）
		C37 交通事故伤亡人数（0.0056）
A5 旅游品牌形象	B10 旅游形象宣传	C38 国际主要搜索引擎搜索结果（0.0169）
		C39 国际会议会展数量（0.0854）
		C40 国际重大活动与赛事数量（0.0080）
		C41 国际组织落户数量（0.0190）
	B11 游客满意度	C42 网络关注度（0.0185）
		C43 游客综合评价满意度（0.0146）

注：①鉴于疫情影响，数据失真较多，C6、C7、C13、C19、C40、C42 以 2019 年的数据为基准，进行估算；②含"（百）万人拥有"字样的三级指标，均是对于常住人口而言；③C9 借鉴迈点品牌指数，C12、C13、C21、C42 依次借鉴章杰宽、王毅等、陈倩等、邵超峰等的处理方式（章杰宽，2021；王毅等，2017；陈倩等，2021；邵超峰等，2022）；④C14 由国家社会科学基金年度项目、青年项目与西部项目三者相加而得，C24、C31 依次由星级饭店数量、漓江干支流水质达标率表征；⑤C25、C26 通过美团平台上搜索相应关键词抓取整理而得，C38 通过谷歌趋势平台上搜索"桂林旅游"整理而得。

评价数据来源于官方网站公布的《统计公报》《广西统计年鉴》《生态环境状况公报》《广西科技统计数据》等统计资料、规划与报告。对于指标缺失数据，采用均值插补法与平均增长率方法进行补充。

（二）评价结果分析

考虑到国内旅游城市的数据相较于国外旅游城市的数据，获取难度较小、数据口径较为统一且数据完整性较好，并且，从 2016 年起，权威评价机构世界旅游城市联合会（WTCF）每年发布《世界旅游城市发展报告》，根据其公布的 2019 年世界旅游城市发展排行榜综合排行前 10 名城市中，北京与上海的综合排行分别位于第 5 名、第 9 名，是除香港之外国内排名最高的两个城市；北京、上海与桂林均为中国首批对外开放的旅游城市，改革开放以来，北京、上海在世界旅游目的地建设方面成效显著。因此，选择北京与上海的平均值、已有文献的参考值作为标杆值。

表 4　基于对比分析的桂林旅游资源发展潜力水平

指标	权重	标杆值	得分	属性	标准化得分	最后得分
百万人拥有国家级非物质文化遗产数 C1	0.0127	5.1517 项 *	1.2131 项	+	0.2355	0.0030
百万人拥有历史文化名镇名村数量 C2	0.0128	0.2576 个 *	2.2241 个	+	1	0.0128
百万人拥有博物馆数量 C3	0.0332	8.7579 个 *	6.0656 个	+	0.6926	0.0230
百万人拥有公共图书馆藏书量 C4	0.0135	324.0075 万册 *	104.6301 万册	+	0.3229	0.0044
百万人拥有文化馆及艺术馆数量 C5	0.0175	0.9138 个 *	3.6394 个	+	1	0.0175
旅游总收入增长率 C6	0.0181	7.76% *	31.24%	+	1	0.0181
旅游业对地区生产总值综合贡献度 C7	0.0191	12.81% *	532.39%	+	1	0.0191
入境过夜游客人均停留天数 C8	0.0157	3.5 天 **	2.7 天	+	0.7714	0.0121

续表

指标	权重	标杆值	得分	属性	标准化得分	最后得分
品牌景区数量 C9	0.0216	50 个 *	16 个	+	0.3200	0.0069
国家 AAAAA 级旅游景区和度假区数量 C10	0.0395	6.5 个 *	5 个	+	0.7692	0.0304
国家全域旅游示范区数量 C11	0.0662	4.5 个 *	2 个	+	0.4444	0.0294
旅游产品创新指数 C12	0.0146	10% **	8.89%	+	0.8890	0.0130
旅游业 R&D 经费支出占地区生产总值比重 C13	0.0190	77.64% *	71.96%	+	0.9268	0.0176
国家社会科学旅游课题数量 C14	0.0140	2 项 *	8 项	+	1	0.0140
百万人拥有国家级文化产业示范园区（基地）数量 C15	0.0116	0.7866 个 *	0.6066 个	+	0.7712	0.0089
百万人拥有国家级夜间文化和旅游消费集聚区数量 C16	0.1220	0.2576 个 *	0.2022 个	+	0.7849	0.0958
旅游类在线平台数量 C17	0.0487	1 个 *	1 个	+	1	0.0487
国家中医药健康旅游示范基地数量 C18	0.0487	0.1087 个 *	0.2022 个	+	1	0.0487
国际航线数量 C19	0.0146	10 条 **	7 条	+	0.7000	0.0102
万人公共交通车辆拥有量 C20	0.0300	30 标台 **	10 标台	+	0.3333	0.0100
高铁线路覆盖量 C21	0.0097	5.5 *	9	+	1	0.0097
城市建成区道路网密度 C22	0.0147	7.2km/ km² *	8.4km/ km²	+	1	0.0147
旅游厕所密度 C23	0.0208	4 **	5.87	+	1	0.0208
万人拥有住宿设施数量 C24	0.0107	0.0934 个 *	0.0972 个	+	1	0.0107
万人拥有美食场所数量 C25	0.0271	3.9182 个 *	4.3234 个	+	1	0.0271

指标	权重	标杆值	得分	属性	标准化得分	最后得分
万人拥有购物场所数量 C26	0.0176	0.3067 个 *	0.1033 个	+	0.3368	0.0059
城市空气质量 C27	0.0073	100% **	94.2%	+	0.9420	0.0069
森林覆盖率 C28	0.0110	60% **	72%	+	1	0.0110
人均公园绿地面积 C29	0.0165	20 平方米 **	12.21 平方米	+	0.6105	0.0101
绿色公共交通车辆比例 C30	0.0286	87.29% *	81.02%	+	0.9282	0.0265
漓江水质状况指数 C31	0.0079	100% **	100%	+	1	0.0079
人均地区生产总值 C32	0.0172	142280 万元 **	46726.7838 万元	+	0.3284	0.0056
常住人口城镇化率 C33	0.0121	88.425% *	53.42%	+	0.6041	0.0073
城乡居民收入倍差 C34	0.0102	2.3 *	2.14	−	1	0.0102
人均预期寿命 C35	0.0117	83.29 岁 *	80.61 岁	+	0.9678	0.0113
万人拥有医疗卫生机构床位数量 C36	0.0158	63.6 张 *	57.62 张	+	0.9060	0.0143
交通事故伤亡人数 C37	0.0056	2623 人 *	363 人	−	1	0.0056
国际主要搜索引擎搜索结果 C38	0.0169	44.28 *	22.49	+	0.5079	0.0086
国际会议会展数量 C39	0.0854	8 个 **	2 个	+	0.2500	0.0214
国际重大活动与赛事数量 C40	0.0080	14 个 **	11 个	+	0.7857	0.0063
国际组织落户数量 C41	0.0190	57 个 *	3 个	+	0.0526	0.0010
网络关注度 C42	0.0185	4946.94 *	5447.63	+	1	0.0185
游客综合评价满意度 C43	0.0146	100% **	81.07%	+	0.8107	0.0118
综合得分			0.7169			

注：* 表示标杆值来源于北京与上海的平均值，** 表示标杆值来源于已有文献。

根据指标的权重与标准化分数测算，桂林世界级旅游资源潜力综合评价结果为 0.7169（表 4）。可见，桂林世界级旅游资源发展潜力的综合评价等级属于良好，未来有较大的进步空间，需全方位提升。从评价结果来看，桂林存在以下发展短板。

第一，在"桂林山水甲天下"的旅游形象遮蔽下，桂林旅游产品整体重"山水观光"，轻"文化体验"，表现为：一是桂林整体文化旅游氛围有待提升。与桂林丰富的自然景观资源的开发利用相比，同样丰富多彩的桂林地域文化，其开发利用明显落后于自然景观资源，文化旅游品牌知名度不高。桂林不缺文化底蕴与内涵，独缺文化传承展示的载体；桂林不缺文化素材，独缺对文化素材的提炼与运用。二是文化旅游产品较为单一。桂林聚居着壮、苗、瑶、侗等31个少数民族，在长期的生产生活劳作中形成了风格各异的民俗文化，还有众多的历史文化、红色文化、古村落文化、养生文化等，但是桂林对于文化资源的开发利用不足，缺乏对其深度和丰度的挖掘。文化旅游产品较为单一，缺少游客互动，缺乏文化体验，文化与旅游融合发展的社会效益不高，文化旅游吸引力和竞争力不强。

第二，桂林城市商业环境和公共服务水平虽然得到一定的提升，但仍与世界旅游城市存在差距。表现为：一是桂林旅游整体国际化程度不高。由于桂林72小时的过境免签时限较短、入境旅游免签的国别不多、两江国际机场国际航线较少，直航航线覆盖的免签国城市少，造成72小时过境免签政策实施效果并不明显，政策红利并未得到有效释放。旅游基础设施、公共服务设施的国际化水平有待提升。国际化、专业化的全过程管理型人才以及数字文旅等新业态运营策划人才较为欠缺。高端化高品质的文化和旅游产品较为缺乏，优质供给较为不足，等等。二是国际化的接待服务与公共设施配套服务水平不高。桂林旅游公共接待设施存在老化和供给不足现象，如旅游住宿业需向高星级、高品质的精品酒店、品牌连锁酒店、富有个性特色的民宿等多元住宿格局发展；旅游餐饮菜品特色不足，同质化现象突出，餐饮服务、环境质量和档次有待改善；旅游商品缺乏鲜明的地域特色，且区域内同质化严重，购物市场机制不完善，商品研发与市场脱节；符合国际规范和标准的特色旅游交通网络体系有待提升；旅游软性服务水平不高，不规范的市场行为依然广泛存在。以景点、景区为依托的早期旅游公共配套和服务设施已不能满足世界旅游市场需求。三是旅游综合协作与综合管理机制不够完善。桂林作为山水资源依托型城市，旅游市场监管中面临的诸如欺客、宰客、拉客的乱象时有发生，不合理低价的恶性竞争常被诟病，相关部门对于旅游市场的监管力度不够。政府的监管、引导力度不够，作用效果不明显，致使不少资源在"商业导向"的旅游开发中遭到破坏。

第三，桂林博物馆展览供给、国家级非物质文化遗产数、公共图书馆藏书量供给与人民群众的需求差距甚大，文化创新供给不足，文化资源内涵与文化表达场所联动性不足，引致桂林文化产业创新链条纵向延伸能力与创新活力受到约束，进一步制约了文化产业规模化、集约化、专业化发展。同时，桂林旅游品牌景区创新发展除自身品质以外，还需要品牌整合、品牌运营以及品牌保护等方面的渐进式创新来推动。另外，桂林核心区域与周边以及稍远县域的合作创新耦合度不高，造成大部分来桂游客仅游览核心区域而忽略周边县域，亟须进一步优化桂林全域合作创新旅游发展格局，共享创新扩散的积极效应，提高创新效率。

第四，桂林在城市形象宣传上存在短板，主要体现在国际关注度、国际会议会展数量、国际组织落户数量等方面。桂林城市形象创新始终处于低位且有降低趋势，城市创新开放合作格局尚未成型。桂林举办的"两会一节"、国际马拉松赛、资源漂流世界杯等重大国际创新活动对桂林创新国际影响力有一定程度的提升，但收效并不明显，城市国际形象对海外宣传未达到相应水平，相反国内关注度与满意度逐年上升，说明桂林区域开放合作创新与对外开放合作创新的不平衡。

从综合评价结果来看，旅游总收入增长、旅游业对地区生产总值综合贡献度、旅游产品创新、万人公共交通车辆拥有量、万人拥有住宿设施数量、国际主要搜索引擎搜索结果、国际会议会展数量是制约桂林世界级旅游资源发展潜力的主要因素。此外随着桂林世界级旅游城市建设的推进，旅游发展水平越高，就越会受到城市基础设施、城市形象宣传等外部环境影响，主要阻力因子呈现出由内部资源优势向外部环境协调转化的过程。

三　桂林世界级旅游资源潜力提升对策建议

（一）文化创新赋能，提升世界级旅游资源新内涵

1. 强化历史文化遗产资源的创造性转化和创新性发展

多层次、全方位、持续性深挖桂林历史文化遗产资源及其历史底蕴，利用多种形式活化文物资源，展现桂林文化底蕴的厚度与文化创新的力度，并加强民族优秀传统手工艺、革命文物、历史文化名镇名村的保护传承，坚持以用促保，科学推进历史文化遗产活化利用，创新文化表达方式，让历史文化和现代生活融为一体，实现永续传承。

2. 深化文旅融合创新发展

依托历史文化资源、文化遗产资源与特色民族风俗，将文化元素充分融入演艺、创意、节庆会展、动漫等产业，整合创新资源，打造文化特色鲜明的旅游休闲城市和街区，营造创新文化氛围，并充分借助现代化科技创新发展的势头，推动5G文化旅游场景化创新发展，创造极致体验新空间。充分运用数字产业形态推动桂林彩调剧、渔鼓、桂剧等传统艺术文化创造性转化、创新性发展，开发"数字文物""数字桂林"等一批特色鲜明的"在线文旅"展示产品，打造具有国际影响力的数字文化品牌。加快桂林新会展中心及高端商业服务配套设施建设，打造全球顶级智慧场馆，发展世界级会展综合体，努力培育一批具有国际影响力的行业大展。

3. 塑造创新文化品牌形象

促进文化旅游与社区和谐共生，打造城市特色化、创新化、宜居宜游的文化品牌形象，并且持续释放绿色创新发展的稳定性和可持续性效应，让绿水青山变成提升品牌价值的金山银山。依托国际重大活动与赛事讲好中国故事，将桂林建设成为世界文明交流互鉴的重要窗口。充分发挥联合国世界旅游组织/亚太旅游协会旅游趋势与展望国际论坛、中国—东盟博览会旅游展等品牌效应，持续扩大资源世界漂流锦标赛、环广西公路自行车世界巡回赛

（桂林站）、桂林马拉松赛等国际赛事影响力。利用具有国际影响力的境外媒体宣传桂林城市品牌，全方位开展新媒体新技术营销。在重点客源国大型城市开设旅游体验店，拓展与客源国旅行社、海外运营商的合作渠道。

（二）产业提质升级，培育世界级旅游资源利用新动能

1. 打造具有世界影响力的旅游 IP 和旅游吸引物

实施世界级、国家级旅游景区建设工程，着力提升桂林旅游品牌影响力。加快建设漓江世界级旅游景区、遇龙河世界级旅游度假区、相思江国家级旅游度假区、桃花湾国家级旅游度假区、桂阳文旅大道高端旅游示范区、漓东百里山水画廊休闲观光示范带，形成漓江国际休闲度假产业带，打造成为世界级休闲水岸。以漓江国际休闲度假产业带为引领，升级打造猫儿山、龙脊梯田、桂林丹霞·八角寨、全州天湖、会仙湿地、两江四湖·象山景区、琴潭千亩荷塘湿地公园等一批世界级山水旅游品牌。升级打造阳朔·兴坪休闲养生度假、阳朔三千漓山水人文度假、全州大碧头国际旅游度假区、灌阳千家洞文旅度假区、桂海国际旅游度假区等一批高品质旅游休闲度假品牌，形成"1+N"山水旅游品牌集群，让桂林山水旅游品牌风靡世界。

2. 构建高品质旅游住宿体系

按照国际一流标准，以遇龙河、桃花湾等旅游度假区为重点区域，引进国际著名酒店品牌，打造桂林市高端度假酒店集群。发挥桂林山水资源优势，推动打造一批基于自然山水本底、蕴含特色文化的高品质"山水主题酒店"品牌。推动各个"山水主题酒店"因地制宜在沿线路、沿河、近湖、靠山、环景区、历史古村镇等区域布局建设，发挥规模效应和辐射带动作用，打造桂林住宿业新的增长点。推进旅游民宿结构优化、品牌打造和服务提升，探索"民宿+艺术创意""民宿+民族文化""民宿+历史文化""民宿+非遗文化"等融合发展模式，推动民宿精品化、主题化、集群化发展。积极发展青年旅社、酒店公寓、帐篷酒店、营地酒店、野奢酒店、森林木屋酒店等多元化住宿设施，形成特色鲜明、品质优良的定制化、个性化旅游住宿体系。推动桂林旅游住宿向高端化、国际化、特色化、多元化发展。

3.提升旅游餐饮服务品质

挖掘桂林地方特色，推出桂林美食"必点菜"和小吃系列，开发桂北风味美食、健康养生美食、红色文化主题美食等主题餐饮系列。重点提升桂林米粉、油茶、啤酒鱼、禾花鱼、酿菜、醋血鸭等地方美食菜品品质，开发形成桂林特色的"经典菜系"。发展以罗汉果、油茶、富硒大米为代表的健康养生系列食品。开发反映桂林市少数民族文化、红色文化、养生文化的"一桌菜"。发展一批"中华老字号""广西老字号""中华餐饮名店"。结合文化和旅游节庆、法定假日等，举办桂林美食大赛，开展一系列地方特色菜、特色名小吃等评定活动，形成桂林美食节庆系列品牌。

4.开发特色文化和旅游商品

以桂林地域文化元素为设计和研发主题，将少数民族文化、民俗风情、红色文化、历史文物等进行创意设计，丰富"桂林有礼"特色旅游商品体系。培育旅游商品生产龙头企业。发展线上、线下旅游商品购物店。支持引进国际知名购物商企在桂林开设门店，推动建设跨境电商消费体验中心，打造国际化"购物天堂"。

5.创新发展旅游娱乐业态

深度挖掘桂林历史文化、民族文化、非遗文化、红色文化等，提升《印象·刘三姐》《桂林千古情》《破阵曲》《漓水印画》等文化演艺精品水平，创新推出《突破湘江》《远去的恐龙》《境SHOW·生动莲花》等大型文化实景演艺项目，扩大"桂林有戏"等演艺品牌影响力，打造"桂林有缘"等演艺新品牌。积极承办国际电影节、艺术节、摄影节等文化和旅游盛会，发展时装、户外拓展、电子竞技、极限挑战等新型娱乐活动，提升桂林旅游娱乐业发展水平。提升节庆活动包装策划水平，重点打造桂林国际山水文化旅游节、恭城月柿节、资源河灯节、龙胜红衣节、阳朔渔火节等一批具有地方文化、民族特色的旅游节庆活动，推动节庆品牌向精品化发展。依托休闲旅游城市和旅游休闲街区、旅游景区、旅游度假区、特色小镇、特色乡村、旅游集散地等，建设完善大型文旅综合体、游乐场、文化休闲会所、文化商业广场、文化休闲街区等文化休闲设施，培育壮大影剧院、俱乐部、音乐厅、游艺厅、酒吧、咖啡吧等文化娱乐产业。

6. 推进旅行服务业转型发展

做大做强本土骨干旅行社企业，推动经营管理模式革新，提升对接国际市场的综合服务水平。积极引入全国"百强"旅行社和国际旅行服务商，多聚并措为其开展业务提供便利服务。引导桂林市传统旅行社向网络化、数字化方向发展，普及线上交易、线下消费的经营方式。着力打造一批特色新锐旅行社，加强与携程、美团等OTA头部企业合作，拓展旅行服务业务。推动本地旅游电子服务商整合线下资源，拓展航空旅游、高铁旅游以及休闲度假、会议展览、商务旅游等高端业务领域，提升运行效率和经济效益，增强发展动力、经营活力和竞争能力。

（三）健全基础设施，提高世界级旅游资源承载能力

1. 打造便捷高效的立体旅游交通

打造全国性综合交通枢纽城市，实施桂林两江国际机场 T1 航站楼改造提升工程、国际国内航线航班倍增工程，打造世界一流旅游航空港；规划开工建设南宁经桂林至衡阳新高铁衡阳至柳州段高速铁路、怀化至桂林高速铁路、桂林高铁综合枢纽等一批项目，构建内外协同的铁路网络；推进桂林外环、桂林至柳州（改扩建）、灌阳至平乐、桂林至钟山等高速公路建设，推动高速公路向重点景区延伸。研究建设湘桂运河连通工程，推进桂江航道及船闸提档升级。高标准打造旅游专用航道，推进沿岸游船码头及配套设施提升改造，因地制宜发展沿江水上观光带，着力打造粤桂水上百里画廊。完善客货运枢纽布局，健全旅游集散中心服务体系。在条件允许的情况下，推进桂林两江国际机场至桂林市城区、桂林市城区至阳朔县等旅游观光轨道交通、桂林旅游交通零换乘中心等旅游设施建设，着力完善旅游运输服务体系。

2. 加快建设智慧旅游城市

加快建设先进泛在的旅游信息基础设施。在涉旅区域和场所合理布设智能终端，建成泛在感知、智能协同的物联感知体系。建立和完善智慧旅游

"云服务"平台，推动"一键游桂林"智慧旅游服务体系升级发展。构建文化和旅游元宇宙及虚拟旅游体系，以虚拟漓江、虚拟王城等景区建设为试点，逐步构建"一键游桂林"世界级文化和旅游高科技生态平台。推动智慧交通、智慧城市与智慧旅游统筹建设，强化旅游与公安、交通运输、市场监管、统计等部门数据采集设施共建共享、数据资源共享共用。全面实施重点涉旅场所旅游信息互动终端和旅游信息发布系统建设，提升旅游信息自助服务便捷度。

3. 有序推进城市有机更新

推进城市空间优化，形成桂林市老城与新区、城市与乡村融合发展的结构布局。实施城市生态修复工程，修复城市及周边山体水系，构建完整连贯的城乡绿地系统和生态网络。以文旅核心区为"核心"，通过功能疏解、商业复兴、景观美化、干道整治、慢行提升等更新手段，增强文化旅游服务功能。在城市更新改造中切实加强历史文化保护，探索通过微改造创新文化遗产活化利用方式。实施"畅通缓堵"工程、系统化全域推进海绵城市示范城市建设、城市"红、绿"特色景观提升工程、新老城区城市提升工程、桂林新区相思江防洪排涝提升工程、长塘水库工程，着力提高城市安全韧性、提升城市品质。

4. 培育世界级市场主体

提升桂林对世界级文化和旅游投资集团的吸引力，加快集聚一批国际组织、全球标杆企业、国际化人才等国际高端要素落户桂林。支持桂林旅游股份有限公司、桂林市文艺演出有限责任公司等市属国有大型文化和旅游企业通过资源整合、技术创新、品牌输出等途径，打造成为国内业界 100 强并且具有国际影响力的文化和旅游龙头企业。推动有条件的文化和旅游企业上市融资，优化文化和旅游产业投融资体系。积极开展与东盟的双边和其他区域的多边合作，引进优质资本和国际运营品牌，提升旅游投资、融资、品牌运营能力，促进形成一批规模化、品牌化、网络化运营的文旅骨干企业，打造桂林千亿元文旅产业和配套支撑产业集群。

5. 打造一流的营商环境

从高度重视和尊重企业家的角度出发，大力营造亲商、利商、留商、暖商、敬商、懂商、悦商的浓厚重商氛围，打造世界级旅游营商环境。健全产权执法司法保护制度，完善公平竞争审查机制，推行统一的文化和旅游市场准入负面清单制度，打造市场化、法治化、国际化的营商环境。完善桂林市文化和旅游项目库，策划包装一批桂林市重点招商引资项目，鼓励各县（市、区）成立以政府为主导的文化和旅游投资集团，建设市场化的投融资平台，加大文化和旅游投融资力度。

6. 建立与世界级旅游城市相配套的标准体系

对标世界一流、国际水准、国内领先，探索建立可借鉴、可推广的世界级旅游城市标准体系的"桂林样本"。建立健全与国际标准相衔接的旅游服务标准体系，推进服务标准国际质量认证。加快引进国际化旅游行业人才，组建世界级旅游城市专家智库团队，着眼于在建设世界级旅游城市配套设施、构建世界级旅游公共服务体系、建立世界级文旅现代治理体系、引进世界级旅游企业、培育世界级旅游产业体系、建立立体化城市品牌宣传营销体系等方面研究制定世界级旅游城市的桂林标准评价体系。持续推进文化和旅游服务标准化建设，建立健全常态化、精细化管理机制，完善旅游质量评价、考核和游客满意度调查制度，不断提高全市文化和旅游标准化区域和企业覆盖率。完善桂林旅游服务质量管理系统，提高旅游管理的精细化、规范化、标准化程度。全力提升"桂林服务"的全球吸引力、国际认知度和美誉度。

参考文献

［1］吴殿廷等：《我国打造世界级旅游景区的战略思考》，《开发研究》2023 年第 1 期。

［2］丁萍：《打造桂林世界级旅游城市研究》，《桂海论丛》2022 年第 5 期。

［3］刘倩：《深挖世界级旅游资源 提升桂林旅游发展格局和服务品质》，《桂林日

报》2022 年 3 月 23 日。

［4］陈炜：《基于 TCM 和 CVM 方法的生态科普旅游资源价值评估——以桂林喀斯特世界自然遗产地为例》，《社会科学家》2019 年第 1 期。

［5］章杰宽：《桂林世界级旅游城市指标体系的构建与评价》，《旅游论坛》2021 年第 5 期。

［6］万春花等：《创新驱动视域下世界级旅游城市评价体系及发展路径研究——以桂林市为例》，《旅游论坛》2024 年第 1 期。

B.18
桂林世界级旅游城市建设问题与对策[*]

摘　要： 桂林打造世界级旅游城市是桂林旅游适应新时代中国式现代化发展的需要，是桂林市旅游升级转型、高质量发展的必然要求。研究表明，桂林打造世界级旅游城市面临的问题，即：依赖门票经济、旅游氛围商业化、旅游支撑基础的工业不够强、旅游企业运营效率不够高、旅游产业转型升级难等。报告从发展全域旅游、优化营商环境、营造"四宜"良好环境、发展旅游工业、培育生态产业等方面提出对策路径。

关键词： 世界级旅游城市　旅游环境　旅游升级

自2021年4月桂林启动打造世界级旅游城市以来，广西壮族自治区党委、自治区人民政府和桂林市党委、桂林市人民政府做了大量有效工作，但打造桂林世界级旅游城市千头万绪、涉及面广、工作任务繁多，对照世界著名的旅游城市如佛罗伦萨、波尔多、日内瓦、杭州、三亚、西安等城市标准，桂林打造世界级旅游城市还存在以下需要提升和完善的方面及问题：依赖门票经济、旅游商业化、旅游支撑基础的工业不够强、企业运营效率不够高、旅游产业转型升级难等。面对这些突出问题，桂林需要发展

---
* ［基金项目］国家社会科学基金项目："西南山区巩固脱贫成果与乡村振兴深度衔接问题研究"（21XMZ075）阶段性成果。

作者：陆军，云南大学工商管理与旅游管理学院博士研究生，广西师范大学历史文化与旅游学院教授，硕士研究生导师，广西师范大学西部乡村振兴研究院研究员，研究方向为乡村旅游与乡村振兴；梁君，博士，广西职业师范学院副校长，教授，博士研究生导师，研究方向为宏观经济学、产业组织理论、文化产业发展与规划、传媒经济与管理等。

全域旅游、优化营商环境、营造"四宜"良好环境、发展旅游工业、培育生态产业。

一 桂林打造世界级旅游城市的问题分析

（一）门票经济改革有待进一步加强

桂林是以旅游作为主导产业的城市，旅游产业是桂林的支柱产业。长期以来，积极开发景区景点实行经济门票化，是桂林吸引投资商，激励地方积极发展旅游的重要举措。经济门票化曾为桂林经济社会发展做出重要贡献，但面对大众旅游和旅游碎片化、全域化、散客化的新挑战，门票经济开始逐步影响桂林经济社会高质量发展。

1.门票经济影响旅游业创新与竞争

桂林山青、水绿、洞奇、石美、生态优良，"山水甲天下"，依托大自然给予的"天下一绝"美景，自然而然地不需要投资太大就可以开发出具有竞争力的景区景点，因此，桂林大大小小景区景点多达上万个，这些景区景点绝大部分是圈地收门票，依靠门票作为投资收益的主要来源或唯一来源，即使是投入巨资的新业态景区或主题公园、旅游综合体，依然以门票作为重要投资收益。对大多数景区景点来说，每年从景区中收入几十万左右的利润，也能够正常运营下去。对于景区景点的从业者和经营管理者来说，与OTA平台、旅行社合作，通过门票折扣和回佣等方式，也可以招徕客源，满足基本的生意需要。门票经济的盈利模式影响到旅游创新发展，也影响到旅游整体竞争。

2.门票价格偏高导致游客逗留时间缩短

桂林大部分景区门票价格都在40元以上，其中国家AAAA级景区门票价格普遍在60元以上，加上桂林大部分景区可游览的范围小、内容少，游程一般是50分钟左右/景区景点。如果一个游客平均花6个小时游览，可游览6个景区左右，则一天购买门票的费用至少也要200元以上，还未包括餐饮、住宿、购物等其他旅游支出。对于大部分游客来说，每天把大部分的旅游费用用于支付购买门票是不情愿的。如果桂林门票价格能再便宜些，游客每天花几十元购买门票能够游览多个景区景点，则大部分游客是乐意接受的。正因为桂林门票价格偏高，大部分游客只选择桂林几个有名的景区景点浏览，一般逗留时间为 2 天左右。相对国内其他旅游目的地来说，游客在桂林逗留的时间是比较短的。从经济学的角度来说，游客在桂林停留的时间越长，那么他们的吃、住、行、游、购、娱等方面的旅游综合消费就会越高，带动和促进桂林的创业就业机会就越多，就越有利于更多的投资商和创客开发更多的旅游业态和消费项目，就会带来可观的综合效益。反之，则对桂林经济的贡献和综合效益的贡献就会越少。

3. 门票经济导致企业和游客产生路径依赖

门票经济带来的另外一个后果是企业和游客对旅行社、OTA 平台等门票销售渠道产生路径依赖，即游客通过旅行社、OTA 平台购买门票可以获得最低的价格折扣，至少 8 折，甚至更低，如果是直接到景区购买门票，基本上是按照散客价格，这就导致到桂林旅游的散客或团队基本上都是通过旅行社、OTA 平台购票和购买旅游服务，包括车、船、酒店等票务费用。这一市场行为导致的结果就是桂林客源市场基本上被旅行社和 OTA 平台掌控，旅游景区景点企业包括餐饮、住宿、购物等旅游行业企业要获得客源，必须与旅行社、OTA 平台合作，如果不与其合作，旅游企业就很难获得批量客源，从而产生门票销售渠道的路径依赖。

（二）旅游企业运营管理效率不够高

企业是桂林旅游的主体和核心，也是桂林打造世界级旅游城市的脊梁。企业有活力，桂林旅游才有活力，企业有创新，桂林城市才有创新发展。然而，现实是桂林大部分国有企业和民营企业都存在旅游运营管理效率不够高的现象，导致自我发展能力和内生发展动力不够强。

1. 旅游企业行政化影响企业运营效率

旅游企业行政化是导致旅游企业创新不足、市场开拓能力不够强和旅游效益不够高的重要因素。长期跟踪调查发现，旅游企业行政化主要表现在：企业内部文件多会议多，应酬频繁；决策执行层程序化、流程化，行政效率低；企业经营管理不是主动寻找市场、开拓市场，而是花更多的时间研究政府的奖补政策和优惠政策；"靠、要"思想依然存在。造成这一现象的根本原因是大多数旅游企业市场适应性、创新性不够强，规模小、散，企业旅游专业化水平不高，专业人才缺乏，盈利能力不强，对门票经济产生路径依赖。

2. 企业长期发展战略谋划不强

现代旅游业是投资大、回收周期长、综合效益高的现代服务业，也是非常脆弱的新兴产业，受市场、政策、外交、环境、社会等因素波动影响很大，它的生长、成长和发展都有其独特性，与工业、农业等发展有着根本性的差别。正因如此，投资旅游的企业对长期发展旅游的战略认识不足，主要表现在：一是以旅游之名行地产之实，采用"旅游+地产"模式投资旅游，影响宜业宜游宜乐良好环境建设。二是以旅游之名搞资本运作。一些企业以旅游名义开发旅游商业项目，再以旅游商业项目为载体，与资本捆绑，进行各种资本操作，导致一些旅游项目建成后未能真正发挥旅游功能。三是一些小型旅游企业或小微旅游企业，安于现状，通过低价揽客甚至零团价、负团价等方式招徕客源，然后通过违规购物、团餐等手段获利，导致桂林低团价、零团价、负团价、强制购物等扰乱市场行为屡禁不绝。

3. 企业整体创新环境不够强

桂林旅游企业整体创新能力还不够强，主要表现在：国家政策落地执行力不够强，门票经济影响着创新环境，企业专业化水平、国际化水平不够高，旅游产业集群规模效应未得到充分释放，企业高端专业人才缺乏，引智育才环境有待进一步完善，旅游企业经营管理市场化程度不够高，头部旅游企业少，创新创业孵化平台不多，"四宜"良好环境未有效形成等。

（三）旅游商业化影响发展活力

适度的旅游商业化是促进旅游健康持续发展的根本动力，但过度的旅游商业化则会影响旅游发展的活力和竞争力。纵观世界著名旅游城市如香港、巴黎、伦敦、悉尼和巴塞罗那等，其无一例外都有共同典型特征：丰富的旅游资源、完善的旅游设施、高质量的服务、高效的激发机制、大量的国际游客，这些特征又共同构成内生可持续的旅游发展生态。桂林与这些城市相比仍有距离，高品质旅游资源挖掘、现代旅游设施建设、旅游外围服务品质、内外旅游通道建设等依然有待进一步提升。以 2019 年为例，桂林入境游客 315 万人次，游客国际化率仅为 2.3%，人均消费仅为 656 美元。国际游客总量规模、游客国际化率不仅与上述国际著名旅游城市有差距，入境游客总量和人均消费支出与北京、上海、广州、厦门等国内先进旅游城市相比也有距离。

1. 国际化元素有待丰富

旅游国际化元素是吸引国际游客的重要因素，也是国际游客在桂林旅游的重要条件。桂林在国际化元素方面还有待丰富：国际通用公共图形符号不够规范、国际通用服务标准化实施不够健全、国际通用服务便民设施不多、主要客源国文化符号少、国际通用无障碍设施和无障碍语音设施建设略显薄弱等。

2. 国际化环境有待完善

在国际旅游市场竞争中，良好的人文环境、生活气息和休闲舒适的商业氛围，是旅游实现国际化的重要条件，如阳朔西街曾以朴实、闲适、自然、良好的环境和适度的商业化，成为国际背包游客的天堂，成为中西方研学旅游的胜地和入境游客的"地球村"。桂林国际化环境还需要在便利化的交通接驳设施、旅游商业化环境、落地签证和落地免签等便捷化签证、旅游攻略更新、外汇兑换和 VISA 支付环境、公共标识牌英文翻译和公共信息图形符号建设等方面进一步加强。

3. 国际化消费有待完善

20 世纪 70 年代至 21 世纪初桂林旅游主要以阳朔西街、阳朔遇龙河、兴安乐满地、龙胜龙脊梯田等为代表，其呈现出良好的国际化消费环境和业态：闲适且价格适中的生活、地域性很强的风土人情、低密度景区消费环境、主客互动的生活体验，一直得到国际游客的青睐，许多国家政要、国际名人纷纷到桂林旅游，其间，桂林接待入境旅游者人数排名一直位居全国前十。近年来，随着旅游业的快速发展，桂林开发了大量的旅游商业设施和商业消费项目，主客之间主要以商业消费为互动模式，人文情感体验商业消费项目、符合国际游客消费习惯的消费项目、消费环境和免税消费场所等还有待完善。

（四）旅游工业发展能力有待提升

1. 现代化工业体系结构有待完善

桂林 2022 年一二三产业产业结构比重为 25.4∶21.7∶52.9；第三产业主要是旅游业，比重超过 50%，但第二产业对经济增长的贡献率高达 57.8%，第三产业对经济增长的贡献率只有 24.67%[1]；尽管第三产业（主要是旅游业）在产业结构中的比重占半壁江山，但对经济尤其是对财税的贡献率不高。现代化旅游发展需要依靠强大的财税基础才能支撑旅游基础设施和旅游服务设施建设。纵观国内的北京、深圳、杭州、西安、香港以及国外的达沃斯、芭堤雅、巴厘岛、拉斯维加斯、新西兰皇后镇等世界级旅游城市，没有一个不是旅游与其他产业平衡、融合、协调发展而成为世界级旅游城市的。桂林在工业强市方面还有许多事情要做。

2. 现代化旅游产业体系不够完善

现代化旅游产业是一个产业要素齐全、产业企业集聚、产业业态集群、管理运营现代化、市场化程度高、一二三产业融合的产业。纵观桂林旅游产业，除了桂林至阳朔的桂阳旅游带、阳朔西街—遇龙河形成产业集聚外，其他县域旅游依然是分散式发展，难以形成"规模+特色"，没有"规模+特色"就很难留住客源，就很难形成产业综合效益。此外，桂林旅游产业还存在散、弱现象，缺少龙头、拳头产业链，绝大部分旅游要素无法形成上、中、下游产业，多数旅游业态是由小微企业或个体户经营管理，没有形成具有全国影响力的旅游集团或旅游企业。观光旅游依然是桂林的主导性产品，现代旅游新业态在桂林发展缓慢，"新、奇、特"旅游消费项目少，游客在桂林有钱都花不出去。

3. 现代化服务设施不够健全

现代化服务设施不够健全也是影响桂林产业不够强、游客逗留时间短和消费水平不高的重要因素，从而也影响财税的收入。现代化的旅游需要有现代化的服务设施相匹配。桂林现代智慧旅游服务设施、区域内高效率便利化的交通接驳设施、现代会展旅游设施、国际化无障碍设施、智慧化旅游城市设施、全域旅游治理体系系统、旅游大数据服务设施等还不够健全。

（五）旅游消费水平有待提升

桂林旅游消费与全国很多旅游目的地相比，消费还比较低。

1. 中高端旅游消费项目不够多

中高端旅游消费项目不多，中高端旅游消费项目绝大部分集中在住宿业上，其他领域的中高端消费项目相对较少。

2. 旅游二次三次以上消费不多

桂林大部分旅游开发采取的都是景区化策略，需要购买门票，景区内部二次三次以上消费项目和消费内容不够丰富。

3. 新消费模式有待丰富

桂林大部分旅游消费模式为白天旅游，夜间旅游、康养旅游、深度体验旅游、节事旅游等新的消费模式还不够多，未能充分激发新消费市场。

二　桂林打造世界级旅游城市的对策建议

（一）发展全域旅游，弱化门票经济，释放旅游新活力

全域旅游是旅游发展的新理念、新思想，是推动业态创新和推进多方共建、实现主客共享的新发展模式。门票经济改革将是桂林打造世界级旅游城市最为艰难的改革工程，门票经济涉旅利益者多，但门票经济若不逐步弱化，就很难让企业和投资者主动去创新，改革和思考旅游二次消费、

三次消费，发展新业态，释放新活力。国内外著名的世界级旅游城市都是弱化门票经济的，都是以重视景区景点的多元化消费和不断创新消费项目来实现创收的。

1. 构建"四区一带一中心"全域旅游发展大格局[2]，推进全域旅游化

桂林要塑造"山、水、城、文"融为一体的城市格局和发展格局，按照打造"四大名城"——旅游名城、生态名城、开放名城和品质生活名城具体要求，构建"四区一带一中心"全域旅游发展大格局，提档升级、提质增效、完善功能，整合全域文化旅游资源，推动各功能区域特色化、差异化发展，形成以城融乡"形、实、魂"协调发展的全域旅游大格局。

（1）建设城市文旅融合发展中心。按照"强文化、育业态、促融合、提消费"的思路，统筹桂林老城和临桂新城文化旅游协调发展，推进老城焕发新活力，新城展现新风貌，大力发展桂林城市旅游，突出桂林城区作为全市文化旅游发展集散中心、服务中心、创新中心等核心集聚地位和引领带动作用，加快灵川与中心城区文化旅游一体化发展，建设世界级山水文化旅游城市。

（2）升级漓江国际休闲度假产业带。在保护世界自然遗产的前提下，高标准改造提升旅游配套设施，规范升级漓江观光旅游，深度发展休闲度假旅游，发挥对沿江流域和上下游的辐射带动作用，将其打造成为享誉世界的内河水运旅游典范和国际休闲度假产业带。

（3）统筹发展四大文化旅游片区。整合桂林市南部、北部、东部、西部等全域文化旅游资源，发挥各个片区核心优势，立足生态保护，合理利用开发，推动产业集聚整合提升，统筹发展南部山水康养度假旅游区、北部长征文化体验旅游区、东部乡村田园休闲旅游区、西部民族文化山地旅游区四大文化旅游片区。

2. 加强产业融合，发展旅游新业态，释放新活力

（1）积极推进全域旅游发展，推进旅游与其他产业融合，积极发展乡村旅游、休闲农业旅游、民宿旅游、户外体育运动旅游、社区旅游等，加快构建主客共建共享美好生活空间。

（2）降低门票价格，逐步弱化和淡化门票经济，鼓励旅游投资者和运营者发展多元新业态，加快景区景点二次消费、三次消费项目开发，推动景区多元化发展。

（3）扶持和引导旅游新业态、新产业发展，积极发展研学旅游、文创旅游、微型度假旅游、露营旅游、现代娱乐业、生态康养、健康旅游等，通过扶持和引导旅游新业态、新产业发展逐步推动去门票化，释放旅游新活力。

（二）优化营商环境，引进世界企业，激活企业创新力

深化对外改革开放，优化对外营商环境，探索给予国民待遇的外商、外资企业投资政策，加强与国际旅游组织合作，发展满足现代旅游消费需求和国际消费习惯需要的新业态，根据国际惯例和跨国企业投资政策，引进世界级旅游企业，引入现代跨国企业竞争机制，激活本土企业创新活力。

持续优化营商环境，提升政务服务能力，激发市场主体活力，努力打造总部经济集聚区，铸强高质量发展新引擎。提升桂林对世界级文化和旅游投资企业的吸引力，集聚一批国际组织、全球标杆企业、国际化人才等国际高端要素。引进优质资本和国际运营品牌，培育一批规模化、品牌化、网络化运营的文化和旅游骨干企业，支持一批特色化、专业化运营的中小微文化和旅游企业。实施创客行动计划，打造文化和旅游创业孵化器、众创空间等平台。引导传统旅行社向网络化、数字化方向发展，培育具有国际竞争力、行业影响力的骨干旅行社和特色化、品牌化中小旅行社[3]。

1.政策为大，环境为要，深化改革，为引进世界级旅游企业提供优质服务

（1）要加强顶层设计与政策创新研究，紧扣国家战略和旅游发展新趋势，结合打造桂林世界级旅游城市各发展阶段需要，出台具有针对性的各项激励政策、促进政策，并强化政策实施评估，不断引领和引导世界级旅游城市高质量发展。

（2）要强化国际合作，不断提高国际化程度。在阳朔设立世界旅游特区，在国际旅游教育培训、跨国婚姻、世界旅游组织和国际旅游组织观察

站、跨国旅游项目、国际赛事、世界学术交流、旅游工作签证的设立、运营、管理等方面给予优先政策，打造无障碍"地球村"。

（3）深化旅游用地改革，着力争取在康养休闲土地创新上有所突破。针对目前康养休闲旅游项目用地规划存在的困难，争取国土部门的继续支持，延长旅游产业用地改革试点年限，确保康养休闲旅游土地的供给得到有效保障。

2.统筹推动"世界级旅游新业态先行先试区"建设，引育一批世界级旅游企业

（1）坚持以产业为导向，着力打造"医、康、养、健、智、学"六位一体的健康旅游产业链。打造一批特色旅居康养产业集群，成为全国通过旅游创新发展带动产业升级和城市化的先行城市，着力打造世界级康养休闲胜地。

（2）坚持以文化为内涵，着力开发一批民族文化康养休闲产业新业态。充分挖掘各类长寿养生、中医中药、民族传统康养等文化资源，高起点规划以生态康养、中医药康养、运动康养、民族医药康养、医疗康养等具有国际水准的康养休闲旅游新业态。

（3）坚持以开放为重点，着力推进潜力大、特色鲜明的世界级康养休闲区和景区、度假区建设。策划包装一批潜力大、市场前景好、具有全局性带动作用的大型文旅康养休闲旅游项目，积极向世界著名旅游企业整体推出，借助世界著名旅游企业的国际品牌和强大优势，推向世界。

（4）继续加强集聚国际组织进驻桂林，为世界级企业提供优质服务。加快集聚一批国际组织、全球标杆企业、国内大型文旅集团等国际高端要素落户桂林。支持联合国世界旅游组织、世界旅游联盟、世界旅游城市联合会、亚太旅游协会、世界旅行理事会等国际旅游组织在桂林设立机构，引导各类协会、组织与旅行商建立更深的战略合作关系，不断提升桂林文化旅游的国际影响力，服务世界级旅游企业。

（三）打造四宜环境，提高格调品位，增强国际竞争力

坚持"四宜"环境为导向，高质量发展，着力建设"四宜"旅游城市

新格局。要提高政治站位，精准领悟、开拓奋进，坚持以人民是否满意为主线，以推进文旅融合为切入点，以提高服务质量为生命线，以提升格调品位为内涵，以创造"四宜"环境为核心，探索城景融合、主客共享、产城共建的宜业、宜居、宜乐、宜游"四宜"旅游城市新格局。

1. **盘活房产经济，创造"四宜"环境**

桂林市商住房产已饱和，截至 2022 年桂林市六城区库存商品房 3 万多套，其他县市区也多达 5 万多套[4]。房产经济大量挤占旅游空间和旅游产业用地，制约了桂林世界级旅游城市的建设，对如何化解和盘活已有房产，提出如下对策建议：

（1）要着手进行商住房改革，争取国家给予桂林商住房小产权改革政策，以促使现存的商住房能够以旅游公寓、精品酒店、民宿等小产权商住房的形式投向市场，推进国际旅游社区发展。

（2）创造宜商、宜乐、宜养、宜业环境，加快桂林市经济技术开发区劳动密集型产业发展，培育临桂新区、阳朔新城、雁山新城等城市微经济，打造城市休闲街区和夜间新经济，以发展新型旅游经济和旅游产业带动创业就业，带来人流，消纳房产库存。

（3）鼓励创业，引导创客发展，大力发展微型旅游，推动去房产化。通过发展微型会展、文创、微型度假、国学游、亲子游、旅游培训等微型旅游新业态，扶持和引导创客发展，培育"旅游创客城市"，盘活和消纳已有地产资产，丰富城市商业和创业就业内容，创造"宜居、宜业、宜游、宜商、宜乐"良好环境，让购买房产的外来人群有创业就业和从事商业的机会。

2. **提高格调品位，重点建设"国家文化旅游融合创新发展示范区"，着力打造世界级文化之都**

（1）坚持以文塑旅，着力塑造全新动能。深入挖掘历史文化底蕴，用好用活红色资源，推动文艺精品"走出去"，让世界了解桂林、关注广西、爱上中国。

（2）坚持以旅彰文，着力彰显人文精神。充分认识并传承利用好历史传统和文化遗产，弘扬红色资源及其承载的家国情怀和共同价值，特别是世界级文化遗产和国家级、省级非物质文化遗产，率先推进文化特色鲜明的旅游休闲城市和街区建设，以世界各国听得懂的语言，向国际游客讲述中华民族的家国情怀和共同价值。

（3）坚持文旅融合，着力打造示范中心。充分挖掘桂林历史文化名城独特印记，提升文化旅游创意创造能力和科技创新水平，延续城市千年文脉，将历史、建筑、非遗、民俗等文化元素充分融入文化旅游产品中，营造可视化文化氛围，打造世界级文化旅游深度融合发展的创新示范中心和典范。

（4）坚持品牌引领，着力提升城市格调。着力打造世界级文旅品牌项目，支持桂林建设中国旅游博物馆，争取把桂林列为世界文化和自然双遗产，举办国际书法节，开展赛马运动，提升城市格调、提高旅游品位。

（四）优化产业结构，发展新型工业，培育经济新动力

工业也是桂林世界级旅游城市的脊梁，工业与旅游业互为支撑，互为引领，互为融合，工业富财政，旅游富民生，二者相互辉映，共生发展。要以打造世界级旅游城市统领桂林经济社会发展，优化以旅游为主导产业的产业结构，进一步优化一二三产业结构，提高工业比重，发展新型旅游工业，借鉴浙江义乌模式，打造全球旅游商品研发、生产、展销基地，推动一二三产业深度融合。

1. 推动旅游和工业深度融合发展，大力发展工业旅游、旅游工业

（1）大力发展工业旅游业态，建设完善园区展示馆、科技馆、产品体验馆等设施，推动虚拟现实、增强现实等技术赋能工业旅游，促进工业旅游从观光向深度体验游发展。重点推动华为合作区、罗汉果小镇、桂花公社、桂林米粉产业园、漓泉啤酒、桂林三花、湘山酒厂等工业旅游重点项目建设，打造一批国内知名的工业旅游目的地。

（2）支持桂林经济技术开发区创建国家工业旅游基地。发展壮大文化旅游装备制造业，重点培育房车、舞台装备、户外运动设备、游戏游艺设备、现代舞台装备等产业。引进和培育一批知名的旅游纪念品生产企业，建

设世界旅游纪念品交易中心，丰富桂林旅游商品供给体系。

（3）推进工旅融合，大力发展旅游工业。首先，积极推进农业与旅游深度融合，发展康养农业、休闲农业，加快农副产品加工业、旅游商品和旅游食品产业发展。其次重振桂林工业雄风，大力发展旅游工业和旅游科技产业。加大旅游装备制造业和旅游商品研发，引进旅游工业和旅游演艺科技产业，加强工业与旅游深入融合。最后大力扶持发展生态工业和新兴工业。依托桂林丰厚的生态资源和中医药资源，借鉴瑞士、荷兰、西安、杭州等国家、城市打造世界级旅游城市经验，引进国际著名的保健品、休闲食品、医养等领域的公司，大力扶持发展生态医药、民族保健品、生态食品、医养等生态工业、新兴工业，通过生态工业和新兴工业推动桂林旅游转型升级，推动生态产业发展。

2. 聚焦世界级旅游城市工业产业，发展新型工业，培育新动能

（1）实施产业基础再造和产业链提升工程。瞄准桂林资源优势、环境优势、生态优势，聚焦产业基础短板和产业链薄弱环节，坚持全产业链发展思路，开展补链强链延链专项行动，发展壮大一批"链主"和生态主导型龙头企业，引进、培育产业链上下游配套企业，提高产业链上下游协同水平，推动产业链迈上中高端。

（2）做强做优四大主导产业。推动电子信息、先进装备制造、生物医药及医疗器械、生态食品四大主导产业规模化、链群化发展，着力引进、培育一批百亿级龙头企业和配套企业，增强产业链配套能力和协同创新水平，提升优势产品竞争力和附加值，打造国内重要的智能终端制造基地、先进装备制造业基地、医疗防疫物资生产基地和生态绿色食品产业基地。

（3）培育壮大新兴产业。积极发展新一代信息技术、新材料、新能源等战略性新兴产业，布局发展生物工程、第三代半导体、智能制造、航空航天等未来产业，构建一批具有区域影响力的战略性新兴产业集群。大力发展数字经济，推动互联网、大数据、人工智能等同各产业深度融合，培育新技术、新产品、新业态、新模式，形成经济发展新动能。

（4）改造提升传统产业。支持家电家居、冶金、建材等特色传统产业应用新技术、新工艺、新设备、新材料，促进高端化、智能化、绿色化改造提升，推动装备升级、模式创新和品牌质量提升。推动冶金、建材等传统产业绿色低碳发展，有序淘汰落后低效产能，加快低碳工艺革新，深化重点工业园区和企业循环改造。实施传统产业机器换人、设备换芯、生产换线，全面提升企业研发、生产、管理和服务智能化水平，培育一批数字化转型标杆企业和智能制造示范工厂。

（五）提高服务质量，打造消费中心，增强市场吸引力

坚持世界服务标准，着力打造国家文化和旅游品牌，营造具有世界影响力的旅游消费环境，开放设立外商独资旅行社，培育无障碍国际购物渠道，打造世界级旅游消费中心，增强桂林世界旅游市场吸引力。

1.率先创建"世界级旅游城市先行示范区"，着力打造服务型世界级旅游城市

（1）优化服务设施、提质服务，高标准推动现代旅游设施建设。

首先要建设完善、扩能提质桂林内部旅游通道体系。加快谋划推动城市轨道交通建设，通过轨道交通联结桂林两江国际机场、市区各高铁站等旅客重点集散窗口及主要景点；完善织密、提质升级以市区为中心的非高速公路通道，打造桂林市区及下辖阳朔、兴安、龙胜、永福、荔浦、恭城等旅游资源集中县市相互直通的高效公路交通网络体系，切实改变一些优质景点景区、度假中心交通不便、进出两难的局面；继续深化"文明城市"和"公交都市"建设，推进城市公交系统绿色化、智慧化和人性化，缓解城市交通拥堵。通过内联通道建设，畅通桂林旅游内循环。

其次要提前谋划推动T3航站楼规划建设，支持桂林航空做大做强，推动增开港澳台及东盟航线、开辟欧美直航航线，努力打造桂林国际旅游航空枢纽；积极推动南衡高铁、怀桂高铁开工建设，争取厦昆高铁经过桂林，争取在两江国际机场建设新高铁站，打造辐射全国的空铁轨一体化旅游综合交通枢纽和旅游集散中心；加快推动泉南高速全州至桂林段、包茂高速桂林至贺州段、汕昆高速至桂粤界四改八和桂林新外环高速建设，形成南接大湾

区、北通中原的公路旅游大通道。通过外联通道建设，推动桂林融入国内国际旅游大循环。

（2）坚持以人民满意为中心，高水平建设，着力打造世界级山水旅游名城。首先要塑造"山、水、城、文"融为一体的城市格局和发展格局。按照"一区域一方案、一街道一方案"的思路，突出城市建设特色，完善城市功能，加快新区提档升级、漓江沿岸改造提质、老城疏解提升，提高城市品质，持续提升城市宜居度和市民幸福感。其次是坚持以国际合作为引领，高端化定位，着力提升旅游城市国际化程度。在阳朔设立世界旅游特区，在国际旅游教育培训、世界学术交流平台建设等方面给予优先政策，打造无障碍"地球村"。最后是坚持以改革创新为核心，高规格服务，着力推进桂林国际空港城市建设。给予桂林第五航权，同时，以免签证、落地签证、一签多行、在线签证等政策创新，为游客通达提供便利。

2. 优先构建"无障碍国际旅游城市试验区"，着力打造世界级旅游消费中心

（1）坚持国际一流，着力打造无语言障碍旅游城市，全力加速旅游消费便利化建设进程，各县区旅游消费及涉旅场所加快智慧旅游、无障碍设施、无障碍语音设施等建设。依托驻桂高校，加快小语种人才培养，构建"无语言障碍国际化旅游城市"体系。

（2）坚持国际水准，着力打造无障碍旅游服务体系，全力推进旅游业国际化、高端化、品质化服务水平建设。对标国际同行服务标准，完善标识牌、电子支付、国际通用公共标识符号等国际化服务标准，打造无障碍国际服务体系。

（3）坚持全域消费，着力打造无障碍线上旅游消费体系，全力推进世界一流的国际消费中心建设。大力开发数字消费市场，建设智慧城市，加快开发数字景区、数字博物馆、线上演艺等新产品，建设一批线上线下相融合的旅游消费体验中心，构建无障碍网络世界消费中心。

参考文献

［1］广西旅游规划设计院、桂林市文化广电体育和旅游局：《桂林市文化和旅游发展"十四五"规划》，2021 年 3 月。

［2］李楚：《桂林市政府工作报告》，《桂林日报》2023 年 2 月 16 日。

［3］［5］桂林市人民政府：《打造桂林世界级旅游城市发展规划（送审稿）》，2023 年 3 月。

［4］桂林市自然资源局：《桂林市 2023 年第 2 季度存量住宅信息》2023 年第 2 期（内部信息）。

附　录
桂林打造世界级旅游城市大事记
（2022~2023年）*

2021年桂林市启动打造世界级旅游城市以来，积极推动打造世界级旅游城市，取得预期成果。为了反映桂林打造世界级旅游城市有关发展进程及成效，本文的选取范围是2022年1月至2023年12月。2021年及以下年份打造世界级旅游城市大事记不录入本大事记。

2022年1月1日，《桂林市灵渠保护条例》《桂林市喀斯特景观资源可持续利用条例》正式施行。

2022年1月7日，桂林市召开打造世界级旅游城市工作协调布置会，

---

* 作者：蒋春华，桂林市委常委、常务副市长，桂林市打造世界级旅游城市工作领导小组办公室主任；吴晓罡，桂林市发展和改革委员会党组书记、主任；廖国新，桂林市打造世界级旅游城市工作推进中心副主任，研究方向为世界级旅游城市建设；石薇，桂林市打造世界级旅游城市工作推进中心山水旅游名城工作部部长，研究方向为世界级旅游城市建设；陈珏，桂林市打造世界级旅游城市工作推进中心督察考评室主任，研究方向为世界级旅游城市建设；唐明明，桂林市打造世界级旅游城市工作推进中心文化旅游之都工作部副部长，研究方向为世界级旅游城市建设；潘亮，桂林市打造世界级旅游城市工作推进中心办公室副主任，研究方向为世界级旅游城市建设；张俊杰，桂林市打造世界级旅游城市工作推进中心山水旅游名城工作部副部长，研究方向为世界级旅游城市建设；杨焕云，桂林市打造世界级旅游城市工作推进中心山水旅游名城工作部工作人员，研究方向为世界级旅游城市建设；王雅雅，桂林市打造世界级旅游城市工作推进中心山水旅游名城工作部工作人员，研究方向为世界级旅游城市建设；张灿灵，桂林市打造世界级旅游城市工作推进中心山水旅游名城工作部工作人员，研究方向为世界级旅游城市建设；张文亭，桂林市打造世界级旅游城市工作推进中心督察考评室工作人员，研究方向为世界级旅游城市建设。

研究讨论 2022 年打造世界级旅游城市主要任务，进一步推动落实打造世界级旅游城市相关工作。

2022 年 1 月 7 日，受桂林市人民政府委托，由广西师范大学与桂林发展研究院、中国区域经济学会珠江—西江经济带专业委员会主办，广西师范大学珠江—西江经济带发展研究院、广西人文社会科学发展研究中心、广西师范大学经济管理学院承办的首届桂林发展论坛暨第五届珠江—西江经济带发展论坛在桂林举行。此次论坛以"桂林世界级旅游城市建设与区域经济协作"为主题，以"桂林世界级旅游城市建设""桂林旅游高质量发展""全面推动新时代珠江—西江经济带高质量发展""流域经济高质量发展与协同治理"等为主线展开研讨，包含 10 场专题报告。

2022 年 2 月 14 日，桂林市委、市政府召开重温习近平总书记视察桂林重要指示精神全力打造桂林世界级旅游城市暨文化旅游发展大会。

2022 年 2 月 21 日，桂林市召开《桂林打造世界级旅游城市规划纲要》编制座谈会。

2022 年 3 月 9 日，桂林市委、市政府召开有关文化项目建设工作专题会，深入学习领会习近平总书记对桂林的重要指示精神，落实自治区"一城一都一地一中心"主要目标。

2022 年 3 月 15 日，桂林市委、市政府召开全市重大项目推进会，研究部署重大项目推进工作。

2022 年 3 月 16 日，桂林市委书记周家斌在《人民日报》发表文章《创造宜业宜居宜乐宜游的良好环境》。

2022 年 3 月 21 日，自治区党委、自治区人民政府正式印发《关于成立自治区打造桂林世界级旅游城市工作领导小组的通知》，自治区党委书记、自治区人大常委会主任刘宁，自治区党委副书记、自治区主席蓝天立担任领导小组组长。《通知》明确了领导小组工作职责和工作机制，将桂林打造世界级旅游城市推上新台阶。

2022 年 4 月 24 日，打造桂林世界级旅游城市一周年成果展在桂林博物馆开展。

2022年4月25日，桂林市委书记周家斌在2022年桂林"4·25漓江保护日"系列活动启动仪式上宣布每年4月25日为漓江保护日。

2022年4月25日上午，桂林市举行打造桂林世界级旅游城市2022年重大项目集中开竣工暨招商引资项目集中签约活动。

2022年4月26日，《人民日报》全文刊登《桂林全力以赴打造世界级旅游城市》文章，全面报道习近平总书记视察桂林一周年以及桂林打造世界级旅游城市一年来取得的显著成效。

2022年5月16日，广西内河首艘新能源旅游客船——"桂林旅游号"五星级新能源游船在竹江码头首航。

2022年5月24日，桂林市举行支持打造桂林世界级旅游城市暨2022年重大项目政金企融资对接活动。

2022年6月1日，桂林市国土空间总体规划汇报会召开。

2022年阳朔县、兴安县跻身"全国超级旅游大县"。阳朔县是广西唯一入选"2022年全国县域旅游综合实力百强县"。

2022年7月8日，自治区党委书记、自治区人大常委会主任、自治区党委全面深化改革委员会主任刘宁主持召开自治区党委全面深化改革委员会第十六次会议，会议原则通过《关于支持打造桂林世界级旅游城市的若干政策措施》。

2022年8月3日，桂林漓江流域山水林田湖草沙一体化保护和修复工程项目成功入围国家"十四五"期间第二批山水林田湖草沙一体化保护和修复工程，成为广西第一个纳入国家"十四五"期间生态保护修复工程项目。

2022年8月25日，国家文化和旅游部公布桂林市东西巷、融创旅游度假区获得第二批国家级夜间文化和旅游消费集聚区。

2022年9月4日，自治区《支持打造桂林世界级旅游城市若干政策措施》正式印发实施。

2022年9月16日，桂林市在南宁举办第19届中国—东盟博览会桂林市产业振兴投资合作项目签约活动，签约总额413.73亿元。

2022 年 9 月 19 日至 21 日，由国家文化和旅游部、自治区人民政府共同主办的 2022 中国—东盟博览会旅游展在桂林国际会展中心盛大举行。

2022 年 9 月 19 日，2022 年金砖国家旅游部长会议在桂林市召开。

2022 年 9 月 20 日，桂林市委召开打造世界级旅游城市专题协商座谈会。

2022 年 10 月 13 日，2022 年桂林大健康和文旅产业工程指挥部全体会议召开。

2022 年 10 月 17 日，习近平总书记参加党的二十大广西代表团讨论。广西代表团周家斌代表就保护好桂林山水发言，向习近平总书记汇报桂林打造世界级旅游城市情况。

2022 年 10 月 28 日，桂林市《积极探索文旅产业用地"桂林模式"推进文化和旅游高质量发展》入选文化和旅游部 2021 年度文化和旅游领域改革创新十佳案例。

2022 年 10 月 29 日~30 日，自治区党委书记、自治区人大常委会主任刘宁深入桂林市灌阳县、恭城瑶族自治县、阳朔县宣讲党的二十大精神，并就全面推进乡村振兴、打造桂林世界级旅游城市等进行调研。

2022 年 11 月 7 日，自治区党委书记、自治区人大常委会主任、自治区打造桂林世界级旅游城市工作领导小组组长刘宁主持召开领导小组会议，深入学习贯彻党的二十大精神，贯彻落实习近平总书记关于打造桂林世界级旅游城市的重要指示精神。

2022 年 12 月 6 日，第十六届联合国世界旅游组织/亚太旅游协会旅游趋势与展望国际论坛以线上的形式举办。

2022 年 12 月 16 日，受桂林市人民政府委托，由广西师范大学与桂林发展研究院主办，广西人文社会科学发展研究中心、广西师范大学西部乡村振兴研究院、广西师范大学经济管理学院、广西师范大学珠江—西江经济带发展研究院承办的第二届"桂林发展论坛"在桂林举行。此次论坛以"桂林世界级旅游城市建设与全面推进乡村振兴"为主题，以"桂林世界级旅游城市建设""桂林全面推进乡村振兴"为主线展开研讨，包含 4 场专题报告和 1 场圆桌论坛对话。

2022 年 12 月 20 日，桂林龙胜大寨村入选联合国世界旅游组织 2022 年"最佳旅游乡村"。

2023 年 2 月 2 日，桂林会仙喀斯特国际重要湿地入选国家林业和草原局中国国际重要湿地名录。

2023 年 2 月 15 日，桂林市第六届人民代表大会第四次会议在市会议中心大礼堂召开。

2023 年 2 月 21 日，灵渠博物院成功加入内河航道国际组织（IWI）。

2023 年 3 月 21 日，桂林市召开培育世界级旅游品牌专题协商座谈会。

2023 年 4 月 17 日至 20 日，2023 驻华外交官"发现中国之旅"活动走进桂林，来自约旦、阿尔巴尼亚、斐济、斯里兰卡、孟加拉国、墨西哥、西班牙、亚美尼亚 8 个国家的 10 位外交官来到桂林市。

2023 年 4 月 25 日，2023 年桂林"4·25 漓江保护日"系列活动在象鼻山公园举行。

2023 年 5 月 8 日，桂林博物馆入选第二批国家级文明旅游示范单位名单。

2023 年 5 月 11 日，长征国家文化公园（广西段）项目建设工作推进会在兴安县举行。

2023 年 5 月 19 日，2023 年广西文化旅游消费大夜市（桂林主场）暨"5·19 中国旅游日"系列活动在桂林举行。

2023 年 7 月 14 日，2023 中国—东盟可持续发展创新合作国际论坛在桂林举行。

2023 年 7 月 20 日，2023 年世界运河大会研讨会在桂林市兴安县举办。

2023 年 7 月 20 日，灵渠申报世界文化遗产考古工作站揭牌仪式在兴安县灵渠博物院举行。

2023 年 9 月 5 日，由自治区文化和旅游厅、市人民政府主办的 2023 "中国人游中国·秋游广西"黄金季宣传推介暨粤桂旅游产品对接会在桂林举行。

2023 年 9 月 6 日，桂林信息科技学院校区正式落成启用。

2023 年 9 月 14 日，广西科学院大健康产业研究院健康食品研究中心成立大会暨揭牌仪式在桂林三养胶麦生态食疗产业有限责任公司举行。

2023 年 9 月 15 日，《桂林世界级旅游城市建设发展规划》印发实施。

2023 年 9 月 16 日起，泰国曼谷、马来西亚槟城、韩国仁川至桂林的入境直飞航班陆续开通。

2023 年 9 月 17 日，在第二十届中国—东盟博览会、中国—东盟商务与投资峰会上桂林总计签约项目 30 个，签约总额 404.65 亿元。

2023 年 9 月 22 日，资源县中峰镇大庄田村入选农业农村部 2023 年"中国美丽休闲乡村"名单。

2023 年 9 月 26 日，阳朔县公安局成立旅游警察大队。

2023 年 10 月 3 日，桂林两部地方性法规《桂林市禁止乱挖滥采砂石土矿产资源规定》《桂林市红军长征湘江战役红色资源保护传承规定》颁布实施。

2023 年 10 月 12 日，第十三届桂林国际山水文化旅游节开幕。

2023 年 10 月 13 日，桂林国际会展中心新馆正式启用。

2023 年 10 月 13 日至 15 日，2023 中国—东盟博览会旅游展在桂林国际会展中心（新馆）举办。

2023 年 10 月 13 日，由国家文化和旅游部、自治区政府主办的中国—东盟旅游休闲发展与融合创新论坛在桂林举办。

2023 年 10 月 14 日~15 日，自治区党委书记刘宁一行深入桂林市开展专题调研。

2023 年 10 月 15 日，自治区生态环境厅、桂林市人民政府在桂林市政府新闻发布厅举行漓江生态环境质量报告发布会，发布《漓江生态环境质量报告（2022 年）》。桂林作为地级市，首次发布生态环境质量报告，标志着保护漓江、保护桂林山水迈入新阶段，在漓江保护的历史进程中具有里程碑意义。

2023 年 10 月 18 日，中国绿色碳汇基金桂林碳汇专项基金成立。

2023 年 10 月 20 日，《印象·刘三姐》入选国家文化和旅游部公布的 40 个全国旅游演艺精品名录名单。

2023 年 10 月 23 日，2023 年桂林市打造世界级旅游城市工作领导小组会议暨推进实施《桂林世界级旅游城市建设发展规划》工作部署会召开。

2023 年 10 月 26 日，桂林市获得 2026 年世界运河大会举办权。

2023 年 10 月 27 日至 11 月 5 日，2023 年桂林艺术节在桂林举办。

2023 年 11 月 17 日至 18 日，2023 年广西餐饮文化博览会暨"世界美食之都"城市论坛在桂林举办。

2023 年 11 月 19 日至 20 日，2023 中国—东盟市长论坛在桂林举办。

2023 年 11 月 22 日，桂林旅游股份有限公司举行 2024 年度旅游新产品发布会。

2023 年 11 月 25 日，由自治区文化和旅游厅指导、中共桂林市委宣传部和桂林理工大学等单位联合主办的第二届世界级旅游目的地（城市）发展学术论坛在桂林举行。

2023 年 11 月 28 日，自治区党委书记、自治区人大常委会主任、自治区打造桂林世界级旅游城市工作领导小组组长刘宁主持召开领导小组会议，研究部署落实《桂林世界级旅游城市建设发展规划》。

2023 年 11 月 29 日，住房和城乡建设部对 2023 年中国人居环境奖的评审结果进行公示，桂林入选 2023 年中国人居环境奖拟获奖名单（综合奖）。"中国人居环境奖"是全国人居环境建设领域的最高荣誉奖项。

2023 年 12 月 1 日，第四届"红军长征论坛"主题会议在桂林举行。

2023 年 12 月 1 日，桂林市、赣州市、遵义市、延安市、丽水市、阿坝藏族羌族自治州、龙岩市、黔东南苗族侗族自治州 8 个城市，在桂林结成重走长征路红色旅游城市联盟，并现场开展签约仪式。

2023 年 12 月 1 日，《桂林市红军长征湘江战役红色资源保护传承规定》正式实施。

2023 年 12 月 7 日至 10 日，2023 年广西名特优农产品交易会在桂林举办。

2023 年 12 月 9 日，首届数字经济时代县域商业创新发展大会公布第一批"全国县域商业领跑县"名单,平乐县上榜;《平乐县优化设施创新推进县域商业体系建设》被商务部列入第一批 123 个全国县域商业"领跑县"典型案例集。

2023 年 12 月 10 日,由广西师范大学、中共桂林市委员会宣传部联合主办的广西第二届"城校共生"创新创业生态共建暨桂林文化产业高质量发展峰会在桂林举行。

2023 年 12 月 13 日,以"新文旅、新消费、新场景"为主题的第四届 T12 中国西部文旅发展峰会暨 2023 中国西部文旅总评榜颁奖典礼在重庆市巫山县举行。桂林漓江景区获评"2023 中国西部最受国际关注旅游目的地"。

2023 年 12 月 15 日,水利部公布第三批国家水利风景区高质量发展典型案例重点推介名单,桂林灵渠水利风景区入选。

2023 年 12 月 15 日,中国体育彩票"桂林山水甲天下"主题即开型彩票首发仪式在象山景区举行。通过"彩票+旅游"深度融合创新的方式,促进体育彩票与旅游资源的跨界融合发展,助力打造桂林世界级旅游城市。

2023 年 12 月 16 日起,桂林机场新增桂林—雅加达国际航线。

2023 年 12 月 18 日,"中国改革 2023 年度地方全面深化改革典型案例"名单发布。桂林市"深化旅游产业用地改革,开创旅游差别化用地先河"案例,从 29 个省(区、市)各级改革部门推荐的 2000 余个改革案例中脱颖而出,成为广西 3 个入选案例之一。

2023 年 12 月 18 日,国内首艘甲醇新能源电动竹筏在漓江顺利完成试航试验。

2023 年 12 月 20 日,中国林业产业联合会发布《2023 年国家级森林康养试点建设单位认定结果公示公告》。兴安县被认定为国家级全域森林康养试点建设县(市)。

2023 年 12 月 21 日,桂林市政协召开"打造环象山景区周边经济带,变景区'免费'为扩圈'增收'"专题协商会。

2023 年 12 月 21 日,国家商务部发布《关于新一批中华老字号拟认定名单的公示》，全国共有 388 个品牌入选。广西共有 10 个品牌入选，其中桂林三金药业股份有限公司（三金）、桂林黄昌典文化用品有限公司（黄昌典）、北京王致和（桂林腐乳）食品有限公司（花桥）入选。

2023 年 12 月 22 日，桂林市在广西新闻发布厅举行"打造桂林世界级旅游城市"新闻发布会。

2023 年 12 月 22 日，国家文化和旅游部、工业和信息化部联合公布第一批共 30 个 "5G+智慧旅游" 应用试点项目名单。龙胜各族自治县 "名特优" 产品数字展销中心成功入选，是广西唯一入选的项目。

2023 年 12 月 22 日，自治区党委宣传部举行 "全面贯彻党的二十大精神，以 '五个更大' 重要要求谱写中国式现代化广西篇章" 系列主题新闻发布会，介绍打造桂林世界级旅游城市相关情况。

2023 年 12 月 22 日，国道 G357 永福百寿至融安浮石公路 No2 合同段顺利通过交工验收，通车里程约 32.52 公里，标志着连接 "中国罗汉果原产地" 永福县和 "中国金橘之乡" 融安县的福安公路实现全线通车。

2023 年 12 月 24 日，国家林业和草原局发布《陆生野生动物重要栖息地名录》（第一批），全国共 789 处陆生野生动物重要栖息地入选。广西桂林花坪兽类及鸟类重要栖息地、广西桂林猫儿山鸟类重要栖息地、广西桂林临桂会仙湿地鸟类重要栖息地、广西桂林寿城雉类重要栖息地、广西全州五福宝顶黄腹角雉重要栖息地入选。

2023 年 12 月 19 日，第二届中国气象旅游产业发展大会在河南三门峡召开并发布《中国气象旅游发展报告（2023）》。桂林获评 "2023 年气象旅游城市"。

2023 年 12 月 24 日~26 日，桂林市·北京市西城区友好区市携手共建交流会暨 2023 年 "桂林礼" 北京推介会在北京市西城区举行。

2023 年 12 月 26 日 11 点 08 分，G72 泉南桂柳高速路 "四改八" 改扩建施工项目正式建成通车，项目的建成将原高速路双向四车道改为双向八车道。

2023 年 12 月 26 日，《关于实施 "四大工程" 进一步促进桂林研学旅行实践教育高质量发展工作方案》正式印发。

2023 年 12 月 26 日，桂林市融媒体中心在桂林日报社揭牌成立。

2023 年 12 月 28 日，桂林召开打造桂林米粉"桂林经典"品牌工作会议。

2023 年 12 月 30 日，中匡国际电子商务中心发布"2023 农村直播电商优秀案例"。阳朔县的"直播-农业+旅游"新模式案例榜上有名。

后　记

疫情防控转段后面对百年未有之大变局，桂林经济面临着重大考验，站在了十字路口。2021年习近平总书记从世界高度，赋予桂林打造世界级旅游城市的历史新使命，为桂林发展指明了方向，提出了新要求。本课题组认真学习党的二十大精神，结合自身科研优势，服务地方经济社会发展，及时策划《桂林经济社会发展报告（2022~2023）：打造桂林世界级旅游城市》。从策划至书稿定型，历时一年多，其间经历了选题策划、组建团队、创意论证、框架修订、实地调研、资料整理、初稿修改、二稿研讨、三稿打磨、四稿提升、五稿完善、定稿交接等阶段，可谓一路攻坚克难，勇毅前行，终成此书。

本书的资料收集及实地调研得到了广西壮族自治区打造桂林世界级旅游城市工作领导小组办公室以及桂林市委、市人民政府尤其是桂林市打造世界级旅游城市工作领导小组办公室、桂林旅游股份有限公司、桂林市发展和改革委员会的大力支持，在此表示感谢！

本书由桂林市发展和改革委员会、桂林旅游股份有限公司、桂林发展研究院、广西师范大学西部乡村振兴研究院、广西师范大学珠江—西江经济带发展研究院等组织专家团队采取分工协作编写完成。在此对他们的辛勤付出表示感谢！

本报告的编写得到各有关单位和个人的大力支持，参考了学术界相关学术成果，引用了国家发展和改革委员会主持编制的《桂林世界级旅游城市建设发展规划》、广西旅游规划设计院主持编制的《桂林市文化和旅游发展"十四五"规划》以及桂林市文化广电和旅游局、桂林市打造世界级旅游城市工作领导小组办公室、桂林旅游股份有限公司等部门提供的内部资料。社会科学文献出版社图书编辑对书稿的整理、校对和编辑等亦付出辛勤劳动，在此一并致谢！

Abstract

In order to fully implement the great goal of Chinese path to modernization proposed at the Party's 20th National Congress, Promoting comprehensive and high-quality development to Guilin, To fulfil the critical role of tourism as a unifying force, Guilin after completing the task of building an international tourism destination in 2020. Since 2021. To in-depth implementation of General Secretary Xi Jinping's inspection of Guangxi "4 · 27" important speech and a series of important instructions for Guangxi work requirements, Adhere to the world vision, international standards, Chinese style, Guangxi characteristics and Guilin classics, accelerate the construction of a world-class landscape tourism city, a world-class cultural tourism capital, a world-class recreation and leisure resort and a world-class tourism consumption centre, and strive to create a good environment suitable for working, living, enjoying and touring, so as to build a world-class tourism city of Guilin with all our strengths. Over two years, substantial construction results have been achieved. The present manuscript focuses on an initial distillation and summary of these substantive constructive outcomes.

"DEVELOPMENT REPORT ON ECONOMIC AND SOCIAL OF GUILIN (2022 - 2023) ——SPECIAL REPORT ON GUILIN BUILDING WORLD-CLASS TOURISM CITY) " includes six parts: the General Report, Topical Report, Special Report, Case Report and Expert Observations Report, appendix On the basis of reviewing the experience of Guilin in building a world-class tourism city. General report focuses on the achievements and practices of Guilin in building a world-class tourism city, and puts forward relevant policy recommendations to promote the building of a world-class tourism city for Guilin in a comprehensive and in-depth manner from the perspective of the new development concept. Topical Report highlights the focus on building a world-class tourism city in Guilin, analyses the preliminary construction results, outstanding problems, and puts forward targeted countermeasures and suggestions to provide solutions to the real problems of building a world-class tourism city in Guilin. Special reports focus on international rural tourism and world heritage tourism in Guilin, which have important international influence, as the research object, and in turn make special investigations and studies on four typical topics. Case Report summarize four cases with significant international impact, namely the Impression of Guilin Tourism Corporation Limited, Liu Sanjie Tourism Performance, Guilin National Long March Cultural Park, Guilin International Convention and Exhibition Tourism and Guilin Gongcheng International Ecotourism. Expert Observation Report, on the other hand, studies four aspects, namely, the evaluation index system of world-class tourism cities, the development experience of the world's classic tourism cities and the revelation to Guilin, the evaluation of the development potential of Guilin's world-class tourism resources, and the problems and countermeasures for the construction of Guilin's world-class tourism cities, from the perspective of solving the urgently needed theoretical problems of Guilin in creating a world-class tourism city. In addition, the appendix reviews and summarize the major issues and events that will make Guilin a world-class tourism city during 2022−2023.

This report believes that the construction of Guilin's world-class tourism city has advantages such as world-class tourism attraction, which is a specific path for upgrading Guilin's international tourism resorts, an important model for leading Guilin's economic and social development in terms of high quality and green development, and a new engine for the transformation of Guilin's tourism industry. The construction of Guilin's world-class tourism city faces both good development opportunities and fierce competition at home and abroad. In more than two years of construction, Guilin City has clarified the overall goal and general idea of the construction of Guilin world-class tourist city, and also formulated a clear blueprint of the construction route, Guilin world-class tourism city is entering the substantive construction stage.

This report focuses on the initial achievements, preliminary experience exploration and typical cases of Guilin's world-class tourism city construction since 2022, both in terms of practical content and theoretical exploration. The report shows that the construction of Guilin as a world-class tourism city has achieved results in five aspects: forming a new pattern of creating a "city of mountains and waters"; making a new breakthrough in creating a "famous tourism city"; achieving new results in creating a "cultural capital"; demonstrating a new role in creating a "recreation resort"; and taking new steps in creating a "consumption centre". New results have been achieved in creating a "cultural capital", a "recreational resort", and a "consumer centre". And in the practice experience and practice has also made five achievements: focus on party and government co-ordination to grasp the synergy, high specification to build a world-class tourist city; focus on policy protection to grasp the implementation of a high level to promote the upgrading of international tourism resorts; focus on the root causes and symptoms to grasp the governance of a high situation of compaction of the tourism market order; focus on the brand of the focus of the innovation drive to grasp the high quality to promote the reform of the market-oriented enterprises; focus on the shortcomings of the focus of the facilities to grasp the shortcomings of a high level of standardisation of service construction. Standardised service construction. In the construction of tourism internationalisation, Longsheng Longji Terraces, Yangshuo Impression-Liu Sanjie, Xing'an Spiritual Canal, Gongcheng Eco-tourism, Guilin Lijiang River Heritage Tourism, Guilin Tourism Company Limited Listed Company, National Long March Cultural Park (Guangxi Section), Guilin China-ASEAN Tourism Exhibition and International Forum have Guilin's typical, Guangxi's characteristics, and China's style, which have laid the foundation for Guilin to build a world-class tourism city, and the present research report conducts a more in-depth study on the experiences, practices, problems and future development countermeasures of these thematic cases.

The research of this report also found that Guilin world-class tourism city exists the lack of indicator system for world-class tourism city construction, international service level is not high enough, the quality of international consumer products needs to be improved, there are fewer new tourism forms suitable for international consumption, the quality of existing tourism products is not high enough, and there are insufficient world-class tourism brands and other real difficulties. In this regard, the countermeasures for the construction of Guilin world-class tourism city are proposed, namely: continue to create a famous city brand to grasp the upgrading and promote the new progress of reform; continue to promote the integration of culture and tourism to grasp the transformation and shape the new image of culture and tourism; continue to cultivate recreation and leisure to grasp the industry and grow the new international market; continue to implement the consumption leadership to grasp the recovery and enhance the new kinetic energy of production and financing; continue to implement the eco-leadership to grasp the breakthrough and open up the economy to a new chapter; continue to improve the international service level and enhance international competitiveness; continuously improve modern infrastructure construction and build a convenient travelling environment; continuously strengthen the construction of world-class attractions and create a number of world-class tourism products.

Keywords: World-class tourism City; International tourism; Domestic tourism city; Guilin

Contents

I General Report

Abstract: The creation of a world-class tourism city in Guilin is personally
planned and positioned by General Secretary Xi Jinping, personally promoted by
the Guangxi Zhuang Autonomous Region, and specifically implemented by Guilin
Municipality. The high level of specification and intensity is unprecedented among
all tourism city. This report Summarises the basic practices and results of Guilin's
efforts to create a world-class tourism city over the past 2 years or so, and proposes
directions and key countermeasures for future creation. The report concludes that
Guilin has a new achievement of building a world-class tourism city with five new
achievements, and has initially explored the basic practices in five aspects in the
practical work. The general report puts forward countermeasures and suggestions to
adhere to five aspects in building a world-class tourism city in Guilin based on the
future trend of development and development pattern, the context of the era, and
other comprehensive factors.

Keywords: Famous Tourism City; Recreation Tourism; Culture and
Tourism Integration; World Tourism; Tourism Consumption

II Topical Report

Abstract: The mountains and waters city is a landscape city that is made up of both cultural and natural landscapes. The organic combination of natural landscapes and cultural architecture reflects the ancient Chinese concept of "unity of heaven and man" and the harmony of human and nature. Guilin City is rich in natural resources and beautiful in ecological environment, and people often say the mountains and waters in Guilin are the best under Heaven. Guilin is one of the four major tourism destinations in China, first promoted by the United Nations World Tourism Organization, and possessing the most beautiful and spectacular natural heritage of karst landforms, the rare Danxia Landform Landscape, and The Lijiang River, known as the "most beautiful river in the world". These tourism resources of Guilin are leading the country and even in the world.

Since the reform and opening up, Guilin has achieved remarkable achievements in economic and social development, possessing a solid foundation and unique advantages in building a world-class landscape tourism city. By analyzing the effectiveness of Guilin's tourism development, and sorting out the achieving results, we aim to find the goals and positioning of Guilin as "a world-class landscape tourism city". Based on mastering basic experience and identifying existing problems, propose suggestions for Guilin to achieve landscape brand building, maintain ecological balance, and promote urban renewal.

Keywords: The Mountains and Waters of Guilin; a World-class Landscape Tourism City; Ecological Balance; Urban Renewal

B.3　Report on Building Guilin into a World-class
Cultural and Tourism Capital　　　　　　　　　/ 048

Abstract: Using culture to shape tourism, highlighting culture through tourism, and promoting the formation of high-quality development new concepts, models, and formats in Guilin. The core competitiveness of the city is at the forefront of similar international cities, leading the new trend of world cultural and tourism development, and becoming a world-class cultural and tourism capital with great global vision, international standards, Chinese style, Guangxi characteristics, and Guilin's classic. By analyzing the resource endowment, development status and difficulties, construction progress and effectiveness of Guilin as a world-class cultural and tourism capital, and based on this, exploring the cultural and tourism elements of Guilin, integrating and enhancing the competitiveness of cultural and tourism, deepening the integration and innovative development of cultural and tourism, and exploring the new mode of cultural and tourism shaping Guilin as a world-class cultural and tourism capital, and highlighting the new path of cultural and tourism through tourism.

Keywords: Integration of Culture and Tourism; World-class; The Capital of Cultural Tourism; Guilin

B.4　Report on Guilin's Creation of a World-class Recreation
and Leisure Resort　　　　　　　　　　　/ 066

Abstract: Building a world-class health and leisure destination is one of the essential components of Guilin's construction as a world-class tourism city. This report aims to provide reference suggestions for improving the quality, efficiency, and upgrading development of Guilin's health and leisure industry. Based on field investigations, the current development status of health and leisure products in Guilin was analyzed; From the perspective of industrial development, this paper summarizes the success of Guilin's health and leisure industry development and analyzes the shortcomings of Guilin's health and leisure industry development from the perspective of market development. At the same time, in response to the new problems that have emerged in the development of Guilin's health and leisure industry, targeted development suggestions have been put forward from the perspectives of professional talent cultivation, marketing, forest health and leisure tourism, and county level medical and tourism complexes.

Keywords: World-class; Health and Leisure Destination; Wellness Tourism; Leisure Tourism

B.5 Report on Guilin's Creation of a World-class Tourism Consumption Centre / 087

Abstract: This research report compiles the current situation of tourism consumption in Guilin, proposes optimisation solutions for the high-quality development of tourism in Guilin, and provides theoretical support for Guilin to build a world-class tourism city. Combining the current situation of tourism consumption in Guilin and the existing problems, this study puts forward reasonable suggestions for Guilin to build a world-class tourism consumption centre. The study suggests that Guilin (1) further improve and optimise the tourism consumption environment and perfect the infrastructure construction; (2) create a high-quality ecological environment and improve the comfort of tourism consumption; (3) standardise and optimise the service system and improve the service capacity; (4) create and disseminate Guilin's special culture and improve the level of recreational consumption; (5) innovate the product system and accurately locate in the market; (6) formulate measures of opening up to the outside world and accelerate the pace of opening up to the outside world. Through the in-depth integration of tourism and other industries, the quality and service level of Guilin's local agricultural, industrial and cultural products will be improved, the brand influence will be enhanced, high-quality development will be achieved, and the foundation will be laid for Guilin to become a world-class tourism consumption centre.

Keywords: A World-class Tourism City; A World-class Tourism Consumption Center; Guilin

Ⅲ Special Report

B.6 Report on Yangshuo International Rural Tourism

Destination Tourism Development / 116

Abstract: Yangshuo County has rich and diverse rural natural and cultural tourism resources, and its rural areas make use of the relatively well-preserved natural scenery, ethnic customs and ecological environment. Suggestions: deepen the integration of three industries to promote the construction of international rural tourism destinations; strengthen the excavation of rural tourism brands and promote publicity and promotion; implement the construction of beautiful villages and promote the construction of rural revitalization; enrich the rural tourism products and enhance the international influence; and participate in many ways to promote the emergence of new forms of business and new modes.

Keywords: International Tourism Destination; Rural Tourism Destination; Yangshuo

B.7 Report on the Globally Important Agricultural Heritage

Systems (GIAHS) of Longsheng County / 135

Abstract: The Globally Important Agricultural Heritage Systems (GIAHS) is a unique land use system and agricultural landscape that was formed under the long-term synergistic evolution and dynamic adaptation of rural areas and their environment. Based on Longji Terraced Fields, which is a globally important agricultural and cultural heritage, Longsheng Autonomous County is promoting the construction of Guilin world-class tourist city. It actively integrates into the construction of Guilin world-class tourist city and is committed to becoming an ecological leader. However, there are also issues that the image is not prominent enough, the overall awareness of tourism has not yet formed, and the industrial foundation is still relatively weak; lack of tourism products that benchmark the world and demonstrate leadership; excessive commercialization of cultural heritage tourism development; There are obvious shortcomings in infrastructure and issues such as the public service. In response to the existing problems, this report proposes six suggestions, including: organizing and leading the protection and improvement of heritage; establishing a clear positioning and creating world-class tourist attractions; deepening the promotion of Three Revitalizations and empower high-quality development through industrial revitalization; improving the internationalization level of facilities and services, comprehensively upgrade and upgrade; innovate and promote the integration of culture and tourism, cultivate new forms of tourism; innovative platforms for ethnic cultural activities, emphasizing the inheritance of ethnic culture.

Keywords: The Globally Important Agricultural Heritage Systems (GIAHS); Heritage Tourism; World-class Tourist City

B.8   Report on Guilin Li River World Natural Heritage Tourism Development   / 155

Abstract: The development of tourism was both an opportunity and a challenge for the Li River World Natural Heritage in Guilin. In order to safeguard the originality and integrity of the ecology of Guilin's mountains and waters. In recent years, Guilin City has achieved significant results in continuously improving the ecological environment quality, upgrading tourism infrastructure, continuously improving the tourism market environment, accelerating the transformation and upgrading of the tourism industry, enhancing people's well-being through tourism activities, highlighting the tourism brand effect, and gathering new intelligence from experts and talents. It has condensed and sorted out the tourism development experience model of the Li River World Natural Heritage Site. At the same time, we analyze the main problems faced by world natural heritage sites, such as severe ecological protection and restoration pressure, mismatch between tourism development models and tourist needs, and lack of awareness of community interests, etc. We proposed to plan tourism routes, establish correct heritage views and ecological protection awareness, correctly handle the relationship between protection and development, cultivate new forms of "tourism+", and strengthen communication and cooperation between heritage sites, etc. scientifically and systematically to provide scientific reference for the development of Li River World Natural Heritage tourism of Guilin.

Keywords: World Natural Heritage Site; Tourism; Guilin Karst; Li River

B.9 Report on Lingqu Canal Heritage Irrigation Structures in Xing'an County / 170

Abstract: In 2018, Xing'an Lingqu was selected as a Heritage Irrigation Structures. To build Guilin cultural and tourism capital, Lingqu Heritage Tourism is the preferred project. Lingqu Canal should be regarded as an important "business card" for Guilin to build a world-class tourism city. Lingqu Canal heritage tourism developed early, but there are still seveal tissues: a lack of protection due to the long-term separation of management rights and ownership; the economic benefits are not prominent and the radiative driving effect is not strong; lack of international tourism products and insufficient integration of culture and tourism; the contradiction between urbanization construction and heritage protection is prominent. Based on this, this report proposes to promote the application of Lingqu Canal for World Cultural Heritage and enhance its international reputation; consolidate the construction of world-class tourism cities and do a good job in top-level design; benchmarking new international cultural and tourism formats and promoting cultural and tourism integration; raise funds through multiple channels to strengthen the tourism market; innovate heritage tourism and enhance its international influence.

Keywords: Heritage Irrigation Structures; Heritage Tourism; Lingqu Canal

Ⅳ Case Report

B.10 Report on the Quality Development of Guilin Listed Tourism
Corporation: "Building a World-class Tourism City"   / 194

Abstract: Guilin Tourism Corporation is the leading tourism enterprise in Guilin and the first tourism listed enterprise in Guangxi, which has formed experiences that can be learnt from, promoted and put into practice in the management of inland river cruises, operation of landscape scenic spots, operation of free scenic spots, and investment in tourism performances. The report analyses the results achieved by Guilin Tourism Company Limited in the process of creating a world-class tourism city in Guilin, and summarises the successful experience of the company's operation and management, and puts forward countermeasures and suggestions for future development.

Keywords: Listed Company; Cultural and Tourism Industry; Operation and Management; World-Class Tourism City

B.11 Report on Global Live Performance: Guilin Impression
Liu Sanjie Tourism Performing Arts Development   / 209

Abstract: "Impression Liu Sanjie" has opened a precedent for China's landscape live performance, and is a well-known cultural tourism brand at home and abroad. Guided by building a world-class tourism city, Guilin has taken multiple measures to continuously improve many performing arts products, including "Impression Liu Sanjie". It transforms government functions and creates a world-class business environment. Strong alliance of enterprises to achieve complementary development of resource advantages. The integration of cultural and landscape has set a model for the integrated development of culture and tourism. It roots in local culture and creates the cultural brand of " Liu Sanjie " . Guilin deepens industrial integration and promotes the innovative development of "cultural tourism +" . It gives full play to the linkage benefits and serves the local empowerment of rural revitalization. The modern cultural industry system has been gradually established, the cultural performing arts industry has been upgraded and developed, and an international cultural performing arts capital has been created.

Keywords: Impression Liu Sanjie; Live Performance; Cultural Industry

B . 12 Report On World Cultural Miracle: Guilin National
Long March Cultural Park Construction and Development

/ 229

Abstract: The construction of the Long March National Cultural Park (Guangxi section) is all concentrated in Guilin. With the aim of building a world-class tourism city, Guilin deeply excavates red cultural resources and coordinates project application and planning. It promotes the protection and repair of revolutionary cultural relics and strengthens the popularization of cultural relics and publicity. Guilin improves the administrative organization and management mechanism and establishes a protection and inheritance center. The construction of tourism talent team has been increased and the forms of publicity and education have been enriched. The city innovates the expression of tourism products and enhances the red tourism experience. Guilin promotes the development of red tourism and the deep integration of products. On the basis of basing itself on resource advantages and establishing red cultural landmarks, Guilin has methodically promoted the construction of the Guangxi section of the Long March National Cultural Park. It promotes the integration of culture and tourism, creates a red tourism highland, and makes the "red mark" engraved in Guilin's mountains and rivers bloom with a new era light.

Keywords: The Long March; National Cultural Park; Red Tourism

B.13 International MICE Tourism: Report on China ASEAN
       Tourism Exhibition and World Tourism Trends Forum   / 247

Abstract: By understanding the cases of Guilin's international MICE tourism development and the development history of China ASEAN Tourism Exhibition and World Tourism Trend Forum, we will sort out the foundation, brand, concept and policy support for the development of Guilin's international MICE tourism, clarify the positioning of Guilin's international MICE tourism, the driving effect on Guilin's world-class tourism city and the influence of the development of Guilin's international MICE tourism, and put forward suggestions based on the existing problems of the level of management, MICE products, and infrastructure to effectively drive the development of the relevant industries of the specific region or city.

Keywords: Guilin International MICE; MICE Tourism; Internationalization; Brand Effect

B.14 International Ecological Paradigm: Report on the
       Development of Guilin Gongcheng Ecological
       Recreation and Tourism Industry   / 270

Abstract: Gongcheng Yao Autonomous County has the advantages of excellent natural ecological environment, unique dietary and health resources, and a long history of Chinese (Yao) medical and health care. In 2007, it was recognized by the United Nations as a "model of rural ecological and economic development in developing countries". Gongcheng through relying on ecological advantages in the development of ecotourism, strengthen the Gongcheng oil tea and persimmon industry, innovative management mechanisms and institutions, etc. Gongcheng has achieved significant results in the flourishing development of ecotourism, integrated development of food and health care, and the thriving Chinese (Yao) pharmaceutical and health care industry. We summarized the development concept of adhering to people's health as the center, adhering to new development concepts, and implementing sustainable development, in order to provide scientific reference for the development of ecological health tourism industry in similar regions. While actively developing ecological health tourism, Gongcheng faced problems such as insufficient development of ecological industrialization and industrial ecology, insufficient marketing and promotion of characteristic industries, and low industrial integration. Therefore, countermeasures and suggestions were proposed to promote ecological industrialization and industrial ecology, expand and strengthen characteristic industries, and promote industrial integration and development, etc. To provide scientific reference for the development of ecological health tourism industry in similar regions.

Keywords: Gongcheng County; Ecological Health; Tourism; Oil Tea; Persimmon

V   Expert Observation Report

B.15   Research on the Construction of World-class Tourism
City Evaluation Index System   / 289

Abstract: Building Guilin into a world-class tourism city is an inevitable requirement for thoroughly implementing the spirit of General Secretary Xi Jinping's "4. 27" important speech during his inspection of Guangxi and a series of important instructions for Guangxi's work. It is a long-term goal for Guilin's economic and social development. The construction of a world-class tourism city is an organic system covering economy, culture, society, ecological civilization, etc. In order to scientifically construct an indicator system to evaluate it, we should first base it on the scientific connotation and development laws of a world-class tourism city, and follow the correlation, representativeness, hierarchy, operability, and other basic principles to select indicators. In terms of selecting specific indicators, we should use the above-mentioned basic principles and the development connotation of a world-class tourism city as the basic basis to select based on several aspects such as economy, culture, society, and ecological civilization, and use this as a framework to refine. Finally, this article constructed a world-class tourism city evaluation index system including 4 first-level indicators, 14 second-level indicators, and 80 third-level indicators. Using this index system, we can theoretically evaluate Guilin's world-class tourism city construction level. However, due to data constraints, this article only discussed the application of the world-class tourism city evaluation index system in Guilin from a qualitative perspective and put forward some corresponding improvement suggestions with reference to benchmark cities.

Keywords: Tourism City; World-class; Evaluation Indicators

B.16 The Developmental Experience of World-class Tourist Cities and the Enlightenment to Guilin　　　　　/ 308

Abstract: Guilin is a famous historical and cultural city in the world, and it is a beautiful business card of China's opening up and cultural exchange. In the process of Chinese-style modernization, Guilin needs to adhere to the world vision and international standards, serve the national strategy with high-quality development, and constantly meet the people's yearning for a better life for building a world-class tourism city. This paper selects the typical cases of world-class tourist cities at home and abroad, draws on the beneficial experience of the development of world-class tourist cities, and provides reference and enlightenment for Guilin to build a world-class tourist city.

Keywords: World-class Tourism City; Guilin; Development Experience

B. 17 Evaluation of the Development Potential of world-class

Tourism Resources in Guilin / 326

Abstract: World-class tourism resources are the foundation for building world-class tourism cities. On the basis of deeply exploring Guilin's "world-class" tourism resources, we will make full use of Guilin's high-quality and world heritage value tourism resources, and carry out creative transformation and innovative development of resources. By sorting out and exploring world-class tourism resources in Guilin, a system for evaluating the innovative development potential of world-class tourism resources is constructed, and based on this, countermeasures and suggestions for enhancing the potential of Guilin's world-class tourism resources are proposed.

Keywords: Innovative Development; Potential Evaluation; World-class Tourism Resources; Guilin

B. 18 Problems and Countermeasures of Guilin's World-class

Tourism City Construction / 347

Abstract: Guilin to build a world-class tourism city is Guilin tourism to adapt to the needs of the new era of Chinese path to modernization mass tourism, is the inevitable requirement of Guilin city tourism iteration and change, high-quality development. The research shows that Guilin is facing outstanding problems in building a world-class tourism city: High dependence on the ticket economy, excessive commercialisation of the tourism atmosphere, weak industries supporting the tourism base, administrative operation of tourism enterprises, difficulties in the transformation and upgrading of the tourism industry. The report puts forward countermeasures and paths to develop regional tourism, optimise the business environment, create a good environment for the "four pleasant", develop the tourism industry and cultivate the ecological industry.

Keywords: World-class Tourism City; Tourism Environment; Tourism Upgrading

社会科学文献出版社

皮书

智库成果出版与传播平台

✤ 皮书定义 ✤

皮书是对中国与世界发展状况和热点问题进行年度监测，以专业的角度、专家的视野和实证研究方法，针对某一领域或区域现状与发展态势展开分析和预测，具备前沿性、原创性、实证性、连续性、时效性等特点的公开出版物，由一系列权威研究报告组成。

✤ 皮书作者 ✤

皮书系列报告作者以国内外一流研究机构、知名高校等重点智库的研究人员为主，多为相关领域一流专家学者，他们的观点代表了当下学界对中国与世界的现实和未来最高水平的解读与分析。

✤ 皮书荣誉 ✤

皮书作为中国社会科学院基础理论研究与应用对策研究融合发展的代表性成果，不仅是哲学社会科学工作者服务中国特色社会主义现代化建设的重要成果，更是助力中国特色新型智库建设、构建中国特色哲学社会科学"三大体系"的重要平台。皮书系列先后被列入"十二五""十三五""十四五"时期国家重点出版物出版专项规划项目；自2013年起，重点皮书被列入中国社会科学院国家哲学社会科学创新工程项目。

权威报告·连续出版·独家资源

皮书数据库
ANNUAL REPORT(YEARBOOK) DATABASE

分析解读当下中国发展变迁的高端智库平台

所获荣誉

- 2022年，入选技术赋能"新闻+"推荐案例
- 2020年，入选全国新闻出版深度融合发展创新案例
- 2019年，入选国家新闻出版署数字出版精品遴选推荐计划
- 2016年，入选"十三五"国家重点电子出版物出版规划骨干工程
- 2013年，荣获"中国出版政府奖·网络出版物奖"提名奖

皮书数据库　　"社科数托邦"
微信公众号

成为用户

登录网址www.pishu.com.cn访问皮书数据库网站或下载皮书数据库APP，通过手机号码验证或邮箱验证即可成为皮书数据库用户。

用户福利

- 已注册用户购书后可免费获赠100元皮书数据库充值卡。刮开充值卡涂层获取充值密码，登录并进入"会员中心"—"在线充值"—"充值卡充值"，充值成功即可购买和查看数据库内容。
- 用户福利最终解释权归社会科学文献出版社所有。

数据库服务热线：010-59367265
数据库服务QQ：2475522410
数据库服务邮箱：database@ssap.cn
图书销售热线：010-59367070/7028
图书服务QQ：1265056568
图书服务邮箱：duzhe@ssap.cn

S 基本子库
UB DATABASE

中国社会发展数据库（下设 12 个专题子库）

紧扣人口、政治、外交、法律、教育、医疗卫生、资源环境等 12 个社会发展领域的前沿和热点，全面整合专业著作、智库报告、学术资讯、调研数据等类型资源，帮助用户追踪中国社会发展动态、研究社会发展战略与政策、了解社会热点问题、分析社会发展趋势。

中国经济发展数据库（下设 12 专题子库）

内容涵盖宏观经济、产业经济、工业经济、农业经济、财政金融、房地产经济、城市经济、商业贸易等 12 个重点经济领域，为把握经济运行态势、洞察经济发展规律、研判经济发展趋势、进行经济调控决策提供参考和依据。

中国行业发展数据库（下设 17 个专题子库）

以中国国民经济行业分类为依据，覆盖金融业、旅游业、交通运输业、能源矿产业、制造业等 100 多个行业，跟踪分析国民经济相关行业市场运行状况和政策导向，汇集行业发展前沿资讯，为投资、从业及各种经济决策提供理论支撑和实践指导。

中国区域发展数据库（下设 4 个专题子库）

对中国特定区域内的经济、社会、文化等领域现状与发展情况进行深度分析和预测，涉及省级行政区、城市群、城市、农村等不同维度，研究层级至县及县以下行政区，为学者研究地方经济社会宏观态势、经验模式、发展案例提供支撑，为地方政府决策提供参考。

中国文化传媒数据库（下设 18 个专题子库）

内容覆盖文化产业、新闻传播、电影娱乐、文学艺术、群众文化、图书情报等 18 个重点研究领域，聚焦文化传媒领域发展前沿、热点话题、行业实践，服务用户的教学科研、文化投资、企业规划等需要。

世界经济与国际关系数据库（下设 6 个专题子库）

整合世界经济、国际政治、世界文化与科技、全球性问题、国际组织与国际法、区域研究 6 大领域研究成果，对世界经济形势、国际形势进行连续性深度分析，对年度热点问题进行专题解读，为研判全球发展趋势提供事实和数据支持。

法律声明

　　"皮书系列"（含蓝皮书、绿皮书、黄皮书）之品牌由社会科学文献出版社最早使用并持续至今，现已被中国图书行业所熟知。"皮书系列"的相关商标已在国家商标管理部门商标局注册，包括但不限于LOGO（　）、皮书、Pishu、经济蓝皮书、社会蓝皮书等。"皮书系列"图书的注册商标专用权及封面设计、版式设计的著作权均为社会科学文献出版社所有。未经社会科学文献出版社书面授权许可，任何使用与"皮书系列"图书注册商标、封面设计、版式设计相同或者近似的文字、图形或其组合的行为均系侵权行为。

　　经作者授权，本书的专有出版权及信息网络传播权等为社会科学文献出版社享有。未经社会科学文献出版社书面授权许可，任何就本书内容的复制、发行或以数字形式进行网络传播的行为均系侵权行为。

　　社会科学文献出版社将通过法律途径追究上述侵权行为的法律责任，维护自身合法权益。

　　欢迎社会各界人士对侵犯社会科学文献出版社上述权利的侵权行为进行举报。电话：010-59367121，电子邮箱：fawubu@ssap.cn。

社会科学文献出版社

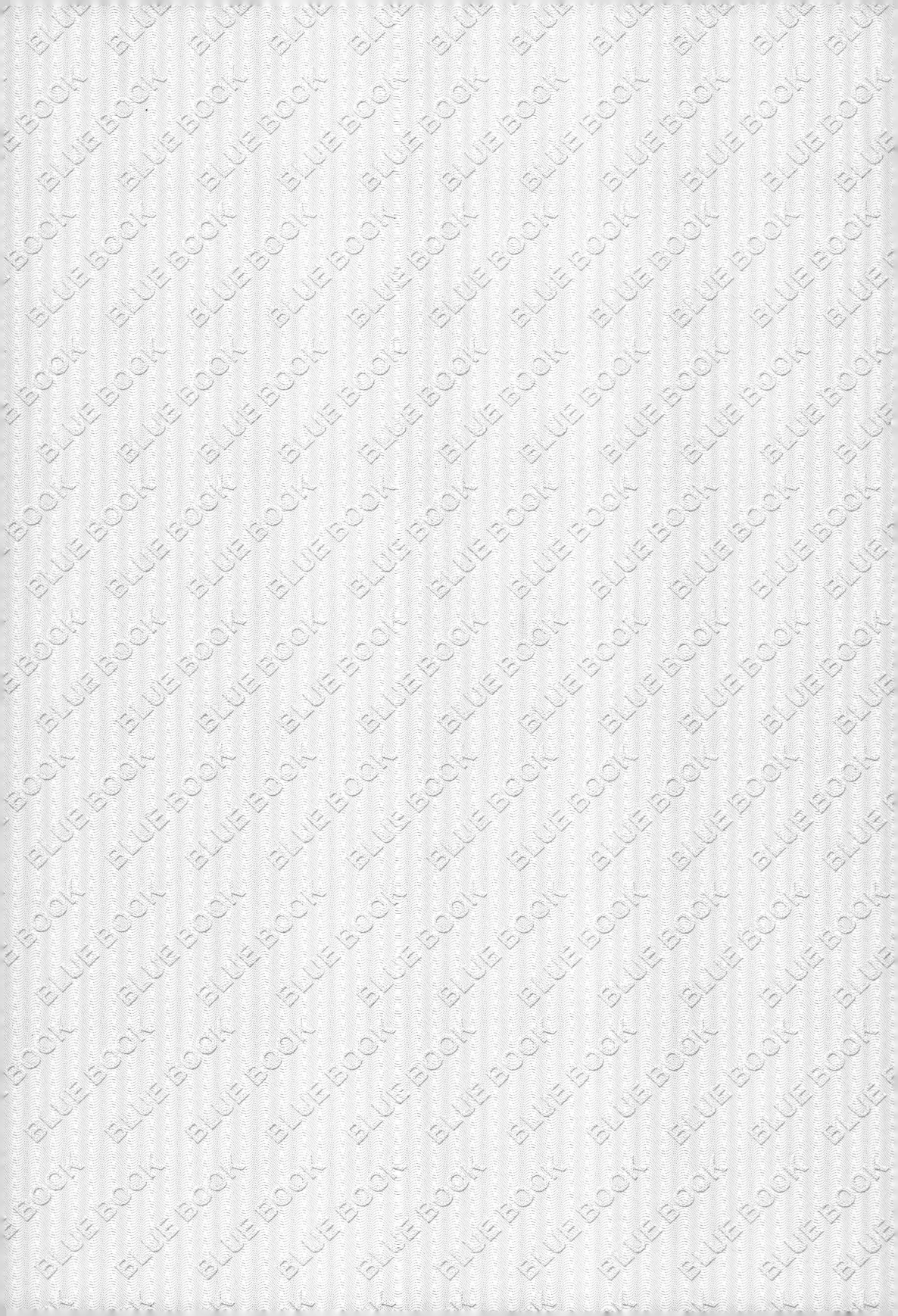